法律硕士专业学位研究生核心课程教材

行政法与行政诉讼原理与实务

- 主　编　关保英
- 副主编　冯晓岗

中国教育出版传媒集团

高等教育出版社·北京

内容简介

　　本书属于"法律硕士专业学位研究生核心课程教材"系列,分为四编:第一编"行政法学理"涉及行政法基本理论、行政法律关系、行政法的渊源及行政法基本原则;第二编"体制行政法及其构成"涉及行政组织法、公务员法及行政编制法等;第三编"行政行为法及其构成"涉及抽象行政行为和具体行政行为的实体规范和程序规则的应用;第四编"行政救济法及其构成"从行政救济法概说讲起,重点围绕行政复议法、行政诉讼法和行政赔偿法展开。在体例结构上,每章在讲述行政法与行政诉讼基本原理之外,还单设一节"实务案例",原理和实务相融合使本书更具可读性和实用性。

　　读者对象:主要面向法律硕士专业学位研究生。

图书在版编目(CIP)数据

行政法与行政诉讼原理与实务/关保英主编;冯晓岗副主编. --北京:高等教育出版社,2023.4
　　ISBN 978-7-04-059991-6

　　Ⅰ.①行… Ⅱ.①关… ②冯… Ⅲ.①行政法-中国②行政诉讼法-法的理论-中国 Ⅳ.①D922.1②D925.301

中国国家版本馆 CIP 数据核字(2023)第 032479 号

Xingzhengfa yu Xingzheng Susong Yuanli yu Shiwu

| 策划编辑 姜　洁 | 责任编辑 可　为 | 封面设计 姜　磊 | 版式设计 徐艳妮 |
| 责任校对 张　然 | 责任印制 朱　琦 | | |

出版发行	高等教育出版社	网　　址	http://www.hep.edu.cn
社　　址	北京市西城区德外大街 4 号		http://www.hep.com.cn
邮政编码	100120	网上订购	http://www.hepmall.com.cn
印　　刷	保定市中画美凯印刷有限公司		http://www.hepmall.com
开　　本	787mm×1092mm　1/16		http://www.hepmall.cn
印　　张	20.25		
字　　数	480 千字	版　　次	2023 年 4 月第 1 版
购书热线	010-58581118	印　　次	2023 年 4 月第 1 次印刷
咨询电话	400-810-0598	定　　价	49.00 元

本书如有缺页、倒页、脱页等质量问题,请到所购图书销售部门联系调换

全国专业学位研究生教育指导委员会编写的《专业学位研究生核心课程指南（试行）》，将行政法与行政诉讼原理与实务列为法律硕士专业学位研究生必修课。认真学习这一门课程，了解和掌握行政法的基本原理、基本知识和我国行政诉讼的基本制度，对于全面、深刻认识我国社会主义法律体系，理解社会主义法治的本质特征，树立依法行政意识，掌握行政法治实践基本技能，锻炼行政法治实际操作能力等均有着非常重要的意义。

《行政法与行政诉讼原理与实务》是由上海政法学院行政法学重点学科策划的一部在全国范围内适用的行政法教科书。本书强调理论与实践相结合、原理与实务相结合、阐述与评价相结合，紧紧围绕行政法与行政诉讼的基础理论与中国行政法治实践展开阐述和探讨，以期为读者提供一种相对统一、相对稳定的行政法学知识体系，力求方便使用者系统地掌握行政法这一门独立的法律科学。

本书以"行政—行政权—行政法—行政法学—行政诉讼基本制度"为逻辑展开，包括行政法学理、体制行政法、行政行为法以及行政救济法等四部分内容，共计四编十六章，基本囊括了行政组织法、行政行为法、行政程序法和行政救济法所涉及的全部要素。体现出以下三个鲜明特点：第一，知识体系安排合理。全书既深入剖析了行政法的基本理论，又清晰论述了行政法中的相关制度，内容详略精当，语言精练易懂，使读者从宏观上了解行政法概貌的同时，深入把握行政法基本理论和基本制度。第二，内容阐释循序渐进。本书坚持由浅入深、由表及里地阐释行政法学基础知识，对学界主流观点都进行了详尽的分析，每章最后一节通过规范和实例的解读帮助读者更好地理解较为抽象的行政法知识。第三，强调理论与实践的有机统一。全书既有系统全面的理论阐述，又在每章之后辅之以具体的行政法实务经典案例，突出理论与实践的紧密结合。案例分析既能使读者直观、简捷地把握行政法的精神气质和内在规律，又有助于读者领会行政法治具体实践中的重点、焦点、难点问题。此外，本书还运用现代移动互联网技术，设置了扩展阅读栏目，以二维码的形式予以呈现，一方面有助于扩展读者的阅读面，提高读者的学习兴趣；另一方面有助于引导读者对知识进行整合，对行政法治进行理性思考。

本书既适合高等院校法律硕士研究生教学用书及入学考试参考书目，也可以作为法律实务工作者处理行政案件的参考用书。

当前，中国特色社会主义进入新时代，行政法治的理论创新与实践创新势必要求紧跟时代的发展节奏与脉搏。习近平在党的二十大报告中强调："我们要坚持走中国特色社会主义法治道路，建设中国特色社会主义法治体系、建设社会主义法治国家，围绕保障和促进社会公平正义，坚持依法治国、依法执政、依法行政共同推进，坚持法治国家、法治政府、法治社会一体建设，全面推进科学立法、严格执法、公正司法、全民守法，全面推进国家各方面工作法治化。"希望本书的出版能为建设中国特色社会主义法治体系、建设社会主义法治国家注入新的活力。

本书编写团队中，既有长期从事行政法教学研究的专家学者，也有一直专注于行政救济实务的律师。这种开放性的团队架构，彰显了学术性与实践性的有机结合。

　　本书的总体设计、体系结构的搭建由关保英承担,关保英、冯晓岗共同审阅全部书稿。撰写具体分工如下(以撰写章节先后为序):

关保英(上海政法学院)	全书总体设计
冯晓岗(上海财经大学)	第一至四章
吴明熠(上海政法学院)	第五至八章
肖峰(上海市海华永泰律师事务所)	第九至十二章
周军(北京大成(上海)律师事务所)	第十三至十六章

　　本书的出版离不开高等教育出版社可为女士认真细致的编辑工作,在此表示谢意!

　　我们衷心希望《行政法与行政诉讼原理与实务》能得到读者朋友们的厚爱,并恳请广大读者批评指正。

编者
2022 年 12 月于上海

目 录

第一编

行政法学理

第一章 行政法基本理论

第一节 行 政

一、行政的含义

　　行政是研究行政权、行政法、行政法学的基础和起点。"行政"一词,自清末由日本引入我国。行政有广义和狭义之分。广义上的行政泛指各种管理工作,如国家管理工作、社团管理工作、企业管理工作、事业单位管理工作等。其中,国家管理工作是国家的行政工作,是国家工作的一个组成部分。[①] 这一含义表明行政是某一组织执行活动与管理活动的有机统一,这种管理与国家没有专门、特定的联系,其性质属于一般的社会管理。狭义上的行政亦称"公共行政"或"行政管理",具体是指国家行政机关对国家事务、政府事务及社会公共事务的管理活动,可分为国防、外交、科技、教育、市场监管、卫生等行政。行政的基本功能包括行政组织、行政领导、行政决策、行政监督、行政立法和人事、财务管理等,本质上由国家性质和政治制度所决定。[②] 可以看出,狭义上的行政与国家关系密切,是国家的一种专有活动。行政就是国家行政主体依法对国家和社会事务进行组织管理的活动。换句话说,行政是国家行政主体实施国家行政权的行为。[③] 行政法上的行政特指狭义行政。

二、行政的特征

　　国内外法学学者对于行政的理解,可谓见仁见智,具有代表性的观点主要有:德国行政法学家奥托·迈耶、乃班德,日本行政法学家田中二郎主张的"国家目的实现说";美国学者古德诺主张的"国家意志执行说";日本行政法学者美浓部达吉主张的"其他权力排除说";我国台湾地区行政法学者张载宇,国内行政法学者罗豪才、胡建淼主张的"行政机关或行政主体职能说";法国思想家孟德斯鸠主张的"外交、安全活动说"以及"国家事务管理说"等。
　　在行政法上,行政具有以下特征:
　　1. 行政是代表国家意志的管理活动。从实施主体上来看,行政法意义上的行政是国家行政主体的活动。行政主体是依法代表国家,并以国家名义实施公共行政管理活动的组织,在我国主要是国家行政机关及其组成机构,同时也包括得到行政授权的企事业单位和一些

---

　　① 参见《辞海》(第六版),上海辞书出版社 2010 年版,第 2131 页。
　　② 参见《辞海》(第六版),上海辞书出版社 2010 年版,第 594 页。
　　③ 参见胡建淼主编:《行政法学》,复旦大学出版社 2003 年版,第 2 页。

社会组织,具有体现和实现国家意志的特征。

2. 行政是服务公共利益的管理活动。从行政权行使的范围上来看,行政法意义上的行政仅限于行政主体对国家和社会等公共事务进行管理的活动,具有鲜明的公共目的性质。行政职权的获得与行使旨在谋求和保护国家、集体、社会的公共利益,同时保护行政相对人的合法权益,必须符合法定的公共目的和范围。而其他由行政主体实施的服务于非公共利益、非公共目的的管理活动,则不属于行政法意义上的行政范畴。

3. 行政是具有法律属性的管理活动。从权力属性上来看,行政主体在对国家和社会公共事务进行管理的过程中,行使的是国家的行政权,而非立法权和司法权。这些组织管理活动直接影响着公民的权益,因而需要法律予以规范,并且适用不同于其他活动的法律规则,具有鲜明的法律属性和国家强制性。在现代国家,法治原则已然成为国家制度的基本原则。这一原则反映在行政管理领域,则要求行政主体必须依法行政。依法行政已经成为现代行政法的原则和核心。

三、行政的理论分类

国内法学学者根据不同的分类标准,将行政划分为不同的类型。有学者根据行政方式的不同,将行政分为权力行政与非权力行政;根据行政性质的不同,将行政分为规制行政与给付行政;根据行政机关与相对人之间的权利义务关系,将行政分为负担行政与授益行政;根据行政机关享有和行使权力的自由度,将行政分为羁束行政与裁量行政。[1] 有学者根据行政主体实施行政活动的领域不同,将行政区分为组织行政、人事行政、司法行政、民政行政、公安行政、科技行政、教育行政、军事行政、经济行政、外事行政等类型;根据行政主体实施行政活动的地域范围不同,将行政区分为中央行政和地方行政、城市行政和农村行政、内部行政和外部行政等;根据行政主体实施的行政活动有无涉外因素的不同,将行政区分为国内行政和涉外行政等。[2] 有学者根据行政任务的不同,将行政区分为秩序行政与给付行政;根据行政方式的不同,将行政区分为强制行政与非强制行政;根据行政受法律约束程度的不同,将行政区分为羁束行政与裁量行政;根据行政活动对公民所产生的法律效果的不同,将行政区分为侵害行政与受益行政;根据行政活动范围的不同,将行政区分为内部行政与外部行政等。[3]

本书主要讨论依行政方式的不同所区分的公权力行政和私经济行政,以及以执行规则的广度所区分的形式行政和实质行政。

(一) 公权力行政和私经济行政

公权力行政是指行政组织针对社会公共事务的执行、管理活动。其中最为典型的,当数

---

① 参见应松年:《行政法与行政诉讼法学》,法律出版社 2005 年版,第 6—7 页。
② 参见张正钊主编:《行政法与行政诉讼法》(第二版),中国人民大学出版社 2004 年版,第 8 页。
③ 参见章志远:《行政法学总论》,北京大学出版社 2014 年版,第 9—11 页。

国家行政机关从事的领域广阔、层级结构分明的公共行政管理。但是,公权力行政除了国家行政之外,还包括一些具有公共管理权能的非政府组织从事的行政管理活动,例如公共社团(如律师协会、会计师协会等)、公共事业单位(如公立学校等)在某些事项上行使与国家行政类似的公共管理职能。私经济行政是指企业、社会组织、社会团体主要针对其内部事务的执行、管理活动。每个组织都必须为其生存、发展而具备执行、管理职能,但这类职能大部分是在内部事务上行使的,对社会一般不产生公共管理的效应,故称其为私经济行政。在我国现阶段,非政府组织的哪些行政职能因属于公共管理职能而要受到行政法的规范,哪些行政职能因属于私经济行政范畴而受到民法典等法律的调整,还处于一个不断摸索前进的阶段。实践中,为了使正当权益受到某个组织侵犯的当事人得到有效的司法救济,若该组织与当事人之间的关系很难定性为民法上的平等主体之间的关系,或者很难以契约理论、契约规则以及其他民法规则进行调整,法院则通过行政诉讼保证当事人获得相应的权利救济。例如,近年来发生的学生状告学校的行政诉讼案件。

(二)形式行政和实质行政

形式行政和实质行政,主要是针对国家行政而作的区分。形式行政以行政机关作为划分行政的根据,只要是行政机关从事的职能活动都可以被认为是行政活动,无论它们是制定规则的、处理具体事项的还是裁决争议案件的活动。在一般情况下,当提及国家机关的行政时,往往是指行政机关的执法活动。这是从形式上的机关分类层面对于行政的定位,故其可以称为形式行政或者机关意义上的行政。实质行政是指以国家机关的活动功能作为划分行政的根据,制定规则和裁决争议案件以外的执行性活动被认为属于行政活动,无论它们是由什么国家机关实施的活动。行政法意义上的行政一般指形式行政,行政机关的任何职权活动都属于行政法意义上的行政范畴。现代国家的功能往往包含立法功能、行政功能和司法功能。立法制定规则,行政执行规则,司法适用规则裁决纠纷。以上三种功能或者职能被宪法规定由立法机关、行政机关、司法机关分别予以行使。这是从国家活动的实质内涵角度出发,对行政进行的一种定位,故称之为实质行政或者功能意义上的行政。随着行政在国家中的地位、作用与日俱增和现代行政权行使范围的日益广泛化,国家行政机关的功能已经不再局限于执行规则,其权力范围和行使方式逐渐拓展到了部分立法权、司法权。

第二节　行　政　权

一、行政权的内涵

"三权鼎立学说"是适应资产阶级反对封建君主绝对专制权力的需要而产生的。近代意义上的分权学说由洛克首创,他认为国家有三种权力,即立法权、行政权和外交权。明确对国家权力进行划分的是孟德斯鸠,他把国家权力划分为立法权、行政权、司法权三种:立法权代表国家的一般意志;行政权主要执行国家意志;司法权主要在于保护民众的利益。对于何谓行政权,有学者认为,行政权是国家行政机关执行法律、管理国家行政事务和社会事务的权力,是国家政权的一个组成部分[①];有学者认为,行政权是指由国家行政机关或其他行政主体担当的执行法律,对行政事务实施主动、直接、连续、具体管理的能力,是国家权力的组成部分[②];有学者认为,行政权是国家行政机关或其他特定的社会公共组织对公共行政事务的管理或对社会成员提供的公共服务[③];有学者认为,行政权是指法律对其范围加以规定的国家管理权能,以国家统治权为基础,以行政机关为主体,具有强烈的组织性能。[④] 对上述关于行政权的界定进行梳理,可以看出行政权具有如下共性:行政权是一种国家权力,行政权的行使主体为国家行政机关,行政权发挥国家权力作用的指向是社会公共行政事务。本书倾向于最后一种观点,即行政权是国家行政机关依靠特定的强制手段,为有效执行国家意志而依据宪法原则对社会公共事务进行管理的一种国家权力。行政法就是以行政权为核心而展开的。

具体而言,行政权的内涵包括如下四个方面的内容:

1. 行政权是一种国家权力。行政权作为国家政权的一个组成部分,是一种管理公共事务的权力,具有国家强制力,是一种公权力。而且,从本质上来讲,它是一种归属于国家的公权力,即国家是行政权的权力主体。现代民主国家一般在其宪法中规定"主权在民"或"一切权力属于人民",而人民作为一个集合概念在操作层面上难以成为行政权的主体。因此,法律制度便将人民这一概念转化为国家,把行政权的主体从人民转换为国家,而从行政权的最终归属来看还是应当属于人民。

2. 行政权是由行政机关行使的权力。任何国家权力都有它的行使主体,行政权的行使主体是国家行政机关,而且国家行政机关对行政权的行使具有排他性,即除了行政机关以外,任何其他机关若没有取得法律的授权或行政机关的委托都不能行使行政权。当然,在行政管理实践中,也有一些不是行政机关身份的组织在一定范围内行使行政权,前提是其必须取得法律的授权。同时,在行使行政权时其身份已经不是其他组织,而是行政主体。[⑤] 还应说明,行政机关仅仅是行政权的行使者,而不是行政权的所有者,正因为如此,行政机关不能对行政权进行处分。

3. 行政权是管理国家事务的权力。国家权力可以分为立法权、行政权和司法权。立法权决定国家事务,行政权管理国家事务,司法权解决纠纷与冲突。由于行政权管理国家事务涉及国家经济、政治、文化、社会生活等方方面面,社会事务的复杂性决定了行政权在国家权力中是最为复杂、涉及范围最广、具体范围最难以确定的一种权力。

4. 行政权的范围是由宪法和法律规定的。行政权以国家宪法和法律为存在依据,正是

① 参见胡建淼主编:《行政法学》,复旦大学出版社 2003 年版,第 3 页。
② 参见应松年主编:《行政法》,北京大学出版社、高等教育出版社 2010 年版,第 4 页。
③ 参见章志远:《行政法学总论》,北京大学出版社 2014 年版,第 12 页。
④ 参见关保英:《行政法学》,法律出版社 2018 年版,第 36 页。
⑤ 在我国,行政权是依《宪法》规定赋予行政机关的,而行政机关以外的机关、组织或个人在一般情况下不能行使行政权。但在行政法治实践中,部分行政权由行政机关以外的机关或组织行使可能更为方便一些,因此,客观存在授权组织等非行政机关行使行政权的情形。学者们为了使概念统一起来,发明了行政主体的概念,即将所有行使行政权的机关或者组织都称为行政主体。

通过宪法和法律的规定使行政权成为一种客观权力。宪法和法律在对行政权的范围作出规定时，一般都与其他相关国家权力划清了界限，明确了什么样的权力类型可以归于立法权的范围之下，什么样的权力类型可以归于行政权的范围之下。有些国家的宪法和法律对行政权的范围采取列举规定的方式，而有些国家的宪法和法律关于行政权的范围则采取概括规定的方式，[1]虽然这两种规定方式的效果有所不同，但都有着共同的意义，即行政权是法律化了的权力。

二、行政权的一般特征

行政权作为国家权力的一种，既有一般国家权力的共同特征，又有不同于其他国家权力的结构与内容。较之其他国家权力，行政权具有如下特征：

（一）公益性

从行使的目的来看，行政权具有公益性。一般而言，权利的享有和行使以权利主体自身利益的实现为主要目的。但是作为公权力的行政权，它的存在和行使绝不是为了追求行政权力主体自身的利益。行政权的目的是要通过执行国家的法律、法规、政策等有效地实现国家意志，而国家意志在本质上是公共利益的体现。因此，行政权行使的目的是实现公共利益，这种公共利益通过国家的法律、法规和政策等表现出来。进而言之，国家行政机关及其公务员在行使行政权时，必须以为社会公众提供服务为指导，以实现社会公共利益为宗旨。如果以权谋私，就偏离了行政权力行使的原初目的。

（二）优益性

从行使的保障条件来看，行政权具有优益性。由于行政权的行使以实现公共利益为目标，因此国家为行政权的有效行使设定了一系列的保障条件，使得行政机关在行使行政权时，依法享有一定的行政优先权和受益权，这在行政法上称之为行政优益权。行政优益权是指国家为确保行政机关有效地行使职权、履行职责，而以法律、法规等形式赋予行政机关享有的各种职务上和物质上的特权。职务上的特权叫行政优先权，指行政权与其他社会组织及公民个人的权利在同一领域或范围相遇时，行政权具有优先行使与实现的能力。物质上的特权叫行政受益权，指行政机关为行使职权所拥有的享有各种资财上和物质上便利条件的资格。虽然行政优益权本身不属于行政权的范畴，但它与行政权具有密切联系，是行政权得以有效行使的保障条件。

---

① 例如《美利坚合众国宪法》第 2 条第 1 款规定，行政权力赋予美利坚合众国总统。而后续条款只是规定了一些行政权行使的程序，并没有列举行政权的具体范围。而《大韩民国宪法》第 4 章是关于议论行政权的规定，其在行文技术上则采取列举规定的方式。参见荣格主编：《世界著名法典选编（宪法卷）》，中国民主法制出版社 1997 年版，第 11、390—392 页。

（三）单方面性

从行使主体的意志来看,行政权具有单方面性。行政权的行使是为了国家利益和公共利益,因此,作为国家利益和公共利益代表的行政主体在行使行政权的过程中一般不必征得相对方的同意。也就是说,行政相对方是否应当承担某种社会义务,能否使用或利用某种公共资源,其行为是否侵犯了公共利益,都是由实施行政权的行政主体的意志所决定的,并不需要征得行政相对方的认可或同意。尽管随着行政民主化的发展,现代社会中的行政相对方已经有机会广泛地参与行政决策以及行政行为的实施,但这种参与仍然主要是起一种建议的作用,这种建议是否被采纳或被接受取决于行政主体的意志。并且,即使公众的建议被采纳或被接受,其最终结果仍然被视为行政主体意志的体现。因此,行政权的行使是行政主体单方面意志的鲜明体现。

（四）不可处分性

从行使的自由度来看,行政权具有不可处分性。行政权既是一种权力,表现为一种可以支配或迫使他人服从的力量,同时也是一种职责,表现为行政机关必须履行的义务和必须完成的任务。因此,行政权是权力与职责的统一。行政权的这种权力与职责的统一性决定了行政权力是不能自由处分的。作为行政权行使主体的行政机关必须严格按照法律、法规的规定来行使行政权,没有法律上的依据,行政机关不能随意增加、减少或者转让对行政权的行使,更不能放弃或放任对行政权的行使。

（五）强制性

从行使的方式来看,行政权具有强制性。国家行政机关为了社会公共利益的实现,必须要让体现公共利益的国家法律、法规、政策等得到落实,这使得行政权的行使方式主要表现为强制性地推行政令,强制性成为行政权有效地执行国家意志的显著特征。行政权行使的强制性表现在以国家强制力或暴力的威慑为后盾,其所推行的法律、法规、政策等都是行政客体必须接受的。否则,就有可能导致强制执行,违反者或拒不接受者将会受到相应的制裁。行政权行使的强制性也是行政机关执行公务的保障条件,否则,国家行政机关发布的政令和作出的具体决定就难以落实和实现。当然,行政权行使的强制性并不排除行政权在行使中也会存在某些具体的非强制性的行政方式,例如行政指导、行政合同等。即便如此,强制力也是作为一种后盾力量而经常性地起作用的。

（六）广泛性

从行使的客体来看,行政权具有范围上的广泛性。传统的行政权行使的范围也许只涉及治安、税务、外交、军事等有限的社会事务,但是现代社会中行政机关的行政权所能管辖的范围几乎涵盖公民从生到死的所有事务。① 其他国家权力所涉及的客体都或多或少只局限于某一特定领域,唯独行政权涉及的客体遍及全社会,范围最为广泛。有学者将这种行政权"膨胀化"的趋势和状态概括为行政权的范围越来越广,行政权的宽度越来越大,行政权的强度越来越大。②

三、行政权的表现形式

我国的行政权来源于宪法和组织法,其权力行使的主体主要是国家行政机关,也即中央人民政府和地方各级人民政府。在行政权运作的实践过程中,行政权的行使需要通过一定的形式予以呈现或表现,也就是说,行政权不能由"抽象的"行政机关实施。它必须被依法定位到具体的行政机构及其公务员身上,通过这一从"抽象—具体"的转化过程,具体的行政机构及其公务员根据他们的任务、职位而依法被赋予的行政权,就是行政职权。概言之,行政职权就是国家行政权的表现形式,是行政主体实施国家行政管理活动的权能,其一般分为固有职权和授予职权两大类。

具体而言,行政权的表现形式如下:

(一)行政立法权

行政立法权是指国家行政机关根据宪法和法律的授权,制定和发布一般性行政法律规范的权力。行政机关管理复杂多样的国家事务和社会事务,仅靠立法机关的立法已远远满足不了履行职责对法律的需要。于是,宪法和法律便赋予行政机关一定范围内的立法权,允许行政机关为履行职责的需要,根据法律的精神和原则,制定行政法规和规章,用以调整各种行政关系,规范行政相对方的行为。但是,我们也要认识到,行政机关的行政立法权是一种不完全的立法权,必须在法定权限内行使。③

(二)行政决策权

行政决策权是指国家行政机关依法对重大行政管理事项制订计划、作出决定的权力。

---

① "如果说,政府的权力曾经一度受到限制的话——政府除了保障法律和秩序、保护私人自由和私人财产、监督合同、保护本国不受外国侵略以外,没有别的权力——那个时刻早已过去。今天,认为政府机构involve着我们生活中'从生到死'的各个方面的看法是很平常的。在美国,政府的首要职责是为防老、死、无依无靠、丧失劳动力和失业提供安全保障;为老年人和穷人提供医疗照顾;为小学、中学、大学和研究生提供各级教育;调整公路、水路、铁路和空中运输的规划;提供警察和防火保护;提供卫生措施和污水处理;为医学、科学和技术的研究提供经费;管理邮政事业;进行探索太空的活动;建立公园并维持娱乐活动;为穷人提供住房和适当的食物;制定职业训练和劳力安排的规划;净化空气和水;重建中心城市;维持全部就业和稳定货币供应;调整购销企业和劳资关系;消灭种族和性别的歧视。由此看来,政府的职责似乎是无限的,而我们每年都给政府增添任务。"参见[美]托马斯·戴伊:《谁掌管美国》,梅士、王殿宸译,世界知识出版社1980年版,第66页。

② 关保英教授认为,行政权的范围越来越广,表现为行政权所涉及的社会事态及社会关系等客体的范围越来越广;行政权的宽度越来越大,表现为原来属于立法权范畴的权力不知不觉转移到行政机关手上,同时,行政机关行使着排解纠纷的权力;行政权的强度越来越大,表现为行政权的"守夜人"特性越来越弱,政府行政系统对社会生活的方方面面都进行着不同程度的设计,行政权对社会生活的干预日益强烈。参见关保英:《行政法学》,法律出版社2018年版,第48—49页。

③ 这种法定权限包括如下两层含义:其一,行政立法必须要有宪法和法律的依据,或者要有权力机关或具体法律的授权;其二,行政立法的内容不能与宪法、法律相抵触。

行政决策是行政活动的基本内容,贯穿行政活动的整个过程。行政决策权对于行政机关有效地履行职责起着积极的作用。决策是否符合实际,决策的效果或结果如何,决定着社会及民众对决策的态度及评价。政府在行使决策权时应该确保倾听人民意见的渠道通畅,始终将公共利益的实现作为决策追求的目标,保证决策的科学化与民主化。

（三）行政决定权

行政决定权是指行政机关依法对行政管理中的具体事项进行处理的权力。行政处理权是行政机关实施行政管理,履行行政职责中最经常、使用最广泛的一种行政权,因为行政机关最经常性的工作就是对日常事务作出具体的行政决定。行政机关大量职责的履行,是通过行政决定实现的。行政决定权具体表现为行政机关对行政事务的行政许可权、行政征收权、行政确认权、行政奖励权、行政合同权等。

（四）行政活动组织权

行政活动组织权是指行政机关对其行政组织内部的岗位和人员的设置权,包括对行政机构和人员的法律权利义务和职责权限等的设定、变更和废止的权力,对作为管理对象的社会公众的法律地位、权利义务的设定、变更和废止的权力,等等。行政活动的特点之一是其组织工作、组织活动对于实现行政管理目标具有重要意义。

（五）行政命令权

行政命令权是指行政机关在行政管理过程中,通过作出行政决定,依法要求被管理对象作出某种行为或不作出某种行为的权力。行政命令的形式是多种多样的,如通告、通令、布告、规定、决定、命令等。行政命令可以针对特定的人和事,也可以不针对特定的人和事。不针对特定人和事的行政命令类似于行政立法,往往以规范性文件的形式发布。它与行政立法的区别主要有两点:第一,制定和发布的主体不同。行政立法的主体是拥有行政立法权的特定行政机关,而行政命令的主体则是一般的行政机关。第二,制定和发布的程序不同。行政立法程序可以说是一种准立法程序,而行政命令的制定和发布则没有严格的程序要求,与行政立法相比要简单得多。

（六）行政执行权

行政执行权是指行政机关根据有关法律、法规的规定或者有关上级部门的决定、命令等,具体执行行政事务的权力。就本质而言,行政执行权是执行权力机关意志、执行法律的权力。行政机关行使行政执行权,必须是对法律、法规或有关上级部门的决定、命令的具体执行。这一点与公民、组织的权利不同。公民或社会组织在不违反法律、法规的前提下,可以从事许多法律、法规未明文禁止的活动。而行政机关行使行政执行权,若无明确的法律、法规依据则无从谈起。

（七）行政监督检查权

行政监督检查权是指行政机关为保证行政管理目标的实现,对其管辖范围内的被管理对象遵守及执行相关法律、法规,履行义务的情况进行监督和检查的权力,包括专门监督主体所行使的监督检查权和业务主管部门或职能部门所行使的监督检查权。行政监督检查的形式是多种多样的,主要有检查、审查、审计、检验、查验、鉴定、勘验等。行政监督检查权既是一种独立的权力,同时又是行政立法权、行政命令权、行政决定权实现的保障。

（八）行政处罚权

行政处罚权是指行政机关在行政管理过程中,为了维护公共利益和社会秩序,保护社会公众的合法权益,对其所管辖范围内的被管理对象违反有关法律规范的行为,依法给予处罚等法律制裁的权力。为实现行政管理目的,行政机关常常会对公民的行为作出种种规定,公民则有服从的义务。如果公民违反法律、法规规定,不履行相关义务,行政机关可依法给予处罚。行政处罚是现代国家普遍采用的管理手段之一。根据各国行政法规范所设定的行政处罚权,一般都包括申诫罚、财产罚、行为罚和人身罚等。由于行政处罚权的行使涉及公民的人身和财产权利,因此,行政处罚权的行使要贯彻处罚法定原则,包括处罚主体法定、处罚依据法定以及处罚程序法定等,以避免侵犯公民的合法权益。

（九）行政强制执行权

行政强制执行权是指行政机关在行政管理过程中,对不依法履行义务的管理对象采取法定的强制措施,以促使其履行法定义务的权力。行政强制执行的内容一般包括强制划拨、强制拆除、强制检查以及执行罚等强制执行措施。行政机关是国家机关,为了保证行政管理目标的实现,制止违法行为和维护社会、经济秩序,法律赋予其行政强制执行权是必要的。但是,因行政强制执行权涉及公民的人身和财产权利,法律必须对之加以严格的限制和规范。因此,行政强制执行权的行使,必须有法律的依据,并严格按照法定程序进行。行政机关行使行政强制执行权时也必须非常慎重,非必要时不行使,必须行使时亦应限制在必要的限度之内,否则,将导致行政专制和对公民合法权益的侵犯。

（十）行政司法权

行政司法权是指行政机关作为第三方裁决争议、处理纠纷的权力。裁决争议、处理纠纷的权力本来属于司法机关,是法院的固有权力,但是在现代社会,由于社会的发展和科技的进步,行政管理涉及的问题越来越专门化,越来越具有专业技术性的因素。这样,普通法院在处理与此有关的争议和纠纷方面越来越困难并感到不适应,而行政机关因为长期管理这方面的事务,恰恰具有处理这类争议、纠纷的专门知识、专门经验和专门技能。于是,法律赋予行政机关以一定范围内的司法权,允许行政机关在行政管理过程中裁决和处理与行政管理有关的民事、行政争议和纠纷,如有关商标、专利、医疗事故、交通事故、运输、劳动就业以及资源权属等方面的争议和纠纷。行政机关在行政管理中,直接裁决和处理与此有关的争议、纠纷,显然有利于及时解决社会矛盾,实现行政管理的目标。当然,为了保障公正和法治,行政机关的行政裁决行为通常还要受到司法审查的监督。

四、行政权与其他国家权力之间的关系

(一)行政权与立法权

立法权是指国家制定、修改和废止法律的权力。我国《宪法》第58条规定,"全国人民代表大会和全国人民代表大会常务委员会行使国家立法权。"《宪法》第3条前3款规定,"中华人民共和国的国家机构实行民主集中制的原则。全国人民代表大会和地方各级人民代表大会都由民主选举产生,对人民负责,受人民监督。国家行政机关、监察机关、审判机关、检察机关都由人民代表大会产生,对它负责,受它监督。"《宪法》第3条前3款的规定表明我国实行的是"议行合一"的政权体制。在这种政权体制之下,行政权与立法权是一体化的权力,二者也表现出一种一体化的关系形式。如《宪法》第89条规定国务院可以制定行政法规,①《宪法》第90条规定国务院各部委可以制定部门规章,②《宪法》第100条规定省、自治区、直辖市的人民代表大会及其常务委员会可以制定地方性法规,③《宪法》第116条规定民族自治地方的人民代表大会可以制定自治条例和单行条例,等等。④ 也就是说,从权力的来源上看,立法权可分为两个层次:第一个层次是立法机关依法自身拥有的立法权,如全国人民代表大会及其常务委员会的立法权,该立法权可制定、修改、和废除包括宪法在内的任何法律性规定;第二个层次是立法机关授权行政机关制定诸如法规、条例、决议和命令等的立法权,如地方人民代表大会及其常务委员会、各级政府、中央各部委及其下属单位等依法成立的行政、司法、军事机关制定法律规范。它们都具有法律规范的性质,立法机关的范围也相应扩大。因此,就行政权与立法权的关系而言:首先,行政权是从立法权中派生出来的,其本身并没有独立于立法机关的独立意志,而是受立法权决定。其次,行政权是执行立法机关决定的权力,应当不折不扣地将立法权已经决定了的事项予以执行。再次,虽然行政权在运作过程中其行为是独立的,但是立法权对行政权同样具有监控的职责,而且这种职责同时也是立法机关的权力。最后,立法机关立法所规范的行为具有普遍性,而立法机关授权行政机关立法所规范的行为则具有特定性。

---

① 我国《宪法》第89条规定:"国务院行使下列职权:(一)根据宪法和法律,规定行政措施,制定行政法规,发布决定和命令;……"

② 我国《宪法》第90条规定,"各部、各委员会根据法律和国务院的行政法规、决定、命令,在本部门的权限内,发布命令、指示和规章"。

③ 我国《宪法》第100条规定:"省、直辖市的人民代表大会和它们的常务委员会,在不同宪法、法律、行政法规相抵触的前提下,可以制定地方性法规,报全国人民代表大会常务委员会备案。设区的市的人民代表大会和它们的常务委员会,在不同宪法、法律、行政法规和本省、自治区的地方性法规相抵触的前提下,可以依照法律规定制定地方性法规,报本省、自治区人民代表大会常务委员会批准后施行。"

④ 我国《宪法》第116条规定:"民族自治地方的人民代表大会有权依照当地民族的政治、经济和文化的特点,制定自治条例和单行条例。自治区的自治条例和单行条例,报全国人民代表大会常务委员会批准后生效。自治州、自治县的自治条例和单行条例,报省或者自治区的人民代表大会常务委员会批准后生效,并报全国人民代表大会常务委员会备案。"

（二）行政权与司法权

在我国宪法制度中,司法权是一个学理用语,而非直接法律用语,具体由审判权和检察权构成。如我国《宪法》第 3 条中有关于审判机关、检察机关的描述,却没有司法机关或司法权的称谓。因此,探讨行政权与司法权的关系,应该从行政权与审判权的关系以及行政权与检察权的关系两方面展开。

审判权是指由人民法院行使的排解各类纠纷的权力。我国《宪法》第 128 条规定:"中华人民共和国人民法院是国家的审判机关。"第 131 条规定:"人民法院依照法律规定独立行使审判权,不受行政机关、社会团体和个人的干涉。"我国《行政诉讼法》第 6 条规定:"人民法院审理行政案件,对行政行为是否合法进行审查。"《行政诉讼法》第 53 条第 1 款规定:"公民、法人或者其他组织认为行政行为所依据的国务院部门和地方人民政府及其部门制定的规范性文件不合法,在对行政行为提起诉讼时,可以一并请求对该规范性文件进行审查。"《行政诉讼法》第 64 条规定:"人民法院在审理行政案件中,经审查认为本法第五十三条规定的规范性文件不合法的,不作为认定行政行为合法的依据,并向制定机关提出处理建议。"通过以上法律规定可以看出:一是审判权是司法权范畴中独立的国家权力,审判权的正当行使不受行政权及其他权力干扰,也即行政权与审判权是一种平行关系,都可划归于执行权的范畴,都对立法权负责;二是审判机关利用合法性审查原则通过对行政行为、行政规范性文件的司法审查以实现对行政权行使的制约作用。

检察权是检察机关监督法律实施的权力,同样具有排除纠纷、保证法律正确实施的属性,当然归属司法权的范畴。我国《宪法》第 134 条规定:"中华人民共和国人民检察院是国家的法律监督机关。"第 136 条规定:"人民检察院依照法律规定独立行使检察权,不受行政机关、社会团体和个人的干涉。"也就是说,作为国家法律监督机关的人民检察院,是保障国家法律统一正确实施的司法机关,是保护国家利益和社会公共利益的重要力量,是国家监督体系的重要组成部分,在全面推进依法治国、建设社会主义法治国家中发挥着重要作用。从以上宪法关于检察权与行政权关系的规定来看:一则检察权的正当行使同样不受行政权及其他权力干扰,与行政权是一种平行关系,都对立法权负责;二则检察机关的"法律监督"职能,贯穿国家整个法律体系、法律事务的全过程,体现的是对行政权的法制化程度进行制约的权力,当然包括行政行为法、行政救济法、行政程序法等涉及行政权规范运作的方方面面。

第三节　行　政　法

≫ 一、行政法的概念

（一）关于"何谓行政法"的学术理论观点

简单地说,行政法就是有关行政的法。由于在认识问题的角度、方法上存在偏差,国内

外学者对于行政法概念的认识存在较大的分歧,尚未形成统一权威的观点。概括起来,理论上的行政法概念主要有如下三类观点:

1. 行政法实现目的论。由于对行政法实现目的认识不完全统一,行政法学理论界先后形成了"控权论""管理论""平衡论"和"服务论"等多种理论。"控权论"者韦德认为,行政法定义的第一个含义就是它是关于控制政府权力的法,行政法最初的目的就是要保证政府权力在法律的范围内行使,防止政府滥用权力,以保护公民。①施瓦茨认为,行政法是控制国家行政活动的法律部门,它设置行政机构的权力,规范这些权力行使的原则,以及为那些受行政行为侵害者提供法律补救。② "管理论"者张尚鷟认为,行政法就是管理法,是国家进行各方面管理的全部法规总称,③目的是维护社会公共秩序和公共利益。"平衡论"者罗豪才认为,现代行政法实质是平衡法,④在行政机关与行政相对方的权利义务关系中,权利义务总体上应是平衡的。此外,从目的论角度给行政法下定义的还有"服务说""公共利益本位说"等。

2. 行政法调整对象论。日本法学家美浓部达吉认为,行政法是国内公法的一部分,是规定行政权之组织及作为行政主体的国家和公共团体同其所属人民之间关系的法。罗豪才认为,行政法是调整行政关系以及在此基础上产生的监督行政关系的法律规范和原则的总称;⑤张树义认为,行政法是调整行政活动的法律规范的总称,主要规范国家行政权力的组织、行政权力的活动以及对行政活动后果的救济。⑥

3. 行政法构成要素论。美国行政法学者古德诺认为,行政法是公法的一部分,规定行政机关的组织和职权,并规定公民在受到行政行为侵害时的行政救济。日本法学家室井力认为,行政法是指行政组织、作用以及处理与此有关的纠纷乃至行政救济的法。⑦ 美国法学家埃·弗雷银德认为,行政法是监督行政机关的法律,而不是建立行政机关的法律。应松年、朱维究认为,行政法是关于国家行政组织及其行为,以及对行政组织及其行为进行监督的法律规范的总称。⑧

上述关于行政法概念的理论学说,从不同程度反映了行政法的内涵和特点,也从不同视角对"何谓行政法"进行了阐释,客观揭示了行政法因其调整的社会关系复杂、多变而导致的对于行政法概念的不同解释,为我们全面深刻认识行政法的概念提供了理论支撑。

（二）行政法的概念

我国行政法学者在吸收上述三种学术理论观点的基础上,从不同侧重点对行政法进行了定义。如有学者从行政法调整对象的角度,将行政法定义为,行政法是法的一个独立部

---

① 参见[英]威廉·韦德:《行政法》,徐炳等译,中国大百科全书出版社1997年版,第5页。
② 参见[美]伯纳德·施瓦茨:《行政法》,徐炳译,群众出版社1986年版,第1页。
③ 参见张尚鷟:《行政法基本知识讲话》,群众出版社1986年版,第1页。
④ 参见罗豪才等:《现代行政法的理论基础——论行政机关与相对一方的权利义务平衡》,载《中国法学》1993年第1期。
⑤ 参见罗豪才主编:《行政法学(新编本)》,北京大学出版社1996年版,第7页。
⑥ 参见张树义、方彦主编:《中国行政法学》,中国政法大学出版社1989年版,第11页。
⑦ 参见[日]室井力主编:《日本现代行政法》,吴微译,中国政法大学出版社1995年版,第14页。
⑧ 参见应松年、朱维究编:《行政法总论》,工人出版社1985年版,第19页。

门,是调整因行政主体行使行政权而产生的特定社会关系的法律规范的总称。① 有学者从行政法构成要素的角度将行政法定义为,行政法是关于行政权力的授予、行使以及对行政权力进行监督和对其后果予以补救的法律规范的总称,用以调整在行政权力的授予、行使和监督过程中发生的各类社会关系。② 还有学者从多角度结合的方式,将行政法定义为,行政法是指有关国家行政管理的各种法律的总和,是以行政关系为调整对象的一个仅次于宪法的独立法律部门,其目的在于保障国家行政权运行的合法性与合理性。③ 有学者将行政法定义为,行政法即规范行政权的法,是调整国家行政权运行过程中发生和形成的社会关系的法律规范的总和。④ 还有学者将行政法定义为,行政法是行政主体与其他社会因素发生冲突的控制性规范,反映并连接行政主体与行政相对方以及其他社会主体的关系,在现代民主国家其法律指向在行政主体。⑤ 本书倾向于采用最后一种定义,并以此为基础对行政法的本质进行探讨。

对于这一概念可作如下理解:

1. 行政法是控制行政主体与其他社会主体冲突的法律规范。行政主体行使行政权实质上是一种具有约束力的行为。这种行为在行政活动中与其他各种社会主体发生关系。这些社会主体包括权力机关、司法机关、公民、企事业单位、社会组织等。从某种意义上讲,行政活动是一种持续性、范围广泛的管理活动,因而行政机关与其他社会主体在运动过程中相互发生作用是经常的。两者运转特征不同就可能发生冲突。其一,行政机关与公民之间会发生冲突。行政机关行使的是具有支配性的行政权,起着组织、协调、管理的作用,维护国家的行政管理秩序,保障公共利益,而个人则追求利益的最大化,二者之间就会发生冲突。其二,行政机关与立法机关、司法机关也会产生冲突。前已述及,近现代行政权呈现出膨胀化的趋势,不断行使着准立法权、准司法权的功能。然而,依据三权鼎立理论,法律法规的制定权、纠纷的处理权都不属于行政机关而应由立法机关、司法机关行使,这就不可避免地造成行政机关与立法机关、司法机关的冲突,立法机关、司法机关不得不加强对行政机关权力的控制和监督,以保障相对人权益的实现。这些社会冲突需要控制,行政法就是对其进行控制的法律规范。

2. 行政法是反映和连接行政主体与其他社会主体之间关系的法律规范。根据"控权论",行政法控制的是行政机关的行政权,而不是公民的权利,反映的是行政机关与其他社会主体之间的关系,矛头指向在行政机关。其一,反映权力机关与行政机关之间的权源关系。权力机关制定的行政组织法、行政编制法、公务员法以及其他一些单行法律规定了行政机关的组成、地位、职权、权限范围、职责、法律责任等。这些法律规范在设定行政权力的过程中体现了权力机关与行政机关之间的关系:行政机关的权力来源于权力机关,由权力机关设定。如果行政机关超越权限范围,则要承担相应的法律责任。其二,反映行政机关与公民等相对人之间的权利义务关系。这种权利义务关系是行政机关在行使行政权力过程中与公民等行政相对人之间发生的关系,也就是行政机关实施行政行为时与相对人之间发生的关系。

---

① 参见张正钊主编:《行政法与行政诉讼法》(第二版),中国人民大学出版社 2004 年版,第 10 页。
② 参见应松年主编:《行政法》,北京大学出版社、高等教育出版社 2010 年版,第 7 页。
③ 参见胡建淼主编:《行政法学》,复旦大学出版社 2003 年版,第 5 页。
④ 参见杨海坤:《中国行政法基础理论》,中国人事出版社 2000 年版,第 28 页。
⑤ 参见关保英:《行政法学》,法律出版社 2018 年版,第 87—88 页。

在这种关系中,行政法律规范规定了行政机关和行政相对人各自享有的权利和承担的义务。这些权利义务都是法定的,违反了规定则要承担相应的法律责任。例如,行政机关实施行政行为时应遵守一定的行政程序,如果行政机关没有履行该义务,则要承担行政行为无效、被撤销等不利法律后果。其三,反映监督主体与行政机关之间的监督与被监督关系。反映此种监督关系的行政法规范主要包括监察法、行政复议法、行政诉讼法和行政赔偿法。行政监督主体是指根据法律授权,依法定方式和程序对行政机关及其公务员进行监督的机关,主要包括权力机关、监察机关、行政复议机关、司法机关等。行政监督关系因监督主体不同,内容也有所不同,但都主要指向行政机关。①

二、行政法的性质和特征

(一)行政法的性质

目前学界对于行政法性质的共识,表现在如下三个方面:

首先,行政法是一个独立的法律部门。它规定了国家行政机关的组织、职责权限、活动原则、管理制度和工作程序,以此来调整国家和各种行政机关之间,以及国家行政机关同其他国家机关、企业事业单位、社会团体和公民之间的社会关系,以及在此基础上产生的监督行政关系的法律规范的总称。其在整个国家法律体系中占有相对独立的一席之地。

其次,行政法是国内法。从行政权实施主体和行政权行使的范围上来看,行政主体依法代表国家并以国家名义实施公共行政管理活动,行政权具有鲜明的国别性质,其法律效力限制在本国领域和范围之内。

最后,行政法是公法。前已述及,行政权是一种管理公共事务的权力,是一种归属于国家的公权力。行政权行使的目的是实现公共利益,这种公共利益通过国家的法律、法规和政策等表现出来。它由规范行政主体和行政权设定的行政组织法、规范行政权行使的行政行为法、规范行政权运行程序的行政程序法、规范行政权监督的行政监督法和行政救济法等部分组成,其核心是控制和规范行政权,保护行政相对人的合法权益,故其具有鲜明的公法性质。

因此,用一句话来概括行政法的性质就是,行政法是一个独立的国内公法部门。

(二)行政法的特征

1. 行政法尚无完整、统一的实体法典形式。迄今为止,世界各国还没有哪一个国家拥

---

① 权力机关作为监督主体,主要是审查行政机关的抽象行政行为,审查其是否违反了上位法如宪法、法律、行政法规等。监察机关是人民政府行使监察职能的机关,作为监督主体时,依照《中华人民共和国监察法》对国家行政机关、国家公务员和国家行政机关任命的其他人员实施监察,主要针对违法失职行为。行政复议机关作为监督主体时,审查申请行政复议的具体行政行为是否合法与适当,拟订行政复议决定;而且可以依申请审查行政机关的具体行政行为所依据的国务院部门的规定(不含国务院部、委员会规章),县级以上地方各级人民政府及其工作部门的规定(不含地方人民政府规章),乡、镇人民政府的规定是否合法。司法机关作为监督主体时,在公民、法人或其他组织提起行政诉讼后,主要审查行政机关的具体行政行为是否合法及个别行政行为是否适当。

有统一的行政法典。而民法、刑法都有各自专门的法典,这是行政法与民法、刑法在形式上的一个重要区别。究其原因,一方面,行政法是分散的、大量的行政法律规范的总和。行政法之所以不能形成统一的法典,主要是由于行政权范围上的广泛性和行政法内容上的广泛性,其涉及的客体遍及社会管理的方方面面。行政机关在纷繁复杂的行政活动过程中与其他因素结成各种各样的关系,这些关系就是行政法调整的对象,它具有多样性,彼此差别很大,易于变动,很难用完整、统一的法典加以规范。另一方面,行政法的理论体系尚欠完整,如关于行政法的一般原则和基本规范的认识,尚欠缺相对成熟的结论,这为制定完整、统一的行政法典增加了困难。但就事实来看,许多国家已有制定统一行政法典的运动或趋势。首先,表现在许多国家都制定了局部性的行政法典,如行政组织法、公务员法、行政处罚法、行政诉讼法、国家赔偿法、行政程序法等;其次,行政法目前虽无完整、统一的实体法典形式,但是这并不意味着行政法永远不能制定出统一的法典。如 20 世纪 90 年代的荷兰就制定了《荷兰行政法通则》,率先实现了行政法总则的法典化。

令人欣喜的是,自 2018 年以来,国内行政法学界对于我国行政法法典化的理论和实践问题进行了积极探索。2020 年 5 月 28 日,第十三届全国人大第三次会议表决通过了《中华人民共和国民法典》,标志着我国迈入“民法典时代”。在这之后,国内行政法学界关于我国行政法法典化的呼声愈发强烈,并由此形成了一系列有益的学术成果。[①] 习近平在 2020 年11 月 16 日中央全面依法治国工作会议上的重要讲话中指出:“民法典为其他领域立法法典化提供了很好的范例,要总结编纂民法典的经验,适时推动条件成熟的立法领域法典编纂工作。”[②]因此,从我国法治建设的进程来看,体系化和法典化已经成了当前的发展趋势。行政法总则与行政法法典化命题的提出,是推动我国行政法进一步向前发展的契机,对于推动我国法治体系的系统化、科学化,提高立法质量具有重大意义。当然,在我国行政法法典化的历史进程中,仍然需要关注制定统一法典的现实需要与作用,即:(1)有助于各种法规内容的标准化与统一化;(2)有助于行政法各项基本原则的认定;(3)有助于确定行政法规或类别行政法规的范围;(4)有助于法规的系统化与彼此间内容的协调配合。[③]

2. 行政法具有鲜明的法律位阶性。所谓法律位阶性,是指每一部规范性法律文本在法律体系中的纵向等级。处于下位阶的法律必须服从上位阶的法律,所有的法律必须服从最高位阶的宪法。在我国,按照宪法和立法法规定的立法体制,法律效力位阶共分六级,从高

---

① 应松年教授在 2018 年就提出“制定行政法总则的时机已经成熟。我们有能力借鉴民法总则的立法技术,将我国行政法中共性的东西抽取出来,形成具有中国特色的行政法总则。在行政法总则的指引下进一步制定行政法的分则,最终形成一部体系完整的行政法法典”。这一论点引发了我国行政法学者关于行政法法典化的广泛讨论。此后几年,我国行政法学者辛勤劳动,笔耕不辍,形成了一系列有价值的学术成果。如应松年教授的《关于行政法总则的期望与构想》,马怀德教授的《民法典对行政法法典化的启示》,姜明安教授的《关于编纂我国行政程序法典的构想》,薛刚凌教授的《行政法法典化之基本问题研究》,杨登峰教授的《从民法典的编纂看行政法典的编纂》,钟瑞华副研究员、李洪雷研究员的《我国行政法法典化的意义与路径》,章志远教授的《中国特色行政法法典化的模式选择》,关保英教授的《民法典颁布后对行政法典总则的展望》《〈行政法典总则〉对行政法治理念的整合》《论行政法典总则的制定及其对行政法体系的整合》《〈地方组织法〉助益行政法法典化》《行政法典总则制定的正当性研究》《行政法典总则的法理学分析》及应松年教授、张航博士的《中国行政法法典化的正当性与编纂逻辑》等。

② 《习近平谈治国理政》第 4 卷,外文出版社 2022 年版,第 293 页。

③ 参见张家洋:《行政法》,台湾三民书局 1998 年版,第 5 页。

到低依次是：根本法、基本法、普通法、行政法规、地方性法规和行政规章。行政法律规范赖以存在的法律形式多种多样，法律文件的数量巨大，位列各部门法之首。法律形式不同，其法律效力也就不同，因此呈现出鲜明的法律位阶性。我国《立法法》第五章"适用与备案审查"部分对此作出了明确规定。该法第 87 条规定，"宪法具有最高的法律效力，一切法律、行政法规、地方性法规、自治条例和单行条例、规章都不得同宪法相抵触"。第 88 条规定，"法律的效力高于行政法规、地方性法规、规章。行政法规的效力高于地方性法规、规章"。第 89 条规定，"地方性法规的效力高于本级和下级地方政府规章。省、自治区的人民政府制定的规章的效力高于本行政区域内的设区的市、自治州的人民政府制定的规章"。第 91 条规定，"部门规章之间、部门规章与地方政府规章之间具有同等效力，在各自的权限范围内施行"。

3. 行政法具有明显的易于变动性。行政法的易于变动性指的是行政法律规范的制定、修改和废止较为频繁。特别是以行政法规、规章形式表现的行政法律规范较易变动。究其原因，行政机关面临的行政事态不断地在发生变化，行政活动会根据事态的变化而变化，行政机关与相对人之间的关系也必然相应地发生变化，因而，作为调整此种关系的行政法律规范必须及时地进行立、改、废，才不至于脱离现实，也才符合现实发展需要。再则，除以宪法、法律形式表现的行政法律规范的立法权属于立法机关、其变动遵循立法程序以外，行政法规、规章等则是由有行政立法权的行政机关制定、修改、废止的，遵循灵活、简便的行政立法程序，所受限制较少，因而变动较为频繁。行政法规范虽然易于变动，但也必须保持适度的稳定性，否则行政相对人将无所适从。

4. 行政法实体性规范与程序性规范往往交织在一起，共存于同一法律文本之中。现代民法与民事诉讼法、刑法与刑事诉讼法中的实体性规范与程序性规范已经完全分开，各自成了独立的法律部门。但就行政法而言，由于行政程序极为复杂多样，涉及对行政职权的设定、行使、监督和救济等过程的各个环节，与实体行政权的运行密切联系，这就必然导致行政法的程序性规范并不是集中在自成体系的行政程序法文本之中，而是散见于以行政实体性规范为主的众多法律文件之中。这也就导致实体法规定与程序法规定相互交织，共存于同一个法律文本之中的现实情形。如我国《行政复议法》中关于行政复议申请、行政复议受理、行政复议决定的法律规定，既包括了实体性规范，又包括了程序性规范。

》》三、行政法的体系构成

（一）行政法体系构成的三种模式

任何一个部门法的体系构成除了有其独有的调整对象以外，其中构成元素也是此部门法区别于其他部门法的重要标志。行政法的构成元素是行政法这一部门法的基本单位。学界关于行政法的体系构成有"二元素说""三元素说""四元素说"三种模式理论：

"二元素说"模式认为行政法由静态的元素和动态的元素两个方面构成。静态的元素是指在行政法体系中构成静态规则的行政法律规范和行政法制度，如行政法律规范中关于行政组织的行为规则、关于公务员的行为规则。所谓动态的规范是指规制行政行为或者行政机关行政活动过程的行为规则,如在行政法体系中的行政行为法以及与行政行为法相关的行为规则。"二元素说"在诸多行政法著述中都有所反映,如约翰·密尔在《代议制政府》一书中就依行政组织法和行政行为法构思行政法体系。①

"三元素说"模式认为行政法由行政组织法、行政行为法和行政救济法三个部分构成。较之于"二元素说"模式,该论点实质上是对行政法理念的重新确定。将行政法理解为行政组织法和行政行为法两个基本元素,是从行政法作为调整管理关系的角度出发的,而将行政法视为除了包括行政组织法和行政行为法之外还有行政救济法,主要强调的是权利保护的理念。一个完整的行政法体系,若缺失了权利救济规则,无论从形式上还是从内容上来讲,都是不完整的。

"四元素说"模式认为行政法由行政组织法、行政行为法、行政程序法和行政救济法四个部分构成。一些行政法学家认为,行政程序法是现代行政权和行政法的核心内容。行政程序是指行政主体在行政权行使中应当遵循的程序性规则。现代行政权的最大特点是运行中不能没有程序要求,因为程序是行政权规范化运行最为本质的东西。上述关于行政法构成元素的认识反映了不同的行政法理念。本书认为,从行政法的整个构成体系来看,采"四元素说"似乎更为妥当一些。

(二) 行政法的体系结构

1. 行政组织法。在我国行政法体系中,行政组织法主要表现为四个组成部分:一是国务院组织法,也叫中央政府组织法;二是地方行政组织法;三是公务员法;四是行政编制法。具体而言,国务院组织法包括宪法中关于国务院组织体系的规定、②国务院组织法典(《国务院组织法》)、③对国务院其他组织事项作出的补充性规定等三个方面的内容。④ 地方行政组织法包括宪法中关于地方行政组织规定的规则、⑤地方政府组织法(《地方各级人民代表大

---

① 参见[英]约翰·密尔:《代议制政府》,汪瑄译,商务印书馆1982年版,第1—12页。

② 我国宪法中关于国务院组织体系的规定,具体由《宪法》第85条、86条、91条所规定。如《宪法》第85条规定,"中华人民共和国国务院,即中央人民政府,是最高国家权力机关的执行机关,是最高国家行政机关。"第86条规定,"国务院由下列人员组成:总理,副总理若干人,国务委员若干人,各部部长,各委员会主任,审计长,秘书长。国务院实行总理负责制。各部、各委员会实行部长、主任负责制。国务院的组织由法律规定。"第91条规定,"国务院设立审计机关,对国务院各部门和地方各级政府的财政收支,对国家的财政金融机构和企业事业组织的财务收支,进行审计监督。审计机关在国务院总理领导下,依照法律规定独立行使审计监督权,不受其他行政机关、社会团体和个人的干涉。"

③ 我国《国务院组织法》第4条规定,"国务院会议分为国务院全体会议和国务院常务会议。国务院全体会议由国务院全体成员组成。国务院常务会议由总理、副总理、国务委员、秘书长组成。总理召集和主持国务院全体会议和国务院常务会议。国务院工作中的重大问题,必须经国务院常务会议或者国务院全体会议讨论决定。"

④ 如《第十三届全国人民代表大会第一次会议关于国务院机构改革方案的决定》的具体内容,以及《国务院行政机构设置和编制管理条例》的具体内容。《国务院行政机构设置和编制管理条例》第9条规定,"设立国务院组成部门、国务院直属机构、国务院办事机构和国务院组成部门管理的国家行政机构的方案,应当包括下列事项:(一)设立机构的必要性和可行性;(二)机构的类型、名称和职能;(三)司级内设机构的名称和职能;(四)与业务相近的国务院行政机构职能的划分;(五)机构的编制。撤销或者合并前款所列机构的方案,应当包括下列事项:(一)撤销或者合并的理由;(二)撤销或者合并机构后职能的消失、转移情况;(三)撤销或者合并机构后编制的调整和人员的分流。"

⑤ 我国宪法第105条至110条都是有关地方行政组织的规则。如第105条规定:"地方各级人民政府是地方各级国家权力机关的执行机关,是地方各级国家行政机关。地方各级人民政府实行省长、市长、县长、区长、乡长、镇长负责制。"

会和地方各级人民政府组织法》)中关于地方行政组织的规则、①其他法律规范中有关地方政府的组织规则、国家有关地方机构改革的规范性文件等。公务员法是调整国家行政职务关系的法律规范的总称。行政编制法是有关控制行政机构体系中的职位比例、人员数额等的法律规范的总称。

2. 行政行为法。行政组织是权力的载体,但它并不是权力本身,也不是权力的具体运行。行政权和其他国家权力一样,其运行是通过一定的行为来完成的,其中行政机关所为的行政行为就是实现权力运作的法律形式。行政行为是由行政主体实施的,其行为状态体现了行政权力的具体过程。行政行为的实施使行政权力由一种抽象的形式转化为影响行政相对人义务的行动过程。由于行政行为与行政组织不可以分开,因此,行政机关在确认了将行政组织法作为行政法的基本构成以后,又确认了行政行为法作为行政法不可缺少的一部分。在我国行政法体系中,行政行为法主要表现为五个组成部分:一是行政立法法;②二是行政处罚法;三是行政许可法;四是行政强制法;五是行政执法。行政行为法是行政法中非常重要的部分,既有行政机关一般行为的规则,又有行政机关在某一具体事件管理中的规则等。

3. 行政程序法。从学理上来讲,行政程序法是调整行政主体行政行为程序的法律规范和原则的总和,由行政组织法和行政行为法的各一部分构成。③ 在我国行政法体系中,中央层面的行政程序立法主要体现在各单行法的行政程序法规范中。如行政立法程序主要规定于立法法、行政法规制定程序条例、规章制定程序条例等法律法规中;行政行为程序主要规定于行政处罚法、行政许可法、行政强制法等法律法规中。地方层面,2008 年 4 月 17 日发布的《湖南省行政程序规定》是我国第一部行政程序地方政府规章。随后,山东、江苏、宁夏、浙江等省、自治区政府以及汕头、西安、兰州、蚌埠等设区的市也先后制定了行政程序地方政府规章,还有一些不具备地方立法权的政府也在规范性文件中对行政程序作出了相关规定。2021 年 1 月的发布的《法治中国建设规划(2020—2025 年)》中明确提出要"研究制定行政程序法",对进一步将行政程序纳入我国法治轨道提出了具体要求。④ 具体而言,行政程序法包括行政主体实施行政行为的方式、过程、步骤、时限,调整行政主体与行政相对人在行政管理过程中发生的关系,以及行政程序基本原则包括的公开原则、公正原则、参与原则、复审原则、效率原则、顺序原则、程序及时原则等法律要素。

4. 行政救济法。行政救济法是对在行政法治运作中保障行政相对人权利的行为规则的总称。有权力必有救济,行政救济是行政法的基本制度之一,行政机关和公民之间在法律

---

① 需要注意的是,我国《地方各级人民代表大会和地方各级人民政府组织法》是一个关于地方国家机关的专门立法,但该法将地方人民代表大会的组织规则和地方人民政府的组织规则放在一个法典之中。这种布局是由我国政治体制的性质决定的,因为在我国行政机关本身就是国家权力机关的执行机关。

② 我国行政立法包括下列不同层次的行政法规范:《立法法》对行政立法的规定,《行政法规制定程序条例》对行政立法的规定,《规章制定程序条例》对行政立法的规定,《法规规章备案条例》对行政立法的规定,具有规章制定权的地方政府关于规章制定的规则,以及一些地方人民代表机关或者地方人民政府关于对制定行政规范性文件的规则等。

③ 前已述及,鉴于我国目前尚没有独立的行政程序法,行政法的程序性规范散见于以行政实体性规范为主的众多法律文件之中,导致了实体法规定与程序法规定往往相互交织,共存于同一个法律文本之中的现实情形。但是,我们不能因为我国目前尚未制定统一的行政程序法而否认行政程序法是我国行政法体系的有机组成部分。

④ 《法治中国建设规划(2020—2025 年)》要求在行政过程中,应当切实贯彻正当行政程序的理念,不断推进行政程序法的研究和制定,有效落实既有的程序法规范,推进重点领域的行政程序立法,完善行政程序各重要组成部分的法律规范,逐渐形成行之有效的行政程序法体系。

上的平等,就以此为基础实现的。在现代行政法治体系中,典型的行政救济制度包括行政复议制度、行政诉讼制度和行政赔偿制度等。这些制度是现时代行政法治中最为重要和最为基本的制度。在我国行政法体系中,行政救济法主要表现为六个组成部分:一是行政复议法;二是行政诉讼法;三是行政赔偿法;四是监察法;①五是信访制度;六是权力机关对行政机关的监督制度。

第四节 行 政 法 学

▶▶ 一、行政法学及其研究对象

行政法学是以行政法律规范以及行政相关的社会关系为研究对象的法学分支学科。我国现代行政法是在 20 世纪 80 年代初期伴随我国改革开放的历史进程建立和发展起来的,大体经历了以下三个阶段:第一阶段从 20 世纪 80 年代初至 1989 年《行政诉讼法》的颁布。这一阶段的主要特征是依法行政原则在宪法上得到确立,管理性行政法获得长足发展,行政立法日趋活跃。第二阶段从 80 年代后期至 90 年代中期。这一时期我国行政法的成就突出表现为行政法法源体系的基本确立和行政诉讼及其配套制度的快速发展。第三个阶段从 90 年代中期至今。这一阶段的主要特点是司法对行政的审查通过法院的司法实践进一步得到强化,行政法学界对行政法原则的研究更加细化,控制、约束行政主体的行政程序规则开始加速发展。

从历史发展的角度而言,作为一门独立的法律学科,行政法学就是主要研究行政法的产生和发展的历史规律,研究行政法的概念、本质、内容和形式,研究行政法的基本范畴、基本原理、基本原则和基本体系,研究行政法的制定、执行和遵守的相关制度,研究和总结人们关于行政法的观念、学说以及不同法系的行政法比较的基本理论体系,旨在为监督和维护行政机关依法行政,保护公民、法人和其他组织的合法权益提供理论指导。

▶▶ 二、行政法学的体系构成

行政法作为一个法律部门,具有鲜明的系统性。行政法学是由一种多元的层次结构构成的相对独立的学科体系。一般来讲,行政法学的学科体系由行政法学的基本理念、体制行政法、②行政行为法、行政侵权救济法四个部分构成。分述如下:

---

① 为了加强监察工作,保证政令畅通,维护行政纪律,促进廉政建设,改善行政管理,提高行政效能,2018 年 3 月 20 日,第十三届全国人大第一次会议表决通过了《监察法》,自公布之日起施行。原 1997 年 5 月 9 日第八届全国人大第二十五次会议通过的《行政监察法》同时废止。

② 关保英教授将行政法学的体系结构区分为"作为解释工具的范畴""作为对'体'进行分析的范畴""作为对'用'进行分析的范畴""作为对'侵权救济'分析的范畴"以及"作为分析手段的概念系统"等五个组成部分。参见关保英:《行政法学》,法律出版社 2018 年版,第 32—35 页。

（一）以依法行政理念为统领的行政法学基本架构

依法行政是指行政机关依据法律取得并行使行政权力、管理公共事务,行政相对人如认为行政机关侵害其权益,有权通过法律途径请求纠正行政机关的错误行为,获得法律救济,并要求行政机关承担责任,以切实保障公民的权利。依法行政是依法治国、建设社会主义法治国家的必然要求和重要内容,是我国行政机关行使权力、履行义务的基本要求和手段。这种以行政权、行政法的理论基础,行政法的产生背景与发展过程,行政法的概念、特征,行政法律关系,行政法渊源的理论,行政法基本原则、行政法的时代发展要求等为主要内容的诸多行政法基本观念和基本框架,自始至终贯穿了以依法行政理念为统领的行政法学。从1997年党的十五大确立依法治国基本方略,到1999年实施《国务院关于全面推进依法行政的决定》,再到2004年实施《全面推进依法行政实施纲要》,从2015年中共中央、国务院印发《法治政府建设实施纲要(2015—2020年)》到2021年中共中央、国务院印发《法治政府建设实施纲要(2021—2025年)》关于法治政府建设总体目标内容的扩充与进一步完善,[①]无不体现了依法行政理念在我国行政法和行政法学发展进程中的统领性作用。

（二）以行政机关及其构成体系为出发点的体制行政法

所谓体制行政法是指对行政系统的宏观构成和微观构成以及相关权力分配作出规定的行政法规范的总称。[②] 在我国,体制行政法是围绕行政机关这一核心概念建构起来的,涵盖行政机关组织法、公务员法和行政编制法。一则,从组成部分来看,体制行政法的构成要素既包括行政机关以及行政机关的构成体系,如行政机关的性质和职能、行政机关的构成、行政机关的组织体系、行政机关的工作程序、行政机关的职权范围、行政机关的任期、行政机关的领导体制等;同时又包括公务员和在行政机关工作的其他人员,如公务员的职位分类、公务员的考试录用、公务员的权利义务、公务员的管理制度、公务员的职位变化制度、对公务员进行管理的相关机构;同时还包括以行政机构设置、人员配备以及相关经费核定为主要内容的行政编制法。二则,从具体内容上来看,体制行政法包括关于行政组织和行政组织法的基本问题;行政组织的基本问题表现在中央政府行政组织、地方政府行政组织、中央与地方行政组织的关系、国家公务员制度、行政编制等涉及行政体制构成基本理论;行政组织法的内容构成表现在国务院组织法、地方行政组织法,以及行政主体的职权、公务员法、行政编制法

---

① 2015年中共中央、国务院印发的《法治政府建设实施纲要(2015—2020年)》,提出我国法治政府建设的总体目标为"职能科学、权责法定、执法严明、公开公正、廉洁高效、守法诚信",2021年中共中央、国务院印发的《法治政府建设实施纲要(2021—2025年)》,将我国法治政府建设的总体目标内容进一步扩充和调整为"职能科学、权责法定、执法严明、公开公正、智能高效、廉洁诚信、人民满意",这些时代性的变化表明:我国行政法治建设在依法行政理念深入人心的情况下,已经从行政立法、行政决策、行政执法和行政监督阶段,推进到行政法体系全方位的制度构建阶段。

② 关保英教授认为,体制行政法与政府行政体制有关,它不是政府行政系统某个单一方面行为规范的称谓,而是将行政系统作为一个事物来看待所涉及的所有行为规则。我国国家机构体系中包括立法体制、审判体制、检察体制、行政体制四个方面,每个体制系统都有对其进行规范的行为规则,每个相应的行为规则都使该系统有了严格的规范体系。行政系统作为国家机构系统的一个分支,也有其相应的行为规则,行政体制法就是与行政体制构成相对应的规则体系。参见关保英:《行政法学》,法律出版社2018年版,第189页。

等相关的具体法律内容。

（三）以行政权运行为过程的行政行为法

就构成部分而言,行政行为法包括抽象行政行为制度和具体行政行为制度两个构成部分。抽象行政行为是指行政机关在行政权行使中对不特定的人和不特定的事所为的行为,包括行政立法和颁布行政管理规范性文件两个方面。行政立法是指享有行政法规范制定权的行政机关制定行政法规范的行为;颁布行政管理规范性文件是指行政机关在管理活动过程中制定或者发布的规章以下具有普遍约束力的行为规则。具体行政行为是行政机关针对具体的人或事所为的发生法律效力的行为,包括行政赋权作为、行政救助行为、行政设定义务行为、行政制裁行为以及变态具体行政行为等类别。就行政行为具体内容而言,行政行为法包括行政立法、行政执法、行政许可、行政处罚、行政强制、行政征收、行政征用、行政确认、行政裁决、行政指导、行政合同、行政程序、行政法制监督等方面内容。行政权是一种公权力,依法行政的实质就是通过法律来制约公权力的运作、过程、程序,制约行政权的非正常运行。可以看出,无论是抽象行政行为所涉及的制定主体、效力范围、规制内容、程序规则,还是具体行政行为所涉及的行为主体、行为的职权范围、行为程序、行为方式、行为的法律后果或责任,行政权贯穿始终。

（四）以法律责任为落脚点的行政侵权救济法

一定的法律行为总会导致一定的法律结果和法律责任。在现代行政法制度中,行政侵权救济制度包括监督救济制度、复议救济制度、诉讼救济制度和赔偿救济制度四个组成部分,以上制度多是以对违法或不当行政行为施加法律补救为终极要旨。与之对应的行政法规范体系,由外部行政救济和内部行政救济组成。外部行政救济制度诸如《监察法》《行政诉讼法》《行政强制法》以及《国家赔偿法》等,内部行政救济制度诸如行政申诉、行政信访、人事仲裁、行政复议等。作为常设部分的法律责任内容,弱化了行政主体的权力,强化了行政主体的责任和法律后果,充分体现了现代行政的新理念,适应行政机关转变政府职能、深化行政管理体制改革的要求,对我国各级行政机关的行政理念和权力行使规则产生了深远的影响。

三、行政法学的研究方法

（一）体系研究法

体系研究法是指把需要解决的问题作为一个系统,对系统要素进行综合分析,找出解决问题可行方案的研究方法。行政法学的体系研究法是以行政法学体系的具体构成内容为基础,以"行政法律规范赖以存在的社会关系—应当制定的行政法律规范—构架什么样的行政法律规范体系—运用行政法律规范进行社会控制"的逻辑顺序而展开的。涉及行政法基本原理、行政组织制度、行政权运用制度、行政程序法、行政法制监督制度、行政救济制度六个层次的内容。其中,行政法基本原理重点关注如行政法的概念、行政法的产生背景与过程、行政法的渊源、行政法的理论基础、行政法律关系等基本内容;行政组织制度重点关注行政组织和行政组织法基本问题、中央政府行政组织、地方政府行政组织、中央与地方行政组织的关系、国家公务员制度等基本内容;行政权运用制度重点关注行政立法、行政指导、行政合同、行政许可、行政处罚等基本内容;行政程序法重点关注行政程序法的概念与历史发展、行政程序法的理论基础、行政程序法的基本功能等基本内容;行政法制监督制度重点关注行政机关的内部监督、立法机关的监督、司法机关的监督、社会监督等基本内容;行政救济制度重点关注行政复议制度、行政诉讼制度、行政赔偿制度等基本内容。体系研究法关注的是行政法调整行政管理活动过程中形成的法律制度,以及规范行政主体和行政相对人的行为。通过体系研究法可掌握行政法学体系的基本内容和知识框架,构建系统性、整体性的行政法思维能力。体系研究法是通过集体学习如行政法课堂教学、个人自学如阅读行政法经典著作、精研法律文本得以实现的。

(二)案例分析法

案例分析法亦称个案分析法或典型分析法,是在对有代表性的事物或现象进行深入研究的基础上,获得事物总体认识的一种研究方法。行政法案例是发生于行政法运作过程中的案件事实,在案件事实和行政法律规范之外还涉及行政法理问题。因此,于行政法学而言,案例分析法就是在研究行政法经典案例的基础上,动态实现对行政法体系构成要素的研究理性和实践理性的方法。具体而言,行政法学意义上的案例分析法包括以案学法、以法论案、以个案推演行政法理、以案件拓展行政法学思考空间等四种学习研究模式:其一,以案学法模式是指在研究行政法案例过程中首先确定法律典则、法律制度、法律原理,然后通过行政案件印证这些法律典则、法律制度、法律原理的法定性和合理性。其二,以法论案模式是指将行政法律规范作为解决问题的一个参考系,通过对行政法案例的法理分析,提供解决案件的理想途径。在这一过程中,行政法律规范是案件解决的基本依据。其三,以个案推演行政法理模式是指通过案例分析,厘清和解决行政法典则与行政法原理之间的关系问题。① 该模式是通过行政法个案推论一般的行政法理,并在推出一般的行政法理时质疑某一行政典则规定的具体内容。其四,以案件拓展行政法学思考空间的模式在于培养行政法学习研究者的行政法思维能力和创新空间。前三种案例分析模式都会得出肯定或者否定的结论,而第四种模式是通过案例分析,发现和提出目前行政法规范和行政法现有理论尚不能解决的问题,将这些待解问题留给学生或行政法学研究群体,乃至政府法治部门。这样既可能拓展行政法学新的研究领域,又可能形成新的行政法理念。

---

① 行政法典则与行政法原理既相互联系又有所区别,此二者的联系表现在行政法典则是行政法原理的延伸,行政法原理是对行政法典则的抽象。二者的区别在于行政法原理是一种理论形态,而行政法典则是实在法形态。作为抽象的行政法原理不一定在任何情况下都能与行政法典则时时对应或匹配。

（三）比较研究法

从历史发展的角度来看,行政法学伴随着行政法的产生而产生,在 19 世纪末、20 世纪初形成基本的学科体系。我国从戊戌变法后始有行政法学的概念和称谓,但其时的行政法学深受日本行政法学的影响。我国现代行政法学是在学习借鉴德国、日本、美国、英国、法国等西方国家行政法学的基础上发展起来的,很多关于行政法的基本概念、行政法制度和基本原则都存在明显的"舶来"印迹。因此,在行政法学的研究学习过程中,比较研究法显得尤为必要。这种比较研究以寻求不同法系、不同国家行政法价值上的共性、行政法律规范构成上的可贯通性、行政法调整手段上的相异性、行政法历史发展的连续性①为己任。比较研究过程中以行政法学方法论的运用、行政法概念的界定、行政法基础理论的阐释、行政法基础理论的探寻、行政法学的关键词设定、行政法学学科的体系构造、行政法学分部类诸元素的思考进路等诸多因素的比较为主要内容。② 令人欣慰的是,在我国行政法学界,除了已有翻译的大量西方国家不同时期的经典行政法学著作和外国行政法著述外,③国内已有多种以"比较行政法"或"比较行政法学"命名的学术著作,如王名扬先生所著的《比较行政法》,胡建淼教授所著的《比较行政法学——20 国行政法评述》,关保英教授所著的《比较行政法学》,张正钊教授主编的《比较行政法》,张千帆教授、赵娟、黄建军所著的《比较行政法——体系、制度与过程》等。以上翻译的国外著作和国内比较法学著作,一方面为学界把握西方国家行政法学的发展流脉、追踪国外行政法学的研究前沿提供了参考,另一方面对于我国进行体系化的行政法学研究无疑有所裨益。

【习题及答案解析】

---

① 参见关保英:《行政法学》,法律出版社 2018 年版,第 13—16 页。
② 参见关保英:《比较行政法学》(第二版),法律出版社 2014 年版,目录页。
③ 自我国行政法学家王名扬先生相继出版了《英国行政法》《法国行政法》《美国行政法》之后,杨建顺教授著述了《日本行政法》,于安教授著述了《德国行政法》。杨建顺教授翻译了盐野宏的《日本行政法》(法律出版社 1999 年版)、朱林教授翻译了平特纳的《德国普通行政法》(中国政法大学出版社 1999 年版)、徐炳翻译了施瓦茨的《美国行政法》(群众出版社 1986 年版)等。

第二章　行政法律关系

第一节　行政法律关系的内涵

➤ 一、行政法律关系的概念

在复杂多样的社会生活中,人们形成了不同的社会关系,这些形形色色的社会关系在受到不同的法律规范调整之后,便形成了相应的法律关系。行政法律关系便是这众多法律关系中的一种。有学者认为,行政法律关系是由行政法律规范调控的因行政活动(包括权力活动与非权力活动)而形成或引发的各种权利义务关系。[①] 有学者认为,行政法律关系是由行政法律规范调整的,因行政主体行使行政职权而形成的行政关系——行政主体与行政主体之间、行政主体与其他组成机构及公务员之间、行政主体与行政相对人之间,因行政主体行使行政职权而形成的权利义务关系。[②] 有学者认为,行政法律关系是经行政法规范调整的,因实施国家行政权而发生的行政主体之间,行政主体与行政人之间,行政主体与行政相对人(其他国家机关、社会组织、公民、外国组织和外国人)之间的权利与义务关系。[③] 还有学者认为,行政法律关系是由行政法规范规定的行政主体与其他社会主体之间形成的权利义务关系。这种关系以国家管理关系为直接基础,作为一种调整手段作用于国家管理关系。[④] 可以看出,以上行政法学者对于行政法律关系的界定,基本都囊括了行政法律关系是行政主体调整社会关系的一种手段,这种社会关系由行政法律规范予以规定,表现为一定的权利义务关系等共性因素。本书倾向于最后一种观点,具体阐述如下:

(一)行政法律关系是行政主体调整社会关系的一种手段

社会关系既包括经济关系、政治关系、法律关系,又包括宗教关系、军事关系等。就法律关系而言,又包括民事法律关系、刑事法律关系、行政法律关系等多种多样的部门法律关系。每一个部门法律关系的主体、客体和具体的法律关系的内容都有所区别。单就行政法律关系而论,它是行政主体因行使行政权而形成的特定的权利义务关系,这种关系表现为其是作为一种手段对国家管理活动进行调整。国家的行政管理活动是在利益冲突的社会背景下进行的,管理者违背管理本意的行为和被管理者不服从管理的行为都可能导致行政管理关系

---

① 参见应松年主编:《行政法》,北京大学出版社、高等教育出版社 2010 年版,第 23 页。
② 参见张正钊主编:《行政法与行政诉讼法》(第二版),中国人民大学出版社 2004 年版,第 31 页。
③ 参见胡建淼主编:《行政法学》,复旦大学出版社 2003 年版,第 13 页。
④ 参见关保英:《行政法学》,法律出版社 2018 年版,第 96 页。

的偏差,因此就需要运用各种各样的手段对国家行政管理关系进行调整,表现在行政法律关系中,就是要通过行政法律规范予以调整。也就是说,行政法律关系是建立在国家行政管理关系的基础之上的,没有国家行政管理关系,行政法律关系就失去了存在的客观基础。进而言之,行政法律关系的一方必须是国家行政机关或受其委托和授权的机关、团体或个人,即必须有代表国家行政机关从事行政管理的当事人。

(二)行政法律关系由行政法律规范予以规定

法律规范是法律关系形成的基础性条件,法律关系在形成过程中必然受制于法律规范,每一个法律规则实质上都设立了某一个方面的法律关系,人们可以根据具体的法律规则实施某一行为或者不实施某一行为。于行政法律关系而言,权利义务关系能否产生,有赖于是否有调整行政关系的行政法律规范的客观存在,任何组织与个人之间因行使行政职权而发生的行政关系,若未经行政法律规范予以规定,只能是一般的社会关系,而非行政法律关系。一则,行政法律关系的形成,以行政法律规范的存在为前提,这正是行政法的创造性之体现。如我国《国家赔偿法》第 2 条确立了行政机关因违法行使职权而向行政相对人承担赔偿责任的关系形式。[①] 二则,国家对行政权及其行政过程的控制是通过行政法律关系的形式进行的,若不通过相应的规则设定行政律法关系,立法者便无法对行政过程进行控制。这一原理具体化以后就是行政法律规范设定行政法律关系,一个行政法规范必然设定一个或者一个以上的行政法律关系。三则,国家以其强制力对违反行政法律规范的行为予以纠正和制裁,从而使行政法律关系的参加者能够按照行政法律规范的规定履行相互之间的法定义务,实现相互之间的法定权利。因此,行政法律关系必须由行政法律规范予以规定,行政法律规范是行政法律关系形成的前提。

(三)行政法律关系表现为法定的权利义务关系

法律是规定人们权利和义务的行为规范。其最主要的精神是强调权利与义务的统一性。我国宪法规定,中华人民共和国公民在法律面前一律平等。任何公民享有宪法和法律规定的权利,同时必须履行宪法和法律规定的义务。每一个具体的法律规范以及表现出来的法律关系,都是法定权利和义务的集合体,二者辩证统一,相互对应、相互依存、相互转化、密不可分。权利人要享受权利,则必须履行义务;法律关系中的同一人既是权利主体又是义务主体,权利人在一定条件下要承担义务,义务人在一定条件下可以享受权利。于行政法律关系而言,它就只能是一种行政法上的肯定而明确的权利义务关系,且双方权利义务不可分割。一方面,就行政主体的权利而言,对于相对方来说是权利,而对于国家来说是义务。例如,维护社会治安既是公安机关的权利,也是公安机关的义务;征税既是税务机关的权利,也是税务机关的义务。由此,行政主体不能擅自转让、放弃其权利,也不能自由处分其权利,否

---

① 我国《国家赔偿法》第 2 条规定:"国家机关和国家机关工作人员行使职权,有本法规定的侵犯公民、法人和其他组织合法权益的情形,造成损害的,受害人有依照本法取得国家赔偿的权利。本法规定的赔偿义务机关,应当依照本法及时履行赔偿义务。"

则即为失职。另一方面,就相对人的权利义务而言,在某些情况下也是不可分割的。例如,劳动既是公民的权利又是公民的义务;受教育既是公民的权利又是公民的义务。此种情形是基于特殊法律的规定。在多数情况下,相对方的权利义务是可以分割的。在民事法律关系中,当事人权利义务的界限则非常清楚。

二、行政关系与行政法律关系

行政关系是指行政主体因行使行政职权和接受行政监督而与行政相对人、行政监督主体发生的各种关系,以及行政主体内部发生的各种关系。主要包括行政管理关系、行政监督关系、行政救济关系以及内部行政关系四种类型。行政法律关系是由行政法律规范规定的行政主体与其他社会主体之间形成的权利义务关系,是行政主体调整社会关系的一种手段。根据两者概念,我们可以看出行政关系的"社会关系性"和行政法律关系的"法律关系性"。也就是说,一则行政关系是一种社会关系,而行政法律关系是社会关系中的法律关系,行政关系的范围大于行政法律关系。二则行政法律关系不同于行政关系,二者既有联系又有区别。

二者的联系表现在,行政关系在由行政法律规范调整之前,是非规范性的、盲目的,其管理范围、方法、程序均无章可循。行政关系经行政法律规范调整以后,由于设定和明确了双方权利义务的具体内容,这种根据行政法律规范而形成的权利与义务关系体现出了法律的意志。此时,行政关系便上升为行政法律关系。

二者的区别表现在以下几个方面:

1. 行政关系与行政法律关系的性质不同。行政关系是一种事实关系,而行政法律关系则是一种行政法上的权利与义务关系。

2. 行政关系、行政法律关系与行政法的关系不同。行政关系是行政法的调整对象,而行政法法律关系则是行政法的调整结果。

3. 行政关系与行政法律关系的内容范围不同。行政关系的范围要大于行政法律关系,行政法律关系必然是行政关系,但行政关系并不必然就是行政法律关系。也可以说,行政法律关系的范围虽然比行政关系的范围小,但内容层次较高。

三、行政法与宪法以及其他部门法之间的关系

(一) 行政法与宪法的关系

"宪法是行政法的基础,而行政法则是宪法的实施。行政法是宪法的一部分,并且是宪法的动态部分。没有行政法,宪法每每是一些空洞、僵化的纲领和一般原则,至少不能全部地见诸实施。反之,没有宪法作为基础,则行政法无从产生,至多不过是一大堆零乱的细则,而缺乏指导思想。"[1]行政法与宪法的联系表现在宪法是行政法的基础,行政法是宪法的具体化。一则,宪法是一个国家的根本大法,任何法律的产生和发展都要以此为基础,行政法

①　龚祥瑞:《比较宪法与行政法》,法律出版社1985年版,第5页。

也不例外,宪法为行政法提供了基本原则和理念。二则,行政法是宪法的具体化,是宪法的具体实施。宪法规范的特点之一就是抽象性和原则性,这就需要部门法将抽象性和原则性的规范具体化,使宪法得到实施。三则,行政法把宪法中的原则具体化后用来调整社会关系,为宪法的发展提供实践前提,从而推动宪法的发展。二者的区别表现在:其一,效力等级不同。宪法是国家的根本法,是母法,具有最高的法律效力;而行政法是基本部门法,是子法,效力低于宪法且不得违背宪法。其二,规定的内容不同。宪法规定的内容是国家根本的制度、根本的问题,涉及的范围广泛,不以行政权事项为限;而行政法则只规定涉及行政权、行政管理方面的事项。其三,法律特征不同。宪法规范呈现出政治性、纲领性、抽象性、思想性等特征;而行政法则更多地呈现出社会性、适应性、技术性等特征。其四,法律形式不同。宪法通常以统一的宪法典为表现形式;而行政法则由于内容广泛,难以制定统一的法典,它是由效力层次不同、渊源多元的规范组成的系统。其五,法律规范构成不同。一般来说,法律规范的逻辑结构包括假定、处理、制裁三要素,行政法规范通常包括这三个要素;而宪法规范则没有规定制裁因素,这是宪法弱制裁性的体现。其六,稳定性不同。宪法是国家根本法,具有较强的稳定性;而行政法调整的社会关系易于变动,具有较强的适应性和灵活性。

(二)行政法与民法的关系

行政法与民法都是国家的基本法律,两者之间关系密切。一方面,从国家法制演进的历史来看,民法的历史悠久,而行政法的发展一般都晚于民法。行政法的发展离不开对民法规范的借鉴。例如行政合同就借鉴了民事合同中的法律制度。对于民法的规定能否在行政法中适用,有否定说、肯定说和折中说三种观点。折中说认为,"基于公法与私法的区别,则二者必然各具有特殊性,但就其共同渊源而言,则难以否定二者亦具有共通性的法理,凡民法方面属于特殊性的规定,因与公法特性不合,在行政法自不能任意援用此种规定,反之,属于共通性的规定,则对行政法自可一体适用,不能因其存在于私法,而迳予排斥"①。本书赞成折中说。另一方面,随着行政法的发展,其社会影响越来越大,调整范围渐渐扩大到原本属于民法调整的范围,某些传统上由民法解决的纠纷现在通过行政裁判制度来予以解决就是明证。

二者的区别表现在:其一,调整对象不同。行政法调整的是行政关系与监督行政关系;而民法调整的则是平等主体之间的财产关系和人身关系。其二,法律关系的特征不同。行政法律关系中必有一方主体恒定,即必须有行政主体的参加;而民事法律关系中双方当事人是任意的。行政法律关系中主体之间的权利义务是法定的,不能自由约定;而民事法律关系中双方当事人可以约定权利义务。行政法律关系是基于行政主体单方意思表示形成的,带有强制性;而民事法律关系是基于双方意思表示形成的,往往体现平等、自愿、等价、有偿等

---

① 否定说认为行政法与民法分属公法与私法性质,构成两个不同的法制系统,具有不同的理论基础、特征及效力,彼此间缺乏共同性,因而民法规定不能在行政法上适用。肯定说认为公法与私法渊源相同,彼此间有共同的法理存在,仅规范的重心不同而已。且私法在内容方面包含颇多一般性法理,此种规定自可直接适用于公法关系,至于私法方面的其他规定,凡能符合公法内容与目的者,自亦可在公法上适用。是故,以私法规定应可适用于公法为原则。参见张家洋:《行政法》,台湾三民书局1998年版,第100—101页。

特征。其三,制裁手段不同。行政法上较多采用拘留、罚款,暂扣或者吊销许可证、执照,责令停产停业,没收财物等手段制裁违法者;而民法上通常采用赔偿损失、责令恢复原状、赔礼道歉、消除影响等手段制裁违法者。其四,制裁机关和程序不同。行政法上对违法者的制裁,通常由行政机关依据行政程序作出,并且某些行政机关还拥有一定范围内的强制执行权;而民法上对违法者的制裁是由法院通过民事诉讼程序作出的。

(三)行政法与刑法的关系

行政法与刑法是国家法律体系中两个基本的部门法,而且都属公法范畴。两者联系紧密,互相衔接,互为补充,在维护国家利益、保障社会秩序方面密切配合。其一,刑法的制裁手段最严厉、最具强制性,作为国家法律秩序的最后保障手段,制裁破坏其他法律部门维护的法律秩序的犯罪行为。刑法无疑也保障着行政法所确立的社会秩序。其二,刑法中制裁的犯罪行为与行政法中制裁的一般违法行为存在"度"的区别。如行为跨过了这个"度",就构成犯罪行为;如行为没超过这个"度",就只是一般违法行为,即法律上通常所说的"行刑衔接"机制。这种衔接往往表现为:在行政法中规定违法责任时,对违法情节严重或后果严重者往往规定依法追究刑事责任。二者的区别表现在:其一,规定的内容不同。行政法规定的内容涉及行政权、行政管理公共事务;而刑法规定的是犯罪行为的认定和刑罚。其二,制裁对象和社会危害性不同。行政法制裁的对象是一般违法行为,即违反了国家有关法律、法规但尚未构成犯罪的行为;而刑法制裁的对象是严重违法行为即犯罪行为。其三,制裁手段不同。行政法主要使用行政处罚制裁行政违法行为。行政处罚包括人身罚、财产罚、申诫罚、能力罚,人身罚不是重点;而刑法主要使用刑罚惩治犯罪行为。刑罚主要有人身罚和财产罚,重点在人身罚。其四,适用的机关和程序不同。行政法律责任的追究主要由行政机关依据行政法规范、适用行政程序来进行;刑事法律责任则由法院依据刑法处理,适用刑事诉讼程序。

(四)行政法与经济法的关系

对于行政法与经济法的关系,行政法学界主要有三种观点。第一种观点:目前行政法规范和经济法规范都没有统一的法典,都分散在各种法律规范性文件中,行政法与经济法关系复杂,相互交错,不宜划分,因此应允许行政法与经济法同时存在和发展,互相从对方吸收营养。第二种观点:可以将调整经济管理的行政法从整个行政法中独立出来,与调整横向经济关系的民法规范合为一体,作为一个新的法律部门,称之为"经济法"。显然,这一"经济法"不是按与民法、行政法等法律部门相同的标准划分的。第三种观点:经济法应该成为经济行政法,它的调整对象是经济行政管理关系。它与行政法的关系是分则与总则、部门行政法与基本行政法的关系。经济法(或叫经济行政法)应该从属于行政法,是行政法下面的一个部门法。① 本书赞成第三种观点。究其原因,国家对经济领域的管理或者说对经济的干预都是行政权的作用。管理经济的行政机关在行使行政权的过程中对内对外发生的社会关系都是

---

① 参见杨海坤主编:《跨入 21 世纪的中国行政法学》,中国人事出版社 2000 年版,第 128—129 页。

行政法的调整对象。

二者的区别表现在:其一,调整对象不同。行政法调整的是仅具经济外壳的以直接、命令服从为特征的隶属性的社会关系;经济法调整的是宏观的、间接的、非权力从属性的经济管理关系。其二,调整手段不同。行政法主要依靠直接的调整方式作用于管理对象;而经济法则主要采用间接的调整方式。行政法主要采取单一的以行政命令为主的行政手段;而经济法的调整手段主要表现为普遍性的调控措施,体现为财政、税收、金融、信贷、利率等经济手段的运用。其三,追求和实现的价值目标不同。行政法追求和实现的是国家利益;而经济法所追求和实现的是社会公共利益。

第二节　行政法律关系的类型和特征

一、行政法律关系的类型

行政法律关系作为由行政法律规范规定的一种行政主体调整社会关系的手段,主要发生在国家行政机关之间、国家行政机关与其他国家机关之间、国家行政机关与社会团体之间、国家行政机关与企业事业单位之间以及国家行政机关与公民之间。

根据我国学界通说,行政法律关系有如下五种分类方式:

(一) 权力关系与非权力关系

根据行政法律关系产生的来源是否为行政权力,将行政法律关系区分为权力关系与非权力关系。权力关系是指行政主体对行政相对人凭借行政权力而施行行政活动产生的行政法律关系,如公安机关因维护社会治安与行政相对人之间、税务机关因征收税收与行政相对人之间产生的行政法律关系。在德国和日本,传统学说还将权力关系分为一般权力关系和特别权力关系。非权力关系是指行政主体对行政相对人使用非权力手段而实施行政活动产生的行政法律关系,如国家行政机关在职权范围内,为实现所期待的行政状态,以建议、劝告等非强制措施要求有关当事人作为或不作为的行政指导活动。

(二) 对内行政法律关系和对外行政法律关系

对内行政法律关系和对外行政法律关系也可以称之为内部行政法律关系和外部行政法律关系,这是根据行政权力作用范围的不同而区分的。内部行政法律关系是指上下级行政机关之间、平行的行政机关之间、行政机关与所属机构、派出机构之间、行政机关与国家公务员之间、行政机关与其委托行使某种特定行政职权的组织之间、行政机关与法律法规授权组织之间的关系。外部行政法律关系指的是公共行政关系,主要指行政机关与公民、法人和其他组织之间作为管理和被管理关系。

（三）行政实体法律关系和行政程序法律关系

以行政权力受到调整的行政法规范是实体法规范还是程序法规范为标准,将行政法律关系区分为行政实体法律关系和行政程序法律关系。行政实体法律关系是指受行政实体法规范调整而在行政主体与行政相对人之间所形成的实体上的权利义务关系。这种权利义务关系是一种目的性或结果性的法律关系。行政程序法律关系是指受行政程序法规范的调整而在行政主体与行政相对人之间形成的程序上的权利义务关系。这种行政法律关系是一种手段性或过程性的权利义务关系。一般而言,行政法律关系是行政实体法律关系和行政程序法律关系的综合体。如公安机关与违反治安管理的公民之间的处罚与被处罚关系就是行政实体法律关系,而公安机关在处罚过程中所具有的调查权与违反治安管理的公民接受调查的义务,违反治安管理的公民的申辩权与公安机关听取其意见的义务即属于行政程序法律关系的内容。

（四）原生行政法律关系和派生行政法律关系

以法律关系形成的原因为标准,将行政法律关系区分为原生行政法律关系和派生行政法律关系。原生行政法律关系是指因行政权力的行使而直接形成的权利义务关系,如行政处罚法律关系、行政许可法律关系。派生行政法律关系是指因行政权力的行使而间接引发的行政法律关系。这类关系是由原生行政法律关系派生出来的,以原生行政法律关系为基础,或依附于原生行政法律关系,是一种事后的救济或保障关系,如行政复议法律关系、行政诉讼法律关系。

（五）单一行政法律关系和复合行政法律关系

以行政法律关系结构的状况为标准,将行政法律关系区分为单一行政法律关系和复合行政法律关系。单一行政法律关系结构简单,通常是双方主体各为一个,权利和义务仅为一对的法律关系。而复合行政法律关系则结构复杂,且有不同形态,表现为主体的复合、内容的复合、主体和内容的交叉复合等。

二、行政法律关系的特征

行政法律关系并不是行政法中的一种固有制度,而是行政法学上的一个理论问题。需要强调的是,它的特征或性状对于解释行政法学中的其他问题,具有原则性的指导意义。行政法律关系作为法律关系的一种类型,除具有法律关系共有的一般特征之外,还有如下几个特征:

（一）行政法律关系中必有一方是行政主体

行政法关系主体必有一方是行政主体,具有恒定性、不可替代性。因为行政法律关系就是行政主体在行政管理活动中行使行政权与其他主体之间形成的受行政法律规范调整的关系。离开了行使行政权的行政主体,行政法律关系就不可能形成。具体而言,行政机关与公民、法人和其他组织之间、行政机关之间、行政机关与其他国家机关之间、行政机关与外国有关机关之间可以依法产生行政法律关系。而在平等主体之间,如公民之间、公民与法人之间、法人之间及公民、法人与其他社会团体之间则不可能产生行政法律关系。

(二)行政法律关系具有单方面性

行政法律关系的单方面性是指行政法律关系当事人双方的地位不对等,主要体现在行使行政权的行政主体通常决定着行政法律关系的产生、变更和消灭。行政法律关系的变迁,大多取决于行政主体的单方意志,无须征得相对方的同意,无须双方意思达成一致。国家行政机关对另一方总是居主导地位,双方的权利义务关系以领导与服从为基础。这与民事法律关系中双方意思表示一致有着明显的区别。如相对方主体不履行行政主体作出的行政决定中要求其履行的义务,行政主体则有权采取行政强制措施促使相对方履行义务。

(三)行政法律关系中双方的权利义务是法定的

在行政法律关系中,行政主体之间不能相互约定权利义务,也不能自由选择权利义务,而只能由相关法律规范事先予以规定,即主体之间的权利义务是法定的,当事人只能依法享有权利并承担义务。国家行政机关的行政行为以国家强制力为后盾,可强制对方履行义务或追究其行政责任。如在税收法律关系中,纳税人应纳的税种、税率及税收机关均由有关税法事先确定,纳税人不能自由选择税收机关,所付税种、税率也不能与税收机关协商,双方只能严格依照法定条件、法定程序办事。而在民事法律关系中,双方当事人则可以自由约定权利义务。但行政合同是行政法律关系此特征的一个例外情形。

(四)行政法律关系中主体之间的行政争议往往优先通过行政程序解决

在行政法律关系中,行政争议的处理往往首先由行政主体按行政程序优先予以解决。也就是说,行政主体作为争议一方当事人,有处理争议的权力,即使有的争议需由法院最终裁决,但行政主体往往也有先行处理权。究其原因,这些争议涉及的问题专业性强、技术性高、范围广,仅依靠法院难以解决行政争议。行政法律关系引起的争议只有在法律明文规定的情况下才通过司法程序解决。而在民事法律关系中,双方当事人都无权处理争议,只能通过调解、仲裁、诉讼等手段来解决纠纷。

第三节　行政法律关系的构成

行政法律关系由三个要素构成,即主体、内容和客体。分述如下:

一、行政法律关系的主体

　　所谓行政法律关系的主体,就是行政法律关系的当事人或实际参加者,即在行政法律关系中享受权利和承担义务的个人和组织。主体的特征就是既享受权利又承担义务。行政法律关系的实际参加者非常广泛,包括国家行政机关、其他国家机关、公务员、公民、企事业单位、社会组织、在我国境内的外国人和外国组织等。根据在行政法律关系中地位的不同,可以分为行政主体和行政相对人(也称"行政相对方")两大主体。行政主体就是能够以自己的名义代表国家依法行使行政职权,并能对由此产生的后果承担法律责任的机关和组织,在国家行政管理关系中处于管理一方的地位,主要有行政机关和法律法规授权的组织。行政相对人就是在行政法律关系中与行政主体相对应一方的机关、个人或组织,通常处于被管理一方的地位,不能行使行政职权。能成为行政相对人的个人和组织主要有以下种类:公民、法人(包括机关法人、事业法人、企业法人、社团法人等)、其他组织、外国组织和外国人、无国籍人等。行政主体与行政相对人的划分不是绝对的,在一种行政法律关系中作为行政主体的组织,在另一种行政法律关系中可以成为行政相对人。

二、行政法律关系的内容

　　行政法律关系的内容指的是行政法律关系主体所享受的权利和承担的义务。行政法律关系的内容是行政法律关系的核心,没有它,行政法律关系就失去了存在的意义。前已述及,在行政法律关系中,行政主体之间不能相互约定权利义务,也不能自由选择权利义务,而只能由相关法律规范事先予以规定。当一定的行政法律事实成立后,即在双方主体之间形成具有权利义务内容的行政法律关系。总的来说,行政主体有依法行使行政职权,不得非法行政,应当接受行政相对人监督等职权和职责;行政相对人有要求行政主体依法行使行政职权,监督行政主体依法行政等权利以及服从行政主体的行政管理等义务。行政法律关系中具体的权利和义务内容分述如下:

(一)行政法律关系中的权利

　　行政法律关系中的权利包括行政主体的权利和行政相对人的权利。

　　1. 行政主体的权利。行政主体的权利通常称为行政职权,从内容构成来看,包括如下主要方面:

　　(1)准立法权。即行政主体根据宪法和法律的规定或授权制定具有普遍约束力的规范性文件的权力。

　　(2)形成权。即行政主体基于单方面意思表示,使其他主体在法律上的权利义务发生变动的处置权。

　　(3)行政决定权。即处理行政管理过程中具体事件的自主性权力。

　　(4)行政处罚权。即对实施了违反行政法规范而尚未构成犯罪行为的相对人进行制裁、惩戒的权力。

（5）行政强制权。即对不履行法定义务的相对人实施强制性措施的权力。

（6）行政裁决权。即作为第三方解决有关纠纷的权力。

（7）财产权。即代表国家对于特定财产的占有权。

（8）经营权。法律规定某种事业专由国家经营，主要指专卖权、特种物品制造权和公用事业性企业的经营权等。

2. 行政相对人的权利。

（1）参加行政管理权。公民可以通过担任国家公务员加入国家行政管理的行列，可以对行政立法的制定进行讨论并提出建议，对行政机关及其公职人员的工作提出批评建议等。

（2）知情权。即行政相对人知悉或获取行政主体掌握的信息或情报的权利。

（3）受益权。即行政相对人依法从行政主体处获得利益的权利。

（4）平等权。即法律面前人人平等，行政主体对相对人应该一视同仁，不得有所歧视。

（5）自由权。即行政相对人在法定权利范围内活动不受他人侵犯的权利。

（6）拒绝权。即行政相对人依法享有的对行政主体的有关行为拒绝接受的权利。

（7）行政创意权。即行政相对人所享有的对于行政事务发展格局进行分析、判断并提出预测性建议的权利。

（8）行政行为介入权。即行政主体作出行政行为时，行政相对人加入到行政主体的行为过程中去，并对行政主体的行为意志进行约束、补充、完善，使行政行为受多重限制的一项权利。

（9）救济权。行政相对人认为自己的权益受到侵犯时，有通过正当、合法途径获得救济的权利，享有申诉、申请复议、提起行政诉讼、要求赔偿等权利。

（二）行政法律关系中的义务

行政法律关系中的义务包括行政主体的义务和行政相对人的义务。

1. 行政主体的义务。从内容构成来看，行政主体的义务分为以下几类。

（1）基本义务：为人民服务的义务；执行法律法规的义务；促进经济发展、改善社会环境的义务；促进福利的义务；保障公民自由和生存的义务等。

（2）相对义务，即行政主体基于对相对人行使的某种权力而产生的义务，如解释的义务、答复的义务、接待的义务等。

（3）特定义务：如纠正违法或不当行政行为的义务，承担侵权赔偿的义务，参与行政诉讼的义务，对特定人、特定事件所负之义务等。

2. 行政相对人的义务。行政相对人的义务也分为以下几类。

（1）基本义务：如遵守各种行政管理法规的义务，根据宪法规定，有纳税、服兵役、保守国家秘密等义务，服从行政管理的义务，维护公共利益的义务等。

（2）相对义务：如接受委托、协助执行公务的义务、提供真实信息的义务。

（3）特定义务：如承担处罚后果的义务、承担强制后果的义务、接受行政监控的义务、对特定事件所负的义务。

结合我国行政法治几十年的实践，有学者将传统的行政法律关系的主体类型概括为行政主体、行政相对人、权力机关、司法机关等四个方面,并从权利义务统一性的角度将权利义务区分为行政主体的权利与行政相对人的义务、行政相对人的权利与行政主体的义务、权力机关的权力与行政主体义务、审判机关的权力与行政主体的义务等四个方面。其中,行政主体的权利与行政相对人的义务包括管理关系实现权、行政障碍排除权、行政规则阐释权、行政紧急处置权以及行政制裁权;行政相对人的权利与行政主体的义务包括免受行政干扰权、要求平等保护权、利益主张权、行政过程参与权以及不法行政行为拒绝权;权力机关的权力与行政主体义务包括行政权范围划定权、行政关系设立权、行政过程监控权、行政行为质询权以及行政罢免权;审判机关的权力与行政主体的义务包括要求行政应诉权、要求行政举证权、行政合法性审查权、对行政的司法建议权以及对行政的司法强制权;等等。①

三、行政法律关系的客体

法律中的客体这一概念在不同的法律部门中含义不一样,刑法中的客体指被犯罪行为所破坏的社会关系,而民法中的客体则是权利义务所指向的对象,如物和行为。行政法律关系的客体与民法中的客体作相同解释,是指行政法律关系主体的权利义务指向的对象,包括物、人身和行为。

(一)物

物就是现实存在的,人们能够控制和支配的,具有价值和使用价值的物质资料,可以是物品形式也可以是货币形式,可以是生产资料也可以是消费资料,可以是物质财富也可以是精神财富。

(二)人身

人身是行政法律关系主体的身体,以及与其自身不可分离且无直接财产内容的权利,如姓名权、名称权、自由权、荣誉权、名誉权、肖像权、身份权等。

(三)行为

行为指的是行政法律关系主体作出的活动,包括作为和不作为。前者表现为在行为方式和内容上积极地作出一定的动作,如行政机关进行行政处罚的行为;后者表现为在行为方式上不作出一定的动作,如相对人不依法纳税的行为。行为以合法与否为标准,又可分为合法行为和违法行为。不管是哪种行为都可以成为行政法关系的客体。

---

① 参见关保英:《行政法学》,法律出版社 2018 年版,第 107—117 页。

第四节 行政法律关系的变迁

　　行政法律关系的变迁指的是行政法律关系的产生、变更或消灭。行政法律关系的变迁以行政法律规范的存在为前提条件,以一定的行政法律事实为直接原因。若无行政法律规范,行政法律关系不可能存在,若只有行政法律规范而无行政法律事实,行政法律关系同样也不可能发生。行政法律规范的存在为行政法律关系的变迁提供了可能,而行政法律事实则使这种可能性变为现实。

▶▶ 一、行政法律关系的产生、变更和消灭

（一）行政法律事实

　　行政法律事实,是指由行政法律规范规定的,能够引起行政法律关系产生、变更或消灭的客观事实。行政法律事实通常分为行政法律事件和行政法律行为。前者指不以当事人的主观意志为转移又能引起行政法律关系变迁的客观事件,如战争、天灾、人的出生、死亡等事件。这些事件的发生,往往能引起行政法律关系的变迁,如人的出生或死亡能引起户口注册或注销,公务员的死亡使得其与国家之间的行政职务关系自然消灭。后者指人们有意识的能引起行政法律关系变迁的活动。行政法律行为既可以是作为也可以是不作为,既可以是合法行为也可以是违法行为。

（二）行政法律关系的产生

　　行政法律关系的产生,是指行政主体和相对人之间依法形成特定的权利义务关系,即使行政法律规范规定的权利义务转变为现实的由行政法主体享有的权利和承担的义务。在行政法律规范存在的前提下,行政法律事件和行政法律行为都能引起行政法律关系的产生。如公民年满18周岁,就产生了兵役主管部门和该公民间的行政法律关系,使该公民具有了服兵役的义务,使兵役主管部门享有对其予以征集的权利。再如公民偷窃少量公私财物尚不构成刑事处罚的行为,就产生了公安机关与该公民间的行政处罚关系。

（三）行政法律关系的变更

　　行政法律关系的变更,是指在行政法律关系存续期间由于某种原因导致的一方主体或部分内容发生的变化。一是主体的变化,指主体发生了不影响原权利义务的变化,通常是形式上的变化,如行政主体的合并、分解、撤销,或者是作为相对人的组织合并、分解等变化。二是内容的变化,指在行政法律关系主体不变的情况下,主体之间的权利义务发生的变化,可以是权利义务范围的扩大或缩小,也可以是权利义务种类的变化。如国家公职人员职级

的升降,引起行政职务关系的变更;如行政处罚由 2 000 元的罚款变为 5 000 元的罚款或者变为行政拘留,引起行政处罚关系的变更。三是客体的变化。这种客体必须是可以替代的客体,表现为与特定的人没有联系的财物、与特定的人身没有联系的作为行为。

（四）行政法律关系的消灭

行政法律关系的消灭,是指行政法律关系主体间权利义务的完全消失。引起行政法律关系消灭的法律事实主要有四类:第一,一方或双方当事人的死亡或资格的丧失。如公民或国家公职人员因死亡或国家公职人员因被开除、辞退或辞职而丧失所具有的身份等,都会引起行政法关系的消灭。第二,设定权利义务的行政行为的消灭。如行政行为的撤销、废止等。第三,行政法律关系内容的实现,即权利得到了享有,义务得到了履行。第四,客体的消灭。如作为客体的文物的灭失,使文物保护行政法律关系归于消灭。

二、引起行政法律关系变迁的原因

（一）法律规定

行政法律关系是由法律规范规定的,因此,法律规范或者调整行政管理关系的其他行为规则是引起行政法律关系变迁的基本原因。国家制定一个新的行政法律规范后,该规范中设定的权利义务主体及其权利义务关系就形成了一个新的关系形态。行政法律规范的修正、废止同样可以引起行政法律关系的变更和消灭。

（二）自然事实

所谓自然事实,是指不以人的意志为转移的非常态事件。这些事件有的是自然事件,如因地震引起的行政上的救助关系,因水灾引起的此方面行政法律关系的发生或变更。有的是人为事件,如因突发公共卫生事件导致一系列原有法律关系的变化并发生新的行政法律关系。

（三）主体的行为

行政法律关系主体有多种类型,既有单个的个人又有作为群体出现的组织,它们都可以为这样那样的行为。如行政违法行为可以引起一个具体的行政法律关系,行政合法行为也可以引起一个具体的行政法律关系,行政管理职责的行为可以使原有法律关系发生变化或消灭。

三、行政法律关系变迁的类型

（一）主体的变迁

自然人的出生、社会组织和企事业单位的成立、行政机关的设立都会导致行政法律关系主体的发生。而某个人或组织介入某一法律事件之中亦为某一行政法律关系主体的发生。行政法律关系中主体因某种原因将权利义务转移,从形式上看是权利义务的变更,实则为主体的变更。如行政主体的合并、撤销、分立、职权转移是主体变更的典型表现。

(二) 权利义务的变迁

权利义务发生包括原始发生和继受发生两个方面。所谓原始发生,是指行政法律关系主体因法律规定或自然事件直接发生了某种权利义务关系,而不借助于某种中介环节,如依宪法和法律规定公民在法律上享有财产权和受益权,该权利的发生直接来源于宪法和法律。所谓继受发生,是指行政法律关系主体借助某种中介因素的行为而产生的权利义务,如行政主体通过行政法律规范赋予行政相对人某种权利或为相对人设定某种义务。行政法律关系权利义务的消灭,是指行政主体和行政相对人之间权利义务关系的完全消失。具体包括如下两种情形:一是因一方或双方当事人的消灭或不复存在而导致的权利义务内容消灭;二是因原行政法律关系中的权利义务等全部内容已履行完毕、撤销或已经为新的内容所代替,从而导致的权利义务内容消灭。

第五节 实 务 案 例

一、李某诉行政机关侵权赔偿案

〔案情摘要〕

李某系某发电厂职工,1996年5月,其在×市解放路集贸市场销售小型收录机。该市 Y 区工商行政管理局执法人员在对解放路集贸市场进行执法检查时,追问李某小型收录机的来历,并问其是否有营业执照。由于李某的销售行为属摆地摊游动式销售行为,并未办营业执照,工商行政管理局执法人员怀疑李某销售的小型收录机是通过盗窃或其他不正当手段得来的。3名执法人员中周某系市场管理科科长、另有2名一般执法人员让李某交代自己小型收录机的来源,李某含混其词并予以反驳。周某遂决定将李某带回工商行政管理局进一步调查。周某与其他两名执法人员强行把李某关到工商行政管理局三楼会议室,先将李某携带的20件小型收录机予以没收,在随后的调查过程中,面对李某的不积极配合,周某恼羞成怒,让其他两名执法人员每人扭住李某的一只胳臂,向李某拳脚相加,致使李某脊椎受伤并休克数分钟,经医生诊断为脊椎严重挫伤。李某住院3个月后才基本恢复。其住院期间工商行政管理局以及周某和其他两名执法人员对李某进行了照顾,工商行政管理局还向李某所在的工厂、李某的亲属解释了事件的经过并表示道歉。李某出院后,工商行政管理局和周某不但不给李某付住院期间的误工补贴和其他损失费,反认为其行为并无过错,只是当时失手而已。李某多次要求工商行政管理局和周某给付其3个月的误工补贴和人身伤害赔偿费总计1.5万元,工商行政管理局和周某一概予以拒绝。无奈之下,李某便向工商行政管理局所在的区人民法院提起了行政赔偿诉讼。区人民法院受理后,对案件事实进行了调查,认

为工商行政管理局没收李某的收录机及讯问李某的行为并无法律依据,并作出如下判决:
(1)撤销工商行政管理局没收李某小型收录机20件的行政处罚决定;(2)工商行政管理局
赔偿李某误工补贴和人身伤害赔偿费共计1.5万元。判决后双方均没有提起上诉。

〔法理分析与评议〕

本案反映出的是行政法律关系与其他法律关系的界限问题。案件事实认定的前提在于
工商行政管理局对李某采取的行政强制措施以及所作出的具体行政行为是否有充分的事实
和法律依据。李某在市场上出售小型收录机的事实是存在的,出售小型收录机而没有办理
有关营业执照的事实也是客观的。然而,不能因此主观认定李某的小型收录机是盗窃而来。
工商行政机关只能认定其买卖行为和买卖过程中有没有办理有关法律手续的相关事实,至
于李某的小型收录机是否为赃物,工商行政机关则无权予以认定。周某和其他两名执法人
员殴打李某的行为已经超出了行政职权的范围,由此造成的损害应予以赔偿。

本案案发时间为1996年,法律适用有两个依据:一是适用1990年实施的《行政诉讼
法》;二是适用1994年《国家赔偿法》。区人民法院受理此案的法律依据是《行政诉讼法》,
该法第11条规定:"人民法院受理公民、法人和其他组织对下列具体行政行为不服提起的诉
讼:(一)对拘留、罚款、吊销许可证和执照、责令停产停业、没收财物等行政处罚不服
的……"工商行政管理局没收李某20件小型收录机的行为就属此种情形。本案中李某的主
要诉讼请求是住院的误工补贴和其他财产损失,而这一部分应适用《国家赔偿法》。

从学理上来讲,本案最根本、最核心的问题是行政法律关系与刑事法律关系的界限问
题。行政法与刑法同属公法范畴,是国家法律体系中两个基本的法律部门,两者联系紧密、
互相衔接、互为补充,在维护国家利益、保障社会秩序方面密切配合。但是,刑法中对犯罪行
为的制裁和行政法中对一般违法行为的制裁存在"行刑衔接"的转化问题。这种转化表现为
对行政违法情节严重或后果严重者往往规定依法追究刑事责任。从这个意义上来讲,本案
中工商行政管理局执法人员周某维持市场秩序的行为,是其履行行政管理职能的行为,在这
个行为过程中与李某结成的法律关系是行政法律关系,应当受到行政法规范的调整。然而,
当周某与其他两名执法人员对李某进行殴打时,这种法律关系就发生了变化,其殴打李某并
致其重伤的行为就变成了触犯刑法的犯罪行为。此时,周某与李某的关系具有刑事法律关
系的性质。而当李某因误工造成财产损失并要求赔偿时,其与周某的关系又具有了国家赔
偿法律关系的性质,应当受《国家赔偿法》的调整。本案中,由于李某起诉的焦点是财产赔
偿,因而对于人民法院来讲,应主要适用有关国家赔偿的法律和法规。

〔相关法律法规链接〕

《中华人民共和国行政处罚法》
《中华人民共和国刑法》
《中华人民共和国行政诉讼法》
《中华人民共和国国家赔偿法》

》二、李某对政府信息公开不服行政诉讼案

〔案情摘要〕

2019年1月,原告李某向A区市场监管部门举报上海某餐饮公司销售的"上善如水熟

成纯米吟酿清酒"，涉嫌违反《食品安全法》相关规定，请求处理。在市场监管部门随后开展的调查过程中，被举报人提交了涉案产品的海关报关单和检验检疫证明。A 区市场监管部门向报关单上标示的两家海关发出了协助调查函，两家海关复函确认了检验检疫证明的真实性和涉案产品经检验检疫后的合格评定。随后，A 区市场监管部门对原告的举报作出不予立案的处理决定并予以告知。2019 年 3 月 8 日，原告通过网络方式向 A 区市场监管部门提出政府信息公开申请，申请内容为"申请人投诉举报细川日式料理销售的'上善如水'清酒违法行为问题，贵局告知经海关检验检疫合格。现为了确认事实，申请公开如下信息：调查笔录询问笔录、海关报关单、检验检疫证明等相关材料"。由于原告的公开申请指向多个信息，故 A 区市场监管部门对其进行了区分并分别予以处理答复：(1) 针对申请公开"调查笔录询问笔录"信息事项，因 A 区市场监管部门未能制作"调查笔录询问笔录"这一客观情况，根据 2008 年实施的《政府信息公开条例》第 21 条第 3 款的规定，区市场监管部门依法作出"申请公开的政府信息不存在"的答复；(2) 针对申请公开"海关报关单、检验检疫证明"信息事项，A 区市场监管部门认为，鉴于"海关报关单、检验检疫证明"信息由海关制作出具，按照政府信息"谁制作、谁公开"的原则，应由海关予以公开。因此，依据 2010 年《上海市政府信息公开规定》第 23 条第 5 款的规定，建议原告向相应海关咨询获取。2019 年 3 月 20 日，A 区市场监管部门通过邮寄方式向申请人送达告知书。原告对 A 区市场监管部门的答复不服，起诉至人民法院。

在本案诉讼阶段，原告对 A 区市场监管部门政府信息公开的程序以及"调查笔录询问笔录"部分的答复无异议。但对"海关报关单、检验检疫证明"信息由海关公开、建议其向海关咨询获取的答复存在异议。原告认为，A 区市场监管部门在调查过程中获取并保存有该信息，应当向原告公开。

〔法理分析与评议〕

"谁制作、谁公开"是政府信息公开的基本原则。除了法律的明确规定外，还涉及实际操作的问题。根据《政府信息公开条例》的规定，政府信息公开之前要进行保密审查，对涉及国家秘密、商业秘密、个人隐私的政府信息不得公开。此种审查，只有制作机关才有权为之。本案的争议焦点在于从其他行政机关获取的政府信息应当由谁公开这一法律问题。原告在诉状中提出，根据《政府信息公开条例》第 17 条"行政机关从公民、法人或者其他组织获取的政府信息，由保存该政府信息的行政机关负责公开"的规定，对区市场监管部门从海关获取的报关单等信息，由区市场监管部门保存，应由区市场监管部门公开。区市场监管部门认为，原告诉状中的观点，是对《政府信息公开条例》第 17 条整体内容断章取义的理解。该法条前半部分明确规定，"行政机关制作的政府信息，由制作该政府信息的行政机关负责公开"，而原告所引用的依据为该法条后半部分，即"行政机关从公民、法人或者其他组织获取的政府信息，由保存该政府信息的行政机关负责公开"的规定。但是，该部分规定仅适用于从行政机关以外的公民、法人或者其他组织获取的信息。因此，对于从行政机关获取的信息，仍适用该法条前半部分之规定，由制作机关即海关负责公开。根据《海关进出口货物申报管理规定》第 2 条、第 29 条以及《进出口商品检验法》第 2 条、第 12 条的规定，"海关报关单"以及"出入境货物检验检疫证明"均属于海关在履行职责过程中制作形成的法律文件，由海关统一审核签发，并由海关负责公开。因此，A 区市场监管部门告知原告可以向海关咨询并获取相关信息，符合相关法律规定。A 区市场监管部门的观点得到了法院的支持。法院审理认为,A区市场监管部门提供的法律依据以及证据可以证明,原告申请的信息由其他行政机关制作,被告A区市场监管部门并非"海关报关单、检验检疫证明"信息法定的制作主体。被告以该信息不属于其公开职责范围为由作出答复并无不当。且被告已根据调查情况告知原告获取其所需信息的途径,原告可以通过另行提起政府信息公开申请的方式获得上述信息。

结合本案案情,就市场监管过程中如何依法行政、如何依法规范处理政府信息公开申请,需要重点从以下两个方面入手:一是严格遵循法定处理程序。严格遵循法定处理程序,是处理政府信息公开申请的基本要求。《政府信息公开条例》《上海市政府信息公开规定》都对处理政府信息公开申请设定了相应程序。而在这其中,最重要的莫过于答复的期限问题。首先,每一个政府信息公开申请都必须针对信息的不同情况给予有针对性的答复:如属于不予公开范围的信息,告知申请人并说明理由;如不属于本机关职责权限范围的信息,应当告知申请人不属于本机关公开,对能够确定该政府信息的公开机关的,应当告知申请人公开机关的名称、联系方式;如申请公开的政府信息中含有不应当公开的内容,但能够区分处理的,应当告知申请人可以部分公开及其获取方式和途径;对不予公开的部分,应当说明理由等。其次,关于答复的期限:能够当场答复的,应当当场予以答复;不能当场答复的,应当自收到申请之日起15个工作日内予以答复;需延长答复期限的,应当经政府信息公开工作机构负责人同意,并告知申请人,延长答复的期限最长不得超过15个工作日。二是准确把握信息公开职权。当前的政府信息公开申请所要求公开的内容,已经不仅限于行政机关起草、制作的规范性文件、报告以及白皮书等比较规范的内容。鉴于一些职业索赔人针对具体的投诉举报或案件提出申请,要求政府机关公开执法人员处理过程中制作、收集的材料,使得申请所指向的内容日益复杂化。这就要求行政机关在公开信息时,要对法律法规、目录、指导意见、答复、凭证等信息到底是由本机关制作的,还是由其他机关制作的加以甄别,即对于由本机关收集、保存在本机关但是由其他行政机关制作的政府信息,应由相应的行政机关负责公开。虽然本机关在客观上也有能力提供,但由于缺乏信息公开的行政职权,此时若向申请人公开相关信息,就属于行政越权,并可能侵犯第三方合法权益。

新修订的《政府信息公开条例》自2019年5月15日起施行,新修订的《上海市政府信息公开规定》自2020年6月1日起施行。本案发生在2019年1至3月,适用2008年实施的《政府信息公开条例》和2010年《上海市政府信息公开规定》。本案的争议在于原告、被告对于相关法律规定的理解,焦点在于对相应法律条款是整体适用还是部分适用的判断问题。2008年实施的《政府信息公开条例》第17条规定,"行政机关制作的政府信息,由制作该政府信息的行政机关负责公开;行政机关从公民、法人或者其他组织获取的政府信息,由保存该政府信息的行政机关负责公开"。海关是行政机关,毫无疑问,原告若想获取"海关报关单、检验检疫证明"信息,则适用该法条前半部分关于"行政机关制作的政府信息,由制作该政府信息的行政机关负责公开"的规定,即通过向海关另行提起政府信息公开申请的方式获得相应信息。另外,该法条后半部分规定,"行政机关从公民、法人或者其他组织获取的政府信息,由保存该政府信息的行政机关负责公开",仅适用于从行政机关以外的公民、法人或者其他组织获取的信息,而将行政机关排除在外。也就是说,A区市场监管部门虽然也是行政机关,但是没有公开海关这一行政机关政府信息的行政职权,若公开海关复函确认的检验检疫证明信息,就属于行政越权。因此,对于从行政机关获取的信息,仍适用该法条前半部分之规定,由制作机关负责公开。法院审理此案适用法律正确。

　　作为行政法规,新修订的《政府信息公开条例》已于 2019 年 5 月 15 日起施行,该条例进一步扩大了政府信息主动公开的范围和深度,明确了政府信息公开与否的界限,完善了依申请公开的程序规定,有助于更好推进政府信息公开,切实保障人民群众依法获取政府信息。作为地方政府规章,新修订的《上海市政府信息公开规定》已于 2020 年 6 月 1 日起施行,该规定依据《政府信息公开条例》和其他有关法律、法规的规定而制定,有利于提高政府工作透明度,促进政府依法行政,更好地服务人民群众生产、生活和经济社会活动。综上,今后在处理新的信息公开申请案件时,应适用以上法律法规,以实现适用依据正确、建设法治政府和服务政府的目标。

　　〔相关法律法规链接〕

　　《中华人民共和国政府信息公开条例》

　　《上海市政府信息公开规定》

　　《中华人民共和国食品安全法》

　　《中华人民共和国海关进出口货物申报管理规定》

　　《中华人民共和国进出口商品检验法》

【习题及答案解析】

第三章 行政法的渊源

第一节 行政法渊源的理论

一、行政法渊源理论的历史演进

"就法治思想言,现代法律之法源,以制定法、习惯法与条理为主。此三者,在法律渊源上所占之地位,因时代而不同:18 世纪以前,人民知识简单,思想保守,日常公私生活,多依传统习俗而行,系以习惯法为主要的法源时代;18 世纪以后,进入民权时代,又因产业革命,社会关系较前复杂,习惯法多已不能适应当代需要,而以制定法为主要法源;20 世纪以来,进入福利国家时代,国家之任务繁重,机械的制定法主义,又不足以适应需要,故宁由法律为概括的规定,使政府衡量时势,酌情处理。使条理在法源上之地位,日臻重要,有取代成文法之势。"①可以看出,从法理学角度对现代法源进路进行分析,经过了"习惯法主义阶段—制定法主义阶段—行政造法主义阶段"的历史嬗变。在 21 世纪初,国内就有学者指出,"当我们回溯近 20 年来中国法学中各种法律渊源理论,我们发现,当前流行的法律渊源理论是一系列法律实践和理论变迁的产物。它有着两个明显不同的理论渊源。在正式法律文本中,法最初被看作最高权力机关制定的法律,此后立法权不断分化,及于法规、规章和法律解释。在法学理论中,法一开始就被定义为各级国家机关制定的各种规范性文件,随后,范围不断收缩,止于法规、规章和司法解释。两个源流基本殊途同归,汇流成今天流行的法概念"②。很显然,行政法渊源理论以法律渊源理论为基础而展开,行政法渊源理论的历史演进,同样是与学界对法律渊源理解的不断深化同步发展且密切联系的。具体来讲,我国行政法渊源理论的历史演进经历了如下三个阶段:

第一阶段:习惯法主义阶段。也称行政法渊源的非文本化时期、非成文法时期或非正式渊源时期。其时法制尚不发达,行政民主化还未被普遍接受,行政人员多依传统习俗而行,习惯法便成为行政法的主要渊源。而在行政法进一步发展,行政的法律化和民主化程度日趋提高以后,单一的习惯法已难以适应不断变化的行政管理态势,而不得不以制定法为行政法的主要渊源。此时,行政法渊源理论就进入了行政法渊源的文本化时期。也有学者提出了行政法渊源理论的历史演进不包括习惯法主义阶段的观点,"行政法为法治广义下的产物,就行政法之法源而言,并无以习惯为中心之时代。行政法产生之始,即以成文法为法源之中心。行政机关必须根据成文法之规定,以处理众人之事,原则上不允许引据习惯法,更

---

① 参见张载宇:《行政法要论》,汉林出版社 1978 年版,第 39 页。
② 参见应松年、何海波:《我国行政法的渊源:反思与重述》,载《公法研究》2003 年第 2 辑。

谈不到条理"①。

第二阶段：制定法主义阶段。也称行政法渊源的文本化时期、成文法时期或正式渊源时期。这一时期的明显特征就是行政法渊源被严格限制在正式的法律文本之中，以行政法的正式渊源为核心，对行政权起着主要的规制作用。如 20 世纪 80 年代我国第一本行政法统编教材《行政法概要》在论及行政法的渊源时指出"行政法是由各种含有行政法规范性质和内容的法律文件和法规所组成的"。到了 20 世纪 80 年代中后期，学界的主流观点是将行政法渊源限定在宪法、法律、行政法规、地方性法规、自治条例和单行条例以及行政规章范围，反对把行政规章"排除在行政法之外"，也反对把行政法的范围扩大到县或者乡镇一级人民政府的规范性文件。这种观点在 2000 年由《立法法》最后巩固。至此，宪法、法律、地方性法规、行政法规和行政规章、自治条例和单行条例，构成了法律文本意义上的法。② 这一阶段对行政法渊源的理解，基本定位在法律、法规、规章和法律解释等制定法层面上。

第三阶段：行政造法主义阶段。也称行政法渊源的文本化和非文本化并存时期、成文法和非成文法并存时期或正式渊源与非正式渊源并存时期。20 世纪 80 年代末期至 90 年代初期，学界开展了对法律渊源判定标准的批判。讨论的焦点集中在行政法一般原则、法理、司法判例、行政惯例以及数量庞大的行政规范性文件等上。如罗豪才教授提出，"行政法不仅包括一系列行政法规范，而且理应包括一些重要的行政法原则，它们同样具有法的效力"③。关保英教授以发展社会主义市场经济为背景，主张承认行政法的非正式渊源。④ 姜明安教授也指出，"在实际的司法和行政执法中，法理和判例也有着重要的作用"⑤。以上讨论和观点引发了对行政法正式渊源和非正式渊源的分析与论证。

本书关于行政法渊源的具体论述，将围绕行政法的正式渊源和非正式渊源展开。

二、行政法渊源的概念、特征与法律意义

（一）行政法渊源的概念

规定和反映行政法具体内容的行政法律规范需要通过一定的形式表现出来，这些行政法的具体存在或形式就是行政法的渊源。大陆法系和英美法系两大法系在关于这一点的认识上并没有什么实质区别，即都认为行政法渊源包括成文法渊源和不成文法渊源两种类型。有学者认为，行政法的渊源是指行政法律规范的具体表现形式和根本来源。⑥ 有学者认为，行政法渊源其实就是指行政法律规范的表现形式。⑦ 本书采用学界通说，即行政法的渊源是指行政法的规范形态或表现形式。

① 参见张载宇：《行政法要论》，台北出版社 1977 年版，第 40 页。
② 参见应松年、何海波：《我国行政法的渊源：反思与重述》，载《公法研究》2003 年第 2 辑。
③ 参见王锡锌、陈端洪：《行政法性质的反思与概念的重构——访中国法学会行政法学研究会总干事罗豪才教授》，载罗豪才主编：《现代行政的平衡理论》，北京大学出版社 1997 年版。
④ 参见关保英：《市场经济条件下行政法的非正式渊源》，载关保英：《市场经济与行政法学新视野论丛》，法律出版社 1996 年版。
⑤ 参见姜明安主编：《行政法与行政诉讼法》，北京大学出版社、高等教育出版社 1999 年版，第 31 页。
⑥ 参见应松年主编：《行政法》，北京大学出版社、高等教育出版社 2010 年版，第 21 页。
⑦ 参见胡建淼主编：《行政法学》，复旦大学出版社 2003 年版，第 7 页。

（二）行政法渊源的特征

行政法渊源的特征是划分行政法渊源范围、类型的重要尺度,也是认识和判断行政法各种形态和表现形式的标准和依据。也就是说,行政法渊源既要体现法律渊源的共有属性,也要体现行政法这一特定部门法的特有属性。本书认为行政法渊源具有以下几个特征:

1. 行政法渊源表现形式相对确定,效力层次鲜明。行政法的渊源与其他法律渊源一样都能够规制人们的行为,而规制人们行为的前提便是具有确定的法律规范形式。不同的行政法渊源由不同法律地位的主体创制,具有不同效力,呈现出行政法渊源创制主体、效力等级的层次性。如行政法规只能由国务院制定,部门行政规章只能由国务院各部、各委员会制定,地方政府规章只能由省、自治区、直辖市人民政府及设区的市、自治州的人民政府制定,它们具有鲜明的效力等级,不能彼此代替。

2. 行政法渊源与行政权、行政过程、行政关系相关联,旨在规制行政权运行。行政法是以行政权、行政过程、行政关系为核心运作的,与之相适应,行政法的渊源都具有一定的行政关联。一个行政法渊源要么与行政权有关,要么与行政管理活动过程有关,要么与行政关系有关。这种关联性既可以是直接的,也可以是间接的。行政法渊源作为行政法内容的外在形式,其核心要旨在于规制行政权行使和运行过程。内容决定形式,形式必须要反映内容。因此,行政法的渊源应具有与行政权的规制密切联系的外在特征,如从《行政许可法》《行政处罚法》《行政复议法》《行政强制法》等法律规范性文件的名称就能让人知晓其是对行政权的规制。

3. 行政法渊源体系相对严整,表现形式多样。行政法渊源的法律规则所针对的是不特定的社会现象、事件或人群,法律规范呈现出来的是相对完整的法律规则系统。行政法渊源可分为正式渊源与非正式渊源。正式渊源又称成文法渊源,是指那些众多的以有效法律文本形式存在的行政法渊源。非正式渊源呈现出来的形式多样,其中有的以文本形式存在但并非有效的法律文本,如党的政策、行政法学理等;也有的以非文本形式存在,如道德准则、行政伦理、外国行政法、行政技术准则、行政习惯、其他部门法中的准则等。

（三）行政法渊源的法律意义

1. 有利于健全和完善行政法体系。研究行政法的渊源,有助于知晓行政法体系是由不同层级的行政法规范构成的,明确行政法的各种表现形式及其效力等级。这样,在制定行政法规范性文件时,就能自觉地考虑其他行政法规范性文件规定,使之不至与其他行政法规范性文件相冲突与重复,从而使不同的行政法规范性文件能够彼此协调、密切配合,形成统一的整体,不断健全和完善行政法体系。

2. 有利于行政作用的统一性。行政法渊源有利于行政法体系的健全与完善,也就是能让行政法调整行政法律关系的功能前后协调一致,不致造成因行政法规范性文件规范的不一而影响其整体功能的统一发挥,从而使行政法实施于社会的作用统一起来。

3. 有利于体现行政管理活动的公正性。科学把握和理解行政法渊源,能使行政机关及其公务人员认识到行政管理活动既有正式的行政法渊源作为其行政的依据,也存在行政法非正式渊源对行政行为的指导,帮助他们深刻理解与领会行政法规范行政权行使的精神实质,从而将其行政行为真正纳入法治的轨道,保证行政活动的公正性,不因其行政行为的不当使行政相对人的合法权益遭受损害。

4. 有利于充分发挥行政法的预测功能。明确行政法的各种表现形式,有助于人们了解和熟悉不同的行政法规范性文件,使他们认识到行政法不是单纯的一部行政法规范性文件,而是包括了不同层次、不同效力的各种行政法规范性文件。这样,人们就能事先有目的地查找不同效力等级的行政法规范性文件,以及按照具体的法律规定指导自己应该如何行为和不应该如何行为,真正发挥行政法的预测功能。

三、行政法渊源的类型

1. 以行政法渊源的客观范畴为标准,行政法渊源可以分为正式渊源和非正式渊源。正式渊源是指体现在正式行政法律规范文件中的渊源形式;非正式渊源是指虽然没有体现在正式的行政法律规范文件之中,但对行政权起着规范作用的渊源形式。

2. 以行政法渊源的适用范围为标准,行政法渊源可以分为中央行政法渊源与地方行政法渊源。中央行政法渊源在全国范围内适用,如全国人大制定的法律、国务院制定的行政法规、国务院职能部门制定的部门规章;地方行政法渊源在区域范围内适用,如地方行政管理法、地方政府规章等。

3. 以行政法渊源的造法主体为标准,行政法渊源可以分为立法机关制定的行政法渊源,行政机关制定的行政法渊源和司法机关制定的行政法渊源。立法机关制定的行政法渊源是指立法机关制定的有关国家行政管理关系的行为规则;行政机关制定的行政法渊源是指行政机关在立法机关的授权和委托下制定的行政法律规范;司法机关制定的行政法渊源是指司法机关在审判和检察活动中针对行政监督或者行政的司法审查所制定的规则。

4. 以行政法渊源的作用对象为标准,行政法渊源可以分为内部行政法渊源与外部行政法渊源。调整行政系统内部法关系的渊源形式就是内部行政法渊源;调整行政主体与行政相对人关系的渊源形式则是外部行政法渊源。

5. 以行政法渊源涉及的管理客体为标准,行政法渊源可以分为一般行政法渊源与部门行政法渊源。一般行政法渊源调整行政系统中的一般行政关系,适用于所有的行政管理主体;部门行政法渊源调整部门行政管理关系,适用于某一特定行政机关。

6. 以行政法渊源是否包含实体权利义务为标准,行政法渊源可以分为行政程序法渊源与行政实体法渊源。行政程序法渊源仅调整行政过程中的程序关系,不包括行政主体和行政相对人实体上的权利和义务;行政实体法渊源调整行政过程中的实体关系,涉及行政主体和行政相对人在实体上的权利与义务。

7. 以行政法渊源的事态性质为标准,行政法渊源可以分为普通行政法渊源与特别行政法渊源。普通行政法渊源涉及的是一般行政管理事态,针对一般的人或事;特别行政法渊源涉及的是特定或特别的行政管理事态,针对特别的人或事。依我国《立法法》的规定,特别行政法的效力高于普通行政法的效力。

8. 以行政法渊源的调控规制对象为标准,行政法渊源可以分为行政组织法渊源、行政行为法渊源、行政救济法渊源。行政组织法渊源规制的对象是行政组织,如国务院组织法、公务员法、行政编制法;行政行为法渊源规制的对象是行政行为,如行政程序法、行政处罚法、行政许可法;行政救济法渊源规制的对象是行政权益救济,如行政诉讼法、行政赔偿法等。

第二节　行政法的正式渊源

一、行政法正式渊源的概念及其本质属性

所谓行政法的正式渊源,也叫行政法的成文法渊源,是指由国家权威机关认可或制定,体现在正式的法律文件和行政法文件之中,规范行政主体行政过程的行为准则。① 行政法的正式渊源具有以下本质属性:

1. 规范的法律权威性。行政法的正式渊源必须体现在行政法律规范文件中,具有法律的共同属性。它们是由有权制定行政法律和其他行政法规范性文件的机关经过法定的严格程序,正式制定并颁布实施的行政法律文件。

2. 规范的权力认可性。行政法是法律体系中体系最为庞大、内容最为复杂、表现形式最为多样的一个部门法。虽然它没有形成一部完整、统一的行政法典,但其调整行政管理关系的普遍而基本的行政准则却得到了国家有权制定行政法规范的机关的认可,使其具有了规范人们行为的强制力,从而使这一部分行政法规范具有了国家权力的认可性,表现为各种行政法律文件具有条文形式。行政法正式渊源具有行政法规范的权力认可性,是区分两种不同性质的行政法渊源的内在根据。

3. 规范的成文性。行政法正式渊源是由国家权威机关认可或制定的,规范行政主体行政过程的行为准则,通过条文的形式表现出来,有相关的权利义务设定、制裁条款、发生法律效力的构成要件等。它们是人们看得见、摸得着的,是白纸黑字记录下来的各种条文,不是那些仅停留在人们思想或脑海中的行政习惯与行政惯例。

4. 规范的直接适用性。行政法正式渊源能被国家司法机关和其他经授权的国家行政机关直接适用,具有当然的法律适用效力。它们能直接规制行政权力,约束行政管理关系中的当事人,并且必须被遵守,否则就会招致国家强制力。当然,行政法非正式渊源也有适用性,但它们是在没有正式渊源直接适用的情况下才能被适用的。换言之,行政法非正式渊源是对行政法正式渊源的一种补充适用。

---

① 将法律渊源划分为两大类别,亦即被我们所称之为的正式渊源与非正式渊源,看来是恰当的和合乎需要的。所谓正式渊源,我们意指那些可以从体现于官方法律文件中的明确条文形式中得到的渊源。这种正式渊源的主要例子有,宪法与法规、行政命令、行政法规、条例、自治或半自治机构和组织的章程与规章、条约与某些其他协议,以及司法先例。所谓非正式渊源,我们意指那些具有法律意义的资料和考虑,这些资料和考虑尚未在正式法律文件中得到权威性的或至少是明文的阐述与体现。尽管无需在这方面作尽无遗的列举,但我们仍将非正式渊源分为正义标准、推理和思考事物本质的原则、个别衡平法、公共政策、道德信念、社会倾向以及习惯法。参见〔美〕E·博登海默:《法理学——法哲学及其方法》,邓正来、姬敬武译,华夏出版社1987年版,第395—396页。

二、行政法正式渊源的内容构成

（一）宪法

宪法作为国家的根本大法，在我国法律体系中具有最高的法律效力，是所有部门法的母法。宪法所规范的内容是国家制度和社会制度中最为基本的内容，包括公民的权利义务、政治制度、经济制度、社会制度、文化制度、国家机构等。其中规定的有关国家制度的内容，涉及行政制度或与行政权运作的有关部分自然而然成为行政法的范畴。如我国《宪法》关于中央人民政府和地方各级人民政府的组织和职权的规定，体现在第 85、86、105 条之中；①关于中央和地方各级行政机关行政职权的规定，体现在第 89、107 条之中；②关于公民在行政领域的基本权利和义务的规定，体现在第 41 条之中。③　毋庸置疑，宪法的以上规定与行政法都具有直接或间接的关联性，为包括行政法在内的各部门法起到了"底线"作用，构成了行政法的基本法律渊源。此外，包括行政法这一部门法在内的各部门法律规范的制定、修改、废止都必须以《宪法》这一根本法作为重要依据。《宪法》的规定在行政法的法律渊源体系中无疑也具有最高法律效力。

---

①　我国《宪法》第 85 条规定："中华人民共和国国务院，即中央人民政府，是最高国家权力机关的执行机关，是最高国家行政机关。"第 86 条规定："国务院由下列人员组成：总理，副总理若干人，国务委员若干人，各部部长，各委员会主任，审计长，秘书长。国务院实行总理负责制。各部、各委员会实行部长、主任负责制。国务院的组织由法律规定。"第 105 条规定："地方各级人民政府是地方各级国家权力机关的执行机关，是地方各级国家行政机关。地方各级人民政府实行省长、市长、县长、区长、乡长、镇长负责制。"

②　我国《宪法》第 89 条规定："国务院行使下列职权：（一）根据宪法和法律，规定行政措施，制定行政法规，发布决定和命令；（二）向全国人民代表大会或者全国人民代表大会常务委员会提出议案；（三）规定各部和各委员会的任务和职责，统一领导各部和各委员会的工作，并且领导不属于各部和各委员会的全国性的行政工作；（四）统一领导全国地方各级国家行政机关的工作，规定中央和省、自治区、直辖市的国家行政机关的职权的具体划分；（五）编制和执行国民经济和社会发展计划和国家预算；（六）领导和管理经济工作和城乡建设、生态文明建设；（七）领导和管理教育、科学、文化、卫生、体育和计划生育工作；（八）领导和管理民政、公安、司法行政等工作；（九）管理对外事务，同外国缔结条约和协定；（十）领导和管理国防建设事业；（十一）领导和管理民族事务，保障少数民族的平等权利和民族自治地方的自治权利；（十二）保护华侨的正当的权利和利益，保护归侨和侨眷的合法的权利和利益；（十三）改变或者撤销各部、各委员会发布的不适当的命令、指示和规章；（十四）改变或者撤销地方各级国家行政机关的不适当的决定和命令；（十五）批准省、自治区、直辖市的区域划分，批准自治州、县、自治县、市的建置和区域划分；（十六）依照法律规定决定省、自治区、直辖市的范围内部分地区进入紧急状态；（十七）审定行政机构的编制，依照法律规定任免、培训、考核和奖惩行政人员；（十八）全国人民代表大会和全国人民代表大会常务委员会授予的其他职权。"第 107 条规定："县级以上地方各级人民政府依照法律规定的权限，管理本行政区域内的经济、教育、科学、文化、卫生、体育事业、城乡建设事业和财政、民政、公安、民族事务、司法行政、计划生育等行政工作，发布决定和命令，任免、培训、考核和奖惩行政工作人员。乡、民族乡、镇的人民政府执行本级人民代表大会的决议和上级国家行政机关的决定和命令，管理本行政区域内的行政工作。省、直辖市的人民政府决定乡、民族乡、镇的建置和区域划分。"

③　我国《宪法》第 41 条规定："中华人民共和国公民对于任何国家机关和国家工作人员，有提出批评和建议的权利；对于任何国家机关和国家工作人员的违法失职行为，有向有关国家机关提出申诉、控告或者检举的权利，但是不得捏造或者歪曲事实进行诬告陷害。对于公民的申诉、控告或者检举，有关国家机关必须查清事实，负责处理。任何人不得压制和打击报复。由于国家机关和国家工作人员侵犯公民权利而受到损失的人，有依照法律规定取得赔偿的权利。"

（二）法律

在我国,法律分为两部分,一是由全国人民代表大会制定发布的基本法律,《立法法》第7条第2款规定:"全国人民代表大会制定和修改刑事、民事、国家机构的和其他的基本法律。"二是由全国人民代表大会常务委员会制定的普通法律,《立法法》第7条第3款规定:"全国人民代表大会常务委员会制定和修改除应当由全国人民代表大会制定的法律以外的其他法律;在全国人民代表大会闭会期间,对全国人民代表大会制定的法律进行部分补充和修改,但是不得同该法律的基本原则相抵触。"可以看出,基本法律和普通法律都可以对刑事、民事、行政以及其他社会问题作出规定,但是,前者的效力明显高于后者。法律中涉及行政组织、行政立法、行政关系设定、行政权行使、部门行政管理活动的规定就属于行政法的主要法律渊源。我国体现行政机关组织体系的法律规范如《国务院组织法》《地方各级人民代表大会和地方各级人民政府组织法》《警察法》等;体现行政权力分配的法律规范如《民族区域自治法》《村民委员会组织法》等;体现行政立法行为的法律规范如《立法法》;体现部门行政管理行为的法律规范如《治安管理处罚法》《海关法》《教育法》《公务员法》《药品管理法》等,这些部门行政管理法律规范既设定了行政管理关系,又赋予了行政主体一定的行政管理行为,在行政法渊源中占比最大;体现行政程序的法律规范如《行政处罚法》《行政许可法》《行政强制法》等;体现行政救济的法律规范如《行政复议法》《行政诉讼法》《国家赔偿法》等。简言之,法律中有关规定行政机关的设置及其职权范围、行政主体行使职权的条件、原则和程序以及行政主体的违法责任等规则,都属于行政法的渊源,具有适用范围大、效力等级高的特点。

（三）行政法规

行政法规是国务院为领导和管理国家各项行政工作,根据宪法和法律,并且按照《行政法规制定程序条例》的规定而制定的政治、经济、教育、科技、文化、外事等各类法规的总称。我国《立法法》第65条规定:"国务院根据宪法和法律,制定行政法规。行政法规可以就下列事项作出规定:(一)为执行法律的规定需要制定行政法规的事项;(二)宪法第八十九条规定的国务院行政管理职权的事项。应当由全国人民代表大会及其常务委员会制定法律的事项,国务院根据全国人民代表大会及其常务委员会的授权决定先制定的行政法规,经过实践检验,制定法律的条件成熟时,国务院应当及时提请全国人民代表大会及其常务委员会制定法律。"国务院是我国的最高行政机关,也是最高国家权力机关的执行机关。一方面,全国人大及其常务委员会制定的有关行政管理方面的法律,需要国务院制定行政法规予以具体化;另一方面,制定行政法规也是国务院领导全国行政管理工作最基本的方式。因此,行政法规是具有国家强制力的普遍行为规则。行政法规的制定主体是国务院,发布行政法规需要经国务院总理签署国务院令,一般以条例、办法、实施细则、规定等形式表现出来,如《政府信息公开条例》《突发公共卫生事件应急条例》《社会救助暂行办法》《消防安全责任制实施办法》《国家安全法实施细则》《反间谍法实施细则》《无线电管制规定》《企业名称登记管理规定》等。行政法规是行政法最主要的法律渊源,涉及的行政职权范围最为广泛,对各方面的行政管理活动都起着重要的规范作用。在效力等级和规定范围上,行政法规仅次于法律。

(四) 地方性法规

地方性法规是指省、自治区、直辖市,设区的市的人民代表大会及其常务委员会依照法定权限,在不与宪法、法律和行政法规相抵触的前提下,制定和颁布的在本行政区域范围内实施的规范性法律文件的总称。地方性法规的立法权限来源于宪法和立法法的相关规定,[①]其中,我国《宪法》第 100 条第 2 款关于设区的市的人民代表大会及其常务委员会制定发布地方性法规的相关规定,为 2018 年《宪法》修改新增加的内容。制定地方性法规的准则有如下五个方面:一是"不得与上位规范抵触原则",即省、自治区、直辖市人民代表大会及其常委会制定的地方性法规不得与宪法、法律和行政法规相抵触,设区的市的人民代表大会及其常务委员会制定的地方性法规不得与宪法、法律、行政法规和本省、自治区的地方性法规相抵触。二是"实际需要原则",即省、自治区、直辖市的人民代表大会及其常务委员会,设区的市的人民代表大会及其常务委员会可以根据本行政区域的具体情况和实际需要制定地方性法规。三是"报请批准和合法性审查原则",即设区的市的人民代表大会及其常务委员会制定的地方性法规须报请省、自治区的人民代表大会常务委员会批准后施行,省、自治区的人民代表大会常务委员会同时对报请批准的地方性法规进行合法性审查。与宪法、法律、行政法

---

① 我国《宪法》第 100 条规定:"省、直辖市的人民代表大会和它们的常务委员会,在不同宪法、法律、行政法规相抵触的前提下,可以制定地方性法规,报全国人民代表大会常务委员会备案。设区的市的人民代表大会和它们的常务委员会,在不同宪法、法律、行政法规和本省、自治区的地方性法规相抵触的前提下,可以依照法律规定制定地方性法规,报本省、自治区人民代表大会常务委员会批准后施行。"第 115 条规定:"自治区、自治州、自治县的自治机关行使宪法第三章第五节规定的地方国家机关的职权,同时依照宪法、民族区域自治法和其他法律规定的权限行使自治权,根据本地方实际情况贯彻执行国家的法律、政策。"

我国《立法法》第 72 条规定:"省、自治区、直辖市的人民代表大会及其常务委员会根据本行政区域的具体情况和实际需要,在不同宪法、法律、行政法规相抵触的前提下,可以制定地方性法规。设区的市的人民代表大会及其常务委员会根据本市的具体情况和实际需要,在不同宪法、法律、行政法规和本省、自治区的地方性法规相抵触的前提下,可以对城乡建设与管理、环境保护、历史文化保护等方面的事项制定地方性法规,法律对设区的市制定地方性法规的事项另有规定的,从其规定。设区的市的地方性法规须报省、自治区的人民代表大会常务委员会批准后施行。省、自治区的人民代表大会常务委员会对报请批准的地方性法规,应当对其合法性进行审查,同宪法、法律、行政法规和本省、自治区的地方性法规不抵触的,应当在四个月内予以批准。省、自治区的人民代表大会常务委员会在对报请批准的设区的市的地方性法规进行审查时,发现其同本省、自治区的人民政府的规章相抵触的,应当作出处理决定。除省、自治区的人民政府所在地的市,经济特区所在地的市和国务院已经批准的较大的市以外,其他设区的市开始制定地方性法规的具体步骤和时间,由省、自治区的人民代表大会常务委员会综合考虑本省、自治区所辖的设区的市的人口数量、地域面积、经济社会发展情况以及立法需求、立法能力等因素确定,并报全国人民代表大会常务委员会和国务院备案。自治州的人民代表大会及其常务委员会可以依照本条第二款规定行使设区的市制定地方性法规的职权。自治州开始制定地方性法规的具体步骤和时间,依照前款规定确定。省、自治区的人民政府所在地的市,经济特区所在地的市和国务院已经批准的较大的市已经制定的地方性法规,涉及本条第二款规定事项范围以外的,继续有效。"第 73 条规定:"地方性法规可以就下列事项作出规定:(一)为执行法律、行政法规的规定,需要根据本行政区域的实际情况作具体规定的事项;(二)属于地方性事务需要制定地方性法规的事项。除本法第八条规定的事项外,其他事项国家尚未制定法律或者行政法规的,省、自治区、直辖市和设区的市、自治州根据本地方的具体情况和实际需要,可以先制定地方性法规。在国家制定的法律或者行政法规生效后,地方性法规同法律或者行政法规相抵触的规定无效,制定机关应当及时予以修改或者废止。设区的市、自治州根据本条第一款、第二款制定地方性法规,限于本法第七十二条第二款规定的事项。制定地方性法规,对上位法已经明确规定的内容,一般不作重复性规定。"第 74 条规定:"经济特区所在地的省、市的人民代表大会及其常务委员会根据全国人民代表大会的授权决定,制定法规,在经济特区范围内实施。"

规和本省、自治区的地方性法规不抵触的,应当在4个月内予以批准;与本省、自治区的人民政府的规章相抵触的,应当作出处理决定。四是"报全国人大常委会和国务院备案原则",即除省、自治区的人民政府所在地的市,经济特区所在地的市和国务院已经批准的较大的市以外,其他设区的市制定的地方性法规,须报全国人民代表大会常务委员会和国务院备案。五是"经济特区地方性法规专门规定原则",即经济特区所在地的省、市的人民代表大会及其常务委员会根据全国人民代表大会的授权决定制定法规,在经济特区范围内实施。在等级效力上,省、自治区、直辖市的地方性法规低于宪法、法律和行政法规;设区的市的地方性法规、经济特区的地方性法规低于宪法、法律、行政法规和本省、自治区的地方性法规。在地域效力上的范围也仅限于本行政区域内。我国地方性法规大部分以条例、实施细则、决议、决定的形式表现出来,如《北京市安全生产条例》《上海市人民代表大会常务委员会规范性文件备案审查条例》《天津市安全生产管理规定》《上海市不动产登记若干规定》《上海市浦东新区市场主体退出若干规定》《湖北省公路工程质量监督检查实施细则》《厦门经济特区优化营商环境条例》《上海市人民代表大会常务委员会关于加强浦东新区高水平改革开放法治保障制定浦东新区法规的决定》等。地方性法规是除了宪法、法律、行政法规以外,在地方具有最高法律属性和国家强制约束力的行为规范,是行政法的重要渊源。

(五)自治条例和单行条例

我国自治条例和单行条例是由自治区、自治州、自治县人民代表大会根据当地民族的政治、经济和文化的特点,结合本地的实际情况制定的法律规范的总称。自治条例是指调整民族区域自治地方的自治组织和活动原则、自治机关的组成、自治机关的职权以及自治地方有关重大问题的综合性法律规范,如《云南省大理白族自治州自治条例》等。单行条例是指调整民族区域自治地方某一单个方面社会关系的法律规范,如《湖北省五峰土家族自治县农业特产税征收管理条例》等。自治条例和单行条例规范的大多数内容为行政法规则,对行政事务的规定与地方性法规的规定相类似,但同时存在一部分不同于地方性法规的规定,表现在如下三个方面:一是自治条例和单行条例规定的事项具有显明的民族特点,可以结合当地民族的特点作出规定。二是自治条例和单行条例可以依照当地民族的特点,对法律和行政法规的规定作出变通性规定,这一点是地方性法规所没有的。当然,这种变通以不得违背法律或者行政法规的基本原则,不得违反宪法和民族区域自治法的规定以及其他有关法律、行政法规专门就民族自治地方所作的规定为前提。三是自治条例和单行条例实行特殊的批准制度。自治区的自治条例和单行条例,报全国人民代表大会常务委员会批准后生效;自治州、自治县的自治条例和单行条例,报省、自治区、直辖市的人民代表大会常务委员会批准后生效。在地域效力上,民族自治条例和单行条例的效力范围仅限于民族自治地方的行政区域内。

(六)行政规章

行政规章包括部门规章和地方政府规章两种,在一定范围内对行政事务作出具体规定。部门规章是指国务院组成部门和具有行政管理职能的直属机构,按照规章制定权限和制定程序发布的行政法律规范性文件的总称。我国《立法法》第 80 条规定:"国务院各部、委员会、中国人民银行、审计署和具有行政管理职能的直属机构,可以根据法律和国务院的行政法规、决定、命令,在本部门的权限范围内,制定规章。部门规章规定的事项应当属于执行法律或者国务院的行政法规、决定、命令的事项……"可以看出:一则,部门规章是就有关全国性的某一专门的行政事项而制定的行政法律规范性文件,内容具有单一性,这是部门规章最大的特点,如我国《再保险公司设立规定》是仅就再保险公司的设立作出的规定。二则,部门规章一般都是为了进一步执行法律和国务院的行政法规、决定、命令而制定的,其内容具有执行性,如我国《国际海运条例实施细则》,就是为了进一步执行《国际海运条例》而制定的。三则,在效力方面,部门规章的效力等级低于法律和行政法规,地域效力可以及于全国。

地方政府规章是指省、自治区、直辖市以及设区的市、自治州的人民政府,根据法律、国务院的行政法规和本省、自治区、直辖市的地方性法规,依照地方政府规章的制定权限和制定程序发布的行政法律规范性文件的总称。我国《立法法》第 82 条规定:"省、自治区、直辖市和设区的市、自治州的人民政府,可以根据法律、行政法规和本省、自治区、直辖市的地方性法规,制定规章。地方政府规章可以就下列事项作出规定:(一)为执行法律、行政法规、地方性法规的规定需要制定规章的事项;(二)属于本行政区域的具体行政管理事项……"同样可以看出:一则,地方政府规章是就本行政区域内行政管理事项制定的法律规范性文件,其内容具有区域性或地方性。二则,地方政府规章是为了执行法律、行政法规、地方性法规的规定需要而制定的,其内容具有执行性。三则,地方政府规章的效力低于行政法规和地方性法规,地域效力仅限于本行政区域,不能施行于全国,因此没有全国适用性。经 2017 年 12 月 22 日国务院令第 695 号修订,自 2018 年 5 月 1 日起施行的《规章制定程序条例》,对规章的名称、立项、起草、审查、决定和公布等作了具体规定,保证了规章制定程序的规范化。规章的名称一般称"规定""办法",但不得称"条例"。

(七) 行政规范性文件

行政规范性文件是指行政主体在行政管理过程中,为执行法律、行政法规和行政规章,传达贯彻党和国家的方针、政策,对社会实施管理,依照法定的职权和法定程序发布的规范公民、法人和其他组织行为的具有普遍约束力的行政政令。从性质上来讲,行政规范性文件是一种特殊的行政政令,而不是行政法规和行政规章。依照我国宪法和组织法的授权,几乎所有的行政机关都有权制定发布行政规范性文件。我国《宪法》第 89、90、107 条都有赋予各级人民政府及其职能部门制定行政规范性文件的条款。《地方各级人民代表大会和地方各级人民政府组织法》第 73、76 条都有同样的行政赋权行为。以上法律规定中所提到的"行政措施""决定""命令"等就是行政规范性文件的形式。行政规范性文件具有普遍约束力,不仅规范公民、法人和其他社会组织的行为,还规范行政机关本身的行为。行政机关必须依据行政规范性文件实施具体行政行为,实现对社会行政事务的管理,彻底贯彻落实宪法、法律、行政法规、行政规章、地方性法规所规定的原则和要求。因此,它是当然的行政法渊源。

（八）法律解释

法律解释是指对法律、法规、规章或法律条文的内容、含义所作的理解、说明或解答，是正确理解法律规范的立法原意和保证法律正确实施所必需的。广义的法律解释，泛指对法律、行政法规、行政规章、地方性法规等的解释。作为一种正式解释，或者叫有权解释，它必须是由法定的有权机关所作的说明和解释，具有法律效力。其中以行政权力和私权利之间的关系为调整对象的法律解释，就属于行政法渊源的范畴。

1. 立法解释。狭义上的立法解释专指国家立法机关对法律所作的解释。广义上的立法解释泛指依法有权制定法律、行政法规、地方性法规和行政规章的国家机关或其授权机关，对自己制定的规范性法律文件所作的解释。本书采用广义上的立法解释。其中涉及行政法问题的阐释就是行政法的渊源，具有和其他法律层面行政法渊源同样的效力。

2. 行政解释。行政解释是指国家行政机关在依法行使职权时，对有关法律、法规和规章如何应用所作的解释。在我国，行政解释分为两种：（1）国务院及其职能部门对不属于审判和检察工作中的其他法律如何具体应用所作的解释，这种解释一般表现在它们所制定的有关法律实施细则中。（2）省、自治区、直辖市人民政府主管部门对地方性法规如何具体应用所作的解释。这种解释只能在所辖地区内发生效力，且必须符合宪法、法律、行政法规和部门规章的规定，否则无效。

3. 司法解释。在行政法意义上，司法解释是指司法机关在行政审判中对有关法律适用和法律内容所作的阐释。如我国2015年《最高人民法院关于人民法院办理执行异议和复议案件若干问题的规定》和《最高人民法院关于适用〈中华人民共和国行政诉讼法〉若干问题的解释》。此外，在行政司法实践中，人民法院常常要对法律规定的内容作出确定，一旦确定之后，就对行政主体和行政相对人有拘束力，这同样是行政法渊源的构成部分。

（九）我国参加的国际条约与协定

国际条约与协定特指我国缔结或参加的国际条约与协定。按照1990年《缔结条约程序法》和有关法律的规定，凡我国缔结或参加的国际条约与协定在我国具有法律效力的，属于当代中国法的渊源之一。当然，我国参加的国际条约和国际协定，如果规定了我国行政机关的权利义务，是否可以直接作为国内行政法的渊源，需要根据实际内容进行确定。如根据中国加入世界贸易组织文件的相关规定，WTO协定和中国"入世"文件关于我国行政机关和其他有关机构权利义务的规定，应当转化为我国的国内立法后才能作为行政法的法律渊源予以适用。也就是说，如果我国参加的国际条约与协定涉及政府行政权的行使、涉及行政系统与其他相对人的关系，既对行政主体有约束力，又对行政主体以外的其他社会主体有约束力，那么它自然而然地成为我国行政法渊源的组成部分。如《经济、社会及文化权利国际公约》《反对体育领域种族隔离国际公约》《国际货币基金协定》等。需要注意的是，有些国际条约我国是有条件参加的，即只承认该条约中的一部分或大部分权利义务，对于其他一些条款则有所保留，有所保留的条款对我国行政系统和行政相对人没有约束力。我国《行政诉讼法》的涉外行政诉讼部分对此作了一些专门规定。

（十）联合国宪章

联合国宪章是联合国组织的根本法,它规定的内容是:联合国组织的宗旨和原则;联合国的会员及其权利与义务;联合国6个主要机关的组成、职权范围、活动程序与主要工作;联合国组织的地位以及联合国宪章的修正等。联合国宪章是当代国际关系和国际法的重要文献。我国不但是联合国的创始会员国,而且是联合国安全理事会的5个常任理事国之一。我国在享有联合国宪章赋予的权利的同时,必须严格地、善意地履行联合国宪章规定的义务。而在联合国对外代行我国职权的是中央国家机关和部分地方国家机关,其中包括国务院及其各职能部门,还有部分地方政府等行政机关,如外交部、商务部等。也就是说,联合国宪章能约束我国的行政机关及行政权。宪章中有关涉及行政权的规范是我国行政机关必须遵守的,具有普遍的效力,是我国行政法的一种渊源,如《联合国宪章》第111条规定,为此联合各会员国政府之代表谨签字于本宪章,以昭信守。

（十一）党和政府联合发布的文件

党的政策和文件对我国行政法具有积极的指导意义,但是,依据我国宪法相关规定,党的政策和文件并不是行政法的正式渊源。只有党和政府联合发布的具有拘束力的文件才是行政法的正式渊源。党和政府联合发布的文件在我国行政法治实践中具有同其他正式行政法文件同等的规制效力,且涉及的是行政管理中的一些具体事项。如《关于对党和国家机关工作人员在国内交往中收受礼品实行登记制度的规定》(中共中央办公厅、国务院办公厅发布)、《关于卫生改革与发展的决定》(中共中央、国务院发布)、《财政部、国家发展计划委员会、监察部、公安部、最高人民检察院、最高人民法院、国家工商行政管理局关于加强公安、检察院、法院和工商行政管理部门行政性收费和罚没收入收支两条线管理工作的规定》(中共中央办公厅、国务院办公厅转发)。我国地方党政机关也经常联合发布具有行政法渊源性质的文件。

第三节　行政法的非正式渊源

一、行政法非正式渊源的概念、属性与功能

（一）行政法非正式渊源的概念、属性

"非正式渊源是指那些具有行政法意义的资料,而此资料尚未在正式的行政法文件中得到权威性的规范或至少是明文的阐述和体现。"[①]据此,行政法非正式渊源是指虽然没有体

---

① 参见[美]E.博登海默:《法理学——法哲学及其方法》,邓正来、姬敬武译,华夏出版社1987年版,第395页。

现在正式的行政法律规范文件之中,但对行政权起着规范作用的渊源形式。行政法非正式渊源有下列内在属性:①

1. 行政法规范的非认可性。非正式渊源突出的特点之一就是没有得到国家的认可,缺乏与正式渊源同等的效力,有时虽然调整着行政管理中的一部分关系,但始终没有成为现行行政法规范的有机构成部分。这一属性是研究非正式渊源的前提条件,又是区分两种性质不同的行政法渊源的依据。

2. 对行政权的规制性。行政法的非正式渊源之所以能在一定条件下调整行政管理关系,在于它与行政权有着千丝万缕的联系,或者反映了行政权行使中的逻辑,或者体现了行政权的实质,或者为行政权的行使提供了符合公意、符合客观规律的范式。换言之,行政法的非正式渊源有规制行政权的取向,其规制作用有时并不亚于正式渊源。当然,非正式渊源对于行政权的规制方式、程度、客观效应较之于正式渊源要复杂得多。社会环境、行政文化、价值观念、民风民俗都是其规制作用的决定因素。行政法非正式渊源的规制性使其对行政权的行使、制约和效果有了与正式渊源相似或相近的功效,进而决定了其可以成为行政法渊源的一部分。

3. 对行政管理的普遍覆盖性。行政法规范是从行政权的行使和行政管理活动过程中抽象出来的,绝非个别的、单一的存在形态,为行政法的一般原理和法学理论所证实。行政法的非正式渊源既然要成为行政法渊源的其中一种形态,需有法律规范的共性。显然,覆盖行政管理活动的全部或部分非正式规范,才有升格为行政法非正式渊源的可能。同样道理,只有对行政管理活动中具有普遍指导意义的非正式行为准则,才符合法律原理而成为指导行政管理的准则。进一步讲,如果没有普遍覆盖性这一特征,行政法的非正式渊源将成为无源之水、无本之木,成为各种行为准则的大集合,而反映在行政执法中则是任意行政和主观行政。

上述三属性又可视为行政法非正式渊源的规格和标准,三者缺一不可,要判定某一个正式渊源之外的行为准则是否可以成为非正式渊源,必须把三个标准结合起来予以权衡。

(二) 行政法非正式渊源的功能

1. 弥补行政法条空白的功能。"现在的行政无论是在质上还是量上都日趋扩大和多样化,要使法律在所有情况下都对行为要件作出具体的、划一的规定,实际上是不可能的。"②正式渊源要达到高度完善,难度还是很大的,其阶段性、暂时性决定了作为正式渊源的行政法条常常会出现缺位和空白,而非正式渊源恰好弥补了正式渊源的空缺。非正式渊源体系的稳定性、恒久性、抽象性决定了其对行政法条文的弥补是及时和易到位的。应当指出的是,非正式渊源弥补功能的实现与一定的外在条件有关,如行政环境、行政意识等。

2. 行政自由裁量权的参考系功能。行政自由裁量权的行使有客观上的依据,受一定原则的约束;这些原则和依据共同构成了自由裁量权行使的参考系。正式渊源由于较强的直接规则性,是难以直接成为自由裁量权的参考系的,唯有非正式渊源符合此特征。正如 E.

---

① 参见关保英:《市场经济与行政法学新视野论丛》,法律出版社1996年版,第21页。
② 参见[韩]金东熙:《行政法Ⅰ》,赵峰译,中国人民大学出版社2008年版,第191页。

博登海默所言,如果没有非正式的渊源,执法必然表现为:一个行政措施的作出,合理程度取决于管理人员在政治上是保守、自由还是激进的;取决于他在立法上是信仰传统还是信仰改革的;取决于他是资方还是劳方的朋友;取决于他是倾向于强有力的政府还是倾向于无力的政府;抑或取决于他所具有的独特主观信念是什么。非正式渊源作为自由裁量权的参考系可能是模糊的,不甚明确的。"但它们不管怎样,还是给执法者裁决提供了某种程度的规范性指导。"①

3. 产生行政管理新规则的功能。行政机关及其公职人员的管理行为是蕴含多层社会意义、法律意义和政治意义的行为。一是该行为是一种执法行为和行政司法行为,即对国家活动的执行,对行政违法的确认和制裁;二是该行为是一种技术行为和科学行为,即巧妙的管理艺术、丰富的科学知识,直接影响行为结果的质和量。如黑格尔所言,"行政事务带有客观的性质,它们本身按其实体而言是已经决定了的,并且必须有个人来执行和实现。行政事务和个人之间没有直接的联系,所以个人之担任公职,并不由本身的自然人格和出生来决定。决定他们这样做的是客观因素,即知识和才能的证明"②。行政管理的客观性、技术性和知识性决定了正式渊源与管理对象和行为间差异性的存在。换言之,行政管理需要每日每时地产生新的规则,淘汰旧的规则,甚至旧的管理体制和模式;新的规则与旧的正式渊源的反差,只有非正式渊源能够调和,从非正式渊源中寻求新的规则是可行的。

4. 行政执法的超前指导功能。"政治是国家意志的表达,行政是国家意志的执行。"③表达国家意志与执行国家意志之间暂时的冲突、恒久性的不协调是经常而普遍的,其表现形态和原因是多方面的。原因之一是,立法的相对稳定性与行政权行使的活跃性存在质差,"法律永远落后于行政"。④ 解决这一矛盾的其中一个方法就是对行政执法、行政管理活动进行不断调整,以使行政活动不至于因为法律的滞后性而阻碍管理对象和客体的发展。非正式渊源以它的预测、推理、普遍等性能对行政的超前性予以指导,使行政机关和管理人员实施正式渊源尚未认可的行政行为时,同样有客观上的依据。从某种角度讲,非正式渊源对行政执法的超前指导功能具有发展正式渊源的意义,具有创造性。

二、行政法非正式渊源的基本范畴

1. 行政的正义标准。"统一法理学"把法律的普遍本质叙说为两个方面:一是秩序,并认为它侧重于社会制度的形成结构;二是正义,认为其所关注的是法律规范与制度安排的内容,它们对人类的影响,以及它们在人类幸福与文明建设中的价值。足见正义所体现的是某种实质性的倾向。可以成为行政法非正式渊源的行政正义包括:一是行政中的合理化,即趋于正式渊源之外的、被社会普遍公认的价值准则。该准则在某些场合是客观规律的反映,在某些场合则是多数意志和利益的体现。它往往对行政决策的形成有着比正式渊源更为强烈的调整意义。二是行政中的平等倾向。社会主义行政权与平等的正义观是浑然一体的。三是行政中的有恒化。既包括个人对行政职权忠诚的心理状态,又包括行政组织对行政事务

①④　参见［美］E. 博登海默:《法理学——法哲学及其方法》,邓正来、姬敬武译,华夏出版社 1987 年版,第 425、349 页。

②　参见［德］黑格尔:《法哲学原理》,范扬等译,商务印书馆 1982 年版,第 311 页。

③　参见［美］古德诺:《政治与行政》,王元译,华夏出版社 1986 年版,第 6—9 页。

持久性、有序性的认识。通过有恒化这一正义行政准则,提高行政主体的主动性和履行非正式渊源规定义务的自觉性。四是行政的福利与安全倾向。现代行政有两大目的,即为促进社会福利的实现和与司法部门共同维护公共安全。行政人员除依成文法办事外,还要考虑以上两个因素。另外,自由、宽厚、果断亦是正义标准。

2. 行政政策。行政政策也叫公共政策或国家政策,是政策体系的一部分,其含义有广狭两义之分。广义的行政政策是指一切国家权威机关为管理社会公共事务制定的基本规定和指导原则。狭义的行政政策则特指由政府机关制定的,用以管理社会公共事务的行为准则。从国家组织、调整、规范社会关系的角度而言,行政政策是国家行政机关行政决策的主要结果,是国家管理社会公共事务的基本依据和一种行为准则,体现了政治性与社会性的统一。政治性体现在它是国家上层建筑的一部分,体现着统治阶级的意志,维护着统治阶级的利益;社会性体现在它具有国家管理社会公共事务的职能,如组织社会经济活动,发展科技文化事业,管理社会公共财物等。因此,当行政政策还没有被立法机关以法律形式予以认可时,就是行政法的一种非正式渊源。

3. 行政技术准则。20 世纪五六十年代发生在美国和日本的行政管理革命开辟了一个新的行政管理时代,该时代是对传统行政管理的否定,其主要特征是:专业化、职能化、科学化和技术化,系统理论、行为科学、信息论、控制论以及一系列自然科学中的运算过程和技术规范体系在行政管理中广泛应用。行政技术准则在行政法制度较发达的国家,已逐渐转化为法律规范,成为调整人们行为的行政准则。我国近年来的行政立法亦有此趋向。但是,由于行政管理定量化、技术程度的飞速提高,行政法不可能完全将这些准则予以认可,成为正式渊源,只能甚至必须作为非正式的渊源调整行政行为。

4. 行政习惯和惯例。行政习惯指的是行政过程中的惯常做法,并未有充分的成文法上的依据;惯例则是指行政机关在处理先前行政案件时一贯遵循的准则。由于我国并非判例法国家,因此,在将习惯和惯例作为行政法的非正式渊源时,必须与其他非正式渊源结合起来。

5. 行政法学理。行政法学理是从法律基本原理中推导出来的,法律基本原理包含了法律的基本价值,这是行政法学理的根本生命力之所在,是对行政法治具有普遍指导意义的理论体系。于此而言,行政法学理具有行政法原理的论证性,贯穿行政法治的全过程,指导行政法治的建设,是行政法治的灵魂。它从更深层次影响人们的思想与意志,从而对其外在的行为进行法律性思维、法律性行为的引导,成为理解与把握行政法律规范的根本。由此而论,行政法学理应是行政法的一个重要渊源。

6. 其他部门法中的准则。法律体系是指按一定的标准将一国现行所有法律划分为不同的部门法,由不同的部门法构成的彼此联系、相互协调、互为补充的完整的有机联系的整体。在整个法律体系中,行政法与其部门法如民法、刑法、经济法紧密联系,其他部门法中的某些行为规则,也是行政机关在行政管理过程中必须遵守的。如民法中的诚实信用原则、经济法中的国家统一领导和组织自主经营相结合的原则,同样适用于行政管理过程,可以约束行政机关的行政管理行为,并作为实施行政管理行为必须遵循的依据。故此,其他部门法中的准则也是行政法的一种非正式渊源。

7. 外国行政法。行政法作为统治阶级意志的体现,有阶级性的一面;作为一项社会控制手段,又有技术性和社会性的一面。后者决定了不同类型的国家、不同类型的行政法有相通的内容。无论哪一国的行政法,都把依法行使行政权作为行政法的一项基本原则就是例证。以此类推,行政法治发展较快的国家的一些行政法准则,对于我国行政法治体系的日趋完善是具有积极指导意义的,可以作为我国行政法的非正式渊源。随着各国经济、科技、文化的日益交流,行政法的发展也越来越表现出鲜明的国际化特征。

第四节　实务案例

一、夏某不服两个行政机关处罚决定提起行政复议案

〔案情摘要〕

夏某,男,36 岁,系×省会城市郊区农民。夏某在农闲季节从事废品收购和在本市垃圾堆放地区收捡废品之业。2006 年 8 月 29 日凌晨 5 点,夏某在本市中山南路的路边垃圾桶捡寻废品。在捡寻到该路第 7 号垃圾桶时,夏某突然意识到该路垃圾桶都为铝合金制品,若将这些垃圾桶按废品卖掉便可以得到更多的钱。夏某环顾周围无人,便将 7 号垃圾桶拆卸掉装进自己的板车,后又卸掉 9 号、11 号两个垃圾桶,匆匆逃离现场。当其行至中山路口时,被早起打扫卫生的环卫工人发现。由于环卫工人熟悉该路段的垃圾桶特征,一眼便认出夏某板车上的垃圾桶为公共物品,3 名环卫工人遂将夏某连人带车扭送至路南街派出所。经调查,路南街派出所认为夏某的行为已超出了派出所对行政违法行为的处罚权限,便将案件移送至×区公安分局。×区公安分局在对夏某进行了讯问和取证以后,认为夏某的行为触犯了两个行政管理法律规范:一是 2006 年实施的《治安管理处罚法》第 23 条,对于盗窃少量公私财物的,可以处以 200 元以下罚款或 15 日以下拘留等;二是×市人民政府于 2006 年 11 月 30日制定的《×市城镇环境卫生设施设置规定》第 80 条第 2 款,擅自拆除、搬迁、占用、损毁、封闭环境卫生设施或擅自改变环境卫生设施使用性质的,责令限期改正,并处以 5 000 元以下的罚款,造成经济损失的,责令赔偿经济损失。后者行政管理法规的执法权属于×市环卫局。因此,×区公安分局和区环卫局联合对夏某作出了下列行政处罚决定:(1)对夏某处以 3 000元的罚款;(2)对夏某行政拘留 7 天。该行政处罚决定第一项所依据的是《×市城镇环境卫生设施设置规定》第 80 条;第二项所依据的是《治安管理处罚法》第 23 条。处罚决定作出后,夏某对第二项行政处罚没有异议,对第一项处罚决定提起行政复议。夏某的申辩理由如下:自己的行为属于治安违法,而根据《治安管理处罚法》的规定,治安违法罚款的数额上限不得超过 200 元,因此,夏某认为对自己行为所作的第一个处罚行为是违法的,并认为《×市城镇环境卫生设施设置规定》所设定的罚款数额违反了《治安管理处罚法》的相关规定。复议机关经过复议,认为在行政复议中,行政规章可以作为行政复议的法律依据,公安分局和环卫局的行政处罚决定并无不妥,据此维持了原行政处罚决定。期限届满后,夏某没有提起行政诉讼。

〔法理分析与评议〕

这一案件涉及行政法规范的效力层级问题。本案中夏某的行为从表面上看是一种偷窃行为,由于垃圾桶本身价值不大,夏某的盗窃行为是违反《治安管理处罚法》的行为,属于一

般的行政违法行为,没有构成犯罪。再则,夏某以前是否还有偷窃垃圾桶或其他公共设施的行为,公安机关没有证据能够证明,故不能再就违法行为事实作扩大解释。公安机关认定其行为是行政违法行为符合事实。同时,将夏某盗窃垃圾桶的行为认定为破坏公共设施的行为亦应当是正确的,公安机关和环卫机关联合对其进行处罚,两个机关作出共同行政行为也符合夏某违法行为的事实。公安机关和环卫机关以夏某违反《治安管理处罚法》和《×市城镇环境卫生设施设置规定》为前提,分别对其适用这两个法律和政府规章进行处罚。这两个机关都是行政执法机关,其职能在绝大多数情况下是对本职能范围内行政事务的管理,在管理行政事务时,法律、行政法规、地方性法规和政府规章都是其执法的依据。《行政诉讼法》关于行政审判“参照规章”的规定对行政机关的执法行为并无直接的约束力,参照规章仅适用于诉讼阶段。而被处罚人在行政复议阶段提出了所适用规章与法律之间的矛盾问题,具有一定的道理。但是,行政复议机关无权对规章的效力进行质疑,因而其作出维持原行政处罚行为的复议决定并无明显不当。

本案的焦点在于行政机关的法律适用问题。复议申请人提出公安机关和环卫机关对其处罚时所适用的《×市城镇环境卫生设施设置规定》中的执法规定违反了《治安管理处罚法》这一上位法的相关规定。这反映出来的是行政法规范之间的关系以及行政法规范的效力等级问题。《治安管理处罚法》既对违法行为人偷窃行为如何处罚作了规定,又对违法行为人破坏公共设施的违法行为作了规定。夏某损毁垃圾桶的行为符合该法第23的规定。这里的问题在于法律位阶较低的行政管理法规范规定的内容与法律位阶较高的行政管理法规范之间的法律冲突问题。《治安管理处罚法》是以法律的形式出现的,《×市城镇环境卫生设施设置规定》是以政府规章的形式出现的,从法律位阶上来讲,政府规章的内容是不能违背法律的。也就是说,《×市城镇环境卫生设施设置规定》中关于拆除垃圾桶罚款5 000元的规定,实质上是违反了《治安管理处罚法》。没有法律依据,甚至与法律、行政法规相抵触的规章,执法机关在执法过程中究竟应当如何处理,也应当成为理论界关注的一个问题。因为这样的规章与执法机关的执法行为常常是直接发生联系的,又由于这类执法机关在整个行政管理环节中所处的地位较低,势必导致它们对于与法律、法规相抵触的规章并不享有予以改变或不予执行的权力。

〔相关法律法规链接〕

《中华人民共和国立法法》

《中华人民共和国治安管理处罚法》

二、乐某对投诉举报处理不服行政复议案

〔案情摘要〕

2018年6月25日,乐某(以下简称“举报人”)通过政务服务便民热线“12345平台”向上海市市场监督管理局举报上海××有限公司(以下简称“被举报人”)在“天猫”网店“××食品专营店”销售的家用大冰格做冰块制冰器塑料,未标注生产企业名称、厂址和生产许可证,要求对被举报人的上述行为进行查处,并要求给予赔偿。收到举报后,市局消费者权益保护处(以下简称“消保处”)根据举报信息登记表上的被举报人公司注册地地址,将该投诉举报交由A区市场监管部门的甲市场监管所处理。甲市场监管所经初步调查发现,被举报人未

在公司注册地开展经营活动,其实际经营地位于 A 区乙市场监管所管辖范围。甲市场监管所遂将该投诉举报退回消保处,消保处又将该投诉举报交由乙市场监管所处理。2018 年 6 月 26 日,乙市场监管所执法人员对被举报人电话中声称的实际经营地进行检查,也未发现被举报人在上述地址开展经营活动。2018 年 6 月 28 日,A 区市场监管部门执法人员电话告知举报人"经查,当事人实际经营地址位于上海市 B 区××路 586-1 号 8 幢 110 室,建议向 B 区市场监管部门重新投诉举报"。

举报人对 A 区市场监管部门的答复不服,遂向上海市工商行政管理局申请行政复议。复议机关经审理认为,"对于申请人举报上海××公司的涉嫌违法行为,被申请人作为××公司所在地的市场监督管理部门,具有管辖权。被申请人的答复明显不当"。依据《行政复议法》第 28 条第 1 款第 3 项的规定,复议机关作出撤销被申请人的答复,并责令被申请人在 15 日内重新处理申请人的投诉举报的决定。

〔法理分析与评议〕

本案承办部门在处理投诉举报的过程中,存在明显的程序性错误,导致举报人对 A 区市场监管部门的答复不服,遂提起行政复议。复议机关依据《行政复议法》作出上述复议决定。综合来看,本案涉及如下法律问题,需要在执法过程中引起重视:一是投诉举报的管辖权问题。根据《上海市市场监督管理投诉举报处理程序规定》(以下简称《处理程序规定》)相关规定,①投诉举报由区级市场监管部门管辖。也就是说,判断市场监管部门是否对投诉举报有管辖权,是以区级市场监管部门为单元进行的。而在投诉举报的实际处理工作中,为了便于市场监管执法,消保处根据举报信息登记表上登记的被举报人的公司注册地地址将举报线索分派到相应的市场监管所处理。事实上,这种工作任务分派只是区级市场监督管理局内部的一个工作分工,而非法律意义上的管辖分工,不具有法律效力。基层市场监管所不能因为举报反映的违法行为不是发生在本所辖区,而发生在辖区内其他市场监管所,则对外宣称无管辖权。该市场监管所可以在 2 个工作日内将线索退回消保处,由消保处转交相应的市场监管所处理。当然,这种处理方式也不存在投诉举报管辖权的障碍问题。二是投诉举报的处理程序问题。本案的举报行为涉及两个方面内容:(1)投诉,即举报人请求被举报人给予赔偿;(2)举报,即举报人请求对被举报人的行为进行调查处理。针对投诉举报人的两个请求,市场监管部门应当严格按照《处理程序规定》设定的投诉处理程序和举报处理程序分别予以处理。也就是说,既不能将上述两个事项简单混同,按一个程序处理,也不能仅仅单独处理投诉或仅仅单独处理举报。

于本案而言,承办部门并未对投诉与举报两个事项进行明确区分,且以无管辖权为理由进行回复,其处理程序显然不符合《处理程序规定》。近年来,市场监管领域的投诉举报增长很快,数量庞大。特别是一些职业索赔人以打假为名向企业提出高额索赔,在索赔要求得不到满足的情况下,就以向市场监管部门投诉举报相威胁。同时,又以提起行政复议、行政诉讼向市场监管部门施压,意图使市场监管部门支持其诉求,或者意图使市场监管部门向企业施压满足其索赔要求。以上情形使得市场监管部门对于投诉举报的处理难度不断增加,也导致投诉举报类复议、诉讼在总的行政复议、诉讼中所占比例逐年提高。因此,对于如何规

---

①　本案投诉举报发生于 2018 年 6 月,执行《上海市市场监督管理投诉举报处理程序规定》。自 2020 年 1 月 1 日起,国家市场监督管理总局通过的《市场监督管理投诉举报处理暂行办法》生效,投诉举报的处理应执行总局的暂行办法。

范处理市场监管中的投诉举报问题要重点关注如下三个问题:一是准确识别投诉和举报属性。2020年1月1日起生效的国家市场监督管理总局通过的《市场监督管理投诉举报处理暂行办法》(以下简称《投诉举报处理暂行办法》)对投诉行为和举报行为作了区分,并设定了不同的处理程序,提出了不同的处理要求,包括管辖权的确定原则也不同。依据该办法,投诉是指消费者为生活消费需要购买、使用商品或者接受服务,与经营者发生消费者权益争议,请求市场监管部门解决该争议的行为。举报是指自然人、法人或者其他组织向市场监管部门反映经营者涉嫌违反市场监管法律、法规、规章线索的行为。因此,市场监管部门在收到投诉或举报之后,首先要根据《投诉举报处理暂行办法》的规定,识别其究竟属于投诉还是属于举报,并选择相应的处理程序。当然,同一举报也可能同时包含了投诉和举报两项内容,市场监管部门则应按照不同的程序对投诉和举报分别予以处理,防止出现对投诉和举报只按一种程序处理、只处理投诉不处理举报或者只处理举报不处理投诉的情况发生。还有一种情况,经识别后既不属于投诉也不属于举报,可能是请求公开政府信息、咨询问题或者信访事项,此种情形则不能按照投诉举报的程序处理,而应按照其他相应程序处理或者告知处理问题的途径。二是严格按照法定程序处理。在根据《投诉举报处理暂行办法》判断究竟是投诉还是举报性质的基础上,应分别选择相应的程序去处理。在处理过程中,有几个问题需要注意:(1)《投诉举报处理暂行办法》对投诉提出了一定的要求,执法人员首先应当对投诉是否符合要求进行审查,对于不符合要求的,应当作出不予受理的决定;(2)判断对投诉举报是否有管辖权,只有在法律法规明确规定有管辖权的情况下,调查处理结果才具有法律效力;(3)要在法律法规规定的期限内作出决定或执法行为,如对于投诉的受理或者不予受理决定、对于举报的立案或者不予立案决定等,都有明确的法律期限。三是规范告知处理结果。虽然当前实务界对于投诉举报的处理是否可诉尚有一定的争议,但从实际情况来看,对投诉举报提起的复议、诉讼行为,复议机关、司法机关还是受理的。因此,处理结果的告知要慎重,避免出现因告知不当而被复议机关、司法机关撤销的情况发生。在处理结果告知方面,需要注意如下几个问题:(1)要有针对性。投诉举报反映什么问题就告知该问题的处理结果,投诉举报人未提及的,不必告知。(2)回复内容要全面,避免遗漏。很多投诉举报材料内容杂乱,条理可能也不清晰,这就需要执法人员在收到材料后进行梳理,理清楚举报人具体的诉求或举报内容。在告知时,对每一项诉求或举报内容都要逐一告知处理结果,不要遗漏。遗漏则可能会被认为未作全面调查处理。(3)告知的内容要简单明了,要以已经查明的事实和收集的证据为基础,避免出现模棱两可、含混其词的告知。

本案发生在2018年6月,适用《处理程序规定》。该规定主要对市场监管过程中的投诉、举报的范围、消费者投诉处理程序、举报的立案和告知程序,以及投诉、举报与法律规定的衔接等问题进行了明确规定。本案涉及投诉、举报两种行为,应根据《处理程序规定》相关程序分别予以处理。首先,对于投诉管辖原则问题,应根据交易行为发生方式的不同,对"线下交易"与"线上交易"进行基本判断:若为线下交易,则由经营行为发生地或者经营者住所地管辖;若为线上交易,则由经营者住所地或者第三方平台住所地管辖。本案属于线上交易方式,所以,A区市场监管部门无疑具有法律上的管辖权。其次,对于举报管辖原则问题,《处理程序规定》明确规定由涉嫌违法行为发生地进行管辖。再次,《处理程序规定》还明确规定,对于既有投诉内容又有举报内容的诉求,统一由对举报有管辖权的区市场监管部门进行管辖。因此,举报人向A区市场监管部门的投诉举报正确。市工商行政管理局作出的行

政复议决定也正确无疑。此外,《处理程序规定》第 15 条第 1 款对于投诉处理时间作出了
"区市场监管部门应当自收到投诉之日起的 7 个工作日内,作出是否受理的决定,并告知消
费者"的明确规定。第 29 条对于举报人获知举报处理结果的时间作出了"对举报不予立案
的,区市场监管部门应当自作出决定之日起 7 个工作日内,告知举报人并说明理由"以及
"……区市场监管部门应当自作出决定之日起的 15 个工作日内,告知举报人"的明确规定。
根据《处理程序规定》,区市场监管部门可以通过书面、电话、短信等方式告知消费者和举报
人有关结果,也可以通过市场监督管理投诉举报信息管理系统以主动推送方式进行告知。
也就是说,告知要市场监管部门主动实现。

　　为了规范市场监督管理过程中的投诉举报处理工作,保护自然人、法人或者其他组织的
合法权益,2019 年 11 月,国家市场监督管理总局根据《消费者权益保护法》等法律和行政法
规,制定出台了《投诉举报处理暂行办法》,自 2020 年 1 月 1 日起施行。原《产品质量申诉处
理办法》《工商行政管理部门处理消费者投诉办法》《食品药品投诉举报管理办法》同时废
止。作为部门规章,《投诉举报处理暂行办法》属于上位法,那么,自 2018 年 3 月 15 日起施
行的《处理程序规定》,则需要根据《投诉举报处理暂行办法》,在及时进行修改完善的基础
上加以适用。在新的《处理程序规定》未出台之前,处理投诉、举报处理工作则要适用《投诉
举报处理暂行办法》这一部门规章,以实现适用依据正确、程序合法的目标。

　　〔相关法律法规链接〕
　　《中华人民共和国行政复议法》
　　《中华人民共和国行政复议法实施条例》
　　《中华人民共和国消费者权益保护法》
　　《市场监督管理投诉举报处理暂行办法》
　　《上海市市场监督管理投诉举报处理程序规定》

【习题及答案解析】

第四章　行政法基本原则

第一节　行政法基本原则的认识与发展

从比较的、历史的角度来看,不同法系、不同国家、不同历史时期对于行政法地位和作用的不同认识,导致不同国家对于何谓行政法基本原则,以及行政法基本原则内容构成等问题的认识必然不尽相同,存在不同程度的差别。我国对于行政法基本原则的认识,伴随着行政法基本原则理论发展变迁的历史进程,虽然国内行政法学界形成了一定程度的共识,但是尚未最终形成一个统一、规范、权威的认识,关于行政法基本原则的研究与探讨仍然处于一个"开放"的过程之中。

一、西方主要国家对于行政法基本原则的认识

西方国家对于行政法基本原则的研究和认识,是伴随着资本主义制度的确立及其民主制度的发展而逐步发展起来的。在这其中,形成了一些较为定型的观点。

(一)美国对于行政法基本原则的认识

在美国,从理论上讲,联邦主义、分权主义与法治主义三大原则为其宪法与行政法共同尊奉的基本原则,但法治原则所包含的基本权利原则与正当程序原则更直接地为行政法所遵奉。[①] 基本权利原则要求一切行政法律制度都必须旨在保护而不是摧残人类固有的基本权利。正当程序原则要求一切行政法律制度都必须通过正当的法律程序来实施。例如,行政主体在行使剥夺或限制行政相对人的生命、自由或财产等权利时,必须听取当事人的意见,保证当事人能够享有要求听证的法律权利。

(二)英国对于行政法基本原则的认识

在英国,人们把行政法看成是"动态的宪法"。其行政法原则以宪法原则为基础,从议会主权和法治两大宪法原则发展出了越权无效和自然公正两大行政法基本原则。越权无效原则要求行政主体的行政行为必须符合议会制定法赋予的权限,无论是在实体上还是在程序上,都不得超越制定法所规定的权限范围。自然公正原则要求行政主体在处分行政相对人的权利时,应当以必要的程序保证听取相对人的意见,保证相对人能享有防御权利,保证任

---

① 参见王名扬:《美国行政法》,中国法制出版社 1995 年版,第 77—117 页。

何人不自己做自己的法官,即任何人都不得做与自己有关的行政案件的裁判者。

（三）法国对于行政法基本原则的认识

在法国,行政法治(或称为"行政合法主义")被认为是行政法的基本原则。它是由行政法院在长期的行政审判过程中通过一系列行政判例而形成的。行政法治原则包括如下三个方面的内容:一是行政主体作出行政行为必须有法律依据;二是行政主体作出的行政行为必须符合法律规定的行政要求;三是行政主体必须以自己的行为保证法律的实施。

（四）德国对于行政法基本原则的认识

在德国,行政法的基本原则由行政合法性原则和行政合理性原则构成。行政合法性原则要求行政主体在行政活动中必须坚持法律至上的原则,其行政行为必须符合法律所规定的要件。行政合理性原则包括适当原则、必要原则和比例原则三方面,中心是要求行政主体的行政行为必须符合正义、理性和立法目的的要求。

（五）日本对于行政法基本原则的认识

在日本,法治行政通常被认为是行政法的基本原则。这一原则包含如下三个方面的内容:一是法律优先原则,主张立法机关制定的法律高于行政机关的决定,要求行政主体必须优先适用立法机关制定的法律。二是法律保留原则,即主张行政主体作出行政行为的范围应由立法机关以法律规定,要求行政主体不得无法律依据而实施行政行为。三是司法救济原则,主张一切司法权归属法院,法院拥有对行政争议的最终裁决权,相对人合法利益受到不法侵害时,有权向法院请求司法救济。

可以看出,无论是英美法系还是大陆法系,其行政法基本原则都有着各自鲜明的个性特色,但同时它们也存在某些深层次的共性特征,即它们的形成与法治国思想同源,深刻地体现着民主法治国家的精神和观念。法治原则不仅孕育了行政法基本原则,而且推动了行政法基本原则的逐步发展并完善,始终是行政法基本原则形成过程中至关重要的因素。从总体上可以说,欧美各国行政法基本原则就是"行政法治原则"。[①]

》》 二、我国对于行政法基本原则认识的历史进程

虽然我国对行政法的研究开始于 1949 年,但是从真正意义上来讲,我国现代行政法是在 20 世纪 80 年代初期伴随着改革开放的历史进程建立和发展起来的。尤其自改革开放后我国恢复行政法理论研究以来,行政法学界对行政法基本原则这一行政法基本问题进行了广泛而深入的研究,提出了各种各样的见解和主张,呈现出了一定的历史继承性和

---

① 参见周佑勇:《行政法原论》,中国方正出版社 2002 年版,第 69 页。

开放性的特点。总的来讲,我国对于行政法基本原则的认识大致经历了以下三个历史发展阶段:

(一)行政管理原则、一般法律原则与行政法基本原则混同阶段(20世纪70年代末至80年代中期)

这一阶段,鉴于我国行政法研究工作刚刚起步,受苏联影响较深,对行政法基本原则的研究大多是从行政管理学的角度进行的。表现为时常将行政管理原则、一般法律原则混同于行政法基本原则。如我国第一本行政法统编教材《行政法概要》将行政法的基本原则称为"国家行政管理的指导思想和基本原则",并认为这些原则具体包括:"在党的统一领导下实行党政分工和党企分工"的原则、"广泛吸收人民群众参加国家行政管理"的原则、"贯彻民主集中制"的原则、"实行精简的原则""坚持各民族一律平等"的原则、"按照客观规律办事,实行有效地行政管理"的原则和"维护社会主义法制的统一和尊严,坚持依法办事"的原则等。① 有学者认为,"我国国家行政管理的指导思想和基本原则"有:"在党的统一领导下,实行党政分工,实行政企职责分开""按照客观规律办事,实施有效的行政管理""简政、便民"和"依法办事"四个原则。② 也有学者认为,我国行政法的基本原则包括:国家行政机关统一行使国家行政权的原则,依法行政的原则,统一领导、分级管理的原则,人民群众广泛参加国家管理的原则,行政管理活动中的民族平等原则,行政首长负责制原则,因地制宜的原则,提高行政效率的原则以及国家计划管理原则等。③ 以上观点,将行政法基本原则混同于行政管理原则和一般法律原则,囿于其时对"行政法是有关行政管理的法"的局限性认识,皆由对行政权的法律属性认识不清所致。

(二)我国行政法基本原则主要内容基本确立阶段(20世纪80年代中期至90年代末期)

1985年,我国行政法学家龚祥瑞出版了《比较宪法与行政法》,受此影响,行政法学界逐渐接受了欧美行政法基本原则的相关观点。该书认为行政法的基本原则包括狭义的行政法治原则、议会主权原则、政府守法原则和越权无效原则。④ 受此影响,我国行政法学家罗豪才认为,"行政法的基本原则,是指贯彻于行政法中,指导行政法的制定和实现的基本准则"。具体包括法治原则(又包括合法性原则、合理性原则和应急性原则)和民主与效率相协调的原则。⑤ 1989年,罗豪才在其主编的全国高校统编教材《行政法学》中,直接将行政法的基本原则概括为行政法治原则,并将其具体分解为行政合法性原则和行政合理性原则。⑥ 自此,我国行政法著作几乎都采用此说。此后一段时期,尽管有学者认为我国行政法基本原则的

---

① 参见王珉灿主编:《行政法概要》,法律出版社1983年版,第43页以下。
② 参见张尚鷟:《行政法教程》,中国广播电视大学出版社1988年版,第46页以下。
③ 参见侯洵直主编:《中国行政法》,河南人民出版社1987年版,第43页以下。
④ 参见龚祥瑞:《比较宪法与行政法》,法律出版社1985年版,第319页以下。
⑤ 参见罗豪才主编:《行政法论》,光明日报出版社1988年版,第25页以下。
⑥ 参见罗豪才主编:《行政法学》,中国政法大学出版社1989年版,第35页以下。

主要内容除了合法性原则和合理性原则外还有责任行政原则,[①]或者行政公开原则和行政效率原则[②]等,但基本上都是围绕行政合法性原则和行政合理性原则来展开的。把行政法基本原则确定为行政合法性原则和行政合理性原则,不仅符合现代行政法的发展规律,也符合现代民主政治制度下依法行政的要求,能够涵盖行政的全过程,调整整个行政法律体系。

（三）行政法基本原则的开放性研究阶段（20 世纪 90 年代末期至今）

20 世纪 90 年代末期,在我国学界形成共识的行政法基本原则的观点受到了学界的质疑。如有学者指出,行政合法性原则实际上反映任何法治国家对国家机关行为的基本要求,与法治原则同义或近义。所以,要求行政活动合法对行政法并无特殊意义,而是法制建设的基本要求,并且极易使人们将合法性原则与法治原则混为一谈。[③] 就行政合理性原则而言,有学者认为,人们对这一原则既难以把握,又难以指导实践,实际上它是用虚幻的理念来制约纷繁复杂的行政自由裁量行为的现实,缺乏构成行政法基本原则的条件。[④] 还有学者指出,合法性的问题是任何一个法律部门都追求的价值取向,合理性问题甚至都不只是法律所追求的价值取向,"它或许是全人类全社会都要追求的价值取向",因此,合法性原则和合理性原则缺乏作为行政法原则的内在规定性,甚至作为一项法律原则都令人怀疑。[⑤]

基于上述质疑,自 20 世纪 90 年代末以来,国内学者纷纷提出应重新确立我国行政法的基本原则。有学者主张行政法的基本原则只有一项,就是"依法行政原则"。[⑥] 有学者主张,我国行政法的基本原则包括自由、权利保障原则,依法行政原则,行政效益原则三项。[⑦] 也有学者认为行政法基本原则是:有限权力原则、正当程序原则、责任行政原则。[⑧] 还有学者主张行政权限法定原则、行政程序优先原则、行政责任与行政救济相统一原则。[⑨] 还有学者借鉴德国的经验将行政法的基本原则总括为行政法治原则,具体包括如下几项:依法行政原则（行政合法性原则并包括法律优越与法律保留）、信赖保护原则、比例原则。[⑩] 又有学者认为,行政法的基本原则应为法律优越与法律保留原则、职权法定与不得越权原则、比例原则、诚信原则、公正原则、公民权益保障原则。[⑪] 上述这些关于我国行政法基本原则的开放性认识,虽然在内容上有所差别,但出发点仍旧是将行政法基本原则集中定位于"行政法治原则"

---

① 参见张树义主编:《行政法学新论》,时事出版社 1991 年版,第 48 页以下;张树义主编:《行政法学》,中国政法大学出版社 1995 年版,第 54 页以下。杨解君等:《依法行政论纲》,中共中央党校出版社 1998 年版,第 36 页;陈端洪:《中国行政法》,法律出版社 1998 年版,第 47 页。

② 参见杨海坤:《中国行政法基本理论》,南京大学出版社 1992 年版,第 149 页以下;姜明安主编:《行政法与行政诉讼法》,北京大学出版社、高等教育出版社 1999 年版,第 51 页以下。

③ 参见孙笑侠:《法律对行政的控制》,山东大学出版社 1999 年版,第 179 页。

④ 参见姬亚平:《行政合法性、行政合理性原则质疑》,载《行政法学研究》1998 年第 3 期;黄贤宏、吴建依:《关于行政法基本原则的再思考》,载《法学研究》1999 年第 6 期。

⑤ 参见熊文钊:《现代行政法原理》,法律出版社 2000 年版,第 61 页。

⑥ 参见应松年主编:《行政法学新论》,中国方正出版社 1998 年版,第 42 页。

⑦ 参见薛刚凌:《行政法基本原则研究》,载《行政法学研究》1999 年第 1 期。

⑧ 参见孙笑侠:《法律对行政的控制》,山东大学出版社 1999 年版,第 180 页以下。

⑨ 参见黄贤宏、吴建依:《关于行政法基本原则的再思考》,载《法学研究》1999 年第 6 期。

⑩ 参见马怀德主编:《行政法与行政诉讼法》,中国法制出版社 2000 年版,第 38 页。

⑪ 参见杨解君等:《行政法学》,法律出版社 2000 年版,第 60 页。

或"依法行政原则"。也就是说,在这一阶段,人们对行政法基本原则问题的研究重点,已由行政法究竟应当有几个基本原则的探讨,转移到了究竟应当如何理解行政合法性原则和行政合理性原则的研究。①

第二节　行政法基本原则的理论构成

一、行政法基本原则的含义

关于行政法基本原则的含义,有学者认为,"行政法的基本原则,是指贯彻于行政法中,指导行政法的制定和实现的基本准则"②。有学者认为,"行政法的基本原则应当是行政法部门所遵循的特有的原理或准则。更准确地说,行政法的基本原则是指为行政法部门所特有的,统率、指导一切行政法律规范的制定与实施的法律原理或准则"③。有学者认为,"所谓行政法的基本原则,是指其效力贯穿于全部行政法规范之中,能够集中体现行政法的根本价值和行政法的主要矛盾,并反映现代民主法治国家的宪政精神,对行政法规范的制定与实施具有普遍指导意义的基础性或本源性的法律准则"④。有学者认为,"行政法的基本原则,是指贯穿于行政法之中,体现行政法的基本价值观念,指导行政法的制定和实施等活动的基本准则"⑤。有学者认为,"行政法的基本原则是指导和规范行政法的立法、执法以及指导、规范行政行为的实施和行政争议的处理的基础性的法则,是贯穿于具体规范之中,同时又高于行政法具体规范,体现行政法基本价值观念的准则"⑥。有学者认为,行政法的基本原则是指"贯穿于行政法始终,指导行政法的制定和实施的基本准则或原理,是行政法精神实质的体现,是行政法律规范或规则存在的基础"⑦。有学者认为,行政法基本原则是指"贯穿于规范行政关系的全部行政法规范之中,体现民主宪政精神和行政法基本价值观念,必须被遵守和贯彻的,指导和规范行政立法、行政执法和行政争议处理的基本准则"⑧。以上关于行政法基本原则的含义,都从不同视角反映了作为行政法基本原则所必须具备的"法律性""基本性"以及"特有性"的特征或标准。一则,行政法基本原则的"法律性",表现在它必须是一种基本的法律准则;二则,行政法基本原则的"基本性",表现在它是构成行政法行为准则的基础性依据,是行政法这一部门法中最高层次的、抽象性的行为准则;三则,行政法基本原则的"特有性",表现在它仅适用于行政法领域,并非是与其他部门法共有的一般法律原则。本书倾向于最后一种观点。

①　参见张正钊主编:《行政法与行政诉讼法》(第二版),中国人民大学出版社 2004 年版,第 25 页。
②　参见罗豪才主编:《行政法论》,光明日报出版社 1988 年版,第 25 页以下。
③　参见张正钊主编:《行政法与行政诉讼法》(第二版),中国人民大学出版社 2004 年版,第 22 页。
④　参见胡建淼主编:《行政法学》,复旦大学出版社 2003 年版,第 33 页。
⑤　参见应松年主编:《行政法》,北京大学出版社、高等教育出版社 2010 年版,第 14 页。
⑥　参见姜明安:《行政法学》,法律出版社 1998 年版,第 7—8 页。
⑦　参见高轩:《论行政法的基本原则》,载《华中科技大学学报(社会科学报)》2001 年第 2 期。
⑧　参见关保英主编:《行政法与行政诉讼法》,中国政法大学出版社 2004 年版,第 89 页。

二、行政法基本原则的特征

1. 行政法基本原则是一种法律准则,可以直接适用。行政法基本原则具有法律的共同属性,同时又是行政法特有的,是为规范行政关系的行政法规范所必须遵守和贯彻的,存在于行政法规范之中的一种法律原则,具有直接适用的规范和约束作用。它区别于党的领导原则、行政原则、行政管理原则(如党政分开原则)、因时因地制宜原则、实事求是原则、遵守客观规律原则和有效管理原则等。

2. 行政法基本原则贯穿于整个行政法体系,被普遍遵守。行政法基本原则存在于所有规范和调整行政法律关系的行政法律规范之中,被行政法律关系中各个方面和各个环节所遵守,贯穿和适用于行政法治的所有领域,而不仅适用于行政法治的某个环节、某个领域。如精简原则、首长负责制等行政法的具体原则就不是行政法基本原则。

3. 行政法基本原则具有普遍的指导意义。行政法基本原则除了对行政立法、行政执法和行政争议的处理具有普遍性的规范作用外,还对其他行政行为具有普遍的指导作用。

4. 行政法基本原则揭示和体现现代行政法的价值理念。行政法基本原则必须是行政法所特有的,能够体现行政法的基本价值观念的基本准则。行政法的价值形式表现为公正、平等、自由、效率、秩序、文明和社会发展等,行政法的基本价值内容表现为程序正义、文明、效率和社会发展等。现代行政法的价值定位于维护公共利益,因此,行政法基本原则重在揭示和体现秩序、正义、发展、文明和效率等社会价值。

三、行政法基本原则的功能

行政法基本原则作为直接调整行政法律规范最主要、最具普遍价值的法律原则,贯穿于行政法律关系之中,对于发展和完善行政法治具有重要的功能。

1. 有利于弥补行政法律规范的不足与疏漏,保证社会关系得到及时必要的调整。鉴于经济、社会、政治、文化的不断发展和人们认识上的局限性等主客观原因,行政法律体系难免存在疏漏与不足,使得一些有必要由行政法律规范调整的社会关系得不到及时必要的调整。如不及时弥补这种疏漏或不足,往往会直接影响社会关系的稳定和有序发展。在调整这些社会关系的新的行政法律规范不能马上制定出来的情况下,行政法的基本原则可以弥补这种疏漏或不足,供行政法律关系主体适用或遵守,以保证既能发挥行政法律关系主体在这些领域的主观能动性,又能防止发生有悖于行政法整体调整目标的事件,从而维护行政法治的统一与协调。

2. 有利于深刻认识并在行政法治实践中体现行政法的本质、基本精神及其基本价值观念。行政法基本原则是在深入研究行政法具体制度及具体规范,深刻领会行政法自身规律、本质及基本精神、基本价值观念的基础上,经过高度概括、提炼与抽象而获得的。因此,行政法基本原则有助于人们更加深刻地认识行政法的本质、基本精神与基本价值观念,指导行政法治实践。

3. 有利于正确规范和确定行政机关及其工作人员、公民、法人和其他社会组织的行为。行政法基本原则是所有行政法具体规范赖以成立的核心,体现行政法的本质,是将行政法的基本精神和基本价值观念转化为行政法具体规范的依据与标准。研究行政法基本原则,能在规范与确定行政机关及其工作人员、公民、法人和其他社会组织的行为时,正确体现行政法的本质、基本精神和基本价值观念。

第三节　行政法基本原则的内容构成

依法行政是指行政机关依据法律取得并行使行政权力、管理公共事务,行政相对人如认为行政机关侵害其权益,有权通过法律途径请求纠正行政机关的错误行为,获得法律救济,并要求行政机关承担责任,以切实保障公民的权利。依法行政是依法治国、建设社会主义法治国家的必然要求和重要内容,是我国行政机关行使权力、履行义务的基本要求和手段。伴随着我国现代行政法历经自改革开放以来数十年的发展进步,为了全面推进依法行政,建设法治政府,2004 年《全面推进依法行政实施纲要》(以下简称《纲要》)对于如何依法行政提出了合法行政、合理行政、程序正当、高效便民、诚实守信、权责统一的具体要求。行政法学界关于行政法基本原则的内容构成,基本上也是从合法行政原则、合理行政原则、程序正当原则、高效便民原则、诚实守信原则、权责统一原则六个方面展开。分述如下:

一、依法行政原则

《纲要》对于合法行政的规定是:行政机关实施行政管理,应当依照法律、法规、规章的规定进行;没有法律、法规、规章的规定,行政机关不得作出影响公民、法人和其他组织合法权益或者增加公民、法人和其他组织义务的决定。本书认为,依法行政原则等同于《纲要》关于合法行政的实质内涵。具体包含职权法定原则、法律优先原则和法律保留原则。

(一)职权法定原则

职权法定原则是指行政机关的创设具有法律依据,行政机关的权力来源于法律授权,行政机关在权限范围内行使权力要符合法律的规定,行政违法承担法律责任。具体包括以下三层含义:一是行政职权来源于法律规定。行政主体的行政职权或由法律、法规设定,或由有权机关依法授予,必须合法产生,这是职权法定原则的基础。在我国,行政机关的职权是根据宪法、组织法及其他法律,按照一定的层次和结构加以设置的,若没有法律上的依据,便是违法行为。这也是我们平常所说的"法无明文规定不得为之"。二是行政职权受制于法律规定。职权法定原则不仅要求行政职权来源于法,还进一步要求行政职权的行使必须具有明确的法定依据,这是职权法定原则对于权力行使的要求,构成职权法定原则的核心。这也是我们平常所说的"有法才有行政权行使"。三是行政越权无效并应承担法律责任。职权法定原则要求行政主体不得越权,如果越权则不具有法律效力。"这是因为,法律效力必须法律授予,如不在法律授权范围内,它就在法律上站不住脚。"①因此,法院及其他有权国家机关可以撤销行政越权行为或者宣布行政越权行为无效,并依法追究有关责任主体的法律责任。这是职权法定原则对于行政权行使后果的要求,构成职权法定原则的保障。

（二）法律优先原则

"法律优先"和"法律保留"都是由 19 世纪初德国行政法鼻祖奥托·迈耶首创,他认为"法律为国家意志中法律效力最强者"。"法律优先"和"法律保留"都被相对限制在法律与行政立法的关系之中。在我国学界,法律优先原则也称法律优位原则,强调的是法律对于行政立法的优越地位。这一原则具体包括三方面的内容:一是行政立法必须具有明确而具体的法律根据。如我国《宪法》第 89 条规定国务院可以制定行政法规,第 90 条规定国务院各部委可以制定部门规章,第 100 条规定省、自治区、直辖市的人民代表大会及其常务委员会可以制定地方性法规,第 116 条规定民族自治地方的人民代表大会可以制定自治条例和单行条例等。二是行政立法不得与法律相抵触。如《立法法》第 88 条规定,"法律的效力高于行政法规、地方性法规、规章。行政法规的效力高于地方性法规、规章"。法律优先原则就是在已有法律规定的情况下,行政法规、规章不得与法律相抵触,凡有抵触应以法律为准,法律优先于行政法规、规章。三是法律较之于行政立法具有优越地位。在法律尚无规定之前,行政事项可以通过特别授权以行政法规、规章进行规定,一旦法律就此行政事项作出规定,则优先适用法律。这是行政机关在依照法律、法规、规章实施行政管理时必须遵守的基本准则。

（三）法律保留原则

奥托·迈耶认为,法律保留是指"在特定范围内对行政自行作用的排除"。所谓法律保留原则,是指凡是法律保留的事项,行政机关不能擅自作出规定。凡属宪法、法律规定只能由法律规定的事项,只能由法律作出规定,行政机关不能代为规定,除非有法律的明确授权,行政机关才有权对其作出规定。这一原则具体包括"绝对保留"与"相对保留"两方面的内容:一则,我国宪法和法律所规定的"绝对保留"是指某事项的设定权专属于法律,任何其他国家机关不得行使,也不能授权其他国家机关行使。如我国《立法法》第 8 条对于只能由法律规定的事项作出了相应规定,②《行政处罚法》第 10 条规定,"法律可以设定各种行政处罚。限制人身自由的行政处罚,只能由法律设定"。二则,"相对保留"特指国务院可以根据全国人民代表大会及其常务委员会的授权,先行制定行政法规。我国《立法法》第 9 条规定,"本法第八条规定的事项尚未制定法律的,全国人民代表大会及其常务委员会有权作出决

① 参见[英]威廉·韦德:《行政法》,徐炳等译,中国大百科全书出版社 1997 年版,第 44 页。
② 《中华人民共和国立法法》第 8 条规定:"下列事项只能制定法律:(一)国家主权的事项;(二)各级人民代表大会、人民政府、人民法院和人民检察院的产生、组织和职权;(三)民族区域自治制度、特别行政区制度、基层群众自治制度;(四)犯罪和刑罚;(五)对公民政治权利的剥夺、限制人身自由的强制措施和处罚;(六)税种的设立、税率的确定和税收征收管理等税收基本制度;(七)对非国有财产的征收、征用;(八)民事基本制度;(九)基本经济制度以及财政、海关、金融和外贸的基本制度;(十)诉讼和仲裁制度;(十一)必须由全国人民代表大会及其常务委员会制定法律的其他事项。"

定,授权国务院可以根据实际需要,对其中的部分事项先制定行政法规,但是有关犯罪和刑罚、对公民政治权利的剥夺和限制人身自由的强制措施和处罚、司法制度等事项除外"。这"其中的部分事项"包括对于税种的设立、税率的确定和税收征收管理等税收基本制度,对非国有财产的征收、征用,基本经济制度以及财政、海关、金融和外贸的基本制度等。

二、合理行政原则

关于依法行政原则的基本内容,理论界已有定论,而关于合理行政原则的基本内容,学界则说法不一。合理行政原则核心是要求行政主体的行政行为必须符合正义、理性和立法目的的要求。《纲要》将合理行政作为依法行政的基本要求之一,规定行政机关实施行政管理,应当遵循公平、公正的原则。要平等对待行政管理相对人,不偏私、不歧视。行使自由裁量权应当符合法律目的,排除不相关因素的干扰;所采取的措施和手段应当必要、适当;行政机关实施行政管理可以采用多种方式实现行政目的的,应当避免采用损害当事人权益的方式。合理行政原则具体表现为公平公正原则、平等对待原则以及合乎比例原则。

(一)公平公正原则

公平公正原则是指行政机关及其工作人员在行使行政权时,不仅要按法律、法规或规章等行政法规范性文件规定的条件、标准、种类、幅度和措施进行,而且要求其行政活动应当按照公平、正义的要求进行,以符合法律的精神。公平是指行政机关及其工作人员在采取行政行为时,要在全面衡量公共利益与个人利益的基础上,采取对行政相对人损害最小的方式进行,获得的行政效果与对行政相对人造成的损害应相适应。正义是指行政机关及其工作人员的行政行为要体现实体的正义与程序的正义,符合法的正义精神,对行政管理相对人要平等对待,不得歧视;考虑相关因素,不考虑非相关因素;不受不良惯例和不相关因素的影响。如我国《行政许可法》第5条规定,设定和实施行政许可,应当遵循公开、公平、公正、非歧视的原则;《行政处罚法》第5条规定,行政处罚遵循公正、公开的原则;《行政复议法》第4条规定,行政复议机关履行行政复议职责,应当遵循合法、公正、公开、及时、便民的原则;等等。

(二)平等对待原则

我国《宪法》第33条规定,公民在法律面前一律平等。行政法上的平等对待原则,是宪法关于公民法律地位在行政法上的具体化。宪法规定的平等原则,作为法律位阶最高的法律原则,当然也对行政法具有规制作用,在行政法中具体化为平等对待原则。如《行政诉讼法》第8条规定,当事人在行政诉讼中的法律地位平等。《监察法》第5条规定:国家监察工作严格遵照宪法和法律,以事实为根据,以法律为准绳;在适用法律上一律平等,保障当事人的合法权益;权责对等,严格监督;惩戒与教育相结合,宽严相济。平等对待原则要求行政主体在同时面对不同的行政相对人时,应当一视同仁,反对歧视。

（三）合乎比例原则

合乎比例原则也称禁止过度原则或者最小侵害原则，主要针对行政机关行使的行政裁量权。行政裁量权是指国家行政机关在其职权范围内，基于法理或事理对某些事件所做的酌量处理的行为的权力，即行政机关作出行政处罚时，可在法定的处罚幅度内自由选择，包括对处罚种类幅度的自由选择和处罚种类的自由选择。行政机关行使行政裁量权应当遵守下列一般规则：（1）符合法律目的；（2）平等对待公民、法人或者其他组织，不偏私、不歧视；（3）考虑相关事实因素和法律因素，排除不相关因素的干扰；（4）所采取的措施和手段必要，可以采取多种方式实现行政目的的，应当选择对当事人权益损害最小的方式，对当事人造成的损害不得与所保护的法定利益显失均衡；（5）除法律依据和客观情况变化外，处理相同行政事务的决定应当与以往依法作出的决定基本相同。即行政法上通常所说的合目的性、适当性以及损害最小化。如我国《行政处罚法》第 34 条规定，为了规范行使行政处罚裁量权，行政机关可以依法制定行政处罚裁量基准。

》 三、程序正当原则

正当程序观念源起于英国，发展于美国。美国宪法第 5 条修正案规定公众在不受法律程序的作用下，不被来自任何第三者的责任追究。也就是说，任何社会组织和个人以及其他政治实体在没有通过正式的法律程序的情况下不得剥夺其他公众的人身和财产自由。第 14 条修正案则将正当程序的内容进一步具体化，要求即便是政府机关也不能在没有通过司法等程序的情况下限制人身自由和财产自由。这个条款后来成为美国制定联邦行政程序法的理论基础之一。关于程序正当原则，《纲要》规定：行政机关实施行政管理，除涉及国家秘密和依法受到保护的商业秘密、个人隐私的外，应当公开，注意听取公民、法人和其他组织的意见；要严格遵循法定程序，依法保障行政管理相对人、利害关系人的知情权、参与权和救济权。行政机关工作人员履行职责，与行政管理相对人存在利害关系时，应当回避。程序正当原则具体包含行政公开原则、公众参与原则和公务回避原则。

（一）行政公开原则

行政公开原则，指政府行为除依法应保密以外，一律公开进行。这一原则主要包括行政权运作的主体、依据以及程序公开，行政权力运作的过程开放，行政立法和行政政策公开，行政执法行为公开，行政裁决和行政复议行为公开，行政信息情报公开。正如英美法谚所云："阳光是最好的防腐剂，路灯是最好的警察。"行政权力的易腐性要求其必须受到公开的监督。信息公开、透明已经成为现代政府行为的基本准则和追求目标，对于保障行政相对人的知情权，促进政府依法行政有着特殊的重要意义。法治就是将公开、透明问题由道德自律转变为法律强制。一方面有利于保障公民、法人或者其他组织对行政管理事务的知情权，有效地保护其合法权益；另一方面，有利于从源头上预防和治理腐败，保障和监督行政机关有效地施行行政管理。

（二）公众参与原则

在现代法治社会,行政机关作出重要决定时,应当充分听取公众意见。吸收民众广泛参与行政活动,充分听取民众意见,已经成为政府规范自身行政行为的自觉行为和重要环节。比如行政机关在举行听证时,不光要告知当事人的事实、理由和主要依据,还要听取他们的陈述和申辩,最终达到结果公正。如《行政处罚法》第五章第四节专门用一整节内容规定了拟作出行政处罚决定之前听证程序的有关问题。

（三）公务回避原则

行政机关工作人员在履行职责时,与相对人存在利害关系的,为了确保最终结果公平公正,应当回避。如我国《行政诉讼法》第 7 条规定,人民法院审理行政案件,依法实行合议、回避、公开审判和两审终审制度。

令人欣喜的是,2022 年 7 月 29 日,江苏省第十三届人大常委会第三十一次会议通过了《江苏省行政程序条例》,这是我国第一部规范行政程序的地方性法规,是推进我国行政程序法治建设的开创性地方立法。中共中央和国务院发布的《法治政府建设实施纲要(2021—2025 年)》和《法治中国建设规划(2020—2025 年)》,也都强调了完善我国行政程序法律制度,制定统一的行政程序法,可以说我国统一的行政程序法呼之欲出。

四、高效便民原则

依据《纲要》,行政法的高效便民原则是指行政机关实施行政管理,应当遵守法定时限,积极履行法定职责,提高办事效率,提供优质服务,方便公民、法人和其他组织。如《行政许可法》第 6 条、《行政复议法》第 4 条都有遵循便民原则、提高办事效率的规定。高效便民原则具体表现为行政效率原则和行政便民原则。

（一）行政效率原则

效率是行政法的价值取向之一。随着社会经济的发展,提高行政效率越来越成为依法行政的固有属性。如通过行政组织法规定机构精简、行政责任制、行政编制来提高效率这一要求贯穿我国整个行政法体系。行政效率原则是指行政机关及其工作人员在行使行政权力、进行行政管理的过程中,应当充分发挥其主观能动性,积极行政,采取一切措施,尽量以较小的投入而获得最佳的行政效果,从而提高行政效率。具体而言,行政机关及其工作人员应该主动积极行政,进行有效行政,在对社会依法实施行政管理的过程中,尽量减少一些不必要的投入,避免消耗过多的人力、物力和财力,合理设置行政组织,确保行政程序的连续性,能够甄别和选择最优化的行政方案,获得高质量的行政效果。当然,要使行政效率原则真正发挥行政法的效率价值,必须要求行政机关及其工作人员在实际行政过程中充分实行民主,切实维护公民、法人和其他社会组织的合法权益,减少行政纠纷的产生,避免冲突与磨擦,降低不必要的付出,同时要求行政公务人员具备相应的知识体系储备,使行政管理成为一个连续不断的有机连续过程。

(二)行政便民原则

行政便民原则是指行政机关及其工作人员在行使行政权力时,以方便公民法人和其他社会组织为其活动的宗旨,采取便利行政相对人的方式、形式、程序和行为来实施行政管理。行政便民原则标志着行政机关的行政方式、行政程序、行政内容及行政措施的不断进步,对于我国行政法的完善和政府职能的转变都具有积极的意义。具体而言,行政机关及其工作人员在实施行政管理的过程中,应采取方便公民、法人和其他社会组织的行为、方式、形式、程序,便利他们参与行政、实现法律权利和履行法律义务。行政便民原则有利于克服"官本位"的思想,完善和深化政府"执政为民"的观念,实现"以人民为中心"的法治政府建设目标。如起始于浙江省 2016 年的"最多跑一次"改革,上海 2018 年的"一网通办"政务服务,就是打造服务型政府的创新尝试。

五、诚实守信原则

诚实守信原则也称信赖保护原则,要求行政机关公布的信息应当全面、准确、真实。非因法定事由并经法定程序,行政机关不得撤销、变更已经生效的行政决定;因国家利益、公共利益或者其他法定事由需要撤回或者变更行政决定的,应当依照法定权限和程序进行,并对行政管理相对人因此而受到的财产损失依法予以补偿。诚实信用理念随着社会主义市场经济的纵深发展被越来越多运用于社会生活的各个方面,作为社会信用制度的重点——政府行政管理的诚实和信用,更应为社会做出表率和带头作用。如果政府在管理中随心所欲地作出决策,不遵守法律法规的规制,导致的直接结果是,行政效率低下,损害政府的形象,影响政府的权威,破坏政府的公信力,而且也侵犯公民、法人或者其他组织的合法权益。依法行政应当体现行政领域的诚信原则,行政机关要做到发布的信息真实可靠,政策相对稳定,这不仅有利于保障公民对行政管理事务的知情权、参与权和监督权,而且有利于促进政府行政措施的公开透明。我国《行政许可法》第 8 条明确规定:"公民、法人或者其他组织依法取得的行政许可受法律保护,行政机关不得擅自改变已经生效的行政许可。行政许可所依据的法律、法规、规章修改或者废止,或者准予行政许可所依据的客观情况发生重大变化的,为了公共利益的需要,行政机关可以依法变更或者撤回已经生效的行政许可。由此给公民、法人或者其他组织造成财产损失的,行政机关应当依法给予补偿。"

六、权责统一原则

长期以来,人们把权力的行使属性当作政府唯一的存在方式,而忽视了政府应当承担的责任。在行政管理中不同程度地出现执法者滥用权力,却不愿承担责任的情况。事实上,承担责任对于法治社会而言,是政府的第一要义。因为行政机关行使权力的过程,就是履行职责的过程。权力与责任是统一的,有多大的权力,就应承担多大的责任,两者之间成正比例关系。有权必有责,用权受监督,违法要追究,侵权要赔偿,这是依法行政的基本要求。权责统一原则就是用法律的形式将行政机关的责任属性固定下来,明确规定行政机关在行政行为的设定和实施过程中应当承担的法律责任,倡导责任政府,注重追究政府的责任。权责统一要求行政机关依法履行经济、社会和文化事务管理职责,要由法律、法规赋予其相应的执法手段。行政机关违法或者不当行使职权,应当依法承担法律责任,实现权力和责任的统一。依法做到执法有保障、有权必有责、用权受监督、违法受追究、侵权须赔偿。于行政法而言,权责统一原则包括行政效能原则和行政责任原则。行政效能原则要求法律法规应当赋予行政机关相应的执法手段,确保政令统一。行政责任原则要求行政机关违法或不当行使职权,应当依法承担法律责任。

第四节　实务案例

一、某建筑材料有限公司诉上海市 X 区人民政府事故调查报告批复案[①]

〔案情摘要〕

某新建工程的建设单位为上海市 X 区 Y 镇人民政府。工程建设过程中,原告某建筑材料有限公司(以下简称"建材公司")承接了人行道砖的供货业务。该建材公司委托王某运输该新建工程工地货物,并与王某结算货物运输款。2018 年 11 月 19 日 13 时 10 分许,在驾驶叉车过程中,叉车侧翻将王某压在车下,导致王某死亡。被告上海市 X 区人民政府委托原X 区安监局组织事故调查组,对该安全事故进行调查。由原 X 区安监局、X 区公安分局、Y 镇人民政府等组成调查组赴现场调查取证,拟写了事故调查报告。调查报告认为建材公司将人行道砖块配送和装卸发包给了不具备安全生产条件的自然人王某,且发包后未履行安全管理职责,是导致本起安全事故发生的间接原因,建议由原 X 区安监局依法给予行政处罚。X 区政府于 2019 年 2 月作出批复,同意事故调查报告对事故原因的分析和对事故责任的认定及处理意见。建材公司不服批复中对事故发生原因和责任的认定,且认为事故调查报告作出的程序违法,遂向法院提起行政诉讼,要求撤销批复。

上海市第一中级人民法院一审认为,Y 镇人民政府作为建设单位参与事故调查组进行事故调查,违反法定程序,判决撤销被诉批复,并责令 X 区政府在判决生效之日起 90 日内重新作出行政行为。一审判决后,X 区政府不服,向上海市高级人民法院提起上诉。

上海市高级人民法院二审认为,《生产安全事故报告和调查处理条例》第 23 条规定,事故调查组成员应当具有事故调查所需要的知识和专长,并与所调查的事故没有直接利害关系。政府部门一般不直接从事生产经营活动,通常情况下,属地人民政府参加事故调查组,参与事故调查及认定事故责任,有利于配合做好服务保障和相关社会管理工作。但在本案中,Y 镇人民政府是涉案工程项目的建设单位,在此特定情形下,Y 镇人民政府就涉案项目建设的安全生产具有相应的安全生产责任,有可能是涉案生产安全事故的被调查对象,不应

---

① 本案例来源于《2020 年度上海行政审判白皮书及十大典型案例》。

在调查之前被排除出调查范围。基于正当程序原则,为防止偏见、排除合理怀疑,组成调查组的单位也理所应当与所调查的事故没有直接利害关系,故作为涉案新建工程项目建设单位的 Y 镇人民政府,在有可能作为被调查对象的情况下,应当主动回避,不参与涉案事故调查过程以及对事故原因的分析判断和事故责任的认定处理。X 区政府提出回避对象应是调查组的组成成员而非成员单位的上诉主张,不能成立。综上,二审法院判决驳回上诉,维持原判。

〔法理分析与评议〕

依法行政是法治国家建设的重要内容,恪守正当程序是依法行政的重要体现。行政法上的程序正当原则具体包含行政公开原则、公众参与原则和公务回避原则。公务回避原则是指行政机关工作人员在履行职责的过程中,在与相对人存在利害关系时,为了确保最终结果的公平公正,应当回避。我国的公务回避制度由《全面推进依法行政实施纲要》《公务员法》《国家行政机关工作人员回避暂行规定》等予以规范。《全面推进依法行政实施纲要》明确规定:"行政机关工作人员履行职责,与行政管理相对人存在利害关系时,应当回避。"《国公务员法》第 76 条规定:"公务员执行公务时,有下列情形之一的,应当回避:(一)涉及本人利害关系的;(二)涉及与本人有本法第七十四条第一款所列亲属关系人员的利害关系的;(三)其他可能影响公正执行公务的。"第 77 条规定:"公务员有应当回避情形的,本人应当申请回避;利害关系人有权申请公务员回避。其他人员可以向机关提供公务员需要回避的情况。机关根据公务员本人或者利害关系人的申请,经审查后作出是否回避的决定,也可以不经申请直接作出回避决定。"《公务员回避规定(试行)》①第四章专门用一章对公务回避的具体范围、具体情形、具体程序进行了具体规定。如第 10 条规定:"公务员应当回避的公务活动包括:(一)考试录用、调任、职务升降任免、考核、考察、奖惩、交流、出国审批;(二)监察、审计、仲裁、案件审理;(三)税费稽征、项目资金审批、监管;(四)其他应当回避的公务活动。"第 11 条规定:"公务员执行第十条所列公务时,有下列情形之一的,应当回避,不得参加有关调查、讨论、审核、决定,也不得以任何方式施加影响:(一)涉及本人利害关系的;(二)涉及与本人有本规定第五条所列亲属关系人员的利害关系的;(三)其他可能影响公正执行公务的。"第 12 条规定:"公务员公务回避按以下程序办理:(一)本人或者利害关系人提出回避申请,或者主管领导提出回避要求;(二)所在机关进行审查作出是否回避的决定,并告知申请人;(三)需要回避的由所在机关调整公务安排。特殊情况下,所在机关可以直接作出回避决定。"《国家行政机关工作人员回避暂行规定》第 1 条规定:"为了健全干部人事管理制度,促进国家行政机关的廉政建设,消除亲属聚集所带来的危害,保证国家行政机关工作人员公正廉洁,依法执行公务,特制定本规定。"

在日常的行政管理活动中,Y 镇人民政府是独立的行政主体,享有行政权,并能以自己的名义在本行政区域内独立行使行政权。但是在本案中,Y 镇人民政府是参与新建工程建设的单位,当然不具有行政主体的法律身份和地位。因此,Y 镇人民政府参与事故调查组的现场调查和取证行为,违反了我国关于公务回避制度的相关法律规定。也就是说,事故调查组开展调查取证工作是行政机关的一种职务行为,必须将有直接利害关系的行政主体排除在外。这既符合《纲要》所规定的与行政管理相对人存在直接利害关系的情形,也符合《公务员法》第 76 条关于"涉及本人利害关系的""其他可能影响公正执行公务的"、《公务员回

---

① 本案适用《公务员回避规定(试行)》,该部门规章后于 2020 年被《公务员回避规定》所修改。

避规定(试行)》第 11 条关于"不得参加有关调查、讨论、审核、决定,也不得以任何方式施加影响"以及《国家行政机关工作人员回避暂行规定》关于"保证国家行政机关工作人员公正廉洁,依法执行公务"的法定情形。若允许或放任其参与事故调查和取证,必然不能保证调查结果的公平性与公正性,同时也违反了正当程序原则。此外,在本案中,Y 镇人民政府参与事故现场调查和取证行为,也违反了公务员法第 77 条"公务员有应当回避情形的,本人应当申请回避"以及《公务员回避规定(试行)》第 12 条关于公务回避具体法律程序的相关规定,应当在调查组开始调查取证前就申请主动回避,以体现程序正当原则。如果在事故调查过程,确实需要 Y 镇人民政府履行辅助性职责,则该行政机关可派政府工作人员进入事故调查组,但是,不能参与事故调查过程及调查报告的讨论过程、决定程序和事故责任的认定处理。如果对此不加以回避和限制,则被诉行政行为的执法程序就不合法。

〔相关法律法规链接〕

《全面推进依法行政实施纲要》

《中华人民共和国公务员法》

《公务员回避规定(试行)》

《国家行政机关工作人员回避暂行规定》

《生产安全事故报告和调查处理条例》

二、湖南宁远县法院判决欧阳某诉宁远县公安局交通警察大队行政处罚案

〔案情摘要〕

原告欧阳某原持有机动车驾驶证,准驾车型为 B2D。2015 年 4 月 21 日 20 时 16 分,欧阳某酒后驾驶普通摩托车行至湖南省宁远县九亿街路段时,被被告宁远县公安局交通警察大队执勤民警查获。经过酒精测试,原告欧阳某的血液酒精浓度为 75.3mg/100ml,属饮酒驾车,涉嫌酒驾。同年 5 月 7 日,被告根据《机动车驾驶证申领和使用规定》第 68 条、第 69 条的规定,作出注销最高准驾车型通知。欧阳某因在一个记分周期内记满 12 分,机动车驾驶证最高准驾车型驾驶资格被依法注销。在被告下发通知之前,欧阳某要求陈述和申辩,并要求听证。被告复核后认为,计分降级不属于行政处罚的内容,故未组织和举行听证。同年 6 月 1 日,原告收到被告送达的《机动车驾驶人违法满分考试信息反馈通知书》,原告原持有的 B2D 准驾车型驾照已降级为 C1DM 准驾车型驾照。原告起诉至法院,请求确认被告作出注销最高准驾车型的通知违法并依法撤销。

宁远县人民法院经审理认为,原告欧阳某饮酒后驾驶机动车,根据有关法律规定应当受到处罚。根据《行政处罚法》第 8 条的规定,"暂扣或者吊销许可证"属于行政处罚的一种种类。公民的机动车驾驶证是一种行政许可证。被告宁远县公安局交通警察大队注销原告欧阳某最高准驾车型属吊销许可证的行为,是一种行政处罚行为。根据《行政处罚法》第 42 条的规定,原告欧阳某对注销其最高准驾车型的处罚要求听证,被告应当组织听证。因被告没有组织听证,故其于 2015 年 5 月 7 日作出的注销原告机动车驾驶证最高准驾车型的通知,不符合法律规定,程序违法。法院对原告欧阳某的诉讼请求予以支持,对被告的抗辩理由不予采纳。根据《行政诉讼法》第 69 条、第 70 条之规定,判决撤销被告宁远县公安局交通警察大队于 2015 年 5 月 7 日作出的注销原告机动车驾驶证最高准驾车型通知的行政行为。法

院宣判后,双方当事人均未提起上诉。

〔**法理分析与评议**〕

我国对行政程序法的重视,始于 20 世纪 80 年代。1982 年宪法对行政程序中的公开、参与制度等作了原则性规定。1989 年颁布的《行政诉讼法》将行政机关的具体行政行为是否符合法定程序作为衡量其是否合法的重要标准之一。以 1996 年颁布的《行政处罚法》为开端,我国开始通过法律对某一领域行政行为应遵循的行政程序作出明确的规定。之后的《立法法》《行政许可法》《治安管理处罚法》等都有明确的程序规定。《全面推进依法行政实施纲要》规定,程序正当的基本要求包括如下四个方面:一是行政公开,即行政机关实施行政管理,除涉及国家秘密和依法受到保护的商业秘密、个人隐私以外,应当公开;二是听取意见,即在作出行政决定之前,应该注意听取可能受到影响的相对人、利害关系人的意见,让他们参与到行政程序之中;三是严格遵循法定程序,依法保障行政相对人、利害关系人的知情权、参与权;四是回避,即行政机关工作人员履行职责,与行政相对人存在利害关系时,应当回避。

于本案而言,准驾车型驾照降级是交通管理部门作出的行政处罚行为。行政处罚是指行政机关依法对违反行政管理秩序的公民、法人或者其他组织,以减损权益或者增加义务的方式予以惩戒的行为,实质是一种行政制裁。行政处罚的前提条件是受处罚对象违反了法定义务。按照我国现行法律、行政法规中的罚则名称,行政处罚的种类有人身自由罚、行为罚、训诫罚、财产罚等几类。本案被告以原告酒后驾驶机动车,故意违反交通管理法规,在一个记分周期内有记满 12 分记录,根据 2012 年《机动车驾驶证申领和使用规定》第 68 条、第 69 条的规定,注销原告最高准驾车型驾驶资格。被告注销原告最高准驾车型驾驶资格,将原告的 B2D 准驾车型驾照降为 C1DM 准驾车型驾照的行政行为,可视为被告已收回或暂时扣留原告已经获得的从事 B2D 准驾车型权利或资格,在一定程度上是取消或暂时中止原告的权利。尽管被告注销原告最高准驾车型驾驶资格的方式是向其发出通知,没有使用行政处罚决定书,但是该通知已对原告的权利和义务产生不利影响,故被告送达原告的通知,实质上已经作出吊销原告许可证的行政处罚。

从程序正当的角度来看,行政机关实施行政管理,应当听取公民、法人和其他组织的意见,这是在现代法治社会对于公众参与原则的基本要求。在举行听证时,不仅要告知当事人行政违法事实、理由和行政处罚的主要依据,还要听取他们的陈述和申辩,最终达到结果公正。现行《行政处罚法》第 44 条规定:"行政机关在作出行政处罚决定之前,应当告知当事人拟作出的行政处罚内容及事实、理由、依据,并告知当事人依法享有的陈述、申辩、要求听证等权利。"第 45 条规定:"当事人有权进行陈述和申辩。行政机关必须充分听取当事人的意见,对当事人提出的事实、理由和证据,应当进行复核;当事人提出的事实、理由或者证据成立的,行政机关应当采纳。行政机关不得因当事人陈述、申辩而给予更重的处罚。"第 62 条规定:"行政机关及其执法人员在作出行政处罚决定之前,未依照本法第四十四条、第四十五条的规定向当事人告知拟作出的行政处罚内容及事实、理由、依据,或者拒绝听取当事人的陈述、申辩,不得作出行政处罚决定;当事人明确放弃陈述或者申辩权利的除外。"第 63 条规定:"行政机关拟作出下列行政处罚决定,应当告知当事人有要求听证的权利,当事人要求听证的,行政机关应当组织听证……(三)降低资质等级、吊销许可证件……"以上法律规定表明,当事人依法享有的陈述、申辩、要求听证等权利,可以防止行政机关作出的行政处罚出现随意、偏差,循私、武断的可能。在听证程序中通过公开行政机关认定的事实基础和法律过程,达到追求公开、公平的目的。

本案被告在对原告进行注销其最高准驾车型驾驶资格能力罚时,作为被处罚人的原告依法享有申辩权和陈述权并有权利提出听证。依据本案法律实施以及行政处罚法相关规定,被告作出注销原告最高准驾车型驾驶资格的行政处罚行为,明显存在不当。《行政处罚法》第五章"行政处罚的决定"用"一般规定""简易程序""普通程序""听证程序"四节,对作出行政处罚决定的程序进行了全面详细的规定,以保障行政相对人的程序性权力。本案被告注销原告最高准驾车型驾驶资格时,既没有告知原告有听证权利,且在原告提出听证要求时,也没有组织听证,因此,其作出的行政处罚程序明显违法,依法应予撤销。

〔相关法律法规链接〕
《全面推进依法行政实施纲要》
《中华人民共和国行政处罚法》
《机动车驾驶证申领和使用规定》

【习题及答案解析】

第 二 编

体制行政法
及其构成

第五章 体制行政法概说

第一节 体制行政法概述

一、体制行政法的概念

体制行政法是指规定政府行政系统的宏观与微观构成及相关权力分配的行政法规范总称。我国的国家机构体系包括立法体制、司法体制、监察体制、行政体制四个方面。行政体制作为国家机构系统的分支,应有相应的行为规则予以规范,体制行政法就构成了与其相应的规则体系。[1] 体制行政法除了调整行政组织之外,还对公务员等行政组织中的其他要素有所规范,针对公务员的行为规则也仅构成体制行政法的一部分内容,行政编制法亦为体制行政法的从属法律范畴。[2] 行政组织法、公务员法、行政编制法虽共同构成了体制行政法的内容,但并非具体内容的简单相加,三个法律范畴各自在行政系统中承担着不同职能,而行政体制中的问题也并非均可通过上述三个范畴的规则予以解决,当行政机构的运作需要综合与社会事务对应时,单一法律范畴便难以发挥作用,而需借助对行政权起到综合作用的相关规则。[3] 因此,体制行政法是既相对稳定又能够调节行政职权分配的法律手段。此外,一些部门行政管理法律也对行政权的行使机制作出了相应规范。[4]

二、体制行政法的特征

(一)体制行政法是行政法的静态部分

行政法由静态与动态两方面构成,其中静态部分可称为"体",包含四层含义:一则,"体"指的是行政权组织体系,将行政系统与其他国家机构系统区分开,使行政系统的边界与范围相对明确。二则,"体"指的是某一系统或层次的行政体制构成,如某地区的行政机构单位便构成了一个"体"的范围。三则,"体"指的是某个单一的行政机关,目前行政法学界普遍将能够自己支配资金并能够以自己名义对外作出行政行为的机关视为"行政机关"。四则,"体"指的是行政系统中公务员或机关工作人员等构成人员,其赋予了组织实际的物质要

---

[1] 若把行政法的作用限定在对"体"与"用"规范的基本范畴中,体制行政法在行政法体系中的存在就是必然的。

[2] 参见孟鸿志主编:《中国行政组织法通论》,中国政法大学出版社 2001 年版,第 137 页。

[3] 如我国行政系统建立的综合执法制度。

[4] 参见《海洋环境保护法》第 5 条的规定。

素,没有"人"的组织也将失去其实在意义。上述的四个范畴均有相应的规范规则,且四个范畴需要相关规则予以联结,因此,每个范畴的规范规则与整体行政系统的联结规则便构成了行政法的静态部分。

(二)体制行政法是行政职权分配的行为规则

各层次的"体"都是代表行政权归属主体行使行政权的机关或组织,在行政管理中通过行使行政权对不同的行政事务进行处理,而每个行政处理行为都应有来源,即从事该行为的资格,也就是合法取得的行政职权。行政职权具有特定性,是依据体制行政法的规定而赋予的,表现为特定行政机关在其事务范围内对行政事项及所涉人员的处置。合理分配行政职权,将不同职权交由不同的特定机关行使,便构成行政组织法的规范内容之一。如我国《地方各级人民代表大会和地方各级人民政府组织法》第76条便规定了乡级人民政府的特定职权,[①]即"(一)执行本级人民代表大会的决议和上级国家行政机关的决定和命令,发布决定和命令;(二)执行本行政区域内的经济和社会发展计划、预算,管理本行政区域内的经济、教育、科学、文化、卫生、体育等事业和生态环境保护、财政、民政、社会保障、公安、司法行政、人口与计划生育等行政工作;……"。

体制行政法在职权分配的同时也会给予职权相对确定的范围,一般以特定区域、特定行政事态、管理人的范围为标准。为使行政权的范围更为清晰,在立法技术上通常将概括规定、列举规定和混合规定结合,即对于不易确定事态范围又应由行政机关有效处理的采取概括规定,对于有明确事态范围且不易产生歧义的采取列举规定。

(三)体制行政法是行政行为内在化的规则

行政法治实践中,行政机关的组成体系和行政机关的行为过程并非绝对割裂。特定的行政行为总是由合法的行政主体作出,正因如此,体制行政法与行政行为法无法完全割裂。行政行为是行政主体的行为外化,而体制行政法则是行政行为内在化的规则,任何行政行为启动均是在行政系统内部职权分配的基础上展开的,即行政行为的启动机制源于行政职权的内部分配。如我国《出境入境管理法》第4条、第6条的规定既确立了出入境边防检查机关的法律地位,又对其职权予以了合理分配,这便实际在行政系统内部确立了出入境边防检查机关法律上的权利义务以及若干行政行为的启动机制。[②]

---

① 行政机关作为公权力的代表,其职权是不可放弃的,因而在这一视角下行政机关的职权亦是其职责。

② 我国《出境入境管理法》第4条第2款规定:"中华人民共和国驻外使馆、领馆或者外交部委托的其他驻外机构(以下称驻外签证机关)负责在境外签发外国人入境签证。出入境边防检查机关负责实施出境入境边防检查。县级以上地方人民政府公安机关及其出入境管理机构负责外国人停留居留管理。"第6条第3款规定:"出入境边防检查机关负责对口岸限定区域实施管理。根据维护国家安全和出境入境管理秩序的需要,出入境边防检查机关可以对出境入境人员携带的物品实施边防检查。必要时,出入境边防检查机关可以对出境入境交通运输工具载运的货物实施边防检查,但是应当通知海关。"

第二节　体制行政法的功能

一、体制行政法对宪法的补充功能

一个国家的国家权力划分及各国家机构间的关系形式通常由一国宪法加以确立,[①]然而,宪法立法上相对于社会发展的滞后性,使得各国不得不随着本国政治、经济、文化、社会的发展而不断在往后的立法中对其加以完善,注入具有时代意义的新内涵,其中体制行政法便是对宪法的滞后加以补充的法律规范。如在我国不同时期的国务院机构改革中均包含了许多行政机构改革的内容,每项改革内容均从不同侧面对公民与行政系统、公民与政权体系之间的关系予以改变。

二、体制行政法对行政权轮廓的勾画功能

行政权力与其他国家权力的边界应由法律规范予以划分,但不容忽视的是,这一界限需要不断地予以探讨和确定。如随着行政机关制定规则权力的膨胀,制定规则对某些社会关系予以调整,应是立法权的范畴还是行政权的范畴,便成为有争议的问题。同时,行政权的范围还面临与公民权利界限的问题,即如何明确交由公民自己处理的事项范围与行政权介入的事项范围。如我国《工程建设项目施工招标投标办法》第 8 条规定:"依法必须招标的工程建设项目,应当具备下列条件才能进行施工招标:(一)招标人已经依法成立;(二)初步设计及概算应当履行审批手续的,已经批准;(三)有相应资金或资金来源已经落实;(四)有招标所需的设计图纸及技术资料。"可以看出,这一法律条款既包含了行政机关行使行政权的规定,又明确了相对人的特定义务,由此反映出行政权与公民权的关系。然而,宪法对于"行政管理权"的笼统规定离行政权的具体轮廓仍相去甚远,而体制行政法则可在其他法律规范规定的前提下进一步规定行政权的范畴,进而勾画出其基本轮廓。

三、体制行政法对行政微观体制的设计功能

行政体制可细分为宏观、中观和微观三个层面:宏观行政体制涵盖了行政机构体系的所有层次和部门,是一国行政系统的总体构成。宏观行政体制由一国的宪法和法律作出设计并除修宪行为外保持相对稳定,因此体制行政法对宏观行政体制的调控也相对较少。中观行政体制是指处于相对中间的行政系统结构,如高层机关与低层机关、不同部门间、不同区域间的关系及联结方式,体制行政法对于中观行政体制一般具有较为完整和明确的规定,如关于各级政府职权范围的划分、不同政府部门之间职权范围的划分都较为明确。微观行政

---

① 例如我国《宪法》确立了人民代表大会的根本政治制度,人民代表大会作为国家权力机关对其他国家权力机关有监督与控制作用,这是我国宪法所确立的国家机关体系的基本框架。

体制则体现了不同行政机构间的权力分配关系,行政机构与其管理事务间的关系,是行政系统中更为具体的权力划分形式,大多散见于各部门的行政管理法中。微观行政体制对行政权的行使有着具体影响,如在行政罚款的事项处置上,若采取罚款收入与财政支出一条线的微观管理,将导致执法扰民等不良行政,而通过体制行政法将罚款收入与财政支出调整为两条线的微观管理,便将大大提高行政效率,建立良好行政。

四、体制行政法对行政程序的间接规制功能

一般意义上,行政程序是通过对行政主体行政行为的顺序、方式、期限等方面的组合规定实现其调整和规范功能的,[①]体制行政法在表面上与行政程序无直接联系,但实际两者间存在间接关联。首先,行政程序必然是一定行政主体作出行为的程序,失去行为主体,程序将无从谈起。即行政程序是针对行政机关的行为过程而确定内涵的,行政机关是行政程序的首要构成要素,体制行政法的内容之一便在于确定行政主体,因而也构成了行政程序的前置规则。其次,体制行政法为行政程序的启动设立了前提条件。如我国《公职人员政务处分法》第25条第1款规定:"公职人员违法取得的财物和用于违法行为的本人财物,除依法应当由其他机关没收、追缴或者责令退赔的,由监察机关没收、追缴或者责令退赔;应当退还原所有人或者原持有人的,依法予以退还;属于国家财产或者不应当退还以及无法退还的,上缴国库。"这一法律规定明确了监察机关对公职人员违法取得或使用财物的处分事宜,处分事宜的程序启动便由此项规定展开,若无该项规定,对公职人员处分的行政程序便无从开始。

第三节　体制行政法的基本内容

一、确定行政主体的行为界域

体制行政法的基本内容很大程度上体现为行政主体的行为界域,即行政事务范围的界域。在立法构成上,行政主体的行为界域通常并非由行政行为法规定,大多由行政组织法规定。如我国《居民委员会组织法》第3条规定:"居民委员会的任务:(一)宣传宪法、法律、法规和国家的政策,维护居民的合法权益,教育居民履行依法应尽的义务,爱护公共财产,开展多种形式的社会主义精神文明建设活动;(二)办理本居住地区居民的公共事务和公益事业;(三)调解民间纠纷;(四)协助维护社会治安;(五)协助人民政府或者它的派出机关做好与居民利益有关的公共卫生、计划生育、优抚救济、青少年教育等项工作;(六)向人民政府或者它的派出机关反映居民的意见、要求和提出建议。"这些任务实质上是对行为界定的规定。在行政管理活动中,行政主体的行为界域包括以下内容。

---

① 参见关保英:《行政法的价值定位》,中国政法大学出版社2003年版。

（一）行政主体的事项界域

体制行政法的内容之一便是确定行政主体的事项界域,即行政主体在对特定行政过程进行调控、履行特定行政管理职能时所涉及的事项界限,即不同事项之间的界限。行政事项是行政机构组织的存在根本,决定了行政机构的行为形态,行政机构一旦偏离自己的目标事项,将构成行政法上的越权或滥用职权。如环保管理部门履行的管理职能是调整环境保护管理关系,而具体的环境保护管理事务,则需要体制行政法加以界定。又如,老年人权益管理事务范围的确定,需要由体制行政法先行对"老年人"的范围加以确定,我国《老年人权益保障法》第 2 条规定便是体制行政法条款的体现,其涉及相关管理主体职权延伸的具体范围。

（二）行政主体的地理界域

行政权力的行使受地理空间范围的制约,有行使空间上的边界。现行的诸多部门管理法均规定了行政主体的管理地域,行政组织法中的省、市、县均为特定的地域单位,并通常在各行政机关名称前有所体现,如浙江省市场监督管理局、泰顺县公安局等,地域冠词客观限制了行政主体行使权力的空间。

（三）行政主体的人员界域

人员界域同样是行政界域的构成部分,与地理界域有着密切关联,并受事项界域与地理界域的制约。如我国《公证法》第 19 条规定:"从事法学教学、研究工作,具有高级职称的人员,或者具有本科以上学历,从事审判、检察、法制工作、法律服务满十年的公务员、律师,已经离开原工作岗位,经考核合格的,可以担任公证员。"这一法律规定确立了公证员的人员界域,从而为公证机关的人员任免权确定了范围。由于行政界域外在表现于行政行为,内在表现于行政职权,后者界域的确定则是体制行政法的基本内容之一,不能因确定行政界域的规则存在于部门行政法中,便将其简单归入行政行为规则中。[①]

二、构建行政层级结构

现代国家的行政体系基本都以层级结构的形式进行排列和组合,层级式的结构已然成为现代行政体制的基本属性。[②] 行政系统的层级结构并非自然形成,而需通过特定的规则加以设计,由此形成规则与行政体系层级结构的逻辑关系。从行政的管理实际来看,有效的行政管理体制应首先建立起命令和指挥系统,组成能够对行政事务和相关问题作出决定的决

[①] 尽管部门行政法主要涉及相关行政主体与行政行为的内容,但部门行政法是法律规范的综合体,除行政行为规则之外,还包含了行政组织的规则。

[②] 关于层级结构的来源有不同说法,有人认为来源于军事管理系统,有人认为来源于企业的组织与管理系统等。

策中心,而后需要形成能够将相关决策付诸实践的若干执行主体,由此形成具有层级性序列的金字塔结构。

从行政权行使的科学属性分析,为确保行政效能与行政目标的一致性,层级性结构是行政权行使的应然形式,而规则对于行政系统中层级结构的形成则起着决定性作用,即层级结构本身的科学性变为现实需要通过规则设计来完成。新中国建国初期便通过体制行政法确立了层级性的行政结构,如1949年12月政务院(已变更)制定的《海关总署试行组织条例》规定:中央人民政府海关总署设署长一人,主持全署事宜,设副署长若干人,协助署长执行职务。总署下设办公厅、税则处、货运监管处、查私处、海务处、财务处、统计处、视察处、人事处、总务处等各厅处。设地方海关机构为关、分关、支关,各地海关直隶于海关总署,各分关、支关得依据海关总署之规定,隶属于地方海关。各地海关、分关、支关设置关长、分关长、支关长主持关务,必要时得设副关长、副分关长、副支关长协助之。这些体制性规则使海关行政系统得以形成金字塔式的排列结构,既包含了高度集中的决策中心,又组成了执行海关行政事务的分支系统。

》》 三、调整事权关系

事与权是行政运作过程的两个基本方面,事是行政主体进行事务管理过程中面对的客体,其中包含以下两种认识:一是客观事实。即不以人的意志为转移的客观事物,行政职能部门的划分均以客观事物为标准。[①] 随着现代科技的发展,对于客观事物的认识也在不断变化之中,从前被认为是独立的客观事物可能被归入其他事物中,或从前被认为是一类事物的事物被分化为独立事物。而每类事物的综合或分化都将直接影响行政体制的构成,如高速公路从公路这一事物分化出后,便产生了对应的高速公路管理部门。二是客观事件。任何行政过程均表现为对一定客观事件的处理,其总与一定的客观事件相联系。例如,行政执法部门的每次行政处罚行为都表现为具体行政事件的处理,其处理结果直接关系行政过程的质量。

事与权是有机联系在一起的,在法律层面谈及"事"就必须与"人"相联系,即在法律上具有实际意义的事应涉及有关主体的权利义务。因此,事权关系指的是因事决定的人与人的关系、人与行政主体行为的关系。[②]

---

① 例如,土地行政管理部门所面对的是与土地相关的客观事物,海洋行政管理部门面对的是海洋及其相关事物。

② 例如,我国《税收征收管理法》第54条规定:"税务机关有权进行下列税务检查:(一)检查纳税人的帐簿、记帐凭证、报表和有关资料,检查扣缴义务人代扣代缴、代收代缴税款帐簿、记帐凭证和有关资料;(二)到纳税人的生产、经营场所和货物存放地检查纳税人应纳税的商品、货物或者其他财产,检查扣缴义务人与代扣代缴、代收代缴税款有关的经营情况;(三)责成纳税人、扣缴义务人提供与纳税或者代扣代缴、代收代缴税款有关的文件、证明材料和有关资料;(四)询问纳税人、扣缴义务人与纳税或者代扣代缴、代收代缴税款有关的问题和情况;(五)到车站、码头、机场、邮政企业及其分支机构检查纳税人托运、邮寄应纳税商品、货物或者其他财产的有关单据、凭证和有关资料;(六)经县以上税务局(分局)局长批准,凭全国统一格式的检查存款帐户许可证明,查询从事生产、经营的纳税人、扣缴义务人在银行或者其他金融机构的存款帐户。税务机关在调查税收违法案件时,经设区的市、自治州以上税务局(分局)局长批准,可以查询案件涉嫌人员的储蓄存款。税务机关查询所获得的资料,不得用于税收以外的用途。"该条款设定了税务部门在履行税务检查职能时的事权关系,即明确了税务机关的检查职权具体能延伸的领域。

四、综合行政职能

　　一个国家建立行政体系时便对其中行政职能的划分有所设计,宪法首先在宏观上对行政职能予以划分和确定,但纵观各国宪法对行政职能的划分,通常对层级职能有较为明确的划分,而对行政系统内部的职能划分则相对模糊。如根据印度宪法第 256 条、第 257 条的规定,其中关于联邦与各邦之间的职权有较为清晰的划分,但其他条文中关于横向行政职能的划分则较为模糊。[1]　目前各国大多采取以法律的形式划分各职能部门的内部权限范围,但对行政职能的划分并非一劳永逸,应随着社会事务的发展和社会组合关系的深化,进行适时调整。如 2002 年我国国务院发布的《关于进一步推进相对集中行政处罚权工作的决定》,便对传统行政职能进行了较大范围的整合。

第四节　体制行政法的立法技术分析

一、体制行政法及其理论发展现状

　　体制行政法是行政法中一个独立的法律现象,有其确定的意义,而成立一个独立的法律规范体系或独立法律现象主要有三个决定要素:一是具有与其他法律规范相区别的调整对象,独立的调整对象是特定法律规则成为独立法律规范体系的客观条件。尽管体制行政法与行政组织法、公务员法、行政编制法的调整对象有部分重合,但并未使两种事物成为同一事物。二是具有相应的规范体系,若某部门法没有独立的规范体系,即没有国家制定的相对稳定的行为规则,[2]则不太可能构成独立的法律现象。尽管体制行政法并不存在完整统一的法典,但行政法制体系中的单行体制行政法规范却大量存在。三是其他规范对其的排除性,部门法的划分是从复杂的法律现象中概括出来的,在一国法律制定之初,并未对法律部门予以严格区分。如《汉谟拉比法典》便体现为包含宪法性、刑事性、民事性、行政性法律规范的综合法律规范体系。[3]　若某一类型法律规范具有独特的内涵,无法完全被其他法律规范吸收,便可视为独立的法律现象。而体制行政法规范难以被其他法律规范所包容,即行政法中的其他部门规范对体制行政法具有一定的排他性。鉴于此,在行政法大系统中,体制行政法作为独立的法律现象已然存在。

　　然而,行政法治实践在立法技术等方面未对体制行政法形成足够重视,相较于其他行政法规范,目前体制行政法仍较为落后,主要体现在以下几个方面:一是在立法制度中仍未确认体制行政法的概念系统。二是仍未形成体制行政法的完整法典,而行政组织法、公务员法、行政编制法并无法取代体制行政法,我国行政体制的调整规则大多以政策或规章出现。

---

① 参见萧榕主编:《世界著名法典选编(宪法篇)》,中国民主法制出版社 1997 年版,第 52 页。

② 行为规则并非一定要以法典的行使存在,仅需具有大量调整某特定关系的规范形态存在即可。

③ 参见法学教材编辑部《外国法制史》编写组编:《外国法制史资料选编》,北京大学出版社 1982 年版,第 17—30 页。

三是目前体制行政法的内容大量体现在一些本调整行政行为的行政法规范中,如我国《国有资产评估管理办法》第 9 条规定:"持有国务院或者省、自治区、直辖市人民政府国有资产管理行政主管部门颁发的国有资产评估资格证书的资产评估公司、会计师事务所、审计事务所、财务咨询公司,经国务院或者省、自治区、直辖市人民政府国有资产管理行政主管部门认可的临时评估机构(以下统称资产评估机构),可以接受占有单位的委托,从事国有资产评估业务。前款所列资产评估机构的管理办法,由国务院国有资产管理行政主管部门制定。"这一法律规定本应是规定国有资产评估的行政行为规则,但在规定内容上则体现为有关国有资产评估体制的问题,由此不仅埋没了体制行政法的实践意义,也降低了体制行政法在行政法体系中的地位。四是有关体制行政法的理论研究相对薄弱,"体制行政法"的概念在学理上甚少被提及,[1]更未专章探讨有关体制行政法的内容。

二、体制行政法的立法权问题

我国体制行政法规则在行政法规范中较为分散,主要表现在:一方面,宪法至行政法规范性文件等各层面的行政法规范中均有体制行政法的内容[2],政策性文件中亦有诸多体制行政法的内容,例如组织部、人事部于 1997 年发布的《关于做好乡镇机关实施国家公务员制度和参照管理工作的意见》在第二点"认真搞好职位设置"中指出:"乡镇机关的职位设置工作,要在机构改革'三定'的基础上进行。要认真进行职能分解,结合乡镇机关特点编制好职位说明书,使各职位职责明确,工作量饱满。不得因人设事,不得超规格超职数设置领导职位。乡镇机关不设置正、副科级非领导职务。"另一方面,国务院至乡镇政府等各层级的行政机关几乎都有在一定范围内制定有关体制行政法规则的权能。由于体制行政法既涉及国家权力机构间的权力划分以及行政系统内部的职权划分,又涉及行政主体与相对人权益关系的确定,对其立法权问题应有必要的规范。

1. 关于行政系统与其他国家系统权力划分的体制行政法,应由全国人大及其常委会制定。根据《立法法》第 8 条第 2 项的规定,各级人民代表大会、人民政府、人民法院和人民检察院的产生、组织和职权只能由法律规定,即关于行政系统与其他国家系统权力划分的规则只能以法律的形式出现。

2. 关于行政系统与公民关系的体制行政法,应由全国人大及其常委会制定。根据《立法法》第 8 条第 5、6、7、9 项的规定,公民与行政系统的关系作为一国政治制度中的基本问题,如"对公民政治权利的剥夺、限制人身自由的强制措施和处罚""税种的设立、税率的确定和税收征收管理等税收基本制度""对非国有财产的征收、征用""基本经济制度以及财政、海关、金融和外贸的基本制度"等事项相关的体制行政法都应由法律规定。

3. 关于行政系统内部组织建制的体制行政法,应由全国人大及其常委会制定。作为行政制度的基本问题,行政系统的体制结构若得不到合理设计,将严重阻碍行政效率,且在很大程度上增加社会负担。而若由行政系统自主设计其内部结构,将很可能造成行政机构的

---

[1]　2004 年关保英教授主编的《行政法与行政诉讼法》首次使用了"体制行政法"的概念。参见关保英主编:《行政法与行政诉讼法》,中国政法大学出版社 2004 年版,第 120 页。

[2]　例如《武汉市城市公共客运交通管理条例》第 5 条规定:"市交通行政部门应当根据城市综合交通发展规划,组织编制城市公共客运交通发展规划,报市人民政府批准后,纳入全市国民经济和社会发展计划以及城市总体规划。"

膨胀。

4. 调控微观行政体制的体制行政法,可由中央行政机关制定。微观行政体制的调控是指对区域性、基层行政机构自身职能的整合,尽管职能整合将影响行政权与公众的关系,但在外在形式上主要涉及行政系统内部部门的关系。因此,可交由行政系统自身制定行政体制规则,但不应交由作为执行主体的低层级行政机关行使规则制定权,而应由作为决策主体的高层级行政机关,即中央行政机关对微观行政体制作出调控。

5. 调控地方行政体制的体制行政法,可由地方人大制定。根据《立法法》规定,一定层级的地方人大依法享有地方立法权,可对地方重要事务作出规范。对于中央立法有缺漏而需规制的事项,地方立法便可加以规范。《立法法》列举规定了地方性法规可规定的事项,在不与上位法规定冲突的前提下,并未排除地方性法规在行政体制方面的设计权限。据此,享有地方立法权的地方人大便有权就地方行政体制方面的问题制定规则。

第五节　实 务 案 例

一、超机构限额并超越审批权限设置行政机构案

〔案情摘要〕

G 省 B 县长 W 某经考察认为,迫切需要改变 B 县脏、乱、差的面貌。因目前负责城管工作的县城管办是县建设局的内设机构,该县长便要求将其单列成立县城管局,遂责成县编办主任 L 某提出意见。L 某告知 W 某,按照 G 省政府颁布的《G 省机构编制管理规定》,县政府设立行政机构必须报市政府审批,但设立县城管局已超出了当前政府机构限额。但 W 某坚持必须设立专门机构抓市容工作,便要求 L 某拟定一个成立县城管局的方案,提交县政府常务会研究。L 某按照 W 某的要求,起草了成立县城管局的方案,并经县政府常务会集体研究决定成立县城管局。

〔法理分析与评议〕

为避免事权重叠、职权混淆,特定机关在特定事项范围内的职权由作为行政职权分配行为规则的体制行政法予以明确,即对笼统的国家职权予以合理分配,将不同职权交由不同机关行使,使每个特定机关都有相对确定的范围,超越该范围则将承担超越权限的法律后果。本案便属于超机构限额并超越审批权限设置行政机构的违法案。依法行政是现代政府管理的基本要求,依法行政的基础是政府组织机构必须依法设置,这些机构承担的职责和实际行政行为必须符合法律规范。任何未经法定程序设置的机构和配备的人员都不得行使行政管理职能。对此,《国务院行政机构设置和编制管理条例》《地方各级人民政府机构设置和编制管理条例》《事业单位登记管理暂行条例》等法规都明确规定了机构设置的程序和审批权限,各级地方党委、政府和机构编制部门也都制定了相应的机构设置管理程序,任何机构编制部门管理范围内的机构设置,必须按照法定程序报批。经过法定程序批准设置的机构,才能在社会上合法地进行活动,其行为也才具有法律效力。

1. 按照《G 省机构编制管理规定》,县(市、区)政府行政机构的设立、增减或合并,须由

县(市、区)机构编制管理机关提出方案,经县(市、区)政府常务会议讨论通过后,报请地级市政府批准,并报县(市、区)人大常委会备案。W 某作为县长、县编委主任,是成立县城管局的审批人,为本案的直接责任者。其在主观方面存在违纪的主观故意;客观方面从事了超机构限额并超越审批权限设立政府行政机构的行为,造成了一定的社会危害;其行为违反了机构编制管理法律法规和相关政策。应依照《机构编制违纪行为适用〈中国共产党纪律处分条例〉若干问题的解释》(以下简称《解释》)第 1 条有关"超机构限额设置机构或者变相增设机构,擅自设立机构或者变更机构名称、规格、性质、职责、权限的,对有关责任人员,依照《中国共产党纪律处分条例》第一百二十七条的规定处理"的规定追究其党纪责任,即可依照《中国共产党纪律处分条例》"党和国家工作人员或者其他从事公务的人员,在工作中不履行或者不正确履行职责,给党、国家和人民利益以及公共财产造成较大损失的,给予警告或者严重警告处分"的规定,给予其警告或者严重警告处分。

2. L 某作为县编办主任,作为成立县城管局的承办人,尽管其事先提出了反对意见,但其明知擅自设立行政机构是一种违法行为,仍按照 W 某要求制作了成立县城管局的方案,提交县政府常务会议研究。根据《公务员法》第 60 条有关"公务员执行明显违法的决定或者命令的,应当依法承担相应的责任"的规定,其在本案中也应承担相应的责任。依照《解释》第 1 条的规定可追究其党纪责任,但考虑其事先提出过反对意见,可以采取非党纪处分的方式,对其进行批评教育或者组织处理。

3. 对于县政府其他领导成员,可以通过批评教育、诫勉谈话等方式予以处理。

4. 对于违规设立的县城管局,应宣布撤销。如 B 县确有成立城管局的必要,可以按程序报批,在县政府机构限额内统筹设置。

〔相关法律法规链接〕

《中华人民共和国公务员法》

《机构编制违纪行为适用〈中国共产党纪律处分条例〉若干问题的解释》

《中国共产党纪律处分条例》

《国务院行政机构设置和编制管理条例》

《地方各级人民政府机构设置和编制管理条例》

《事业单位登记管理暂行条例》

二、违法提高内设机构规格案

〔案情摘要〕

A 市 S 县招商引资成效显著,县委书记 Z 某认为,应将经济发展局的 4 个股级内设机构调整为副科级,以体现县委、县政府对招商引资工作的重视。县政府县长、县编委主任 C 某对此表示同意,并要求县编办提交方案报县编委会讨论决定。县编办主任 L 某即按照两位领导要求,向县编委会提交了将县经济发展局 4 个股级机构升格为副科级的方案。经县编委会议和政府常务会议讨论,决定县经济发展局的 4 个股级内设机构升格为副科级。然而,按照 A 市的规定,县(区、市)设立副科级以上行政机构必须报市编委审批。但 S 县未报 A 市编委审批,便直接以县政府名义印发了升格文件。

〔**法理分析与评议**〕

体制行政法承担着微观行政体制的设计功能,科学合理的体制设计有助于提高行政效率,树立良好的政府形象。反之,擅自违法变更机构规格、增加机构和编制数量等违背体制设计规律的行为,将可能导致地区机构臃肿、部门林立、人浮于事等情况,导致上下级机构间领导关系不顺畅而影响行政效率,甚至导致执法扰民等不良行政。本案便属于违法提高内设机构规格案。

1. 本案中,县编办主任 L 某作为承办人,未对违纪行为提出不同意见,属于违纪行为的直接责任人员,应按照《解释》第 1 条的规定追究其责任。且作为县编办的负责人,对于 L 某超越权限审批机构的违纪行为,还应按照《解释》第 5 条第 2 款有关"机构编制管理机关有前款所列行为的,对有关责任人员,从重处理"的规定,从重处分,即结合《中国共产党纪律处分条例》的规定,给予严重警告处分。

2. 县长、县编委主任 C 某作为擅自提高机构规格的违纪行为的批准人,也属于直接责任人员,应该按照《解释》第 1 条的规定追究其责任,即可按照《中国共产党纪律处分条例》给予其警告处分。

3. 县委书记 Z 某作为县委的主要负责人,应对该违纪行为承担主要领导责任,可以采取如诫勉谈话、批评教育等非党纪处分的方式处理。

〔**相关法律法规链接**〕

《机构编制违纪行为适用〈中国共产党纪律处分条例〉若干问题的解释》

《中国共产党纪律处分条例》

【习题及答案解析】

第六章　行政组织法

第一节　行政组织法的理论

》一、行政法中的行政组织

作为行政组织法的规范对象,行政组织是由行政组织法规定、设计而行使国家行政权力的社会单体。

（一）行政组织由行政组织法规定或设计

与行政学中的行政组织不同,行政法中的行政组织具有法律上的属性,而非纯粹的科学概念。[①] 传统行政法对于行政组织的分析主要考虑其是否有法律依据、是否由法律规范设计等合法性问题,而较少考虑行政组织的科学属性,如马诺辛在《苏维埃行政法》一书中完全从国家管理权和行政法规范的角度分析行政组织。[②] 现代行政法理论在关注行政组织法律属性的同时,也兼顾了行政组织的科学属性,如沃尔夫等学者在《行政法》一书中专设一章介绍"行政学"的问题,其中对行政组织的分析已远超法律范畴。[③]

（二）行政组织具有法律上的人格

作为社会单体的行政组织是由社会中的不特定人构成的实体,其存在于社会大系统中,社会的演化发展必然会反映到行政组织中,行政组织只有适应社会的发展才能得以延续。行政组织成立后便具有行政法上的主体地位,能以自己名义从事法律上的行为,在法律关系中享受权利和承担义务,从而形成法律上的人格。我国现行行政诉讼法、国家赔偿法均赋予了行政组织以法律上的人格。

（三）行政组织以行政职权和职位为基础

行政系统中存在诸多行政权力,但没有相应主体便无法对行政权作出解释,即行政权是

[①] 行政组织同样是行政学与政治学研究的问题,行政学分析行政组织首先考虑其合理性的问题。参见［美］R. J. 斯蒂尔曼编著:《公共行政学》(下册),李方、杜小敬等译,中国社会科学出版社 1988 年版,第 10—124 页。

[②] 参见［美］格林斯坦、波尔斯比编:《政治学手册精选》,储复耘译,商务印书馆 1996 年版,第 73 页。

[③] 参见［德］汉斯·J·沃尔夫、奥托·巴霍夫等:《行政法》,高家伟译,商务印书馆 2002 年版,第 432 页。

行政主体存在的基础条件。在行政过程中,行政权则转化为行政职权,并在宪法的下位法中得以体现,如《地方各级人民代表大会和地方各级人民政府组织法》采用了行政职权的概念而未使用行政权的概念,尽管相关规定是从行政主体演绎出行政职权,但实质是行政职权决定了行政组织的存在。行政职位则是由行政职权决定的存在于行政系统中的位置,行政职权是行政组织的原动力,而行政职位则构成了行政组织的法律形式。

(四)行政组织以行政管理事务为对象

对象事务是区分行政组织与国家机构体系中的其他组织的重要标准,如立法组织以立法事务为对象,目的在于表达国家意志,行政组织以行政管理事务为对象,目的在于执行国家意志。由于现代社会中的行政组织还承担着一定范围内的造法功能,这便要求将行政范围内的造法行为与立法范围内的造法行为加以准确区分,避免行政组织与立法组织履职界限的模糊化。

二、行政组织法的界定

行政组织法是指规定行政机关的组织体系及其他行使行政权的组织状况的行政法规范的总称。

(一)行政组织法的定义分解

1. 传统教科书对行政组织法多采广义定义,囊括了有关行政组织体系的法律规范、公务员法律规范、行政编制法律规范等多个范畴。但从狭义上看,行政组织有一套自己的机制和原理,并不适用于公务员与行政编制问题的分析解释,行政组织法不应包括公务员法和行政编制法。

2. 除行政机关组织规则外,行政组织法还应包括其他行使行政权的组织的规则。除了行政机关外,在行政权的运作中,还包括许多非国家机关组织行使行政权的情形。[①] 如我国城市居民委员会在《城市居民委员会组织法》的授权下,可在一定范围内行使某些行政职能,办理行政事务。

3. 不能简单将行政组织法视为一个或一些单一行政法典的合集。我国行政组织法包含了诸多单一法典,如《国务院组织法》《地方各级人民代表大会和地方各级人民政府组织法》等单一组织法典,但这些法典并非行政组织法的全部内容,在诸多部门行政管理法中亦包含了诸如行政授权规则、行政委任规则等组织法内容。

(二)行政组织法的深层属性

从更深层次分析,行政组织法具有以下属性。

---

① 参见〔法〕莫里斯·奥里乌:《行政法与公法精要》,龚觅等译,延海出版社、春风文艺出版社 1999 年版,第 659 页。

1. 行政组织法是对行政系统的限制规则。行政组织法反映的是立法系统与行政系统之间的关系,行政组织法通过设计行政系统组织体系,规定了其基本构成,尽管其中具有赋权的含义,但更多是对行政组织体系的限制。若行政系统在行政过程中的组织设立超出立法范围,其派生的组织便不具有合法性。

2. 行政组织法是行政主体履行职能的资格要件。行政系统对行政事务发生作用都是以个别行为形式实现的,个别行为有其对应的主体,主体在作出行为时必须同时具备两个法律要件:一是行为作出的职权要件,即具有合法权益的行政主体应具有作出行政行为相应的职权。二是行为作出的主体资格要件,即一个行政主体能够作出某一行政行为,应当是以法定方式组建并能以自己名义承担行政法上的权利义务。而行政主体的资格要件问题,并非行政行为法及其他管理法规范解决的问题,而应归入行政组织法的问题范畴。

3. 行政组织法是行政关系形成的前提规则。行政关系是由行政主体与其他主体形成的各式与行政权力行使、行政主体资格有关的关系。通常认为,行政关系经由行政法规范调整后,即转化为行政法律关系。行政关系不一定受行政行为法和行政救济法的调整,却必然受行政组织法的制约,因为没有行政组织法,行政主体便无法取得法律上的资格,进而无从作为一个合格法律主体与其他主体形成行政关系。在此意义上,行政组织法构成了行政关系形成的前提,控制行政关系的方法之一便是制定有效的行政组织规范。①

》》 三、行政组织法的规制对象

行政组织法的规制对象主要包括以下事项:

1. 行政体制在政治体制中的地位。在行政法治的视角下,宪法关于行政体制在政治体制中的地位是行政组织法的重要构成。由于行政机构体系存在于国家政权体系的大范畴中,行政实体与其他国家机构实体的关系应该由行政组织法调整。如我国《地方各级人民代表大会和地方各级人民政府组织法》第 69 条规定:"地方各级人民政府对本级人民代表大会和上一级国家行政机关负责并报告工作。县级以上的地方各级人民政府在本级人民代表大会闭会期间,对本级人民代表大会常务委员会负责并报告工作。全国地方各级人民政府都是国务院统一领导下的国家行政机关,都服从国务院。地方各级人民政府实行重大事项请示报告制度。"这一法律规定明确了地方各级政府在政治体制中的地位。

2. 行政体系的内部构成。行政组织法关于行政系统内部结构的规定体现在两个方面:一是行政系统内部的层次结构,如地方行政系统的纵向结构被分成了省、县、乡三级行政管理体制。二是政系统内部的职权结构,即横向的权力结构,如国务院可分成多个职能部门,职能部门又可分成多个职权。

3. 行政体系内部的联结方式。联结方式即纵向结构中各层级间联结在一起的具体方式。如上下级机关间的权力关系若设计为一种指挥命令关系,上级则可对下级事务进行指挥命令,下级须对上级进行请示汇报。若为分工负责关系,上下级之间则在各自职责范围内

---

① 行为时组织的外化,行政组织法与行政行为法不可分开讨论。参见张家洋:《行政法》,三民书局 1998 年版,第 294 页。

履行职能。若为一种权力包容关系,上级则可无条件行使下级权力。此外,还包括横向机构间联结方式的明确,如不同机构间权力行使遇到冲突时的处理方式等。

4. 单个行政机关或机构的设立依据。在行政法治的原则下,行政机关的设立应具有合法依据,其种类不一,而以个别机关本身的组织法规为其依据,各机关即依据其组织法规组合而成。① 个别行政机关或机构应根据社会发展而产生或终止,而单个行政机关或机构的产生或终止所依据的相关原则是行政组织法的内容之一。

5. 行政机关的领导体制。行政领导体制在理论上有多种模式选择,如仅对一个上级负责的单头领导体制,以及对双重上级负责的双重领导体制。在行政系统内部还有首长制、合议制、混合制之分。其中,首长制即是行政机关的首长对行政机关所作行政行为负责,首长具有高度的管理权威与管理职责。合议制即是在问题决定上采取多数原则,通过机关成员合议表决作出决策。混合制既有首长的决策形式,也包含了重大问题的表决形式。具体采取何种领导体制则需行政组织法予以规定。

6. 行政机关的职权。行政机关的设立均有其特定目标,为让行政机关完成行政目标,其应有相应的权利能力与行为能力,并在法律上大多以行政职权的规定形式表现出来,而行政职权的规定则是行政组织法的关键内容,主要涉及以下内容:一是行政职权的性质,即明确职权属性是一般管理权限还是特殊权限等;二是行政职权的范围,即职权涉及的具体范围大小;三是行政职权所涉及的事项种类;四是行政职权行使的条件,为保证行政过程不侵害其他社会主体权益,行政职权的行使均有如时间、地点、手段等相关条件。

7. 行政过程的行政授权。此即授权其他非国家行政机关行使行政权的情形。由于行政授权关系到行政主体资格问题及职权转移问题,应该归于行政组织法调整的范畴。

8. 行政委托。行政委托即行政主体为便宜行政权的行使,将部分本应由行政主体自己行使的职权委托其他机关或组织行使的情形。由于行政委托同样关系到行政主体职权转移问题,亦应由行政组织法调整和规范。

第二节　国务院组织法

一、国务院组织法的概念

国务院组织法是对国务院及其组织体系加以规范的行政组织法。其特征包括以下几个方面:

1. 国务院组织法以中央行政机关及其组成体系为规制对象。

2. 国务院组织法是由最高立法机关或最高行政机关制定的,其内容包括三个部分:

(1)宪法关于国务院组织体系的规定。如《宪法》第85条规定:"中华人民共和国国务院,即中央人民政府,是最高国家权力机关的执行机关,是最高国家行政机关。"第86条规

① 参见张家洋:《行政法》,三民书局1998年版,第295页。

定:"国务院由下列人员组成:总理,副总理若干人,国务委员若干人,各部部长,各委员会主任,审计长,秘书长。国务院实行总理负责制。各部、各委员会实行部长、主任负责制。国务院的组织由法律规定。"第91条规定:"国务院设立审计机关,对国务院各部门和地方各级政府的财政收支,对国家的财政金融机构和企业事业组织的财务收支,进行审计监督。审计机关在国务院总理领导下,依照法律规定独立行使审计监督权,不受其他行政机关、社会团体和个人的干涉。"

(2)国务院组织法的专门法典。如规定了国务院最为基本的组织事项的《国务院组织法》第4条规定:"国务院会议分为国务院全体会议和国务院常务会议。国务院全体会议由国务院全体成员组成。国务院常务会议由总理、副总理、国务委员、秘书长组成。总理召集和主持国务院全体会议和国务院常务会议。国务院工作中的重大问题,必须经国务院常务会议或者国务院全体会议讨论决定。"该条明确了国务院决定问题的程序。

(3)补充规定国务院其他组织事项的内容,《宪法》及《国务院组织法》对国务院组织体系的规定无法实现面面俱到,还需其他相关规则加以补充或具体化。如国务院1997年发布的《国务院行政机构设置和编制管理条例》具体明确了国务院机构设置和编制的事宜。其中第9条规定:"设立国务院组成部门、国务院直属机构、国务院办事机构和国务院组成部门管理的国家行政机构的方案,应当包括下列事项:(一)设立机构的必要性和可行性;(二)机构的类型、名称和职能;(三)司级内设机构的名称和职能;(四)与业务相近的国务院行政机构职能的划分;(五)机构的编制。撤销或者合并前款所列机构的方案,应当包括下列事项:(一)撤销或者合并的理由;(二)撤销或者合并机构后职能的消失、转移情况;(三)撤销或者合并机构后编制的调整和人员的分流。"又如每届全国人大第一次会议通过的《关于国务院机构改革方案的决定》等。

3.《国务院组织法》是我国行政组织法的领头法。由于地方政府组织法需要根据国务院组织法的规定设计,因此,国务院组织法在我国行政组织法体系中处于领头地位。如国务院组织法对中央行政机关的行政职能进行了合理划分,而这一划分也是地方行政机关分工的依据。换言之,国务院组织法从实体方面统领了地方政府组织法。

》》二、国务院组织法对国务院性质和法律地位的规定

《宪法》第85条关于国务院性质和法律地位的规定是国务院组织法的最高形式,依此规定,国务院的性质和法律地位有以下含义:

1.国务院是中央人民政府。行政法中的政府概念专指行政机关,各级人民政府实则是各级国家行政机关。行政机关有不同类型,如中央行政机关与地方行政机关等,①这种分类既基于活动地域,又基于权力性质。在行政机关组织体系中,国务院处于中央人民政府地位,因而其他政府系统的活动都应以国务院的行为为转移。

2.国务院是最高国家权力机关的执行机关。《宪法》第57条规定:"中华人民共和国全国人民代表大会是最高国家权力机关。它的常设机关是全国人民代表大会常务委员会。"该

---

① 中央行政机关与地方行政机关在体系结构、职权范围、活动区域、管理方式、工作程序等诸多方面均存在较大差别。

条明确了全国人大及其常委会作为我国最高国家权力机关,而国务院则是全国人大及其常委会的执行机关。第一,国务院必须执行全国人大及其常委会的法律和其他决议。第二,国务院对全国人大及其常委会负责,即国务院要向全国人大及其常委会承担法律责任,依其意志履行行政行为。第三,国务院接受全国人大及其常委会的监督,全国人大及其常委会有权对国务院的组织情况和执行法律情况进行监督,有权要求其依己意志进行行政管理活动,有权修正国务院的不当行政行为,如撤销国务院不适当的决定和命令。第四,国务院组成人员有义务接受全国人大的罢免,根据《宪法》第63条的规定,全国人大有权罢免国务院总理、副总理、国务委员、各部部长、各委员会主任、审计长、秘书长。

3. 国务院是最高国家行政机关。国家行政系统存在一定的层级划分和运作模式,国务院处于我国行政体系的最高层级,其最高地位可通过其行使的权力加以说明。一则,国务院可就全国事务作出决策,而其他行政机关只能就区域范围内的行政事项作出决策。二则,国务院可就国家事务作出决策,这点可通过国务院代表国家实施外交行为得到说明,如《国务院组织法》第6条规定:"国务委员受总理委托,负责某些方面的工作或者专项任务,并且可以代表国务院进行外事活动。"而地方政府仅能就地方性事务作出决策。

4. 国务院的组成人员由国家主席任免。国务院的重要组成人员由全国人大决定,我国宪法及组织法有效区分了国务院组成人员的决定权和任免权。国务院组成人员的决定权由全国人大行使,任免权则由国家主席行使。《宪法》第80条规定:"中华人民共和国主席根据全国人民代表大会的决定和全国人民代表大会常务委员会的决定,公布法律,任免国务院总理、副总理、国务委员、各部部长、各委员会主任、审计长、秘书长,授予国家的勋章和荣誉称号,发布特赦令,宣布进入紧急状态,宣布战争状态,发布动员令。"

三、国务院组织法对国务院构成的规定

国务院的构成包括以下部分:

1. 总理。国务院实行总理负责制,设总理1人负责领导国务院的工作。总理任期5年,连任不得超过两届。

2. 副总理。国务院设副总理若干人,一般主管国务院某些范围的事项,协助总理工作,有权参加国务院的常务会议和全体会议。副总理每届任期5年,连任不得超过两届。

3. 国务委员。国务院设国务委员若干人,受总理委托负责某些方面的工作或者专项任务,协助总理工作,有权参加国务院常务会议和全体会议,可以代表国务院进行外事活动。国务委员每届任期5年,连任不得超过两届。

4. 国务院办公厅。国务院办公厅是一个由多个分支机构组成的机构实体。负责处理国务院的日常事务,国务院办公厅设秘书长1人,任期5年,连任不得超过两届。副秘书长若干人,协助秘书长工作。

5. 国务院职能机构。即管理某一方面国家事务的机构,其所管理的行政事项具有综合性,可分为两类:一是部。各部设部长1人,副部长2至4人。各部实行部长负责制,部长负责召集部务会议,副部长协助部长工作。各部工作中的重大方针政策向国务院请示、报告、执行国务院的决定。部有权在本部主管的事项范围内发布命令、指示,有权制定行政规章。

二是委员会。委员会设主任 1 人,副主任 2 至 4 人,另有委员 5 至 10 人。委员会实行主任负责制,主任召集委员会会议,副主任协助主任工作。各委员会工作中的重大方针政策向国务院请示报告,执行国务院的决定。委员会有权在本委员会主管的事项范围内发布行政指示,有权制定行政规章。国务院职能部门以管理职能为标准分为四类:第一类是宏观调控部门,从市场经济管理的需要出发,对社会经济进行宏观调控。第二类是专业经济管理部门,负责专业经济事务的管理。第三类是综合事务管理部门,管理如文化事务、科技事务、教育事务、社会保障等经济和政务以外的国家事务。第四类是国家政务部门,负责管理有关的国家政务活动。此外,国务院职能机构之间的相互关系也受到行政组织法的调整。①

6. 国务院直属特设机构。即国务院为了某种特别需要设立的管理特定业务的机构,如国务院国有资产监督管理委员会。

7. 国务院直属机构。即国务院自行设立的负责主管各项专门事务的机构。

8. 国务院办事机构。即协助总理办理专门事项的行政机构,国务院可根据工作需要自行设立。

9. 国务院直属事业单位。如中国科学院、中国社会科学院、国务院发展研究中心等单位。

10. 国务院部委管理的国家局。即国务院根据组织法的规定,根据行政事务的需要设立的,专门负责有关法律的实施和监督的部门。

11. 国务院议事协调机构和临时机构。主要承担跨国务院行政机构的重要业务工作的组织协调任务。国务院议事协调机构议定的事项,经国务院同意,由有关的行政机构按照各自的职责负责办理。在特殊或者紧急情况下,经国务院同意,国务院议事机构可以规定临时性的行政管理措施。

四、国务院组织法对国务院职权的规定

国务院的职权包括两个系统:一是国务院各构成部门的职权,如各职能机构、直属机构、办事机构等的职权,此类职权在国务院的一些分支性组织规则中作了规定。二是国务院自身行使的职权,我国《宪法》《国务院组织法》及其他部门行政法的组织规则,均对国务院行使的职权作了规定,可概括为以下几个方面:

1. 规定行政措施权。即国务院有权对行政措施作出新的设定和决定,对某类或某个事件采取法律未规定的措施。行政措施是行政主体实施行政管理时采用的手段,这种行政手段是一般的行政行为所不能包含的。同时,行政措施的强制力要强于一般行政行为。国务院以外的其他行政机关有权在法律规定的范围内实施行政措施但无权规定行政措施。

2. 制定行政法规权。国务院可对有关的行政事项依法定程序制定普遍性的行为规则,该行为规则的效力仅次于宪法和法律。如 2021 年国务院便制定了《地下水管理条例》《关键

---

① 国务院常务会议于 1955 年 2 月通过的《国务院和国务院所属各部门行文关系的暂行规定》便是调整部门关系的行政法规范。

信息基础设施安全保护条例》《市场主体登记管理条例》等行政法规。这些行政法规具有体系性且对所涉及的行政管理事项具有普遍性。

3. 发布决定和命令权。决定是国务院就某一事件或某类事件作出的行政决策或处理,既没有设定行政措施,也未形成具有普遍约束力的规则,即其特点在于非普遍性和非措施的设定性。命令是国务院采取某一行政行动时对社会发出的一个信号,类似于其他行为的辅助行为或程序性的行为,如国务院在发布行政法规、行政措施时都采取"命令"方式。

4. 提案权。提案是指国务院就有关行政管理方面的事项向全国人大及其常委会提出,供全国人大及其常委会立法或决策时采用,如某方面的行政管理关系需要通过立法调整,便可提起立法案;针对年度财政预算如何分配的问题,国务院也可提起财政预算案。

5. 行政领导权。国务院的领导权可概括为:一是领导全国行政系统内部的管理工作。二是领导行政机构体系,即不论是中央机关的构成部分如部委、直属机构,还是地方行政机关如省、县、乡等,都有义务接受国务院的领导。三是领导有关行政事务的管理工作,如国务院对教育、科学、文化、卫生、体育、民政、公安、司法、国防、经济等行政事务有指挥命令和行政决定的权力。

6. 行政管理权。此即行政主体对行政事项作出处理等权力的总称。《宪法》第89条关于国务院的行政管理权规定了诸多方面,如"管理经济工作和城乡建设""管理教育、科学、文化、卫生、体育和计划生育工作""管理民政、公安、司法行政等工作""管理对外事务""管理国防建设事业""管理民族事务"等。

7. 预算管理权。包括预算的编制权和执行权两个方面。预算主要是指国家每年的财政支出,即国家在经济建设和其他方面的工作所需的财政经费及其分配。国务院有权对国家预算依上年的财政收入予以编制,同时有权将全国人大通过的预算予以执行。[①]

8. 行政预测权。依据不同的预测方案所作的决策有所不同。为保证国务院作出正确决策,宪法规定国务院应当对国民经济和社会发展状态作出预测,较为典型的预测权是国民经济和社会发展五年规划的制定。

9. 条约及行政协定缔结权。该权力包括缔结条约权和缔结行政协定权两个方面。《缔结条约程序法》第3条规定:"中华人民共和国国务院,即中央人民政府,同外国缔结条约和协定。中华人民共和国全国人民代表大会常务委员会决定同外国缔结的条约和重要协定的批准和废除。中华人民共和国主席根据全国人民代表大会常务委员会的决定,批准和废除同外国缔结的条约和重要协定。中华人民共和国外交部在国务院领导下管理同外国缔结条约和协定的具体事务。"明确了国务院享有缔结条约的权力,但这一权力相对有限,因为缔结条约和行政协定的决定权由全国人大常委会行使。

10. 行政保障权。根据《宪法》第89条第11项的规定,国务院的行政保障权有两个方面的含义:一是有权保障少数民族的平等权利,通过行使该职权使少数民族同汉族具有平等权利,少数民族之间有平等权利。二是有权保障民族自治地方的自治权利,即保障民族自治地方实行区域自治。

---

① 在部分西方国家,行政系统享有的预算编制权或执行权十分有限,甚至并不享有这样的权力。

11. 行政保护权。《宪法》第 89 条第 12 项规定,国务院保护华侨的正当的权利和利益,保护归侨和侨眷的合法的权利和利益,明确了国务院行政保护权的两个范畴:一是保护华侨的正当权利和利益。① 二是保护归侨和侨眷的合法权利和利益。

12. 行政机关设立权。国务院有权设立行政机关和行政机构。《国务院组织法》第 11 条规定:"国务院可以根据工作需要和精简的原则,设立若干直属机构主管各项专门业务,设立若干办事机构协助总理办理专门事项。每个机构设负责人二至五人。"除此之外,国务院有权规定所设机关的职权,亦有权确定全国人大所设部委机构的任务和职责。

13. 行政编制审定权。行政编制是对行政机关和行政机构进行定量规制的行为。一个行政系统中行政机关、行政机构、职位和名额配置的数量,均属行政编制的范畴。从《宪法》第 89 条第 17 项的规定来看,编制的制定应当由国务院的下位机构如人事管理部门完成。国务院所享有的是行政编制的审定权,即对下位行政机构所制定的编制进行审定。

14. 公务员管理权。行政系统的管理分成外部管理和内部管理两个方面。外部管理是行政系统对其系统外的人和事进行管理。内部管理则是行政系统内部的人员和事务管理。行政系统内部的人员管理主要是公务员管理。根据《宪法》第 89 条第 17 项的规定,国务院"依照法律规定任免、培训、考核和奖惩行政人员"。此条确定了国务院对公务员实施管理的权力,并限定在任免、培训、奖惩等方面,其他管理事项则应由立法机关制定管理规则。

15. 行政区划批准权。《宪法》第 89 条第 15 项规定:国务院"批准省、自治区、直辖市的区域划分,批准自治州、县、自治县、市的建置和区域划分"。这一法律规定明确了国务院享有行政区划的批准权。国务院所批准的行政区划包括省和县两级,而乡的行政区划由省级人民政府批准。

16. 行政监督权。国务院有权对国务院各部门和地方各级人民政府的职权行使进行监督。监督权应当是一种独立职权,不宜被包容在行政管理权的范围内。具体而言,国务院有权"改变或者撤销各部、各委员会发布的不适当的命令、指示和规章",有权"改变或者撤销地方各级国家行政机关的不适当的决定和命令"。

17. 紧急状态决定权。紧急状态是指在一定区域内限制不特定社会成员自由的状态,一般分为全国性紧急状态和区域性紧急状态。根据《宪法》第 67 条第 21 项规定,全国人大常委会有权"决定全国或者个别省、自治区、直辖市进入紧急状态"。区域性紧急状态是在特定范围内的紧急状态,根据《宪法》第 89 条第 16 项的规定,国务院有权"决定省、自治区、直辖市的范围内部分地区进入紧急状态"。

18. 行政紧急处置权。紧急处置是指可用非常态行政管理手段对事件进行处理,如可在某一区域内实施限制人身自由的行政强制等。《突发公共卫生事件应急条例》第 3 条第 1 款规定:"突发事件发生后,国务院设立全国突发事件应急处理指挥部,由国务院有关部门和军队有关部门组成,国务院主管领导人担任总指挥,负责对全国突发事件应急处理的统一领导、统一指挥。"明确了国务院在突发公共卫生事件中的处置权。实际上,国务院对所有突发事件均享有紧急处置的权力。

---

① 从行政法原则来看,"正当"可理解为既是合法的权益,又是合理的权益。

19. 行政冲突裁决权。行政冲突是指行政系统内部出现的不同区域、不同部门、不同层级机关之间出现的有关管理权能的冲突,如行政区划方面的冲突、行政事项管理上产生的权属争议等。国务院作为最高行政机关对行政系统内部出现的问题享有最终决定权。

20. 行政规则解释权。行政规则是指由行政系统制定的调整公共事务的规则。行政管理过程中难免产生规则与事态之间的不吻合等情形,需要对规则作出解释。《立法法》关于规则的解释作了具体规定,而行政规则的最终解释权在国务院。

第三节　地方行政组织法

一、地方行政组织法的概念

地方行政组织法是规范地方行政机关及其职权行使的法律规范的总称。我国地方行政组织法与中央行政组织法同样是由诸多规制地方行政组织的法律规范构成的法律群。大体由下列部分构成:一是《宪法》第105条至第110条关于地方行政组织规定的规则,如第105条规定:"地方各级人民政府是地方各级国家权力机关的执行机关,是地方各级国家行政机关。地方各级人民政府实行省长、市长、县长、区长、乡长、镇长负责制。"二是《地方各级人民代表大会和地方各级人民政府组织法》中关于地方行政组织的规则,需要注意的是该法是一个关于地方国家机关的专门立法,不是地方政府组织法的内容。三是其他法律规范中有关地方政府的组织规则。四是国家有关地方机构改革的规范性文件等。地方组织法的属性体现在以下方面。

1. 地方政府组织法与中央政府组织法具有衔接性。地方政府组织法与中央政府组织法共同构成了行政组织法的体系。二者分别在行政组织体系中构成对高层组织的规定及对低层组织的规定。二者的衔接表现在两个方面:一是立法顺序上有所衔接。例如,《宪法》对国务院的组织体系作出规定以后,在后续条文中便规定了地方行政组织。二是在实体内容方面有所衔接。例如,在机构设置中,地方设立的行政机构与中央设立的行政机构有高度的对应性。

2. 地方政府组织法具有相对的灵活性。相较于中央行政组织法,地方行政组织法更为灵活。地方行政组织在社会管理事务上的区域性、具体性等特点,决定了地方政府组织具有更强的社会适应性,更能适应地方事务管理的变化。

3. 地方政府组织法的立法主体具有双重性。中央政府组织法的立法主体是中央机关,地方政府组织法的立法主体则是双重的。中央机关有权制定地方政府组织法,如《宪法》《地方各级人民代表大会和地方各级人民政府组织法》中均有关于地方政府的规定。地方机关在一定范围内也有权制定地方政府组织法,依宪法和地方政府组织法的规定,地方各级人大可以决定地方的建置,地方各级人民政府有权决定乡、民族乡、镇的建置和行政区划。

二、地方行政组织法对地方行政组织性质及法律地位的规定

我国地方行政组织的性质和地位可作如下表述。

1. 地方行政组织是地方国家行政机关。地方行政组织即国家设立在地方的行政机关,是国家行政系统的构成,在地方政府行政组织法中称为地方人民政府,而所行使的权力是国家行政权。

2. 地方行政机关是地方国家权力机关的执行机关。地方国家权力机关是指设立在地方的人大及其常委会。地方行政机关必须执行地方国家权力机关的意志,通过其执行行为实现地方人大表达出的地方事务意志。我国作为单一制国家,不存在完全独立的地方意志,任何地方意志都是由国家意志演绎而来的,地方仅在一些具体事务中才有相对独立的意志。

3. 地方行政机关实行双重领导体制。地方行政机关既要对本级人大负责并报告工作,又要对上级政府负责并报告工作。实行双重领导体制有两方面的原因:一方面,我国是单一制国家,上级行政机关必须能够保证它的行政决定在下级得到执行,行政命令的一体化保证了行政权行使的统一性。另一方面,地方在诸多方面有着自己的活动特点,尤其我国各地经济、文化、社会等发展不平衡,统一的行政意志在地方的实现要充分考虑地方特色,因而地方行政机关必须执行地方权力机关的意志。

4. 地方各级行政机关受国务院的统一领导。《地方各级人民代表大会和地方各级人民政府组织法》第 69 条第 2 款规定:"全国地方各级人民政府都是国务院统一领导下的国家行政机关,都服从国务院。"该条明确了我国行政权行使的一体化。尽管行政机构体系实行层级结构,但国务院的意志是行政系统的最高意志,地方较低层次的行政机关在执行上一级行政机关的决定时还应考虑国务院的意志,若上一级机关的意志与国务院的意志相悖,则应当服从国务院的意志。①

5. 地方各级行政机关要接受本级人大及其常委会、上级机关的监督。本级人大和上级政府均有权撤销本级政府不适当的行政决定和行政命令,这一权力实质上体现为监督权,即对行政机关行政行为进行监控和校正的权力。

三、地方政府组织法对地方政府构成的规定

(一)省级人民政府

省、自治区、直辖市是我国的二级行政机关,位次仅次于国务院。其基本构成包括:(1)省长,自治区主席、市长,均为 1 人,任期 5 年,由本级人大选举产生。(2)副省长、自治区副主席、副市长,均为若干人,任期 5 年,由本级人大选举产生。(3)省、自治区、直辖市人民政府办公厅,设秘书长 1 人,任期 5 年,秘书长由省、自治区、主席、市长提请本级人大任命。(4)省、自治区、直辖市人民政府职能部门,设厅长、委员会主任、局长 1 人,副厅长、委员

---

① 行政机构体系应保持其层级联系和层级结构性,每一层级的行政机关都应当有其直接负责的机关,应当有直接命令和指挥的机关。

会副主任、副局长若干人,任期 5 年;厅长、委员会主任、局长由省、自治区主席、市长提请本级人大任命。(5)归于委厅管理的副厅级机构。(6)委员会、厅、局内部设立若干处级单位。

(二)自治州、设区的市的人民政府

设置此层机构的地方实行的是四级地方体制,即省、市、县、乡;而未设立此层机构的地方实行的则是三级地方体制,即省、县、乡。其基本构成包括:(1)州长、市长。设州长、市长 1 人,任期 5 年,由本级人大选举产生。(2)副州长、副市长。各为若干人,任期 5 年,由本级人大选举产生。(3)办公厅。设秘书长 1 人。(4)本级人民政府职能部门。(5)本级人民政府职能部门管理的局级部门。

(三)县级人民政府

县、自治县、不设区的市、市辖区人民政府原则上是我国的三级行政机构,其地位低于省级和市级人民政府。其基本构成包括:(1)县长、市长、区长 1 人,任期 5 年,由本级人大选举产生。(2)副县长、副市长、副区长若干人,任期 5 年,由本级人大选举产生。(3)县人民政府的职能部门。

(四)乡级人民政府

乡级人民政府是我国最低层次的行政机关,包括乡、民族乡,镇人民政府。其基本构成包括:(1)乡、民族乡设乡长,镇长 1 人,由同级人大选举产生,任期 5 年。(2)副乡长、副民族乡乡长若干人,由同级人大选举产生,任期 5 年。(3)乡人民政府工作部门。

四、地方政府组织法对地方政府职权的规定

我国地方政府组织法关于地方政府职权的规定分成两个层次:一是县级以上地方各级人民政府的职权;二是乡镇人民政府的职权。

(一)县级以上地方各级人民政府行使的职权

1. 行政执行权。县级以上地方各级人民政府的执行权是在区域范围内行使的职权,既要执行国务院的行政决定,又要执行本级人大的意志。执行权具有两重意义,表现为职权和职责的统一。相对于上级机关和县级人大而言,执行是县级以上人民政府的职责;相对于行政管理过程而言,执行则是执行主体的权力。其内容包括以下几个方面:(1)执行本级人大和国务院制定的有关行政管理的立法,即地方性法规和行政法规。(2)执行本级人大的其他决议,即地方性法规以外的其他有关地方行政管理事项的决议。(3)执行国务院的行政决定和命令以及国务院发布的行政措施。(4)执行全国及本地方的国民经济和社会发展计划。(5)执行中央和本地方的财政预算。(6)执行国家其他有关行政管理的法律和法规。

2. 行政规则形成权。《地方各级人民代表大会和地方各级人民政府组织法》第73条第1项规定，县级以上地方各级人民政府有权"规定行政措施，发布决定和命令"。这实质赋予了县级以上地方政府可根据本地行政管理的实际情况制定有关行政管理规则的权力。在执行地方行政管理事务和实施上位行政规则的事务的范围内，省级和设区的市的人民政府有权以政府规章或规范性文件的形式形成行政管理规则，而县级人民政府则仅能以行政规范性文件的形式形成行政管理规则。

3. 行政领导权。相较于国务院所拥有的行政领导权，一方面，县级以上人民政府的行政领导权仅限于区域范围内行使并发生效力。另一方面，国务院除了有内部行政领导权外，还有外部行政领导权。内部行政领导权是对内部行政机关的领导，而外部行政领导权是对行政管理事务的领导，即国务院有权领导全国的行政事务。县级以上地方人民政府仅具有内部行政领导权，有权领导本级人民政府工作部门和下级人民政府。

4. 行政管理权。《地方各级人民代表大会和地方各级人民政府组织法》第73条第5项规定，县级以上地方各级人民政府"管理本行政区域内的经济、教育、科学、文化、卫生、体育、城乡建设等事业和生态环境保护、自然资源、财政、民政、社会保障、公安、民族事务、司法行政、人口与计划生育等行政工作"。该条此项规定明确了地方政府对地方的行政事务管理权，可根据地方行政事务的特点作出行政决定、制定相关的行为规范。

5. 公务员管理权。县级以上地方人民政府在本行政区域内进行的公务员管理较为有限：一则，地方的公务员管理权及其内容须有上位法依据。二则，地方公务员管理仅限于特定范围，即任免、培训、考核和奖惩。公务员的职位分类、权利义务、职务关系的变化等重大的公务员管理事项，地方政府则无权管理。

6. 行政保护权。地方政府的行政保护权更为具体：其一，保护公有财产。即通过地方政府的有关行政行为"保护社会主义的公民所有的财产和劳动群众集体所有的财产"，防止这些财产遭受非法侵害。其二，保护私有财产。"公民私有财产不可侵犯"在2004年的宪法修正案中业已明确，地方政府在保护私有财产方面具有不可取代的地位。其三，保护各种经济组织的合法权益。市场经济条件下经济组织的形式愈发多样，在经济生活中的地位也越来越重要，地方政府有义务保护经济组织的合法经营活动。

7. 行政保障权。① 地方政府的保障权有如下要求：一是保障公民的人身权利、民主权利和其他权利，地方政府在本行政区域有权保障公民各项权利的实现。二是保障少数民族的权利，要求地方政府保障少数民族依法享有的权利并尊重少数民族的风俗习惯，帮助本行政区域内各少数民族实行区域自治，发展政治、经济和文化的建设事业。三是保障妇女的合法权益。《地方各级人民代表大会和地方各级人民政府组织法》第73条第10项规定：县级以上地方各级人民政府应"保障宪法和法律赋予妇女的男女平等、同工同酬和婚姻自由等各项权利"。同样，根据《未成年人保护法》的相关规定，地方政府也有权力保障儿童的合法权益。

8. 行政监督权。即县级以上地方各级政府对所属各部门和下级政府行使监督的权力。

---

① 保障权和保护权所行使的后果有所不同，保护权行使的后果没有客观的检测标准，而保障权行使的后果有客观的检测标准。具体而言，在保护权行使的情况下强调行政主体的行为过程，而在保障权行使的情况下重点强调行政主体的行为后果。

在日常行政领导中,上级政府有权督促下级政府完成行政管理工作,有权过问下级政府所作出的行政决定。有权改变或者撤销本级政府所属工作部门和下级政府所作的不适当的行政决定。

9. 行政冲突裁决权。县级以上各级地方人民政府都有其所管理的工作部门和下级政府,当不同部门或下级政府之间就行政管理事项的管辖发生冲突时,本级政府有权作出裁决。

10. 行政预测权。县级以上地方人民政府对本行政区域内社会发展和经济建设的有关事务有权进行预测。《地方各级人民代表大会和地方各级人民政府组织法》第 11 条第 2 项规定:县级以上地方各级人大"审查和批准本行政区域内的国民经济和社会发展规划纲要、计划和预算及其执行情况的报告"。间接显示了地方各级人民政府的行政预测权,即地方各级人民政府有权对本地区经济和社会发展的问题作出研究和结论性报告,并及时向本级人大报告。

(二) 乡镇人民政府行使的职权

1. 行政执行权。乡镇人民政府有权执行同级人大的决议,这是其行政职权的基本范围;乡镇人民政府有权执行上级国家行政机关的决定和命令,这是由行政系统的领导关系所决定的;乡镇人民政府有权执行本行政区域内的经济和社会发展计划、预算。

2. 行政规则形成权。乡镇人民政府作为国家机关的组成部分,有权在自己管辖的行政区域内形成行政规则。《地方各级人民代表大会和地方各级人民政府组织法》第 76 条第 1 项规定,乡镇人民政府有权"发布决定和命令",这些决定和命令既可能针对特定事项作出,也可能针对普遍性事项作出。①

3. 行政管理权。《地方各级人民代表大会和地方各级人民政府组织法》第 76 条第 2 项规定,乡镇人民政府有权"管理本行政区域内的经济、教育、科学、文化、卫生、体育等事业和生态环境保护、财政、民政、社会保障、公安、司法行政、人口与计划生育等行政工作"。

4. 行政保护权。乡镇人民政府有权在本行政区域内保护公有财产不受非法侵犯;保护私有财产不受非法侵犯;保护各种经济组织的合法权益;维护法定社会秩序等。

5. 行政保障权。乡镇人民政府有权保障所管辖范围内公民的民主权利和其他各项权利;有权保障少数民族的权利并尊重少数民族的风俗习惯;有权保障所管辖区域内妇女和儿童的合法权益。

由于我国行政机构体系是在单一制政体结构的基础上形成的,因此,上下级行政机关在权力行使中具有一体化的倾向,从《宪法》《国务院组织法》《地方各级人民代表大会和地方各级人民政府组织法》的规定中可以看出,越是高层行政机关行使权力的范围和强度越大,充分反映了我国作为单一制国家行政职权的排列顺序。然而,从权责对等、权责合理分配的原理出发,不同层级行政机关所行使的行政权性质应当有所不同。目前在我国行政权行使中,上级对下级的权力包容性是否合理,是一个需要探讨的问题。

①　针对普遍性行政事项所发布的决定和命令实际上就是行政规则,乡镇人民政府只能通过制定行政规范性文件的行为形成规则。

第四节　行政主体的职权整合规则

一、行政法上的行政主体

（一）行政主体的概念辨析

1. 行政主体是学理概念而非法律概念。我国现行法律规范未使用行政主体的概念，《宪法》及《行政诉讼法》《行政部门法》等部门法均使用的是行政机关的概念，行政主体的概念仅存在于行政法学理论中。

2. 行政主体是分析行政法现象的工具。在行政法治实践中，行政机关的概念不足以包容所有行使行政权的部门或者单位，实践中存在一些组织不是法律上规定的行政机关，但行使行政管理权，履行行政管理职能，承担行政法上的责任。为了合理解释非行政机关行使行政权的现象，"行政主体"的概念便得以运用。

3. 行政主体是动态概念。行政机关是法律表达中的一个静态概念，指的是某个由法律规则设定的行政机关，而该机关具有法律上规定的成为行政机关的要件。行政主体的概念则指的是行政权在运作过程中的现象，只有当行政权处在运行之中，某一组织代表国家行使行政管理权时才使用行政主体的概念。

4. 行政主体是关系概念。行政机关是法律规则认可的实体，对于行政机关的分析并不一定将其放在一定的关系形式之下。行政主体概念则是在一定的关系形式中讨论的，当某一机关或组织具有管理行政事务的职能，并因此与其他对象发生关系时才给其冠以行政主体之名。行政主体与行政相对人是不能分开的两个概念，行政主体作为一个关系概念，高度抽象了行政权的行使者，高度简化了行政过程中不同资格的职能承担者，高度简化了行政救济中不同组织作为争议当事人或被告的资格。

（二）行政主体的法律属性

1. 行政主体必须取得法律上的资格。行政主体资格是其成为行政主体的必要条件。行政主体分为行政机关和法律法规授权的组织。行政机关取得行政主体资格的条件是：获得有权机关的批准，有确定的名称、有法定代表人等，且通过了相关机关的认可；有法定的编制、设置了内部机构等，符合有关编制规则；获得财政经费；对外行使行政管理权的机关还应依法向社会公布。授权的组织取得行政主体资格最为重要的条件是有法律法规的明确授权。①

---

① 有观点认为，授权的组织取得资格还必须具备履行行政管理职能的物质技术条件，以及获得的授权决定应当予以公布。然而，法律、法规授权的组织是在法律规定的前提下行使职权的，在授权时已然充分考虑了该组织的资格要件和行使行政权的可行性问题，因此，组织的其他要件没有必要予以关注。

2. 行政主体是行政职权的行使者。行政职权是由国家创设存在于行政系统内部的国家权力范畴,是国家行政权职位化的形式,行政权必须通过国家职位予以分配,任何职位都与一定的职权密不可分。职权只有从法律规则变为实在的权利义务关系时才具有意义,而行政主体就是将抽象的职权转化为权利义务关系的物质承担者,即行政主体是行政职能的行使者。

3. 行政主体能够以自己的名义实施法律行为。在行政系统内部行政主体实施的行政行为都具有相对独立的属性,如一个行政机构作出一个行政行为,相对于其他机关或机构而言,这一行为应归于行为实施者本身。能以自己的名义实施法律行为才是行政主体属性的重要体现。一方面,行政主体实施的行为对相对人或者其他社会主体具有法律上的拘束力,即使没有法律上的拘束力也会引起相关行政法关系的变化。另一方面,行政主体实施的行为立刻会给自己引起诸多方面的法律后果,如成为行政复议中的被申请人、成为行政诉讼中的被告、成为国家赔偿中的赔偿主体等。

4. 行政主体能够独立承担相应的法律责任。法律责任是指以明确的法律形式出现并能够产生后续法律效果的责任。行政主体由于能够独立实施法律行为,因而也能对自己实施的行为承担法律责任。行政主体承担的法律责任是多层面的:一则,其可以因为实施了不当的民事法律行为而承担民事法律责任,行政法学理论已经把行政主体的民事赔偿责任纳入行政责任中。二则,其可以因为实施了不当的行政法律行为而承担行政法上的责任,成为行政复议中的被申请人、行政诉讼中的被告。

》》二、行政法上行政授权的职权整合

行政授权是指立法机关或者最高行政机关为了对行政权的行使进行有效整合,将某方面的行政管理事项交由行政机关以外的组织去实施的法律行为。行政授权具有下列本质属性。

（一）行政授权是对行政职权的整合

行政权由行政机构体系行使是一项基本的法律原则,但行政组织法关于行政职权的规定并无法将行政权在运作过程中的复杂现象都考虑周全。例如,政府组织法并无法穷尽行政权的所有内容,这既是由立法技术决定的,也是由行政事态自身的特点决定的。比如,政府组织法并不一定能注意到由行政机关以外的组织行使行政权比行政机关更为高效。

在简政放权的改革背景下,将部分事项交由非行政机关处理既减轻了行政机构体系的负担,又使行政过程的运作更加合理化。因此,解决法律规则和行政事态失控的冲突就成为行政法不能回避的问题,即应当对已经设立的行政机构体系的职权、对已经规定的行政管理过程进行整合,通过整合将不能由行政机构体系完成的事项归入行政法治中。

（二）行政授权是一种立法行为

行政授权属于立法权的范畴而非行政权的范畴。行政授权是对行政权的分配,分配行政权的行为应当由立法机关完成,在立法机关对其权力已明确作出设定的情况下,行政机关不能随意处分自己的权力。行政授权是对行政权与行政事态不和谐所作的整合,整合所处理的是行政系统与行政系统以外的组织之间的关系,只有享有造法权的机关才能对行政机关与其他因素的关系作出规范。因此,行政授权是立法行为而非行政行为。依我国行政授权的具体运作,除了全国人大及其常委会可作出行政授权外,国务院也可就行政授权事项作出规定。但国务院的授权行为实际上是二次授权,国务院只有在全国人大及其常委会为其规定的可授权范围内才能再授权。①

（三）行政授权是赋予非行政机关行政主体资格的行为

行政授权所涉及的权力承担者本没有行政主体资格,只在授权的情况下才取得行政主体资格,这些被授予权力的行政机关以外的组织有下列类型:

1. 行政机构。行政机构依行政法理论和行政法规范的规定属于行政机关的内设部门,不具有独立的行政主体资格,行政机构作为授权组织的情况有三种:一是专门性的内设机构。② 二是法律法规授权的内部机构。这类机构作为行政机关的一部分,其设立没有法律法规的特殊规定,但因法律法规的授权而成为行政主体。三是政府职能部门的派出机构。派出机构是由政府职能部门根据工作需要在一定区域内设置的代表该职能部门管理某些行政事务的工作机构,原则上没有独立的法律地位,只有在法律、法规授权的情况下才取得行政主体资格,如公安派出所、税务所等。③

2. 企事业单位。实践中有些企业组织具有公共服务性职能,至少与公共利益有直接或间接关系,为便于行政管理,一些法律法规便授予企业公共行政管理的职能。④ 事业单位获得授权而成为行政主体资格的情况更为常见,这既是因为事业单位的职能与公共行政的密切程度更强一些,又是因为事业单位的一些行为过程本身就带有一定的管理因素。例如,《高等教育法》授予高等院校向学生颁发学位的职能。

---

① 由于我国长期以来将法律授权和行政法规的授权都叫做授权,使人们无法从本质上区分立法机关的授权行为和行政系统就授权事项作出规定的行为,这是行政法学界应当引起重视的一个问题。参见关保英主编:《行政法与行政诉讼法》,中国政法大学出版社2007年版,第183页。

② 例如我国《专利法》第41条规定:"专利申请人对国务院专利行政部门驳回申请的决定不服的,可以自收到通知之日起三个月内向国务院专利行政部门请求复审。国务院专利行政部门复审后,作出决定,并通知专利申请人。专利申请人对国务院专利行政部门的复审决定不服的,可以自收到通知之日起三个月内向人民法院起诉。"

③ 例如我国《治安管理处罚法》第91条规定:"治安管理处罚由县级以上人民政府公安机关决定;其中警告、五百元以下的罚款可以由公安派出所决定。"公安派出所便由此条取得了行政主体资格。

④ 例如我国《烟草专卖法》第14条第2款规定:"全国烟草总公司根据国务院计划部门下达的年度总产量计划向省级烟草公司下达分等级、分种类的卷烟产量指标。省级烟草公司根据全国烟草总公司下达的分等级、分种类的卷烟产量指标,结合市场销售情况,向烟草制品生产企业下达分等级、分种类的卷烟产量指标。……"

3. 基层群众性自治组织。基层群众性自治组织是指在城镇设立的居民委员会和在农村设立的村民委员会,其在法律法规授权的情况下也能够取得行政主体资格。①

4. 社会团体。社会团体是指具有法人资格、能够独立从事民事活动的组织。我国的社会团体有的是半民间半官方属性的,如共青团、妇女联合会、中华全国总工会,②有的是纯民间性的,如个体劳动者协会、律师协会。

三、行政法上行政委托的职权整合

我国《行政处罚法》第 20 条规定:"行政机关依照法律、法规、规章的规定,可以在其法定权限内书面委托符合本法第二十一条规定条件的组织实施行政处罚。行政机关不得委托其他组织或者个人实施行政处罚。委托书应当载明委托的具体事项、权限、期限等内容。委托行政机关和受委托组织应当将委托书向社会公布。委托行政机关对受委托组织实施行政处罚的行为应当负责监督,并对该行为的后果承担法律责任。受委托组织在委托范围内,以委托行政机关名义实施行政处罚;不得再委托其他组织或者个人实施行政处罚。"该条确立了对行政处罚职权的行政委托。然而,行政委托作为一个制度,单靠单行法的具体规定仍远远不够,必须朝着制度化、体系化、规范化的方向发展。

(一) 行政委托行为的性质

行政委托是指行政主体在行政法的范围内将有关的职权或权力交由另一方代理人行使的法律行为。首先,行政委托是发生在行政法范围内的委托,只有由行政法调整的行为引起的委托关系才是行政委托。其次,行政委托是一种内部行政法关系或者准行政法关系。行政法关系一般指行政主体与行政相对一方形成的受行政法调整和保护的关系形式。而行政委托关系不能够发生在行政主体与相对一方的行政法关系中,只能发生在内部行政法关系中。最后,行政委托是一种法律行为而非行政行为。在行政行为中行政主体的意志是独立的,是可以自主对问题作出判断的,而行政委托中的意志是依严格的法律规则产生的意志。①

行政委托的法律性质既是对行政委托概念的延伸,又是对行政委托概念的确定,这些行为性质如下。

1. 行政委托具有行政主体意志分割性。行政主体意志是一切行政行为和行政职权的启动器,对行政行为和行政职权起着决定性作用。在非委托的行政机关职权行使和行政行为作出时,行政主体的意志是未受到外力干扰的独立事物,②行政委托关系的成立,行政主体的意志则分割成了两个意志范围:一个是作为委托者的行政主体的意志,另一个是作为受托者的行政主体的意志。现行行政立法并不承认受托方有独立的主体意志,认为其只是对委托的行政主体意志的一个具体化。③ 因此,行政委托中行政主体意志的分割也导致了由行政职权引起的行政责任的分割。

2. 行政委托具有职权移转性。行政委托是在次级范围内对行政职权的一个移转,次级范围是相对于法律规则这一首属范围而言的,职权移转是对首属范围的一个次级反映。次级范围内的进一步活动除了有量上的不同外并没有截然相反的质的差别。在立法明确了行政主体的固有职权后,由于其不可能完全将所有个别的事务都集中于自身的行为之下,因此便出现了对职权的委托。可见,行政委托本身是对固有行政职权的移转。

3. 行政委托具有代理执行性。行政委托是其他主体对行政执行的一种分担。从执行主体和行政机关的关系看则是一种代理执行的关系形式,其中的执行是这种代理与被代理的连接基础,即没有执行这一链条,代理与被代理的关系也就不复存在。充分的执行能力便是执行主体的本质性条件,法律规范通常对执行主体作出严格的条件限制,以保障其实在的执行能力。

(二)行政委托的法律类型

从我国行政法治实践的状况来看,行政委托的法律类型体现为以下几个方面:

1. 职权常任性与临时性委托。该分类是以委托关系的期间来分的,即受时间因素制约的委托关系,若某一委托关系长久存在,受托方因这种长久性已形成了行使委托方某行政职权的惯性,而委托方对这种惯性已有了先期的默许,则构成了职权常任性委托。④ 职权常任性委托和行政授权有着质的区别,行政授权是法律直接将有关权力赋予特定的组织,职权常任性委托中受托方不是直接从法律规则中获得职权的,其职权必然来自委托的行政机关。临时性委托指就某一具体的行政事项或某一非常时期,行政机关为了行使行政管理权的方便,委托其他主体行使其行政职权的情形。此种委托关系既可以是由行政主体的指挥权调整的,又可能是由相关的民事法律规则调整的。故而,从法律效果上看,职权常任性委托是

---

① 我国《行政处罚法》第21条将这种法律属性作了充分的表述,"受委托组织必须符合以下条件:(一)依法成立并具有管理公共事务职能;(二)有熟悉有关法律、法规、规章和业务并取得行政执法资格的工作人员;(三)需要进行技术检查或者技术鉴定的,应当有条件组织进行相应的技术检查或者技术鉴定。"

② 行政授权和行政综合执法中,行政职权都是职权行使者的独立意志,因此,这些行为中的责任主体也相对明确。

③ 参见罗豪才主编:《行政法学》,中国政法大学出版社1996年版,第91页。

④ 如我国《公安机关办理行政案件程序规定》第36条第3款关于法律文书的送达规定:"无法直接送达的,委托其他公安机关代为送达,或者邮寄送达。经受送达人同意,可以采用传真、互联网通讯工具等能够确认其收悉的方式送达。"

一种正式委托,因为它除了有行政法上的依据外,还有发生行政法效果的一系列机制。临时性委托则是一种非正式的委托,因为此种委托的法律效果在行政法的范围内并无太明确的依据。

2. 内部委托与外部委托。该分类是以委托关系的性质来划分的。内部委托是指主要发生在行政系统内平行行政机构间的委托关系,即处于同一级别的行政机关在行政执法中为了某种需要而将自身的权力委托于其他行政机关。这种发生在平行行政机构之间的委托,类似于行政协助关系,此种委托无需具体的法律规范规定,只要有行政权一体化的法律原则调控便可以建立。外部委托则是指发生在外部行政关系中的委托关系。行政主体在行使行政职权时与行政系统以外的组织,包括事业单位、企业单位等发生的关系叫做外部行政关系。行政主体将行政职权委托于行政系统以外的主体的委托就是外部行政委托。①

3. 概括性委托与个别性委托。法律规范对行政主体职权的设定可以有概括性设定和列举性设定两种分类方式。概括性设定是指法律对某一主体的职权作出原则性规定,只规定职权的主体范围而不确定职权的具体项目。列举性设定指法律将某一主体的职权详细列举出来,指明具体的权力范围。概括性规定和列举性设定的立法为行政委托的分类提供了依据。《行政处罚法》关于行政处罚的委托便是一个概括性的委托,因为该规定仅限制了受托主体资格而没有限制可进行委托的具体处罚事项。个别性委托既包括对某一职权的委托,也包含对某一具体事件处理的委托。行政法治的完善,应尽可能对概括性委托进行限制,并使个别性委托有严格的程序规则。

4. 附款性委托与纯粹性委托。该分类以委托的职权是否附有一定的款项进行。在行政职权行使中,行政主体被一定条件约束的都可称为附款性职权,②若行政机关的固有职权尚存这种附款,在行政委托中附款也必然存在。纯粹性委托是委托关系中委托方对受托方不附有任何条件,笼统地将某一职权委托给受托方,受托方在行使权力时除考虑职权本身外,不再考虑其他条件。

5. 非救济性委托和可引起救济后果的委托。非救济性委托指委托关系中的行政行为不可能进入救济状态,如根据《工伤保险条例》第 25 条第 1 款的规定,通过受托方的医疗机构作出的否定结论,尽管有可能侵犯相对一方当事人的合法权益,但该委托行为本身不能够进入救济状态。而可引起救济后果的委托指委托行为作出后,受托机关根据委托作出的行政行为能够被提起行政复议和行政诉讼,如某些行政机关将行政处罚权委托给另一组织行使,若该职权行使行为侵害了相对一方当事人的权益,便可以进入救济状态。

（三）行政委托的构成要件

应把行政委托当作一个整体事物,对整个行政委托行为的构成要件作出确定,才能使法

---

①　根据我国《行政处罚法》第 20 条的规定,行政机关不得委托其他组织或者个人实施行政处罚。

②　如我国《工伤保险条例》第 25 条第 1 款规定:"设区的市级劳动能力鉴定委员会收到劳动能力鉴定申请后,应当从其建立的医疗卫生专家库中随机抽取 3 名或者 5 名相关专家组成专家组,由专家组提出鉴定意见。设区的市级劳动能力鉴定委员会根据专家组的鉴定意见作出工伤职工劳动能力鉴定结论;必要时,可以委托具备资格的医疗机构协助进行有关的诊断。"此条关于劳动能力鉴定委员会对劳动能力鉴定的规定是一个附款性职权,即在劳动能力鉴定委员会鉴定劳动能力的同时,将有关的诊断工作委托给了具备资格的医疗机构。

律规则对行政委托行为作出有效规制。行政委托成立的构成要件包括：

1. 应当是行政主体有权委托的职权。若行政委托无须任何法律依据,这显然失之过宽,不利于规范国家行政权的行使。但如果规定任何行政委托必须有明确的法律依据,这又限之过严,忽视了行政委托与行政授权的区别,不利于国家行政权力运行的有效发挥。[①] 由此可见,除法律、法规禁止放弃或转让的职权以外,其他任何职权的委托都应以职权本身为转移,而不应以具体的规则为转移。

2. 应当是行政主体不便行使的职权。行政委托的理论基础有两个:一是权力的主体不一定是绝对的,即其有一定程度的可移性;二是行政权力行使的最小成本化,即以最小的消耗换来最大的社会价值,行政职权的行使必须迅速、准确和及时。此二理论基础充分支持了行政主体可以依需要将行政职权进行委托。后一基础则要求行政委托中的职权是行政主体不便行使的职权,即该职权虽然是行政主体的职权,但行政主体对该职权的行使并不方便。

3. 应当是受托方有代执行权的职权。一个合理的法律关系主体必须具有法律上的权利能力和行为能力。行政委托的受托方是代理行使权力的主体,它要获得执行的权力就必须具有法律上的权利能力和行为能力。

4. 应当是委托过程受程序规则制约的职权。委托关系的成立不应随心所欲,而应受着严格的程序规则制约。行政委托类型不同,其受程序规则制约的程度和方法也有所不同。在上级行政机关将自己的行政职权委托给下级行政机关行使时,上级对下级的关系就是这一委托关系联结的基本纽带,而上级对下级的行为负责就是行政相对人获取救济的基本保障。当行政主体将职权委托给其他组织行使时,该组织与行政主体必须通过要约的方式建立委托关系,通过合同或其他协议书规定委托方和受托方之间的权利义务。行政相对人的权益因这种委托关系受到侵害时,委托方除将率先承担法律责任外,还可以依协议书的规定追究受托方的违约责任。

》》四、行政法上行政综合执法的职权整合

（一）行政综合执法的概念

行政综合执法是指在行政执法过程中,当行政事态所归属的行政主体不明或需要调整的管理关系具有职能交叉的状况时,由相关机关转让一定职权,并形成一个新的有机执法主体,对事态进行处理或对社会关系进行调整的执法活动。行政综合执法既是出于对行政管理事态有效处理的考虑,又从一个侧面反映了行政机关组织体系中职责范围不健全的事实。从行政法的基本理论出发揭示行政综合执法的内涵,可以发现,其由如下若干相互联结的层次体系构成。

1. 行政综合执法是多行政主体的执法。行政综合执法在执法过程中尽管是以一个单一的行政机关出现的,但不能因此就误认为行政综合执法是单一行政主体的执法。作为综合执法机关的组成者都有独立的法定职权范围,其在综合执法的组合体中是以独立的行政主体资格出现的,正是这种独立性决定了执行主体中的某一个机关能够转让一部分职权出

---

① 参见胡建淼:《行政法学》,法律出版社 2003 年版,第 179 页。

来。尽管综合执法的多行政主体与综合职权机关作出行政行为时的独立性构成了一对矛盾,但在承担责任方面综合执法机关应当是以独立身份出现的,而内部的责任承担则应归于各行政主体自身。

2. 行政综合执法是职能交叉的执法。行政综合执法的整个执法过程显示出了强烈的职能交叉属性,如一个综合执法机关可以同时扮演两种以上的角色。此种职能交叉的原因有两方面:一方面是对管理事态没有明确的归类,或者难以将其归入哪一个具体的行政部门中去,如在城市街道出现的摆地摊现象就同时违反了多个行政管理规范,这种多头的违法没有明显的行政归属,无论哪一个部门对其进行处理都有超越权限之嫌;另一方面是为了便宜执法而将若干违法行为或违反若干法律规范的行为集中在一个机构之下处理。

3. 行政综合执法是权力转让性执法。在综合执法机关中,存在两种以上的职权,每一种职权都可以归于某一行政系统之下。综合执法机关履行若干机关的职能,是若干种职权的集合,享有某一职权的原机关与综合执法机关的关系就是一种权力转让性关系。

4. 行政综合执法是权威性高于一般执法的执法。行政综合执法由于其执法主体必须通过特别程序认可,其主体地位高于普通的执法机关。再则,综合执法机关是一种多位权力组合的执法形态,这种组合形成了一个相对集中的权力板块,而该权力板块的变更、废止等必须经过权力转让机关的共同意志表示,因此,其在法律上的效力将高于其他执法。

(二) 行政综合执法的类型

综合行政执法有下列主要类型:

1. 双重主体与多重主体的综合执法。行政综合执法是由两个以上行政主体组合而成的执法主体。以组合主体的多寡为标准,可以分为双重主体的综合执法与多重主体的综合执法。双重主体的综合执法是指由两个行政主体构成行政执法主体,或者在一个综合执法主体之中仅集中了两个行政职能部门的职权。应当指出,综合执法与两个行政机关共同作出行政行为是有明显界限的,共同行政行为是就某一违法行为的处理而两个机关共同作出行政行为的状况,而综合执法是两个机关在转让部分权力的情况下就一定范畴职权而进行的联合。多重主体的执法是指由多个行政机关组合而成的综合执法主体,或者一个综合执法主体同时履行多个行政职能部门的部分职能。

2. 依法定程序组合与依行政决定组合的综合执法。依法定程序组合的综合执法是指在有法律明文规定的情况下,有权主体依法定程序决定设立综合执法机关进行综合执法的情形。依《行政处罚法》的规定,依法定程序组合的综合执法可以依两种方式决定:一种方式是依职权决定,即有关行政组织依职权决定一个综合执法机关的成立;另一种方式是依授权决定,即行政主体在相关主体的授权下组建综合执法机关。依行政决定组合的综合执法则是指人民政府根据当地行政执法状况决定设立综合执法机关,并进行综合执法的情形。行政部门在作出设立综合执法机关的决定时并没有明确的法律依据,仅仅根据自己的职权而为之。

3. 临时性综合执法与经常性综合执法。临时性综合执法是指针对某一范畴、某一时期的行政事态而临时组合而成的综合执法。① 实践中常表现为若干行政职能部门共同行动,对违法行为的处理也以专项斗争临时组成机构的名义而作出。经常性综合执法是常设的综合执法机构所进行的执法。②

4. 精简行政机构的综合执法与便于相对方权益实现的综合执法。以行政综合执法的目的为标准,可分为精简行政机构的综合执法和便于相对方权益实现的综合执法。前者指成立综合执法机构的目的是精简行政机构,尤其是防止对同一行政事态同时有多个行政机构发生作用的现象。后者指成立综合执法机构的目的是便利于行政管理相对方当事人。综合执法机关设立后,其权力相对集中,行动相对迅速,对于及时保护相对人的权益有积极意义。

5. 区域性综合执法与职能统一型综合执法。从综合执法机关权力行使的外形来看,还可分为区域性综合执法与职能统一型综合执法。区域性综合执法,即以地域为行使权力的对象而设立的综合执法机构的执法。例如,一定地域范围内的行政机构体系为了使该区域的行政机构在某一方面的管理中行动统一,有意识地建立综合执法机构。职能统一型综合执法,则是指一些行政职能部门为了在权力行使中发挥若干机构的合力,便和相关机构共同组成职能性行政执法机构。③

第五节　实务案例

》一、越权设立派出机关案

〔案情摘要〕

在 C 某诉 X 县政府、X 县 P 街道办事处强制拆除一案中,C 某诉称,其缴纳土地占用税即视为取得了《建设用地使用批准书》,X 县政府再以非法占地为由强制拆除 C 某土地上的房屋及破坏生产设备违反法律的规定。X 县政府做出《责令改正违法行为通知书》适用法律错误,并且程序违法,依法应当认定 X 县政府的具体行政行为违法。遂诉请法院依法确认 X 县政府强行拆除房屋及破坏生产设备的具体行政行为违法。

一审法院经审理后认为,C 某与强拆的行政行为有直接的利害关系,有权提起诉讼,在本案中主体适格。被诉强制拆除行为未履行行政强制法规定的法定程序,属于程序违法。而关于被告是否适格的问题,一审法院认为,根据《地方各级人民代表大会和各级地方人民政府组织法》的规定,只有市辖区、不设区的市人民政府有权经上一级人民政府批准设立街道办事处作为它的派出机关。X 县政府设立的 P 街道办事处在法律地位上只能是派出机构,该街道办事处实施的行政行为在法律上应视为 X 县政府委托实施的行政行为,由 X 县

---

① 例如,行政机构系统在某一时期开展的某项专项斗争就属此类。税务征收管理专项斗争、打击假冒伪劣产品专项斗争、打黄扫非专项斗争等。
② 其中比较有代表性的是一些城市建立的巡警制度,在一些重要公共场所和主要街道由巡管负责巡查,对治安、市政、卫生、工商等进行综合管理并对违法行为统一实施处罚。
③ 如专项斗争中的联合机构就属此类。

政府负责。根据《行政诉讼法》第 26 条的规定，行政机关委托的组织所作的行政行为，委托的行政机关是 X 县政府。本案 P 街道办对 C 某房屋实施的强拆行为，应视为 X 县政府委托实施的行政行为，故 P 街道办不是本案适格被告。据此，因被诉拆除行为系事实行为，无可撤销内容，故作出了确认强制拆除行为违法的判决。

X 县政府不服一审判决，上诉称，上诉人并非本案适格被告，不存在委托实施强制拆除的基本事实。上诉人设立 P 街道办经过省人民政府、省民政厅、市人民政府依法批准，P 街道办属于上诉人依法设立的派出机关，具有独立的行政诉讼主体资格。请求撤销一审判决，依法判决驳回被上诉人对上诉人的起诉。

〔法理分析与评议〕

行政组织法在我国法律体系中的功能，体现在对行政系统的组织体系进行调整规范，以确保行政机构系统的合理布局与层级结构，并因此赋予不同层级机构差异化的职权权限。根据《地方各级人民代表大会和各级地方人民政府组织法》第 85 条的规定，市辖区、不设区的市的人民政府，经上一级人民政府批准，可以设立若干街道办事处，作为它的派出机关。本案中，X 县政府并不满足设立街道办的法定资格条件，其设立的 P 街道办事处在法律上只能认定为 X 县政府的派出机构。尽管省人民政府、省民政厅有关文件同意 X 县政府设立 P 街道办事处，但由于上述文件与《地方各级人民代表大会和各级地方人民政府组织法》的规定相冲突，故即使县政府设立了街道办事处，也不能产生《地方各级人民代表大会和各级地方人民政府组织法》上的法律后果，仍应作为事实上的派出机构对待。

因此，在法律关系上，P 街道办事处实施的行政行为在法律上应视为 X 县政府委托实施的行政行为，根据《行政诉讼法》第 26 条有关"行政机关委托的组织所作的行政行为，委托的行政机关是被告"的规定，P 街道办事处所作出的行为后果应由 X 县政府承担。一审将 P 街道办的强拆行为视为 X 县政府委托实施的行为，并由 X 县政府承担违法拆除的责任，适用法律正确，应予维持。

〔相关法律法规链接〕

《中华人民共和国地方各级人民代表大会和各级地方人民政府组织法》

《中华人民共和国行政诉讼法》

二、"三定"规定违反相关法律规定案

〔案情摘要〕

J 县人大常委会"三定"规定第 3 条提出：内务司法工作委员会"负责起草制定监察、司法方面地方性法规议案的建议"；财经工作委员会"负责起草制定财政经济方面地方性法规议案的建议"；教科文卫民侨工作委员会"负责起草制定教科文卫民侨方面地方性法规议案的建议"；农牧业工作委员会"负责制定农村牧区、环资方面地方性法规议案的建议"。

〔法理分析与评议〕

根据行政组织法的相关理论，《地方各级人民代表大会和各级地方人民政府组织法》赋予了县级以上地方人民政府行政管理规则的形成权，可根据本地的行政管理情况形成有关行政管理规则。但行政规则形成权在层级性的行政机构系统中，亦有其行使边界，即按照《立法法》的规范，下级机关不得越位制定应由上级机关制定的规则。具体而言，省级和设区

的市的人民政府有权以政府规章或规范性文件的形式形成行政管理规则,而县级人民政府仅能以行政规范性文件的形式形成行政管理规则。

就本案而言,根据《地方各级人民代表大会和地方各级人民政府组织法》第22条第1款"各专门委员会、本级人民政府,可以向本级人民代表大会提出属于本级人民代表大会职权范围内的议案"的规定,《立法法》第72条"省、自治区、直辖市的人民代表大会及其常务委员会,设区的市的人民代表大会及其常务委员会,自治州的人民代表大会及其常务委员会,省、自治区的人民政府所在地的市,经济特区所在地的市和国务院已经批准的较大的市,具有地方性法规的制定权"的规定,县级人大及其常委会并不具备地方性法规的制定权,J县人大常委会"三定"规定第3条,实际违反了《地方各级人民代表大会和地方各级人民政府组织法》第22条和《立法法》第72条的有关规定,应及时予以纠正。

〔相关法律法规链接〕

《中华人民共和国地方各级人民代表大会和各级地方人民政府组织法》

《中华人民共和国立法法》

【习题及答案解析】

第七章　公务员法

第一节　公务员法的理论

一、公务员的概念

　　根据我国《公务员法》第2条的规定,公务员是指依法履行公职、纳入国家行政编制、由国家财政负担工资福利的工作人员。[①] 以行政法为视角,公务员应当具有下列特征。

　　1. 公务员是行政系统中的最小单位。行政系统是一个庞大的职权系统,在行政系统之中存在各种各样的单位。行政机构体系作为一个大的职权系统,是行政系统的最大单位。若从职务关系的角度分析,公务员本身是公务关系的权力承担形式,是行政系统的最小单位。

　　2. 公务员是以自然人的形式出现的。尽管存在公务员具有多重身份的理论论断,但无论哪种论断都未否认公务员是一个自然人,行政机构体系无论多么庞大最终都是由自然人组成的,自然人构成了行政系统中的元素,成了行政体系的构成分子。

　　3. 公务员依法从事公务。公务员是一个法律用语。一则,公务员概念本身没有法律的规定便不复存在。当我国1993年制定了《国家公务员暂行条例》后,行政法中才有了公务员的概念。二则,公务员依法选任进入行政系统。三则,公务员依法从事公务活动。公务员是从事行政公务的自然人,而公务"系法规所规定之国家事务,若所从事者系私人事,而非国家之公务,或虽系国家之事务,而违反或逾越社会之规定范围,严格言之,非国家主旨之所在,而发生应否由国家负责或公务员本人负责之问题"。[②]

　　4. 公务员以公共行政系统的意志为活动原则。公务存在于行政系统之中,其所体现的是国家公共行政系统的意志,[③]必须以一国宪法和法律为公共行政系统确定的行为原则为指向。

二、公务员法的界定

　　公务员法是指调整公务员管理关系的法律规范的总称。公务员法是分析行政法现象的一个工具,运用这一工具将政府行政系统中任职的公职人员的行为规则、管理制度都抽象为公务员法。公务员法的本质属性可概括为以下几方面:

---

　　① 我国《公务员法》出台前,有关公务员的称谓一直未得到统一,《公务员法》的出台使这一概念得以规范化。

　　② 管欧:《中国行政法总论》,蓝星打字排版有限公司1981年版,第279页。

　　③ 公共行政系统的意志通常通过行政管理法律规范及相关政策反映出来,公务员在履行职能时只有熟悉行政管理法律规范,领会行政系统意志才能真正代表和体现行政系统的意志。

1. 公务员法是法典化的体系。公务员法并非只是单一的公务员法典,而是对规范所有公务员管理关系之规范的统称。在一国的法律体系中,规范公务员关系的法律形式有如下诸种:一是宪法条文中关于公务员管理的规定。[1] 世界各国宪法大多都有公务员法的条款,只是关于公务员关系规定的详细程度有所不同。二是有关公务员法的专门规定。我国不仅有《公务员法》,而且从行政系统公职人员的总体规则来看,还包括《监察法》《人民警察警衔条例》等法律规则。三是政府行政系统制定的有关公务员管理的规则。实行公务员制度的国家,政府行政系统有权制定一些规制公务员行为的规则,如我国发布的《公务员录用规定》,但公务员管理体制的规则要由立法机关制定。

2. 公务员法是内部行政法。行政法规范可分为内部行政法规范和外部行政法规范两大类。后者指规范政府行政系统与其他社会主体关系、规范其他社会主体在行政管理中若干关系的行政法规范,如部门行政管理法、行政行为法、行政程序法等。前者指规范行政系统内部关系的法律规范,有关行政体制的行政法规范都是内部行政法。公务员法调整公务员管理关系,而公务员管理应属行政系统的内部管理,因此应归为内部行政法。

3. 公务员法调整公务员管理关系。行政机关与其构成分子之间的关系同样是行政法的调整对象,而调整此一关系的行为规则就是公务员法。在一些行政法学理论中,认为政府行政系统和公务员之间构成的是契约关系、雇佣关系等,但无论属于何种形式的关系,政府行政系统必然对公务员行使管理权力,而公务员也必然要承担一定的法律义务,即对公务员进行管理是必然的,公务员法就是调整该管理关系的法。

三、公务员法的规制对象

1. 公务员法规范公务员的管理体制。公务员法的基本内容在于明确公务员管理的体制形式,一般包括明确公务员的管理部门、管理公务员机构的体制构成等。[2]

2. 公务员法规范公务员的职级结构。公务员是行政系统中的一个组织系统,其职级关系与一国行政体制的设计相对应。在对应的基础上,公务员又有着自身的结构,各国公务员法无论采用何种结构形式都必须对公务员的职级结构作出规定。[3]

3. 公务员法规范公务员的权利义务。公务员担任公职与国家形成了职务上的联结关

[1]　例如,《希腊共和国宪法》第 103 条规定:"(第 1 款)文职人员是国家意志的执行者,必须为人民服务、效忠宪法、效忠祖国。文职人员的资格和任命办法由法律规定。(第 2 款)不得任命任何人担任未经立法规定的职务。法律得规定各种特殊例外情形,允许在一定时期内根据私法契约雇用人员以应付无法预见的紧急需要。(第 3 款)科学技术专业或辅助人员的在编职务可依照私法契约聘任。聘任条件和对这些人员的特殊保障由法律规定。(第 4 款)担任在编职务的文职人员是常任的,只要这种职务继续存在。他们的薪金依照法律的规定逐步调整;除因年龄限制退休或根据法院判决免职外,未经至少 2/3 成员系文职人员组成的服务委员会决定,不得将文职人员无故调离、降级或免职。依照法律的规定,对服务委员会的决定,可以向国务委员会提出申诉。(第 5 款)依照法律的规定,其职位不属于文职人员等级制度范围的政府高级官员、直接指定的外交使节、共和国总统府的雇员和总理、各部部长、副部长的工作子成员,是非常任的。(第 6 款)上款规定同样适用于议会的雇员以及地主政府机关和其他公共法人团体的雇员,但议会的雇员在其他方面应完全服从议事规则的规定。"参见萧榕主编:《世界著名法典选编(宪法篇)》,中国民主法制出版社 1997 年版,第 187 页。
[2]　参见金伟峰:《国家公务员法比较研究》,杭州大学出版社 1994 年版,第 17—38 页。
[3]　例如《日本国家公务员法》第 2 条规定:"国家公务员的职务分为一般职和特别职。一般职包括除特别职以外的所有职务。特别职如下:一、内阁总理大臣;二、国务大臣;三、人事官和检察官;四、内阁法制局长官;"其将特别职分成 18 个职级。参见萧榕主编:《世界著名法典选编(行政法篇)》,中国民主法制出版社 1997 年版,第 175 页。

系,其在行政系统中任职,既要行使权利又要承担义务,公务员法对此必须予以规范,因为只有权利和义务才能体现公务员关系的法律形式。

4. 公务员法规范公务员的各种管理制度。国家对公务员的管理有诸多管理制度,如奖惩制度、培训制度、考核制度、工资福利制度等,而这些制度构成了公务员法的大部分内容。

5. 公务员法规范公务员职务变迁制度。公务员任职后还存在职务变迁问题,如晋升、退休、辞职等这些制度不能归于公务员管理制度的范畴。管理制度是在职务关系确定以后的调控制度,而职务变迁制度则是职务本身的变化制度。

6. 公务员法规范公务员的监督制度。对公务员的监督是公务员法必须解决的问题。公务员任职后便被赋予了一定范围的行政权力,为保证公务员权力行政的正当性,应当有相应的监督制度予以调控。

第二节　公务员法对公务员职位分类的规定

一、公务员职位分类的法律形式

公务员职位分类的法律形式与一国的立法体制有关,不同的立法体制下公务员职位分类的法律形式有所不同。一是在强调法治一体化的国家,公务员职位分类统一于公务员法之中,即用公务员立法规范公务员的各项制度,其中也包括公务员的职位分类制度。[1] 二是在立法技术上讲究精细化的国家,在公务员法典中只有公务员分类的一般规定,并制定有专门的职位分类法,对公务员分类作出具体规定。[2] 三是部分国家由政府行政系统实施其在公务员法中规定公务员的一般内容,公务员的职位分类由行政部门实施。我国公务员的职位分类采用统一立法和专门立法相结合的方式,即在《公务员法》中对公务员的职位分类予以专章规定。

二、公务员职位分类的法律界定

广义上,公务员职位分类是指公务员系统是通过什么形式排列的,不同的排列方式就构成了不同的公务员职位。[3] 在广义职位分类制之下,包括品位分类制和职位分类制两种。品位分类制即依公务员在行政系统中的位次高低以及公务员所获行政报酬的多寡,将公务员排成不同等次。职位分类制是指以行政职位为对象采用科学标准对公务员职务和位次所作的划分,即狭义上的职位分类,是在充分考虑公务员行政目标的基础上,确定公务员职务与行政目标之间的关系。公务员法对公务员的职位分类一般都遵从狭义理解,其作为一种科

---

① 例如,泰国1975年颁布实施的公务员法就对职位分类作了规定,该法"用现代职位分类制度取代长期实行的品位分类制度,将公务员分为政务类公务员和业务类公务员。"参见中华人民共和国国际交流与合作司编:《外国公务员制度》,中国人事出版社1995年版,第108页。

② 例如,美国1923年国会通过了第一个《联邦职位分类法》,该法通过修正,1949年又通过了新的职位分类法。

③ 参见陈茂同:《历代职官沿革史》,华东师范大学出版社1988年版。

学的公务员分类制度有如下本质属性:

1. 公务员职位分类以公务员的合理分类为前提。现代公务员制度将公务员分为政务类和事务类,使公务员的职务行为从政治化转向技术化,即行政管理由原来的政治行为变为技术行为,并保持了行政管理的连续性和稳定性。政务类公务员依政府组织法和宪法进行管理,而事务类公务员依文官法管理,这便为公务员法的制定和公务员的分类奠定了法律基础;政务类公务员依选举产生,强调担任公职的政治性,而事务类公务员通过考试进入公务员系统,强调担任公职的技术性;政务类公务员实行任期制,事务类公务员实行终身任职;政务类公务员接受社会的公开监督,事务类公务员则依严格的岗位责任从事公职。在实行公务员制度的国家,公务员的职位分类是以公务员的上列基本分类为基础的,职位分类基本上存在于事务类公务员系统中。

2. 公务员职位分类是对职位进行调查研究的结果。职位调查,是指在广泛搜集公务活动事实资料以后,对行政事实与公务职务关系的层级、类别等予以确定,包括书面调查、问卷调查、观察调查、会议调查等方法。其中每一种方法都是对职务与事态之间的关系进行科学研究,以事态的性质和类型确定职位的层级和结构。目标分解与综合在行政职位分类中具有决定意义,目标分解后,每一个层次的目标都形成了一个职位层系,而每一个层系的目标又都使职位有了类的区分。

3. 公务员职位分类有一整套技术参数。公务员职位分类是对职位所作的科学划分,而制约职位划分也有一整套技术参数,这些技术参数作为一个规范系统为确定公务员职位提供了依据。公务员分类的技术参数大体包括:

(1)公务员工作的性质。根据公务员所从事的行政管理工作性质确定公务员的基本职务类型,工作性质的决定因素应当是公务员履行行政管理职能时所面临的客体事态。如根据我国《公务员法》第16条第2款的规定,公务员可分为综合管理类、专业技术类、行政执法类等多个职务系列。

(2)职务的繁简。公务员的行政事务有繁简之分,有些相对集中,有些则相对分散。事务的繁简是公务员职位分类需要考虑的又一因素,一般将相同或相近性质的行政事务归到同一职务之下。

(3)责任的大小。公务员担任公职后,对其所管理的行政事务要承担责任。一方面,责任要求公务员必须有自己负责和管理的事项;另一方面,公务员对所管理的事项要承担法律上的后果。其中法律后果有严格与宽松之分,公务员所承担责任的大小是职位分类的又一因素。

(4)需要的资历。对行政事务的管理需要一定的知识和技能,诸多行政事务只有训练有素的人才可以胜任,而没有通过训练的人便不可以从事这样的活动。学历和训练专业知识是资格的两个基本方面,也是职位分类的因素。

4. 公务员职位分类是公务员其他制度的基础。职位分类使公务员系统形成了一个框架,并使框架之间的每个具体职位有了实在内涵。公务员的权利义务是公务员制度中法律属性最为突显的部分,但权利义务只有存在于一定的职位之下才有意义。[①] 而公务员的考

---

① 如《德意志联邦共和国官员法》第79条第1款规定:"交付任务的单位或人员有照顾官员的义务,交付任务的单位和人员应当在同官员建立了服务关系和效忠关系的情况下,关心官员及其家属的福利,即使在结束官员关系后,也应当如此。他(它)们有责任保护官员的业务活动和他的作为官员的地位。"具体体现了公务员权利与职位的关系,即职位决定了公务员的权利。参见萧榕主编:《世界著名法典选编(行政法篇)》,中国民主法制出版社1997年版,第140页。

核、任用、福利待遇等都是以职位分类为基础的。

三、我国公务员法中的职位分类

（一）公务员职务职级序列

1. 领导职务序列。领导职务是指在中央和地方各级行政机关中,具有组织、管理、决策、指挥等职能的职务。领导职务分为正职与副职,副职在正职的领导下,协助某方面的工作。根据《公务员法》第18条的规定:"公务员领导职务根据宪法、有关法律和机构规格设置。领导职务层次分为:国家级正职、国家级副职、省部级正职、省部级副职、厅局级正职、厅局级副职、县处级正职、县处级副职、乡科级正职、乡科级副职。"

2. 非领导职务职级序列。非领导职务是指在各级国家行政机关中,不承担领导责任的职务。根据《公务员法》第19条的规定,非领导职务中综合管理类公务员职级序列分为四等十二级:一级巡视员、二级巡视员、一级调研员、二级调研员、三级调研员、四级调研员、一级主任科员、二级主任科员、三级主任科员、四级主任科员、一级科员、二级科员。综合管理类以外其他职位类别公务员的职级序列,根据公务员法由国家另行规定。设置非领导职务是我国公务员制度的一个突出特点,是适应国家行政机关某些职位特点的需要;是稳定公务员队伍中业务骨干的需要;是克服"官本位"现象的需要;是减少行政领导职能、提高行政效率的需要;是规范原有相当待遇人员管理的需要。设置非领导职务必须严格遵守国家关于任职资格条件和职权的规定。

（二）公务员的级别

根据《公务员法》第21条的规定,公务员级别需按照所任职务及所在职位的责任大小、工作难易程度以及公务员的德才表现、工作实绩和工作经历确定。该条既兼顾了职位情况,又考虑了所在职位上人的因素。公务员的级别共分为27级,根据《公务员职务、职级与级别管理办法》第5条的规定,公务员领导职务层次与级别的对应关系是:(1)国家级正职:一级;(2)国家级副职:四级至二级;(3)省部级正职:八级至四级;(4)省部级副职:十级至六级;(5)厅局级正职:十三级至八级;(6)厅局级副职:十五级至十级;(7)县处级正职:十八级至十二级;(8)县处级副职:二十级至十四级;(9)乡科级正职:二十二级至十六级;(10)乡科级副职:二十四级至十七级。副部级机关内设机构、副省级城市机关的司局级正职对应十五级至十级;司局级副职对应十七级至十一级。

根据《公务员职务与职级并行规定》第8条,综合管理类公务员职级对应的级别是:(1)一级巡视员:十三级至八级;(2)二级巡视员:十五级至十级;(3)一级调研员:十七级至十一级;(4)二级调研员:十八级至十二级;(5)三级调研员:十九级至十三级;(6)四级调研员:二十级至十四级;(7)一级主任科员:二十一级至十五级;(8)二级主任科员:二十二级至十六级;(9)三级主任科员:二十三级至十七级;(10)四级主任科员:二十四级至十八级;(11)一级科员:二十六级至十八级;(12)二级科员:二十七级至十九级。《公务员职务与职级并行规定》第9条,厅局级以下领导职务对应的综合管理类公务员最低职级是:(1)厅局级正职：一级巡视员；（2）厅局级副职：二级巡视员；（3）县处级正职：二级调研员；（4）县处级副职：四级调研员；（5）乡科级正职：二级主任科员；（6）乡科级副职：四级主任科员。

我国确定公务员的级别取决于以下三方面因素：一是由其担任的职务对应相应的级别范围，如一级科员只能在18级至26级之间定级。二是公务员的德才表现、工作实绩和工作经历等。三是所在职位的责任大小、工作难易程度等。

第三节　公务员法对公务员义务与权利的规定

一、公务员义务与权利的概念

公务员义务与权利是指公务员因其身份而产生的义务与权利，是公务员相对于国家而非行政管理相对人而言的。

（一）公务员的义务

公务员的义务是指公务员任职后对国家所承担的，应当为一定行为或不为一定行为的责任。

1. 公务员义务是公务员法的核心内容，是公务职务关系的实质要件。公务员关系之成立，由于国家之特别选任行为，而特别选任行为之主要效果，则为公务员对于国家服无定量勤务，且负有忠诚之义务。公务员能否善尽其义务，以贯彻国家政令，不仅涉及公务员的功过与成败，亦有关政治的隆污与国家的兴衰。由此意义言之：公务员之义务，实为公务员关系的核心。[①] 基于公务员义务本身的重要地位，一些国家和地区还专门制定有公务员服务法，对公务员的义务作了专门规定。

2. 公务员义务具有法定性。义务的法定性，是国家对公务员实行法律规制的手段。同时，对于公务员而言，义务法定有利于其不受行政系统的不当侵害。[②] 有的国家和地区用完整法典的形式规范公务员的义务，有的国家在完整法典中规定公务员的义务，有的国家在公务员法或制度中规定公务员违法的前提是公务员没有依法履行义务，即必须做到过责有据、过责法定。

3. 公务员义务基于公务员身份产生。公务员担任行政公职以后就与国家形成了一种特别权力关系，其对国家可以主张相应权利，同时也要满足国家对其的要求。即公务员担任

---

① 张载宇：《行政法要论》，汉林出版社1978年版，第275页。
② 例如，《日本国家公务员法》关于公务员义务的规定有11个条文，第96条规定："所有职员作为全体国民的服务员，必须为公共复兴进行工作，工作要竭尽全力，专心致志。实施前项规定的根本标准所要事项，除本法有规定者外由人事院规则规定。"第98条规定："职员工作时，必须遵守法令和忠实地执行上级的命令。职员作为政府雇员不得和公众一起罢业、怠工和搞其他争议行为或者降低政府工作效率的怠慢行为。任何人不得策划、合谋、唆使、煽动上述违法行为。职员搞同盟罢业和其他前项规定的违法行为时，他不得从其行为开始就得用法令赋予的任命权或雇用权，同国家对抗。"参见萧榕主编：《世界著名法典选编（行政法篇）》，中国民主法制出版社1997年版，第183—184页。

行政职务是其履行义务的前提,但有的义务并不因公务员身份的丧失而丧失,如保守国家秘密的义务。

4. 公务员义务在法律上表现为作为和不作为两类。作为义务是指公务员必须积极去实施某种行为的义务,如"维护国家的安全、荣誉和利益"的义务。不作为义务是指公务员不得实施某种行为的义务。

(二)公务员的权利

公务员的权利,即公务员因其身份而享有的要求行政机关作出某种行为或不作出某种行为的资格。

1. 公务员的权利和义务具有一定的对应性。公务员与国家建立特别权力关系后,向国家履行义务的同时也享有诸多权利。我国《公务员法》将义务的规定排在权利之前,这种安排是从公务员与国家的权利义务关系中演绎出来的,即在公务员与国家关系中,国家处于主导地位,公务员处于从属地位。

2. 公务员的权利具有双重属性。一方面,公务员个人通过享有权利而获得利益。另一方面,公务员权利系为国家谋求公益而设,正如有学者所言:"公务员所得享有的权利,并非为公务员个人谋私利,而是为国家谋公益而设,亦即为使公务员专心为国家服公务,必须设定此等权利,使其在职期间能安于其位,退休或死亡后,本人或其眷属,生活得有相当之保障。"[1]

3. 公务员的多数权利与职务关联。公务员的多数权利是任职期间才享有的,任何权利都有相关的权利主体,公务员担任行政职务才是其享受权利的主体资格条件。近年来有学者主张公务员职务关系消灭之后仍然享有一部分原来属于公务员职务关系所派生的权利。公务员在任职期间为国家作了诸方面的贡献,其退职后至少在生活方面应当有所保障。因此,公务员拿退休金、养老金以及抚恤金的权利在离职以后应当继续享有。

二、公务员义务的法律表现

公务员义务的法律规范除反映在专门的公务员法律、法规中外,在其他法律规范中也有公务员义务的规定,各国宪法均有有关公务员义务的条款。我国《宪法》第 27 条第 2 款规定:"一切国家机关和国家工作人员必须依靠人民的支持,经常保持同人民的密切联系,倾听人民的意见和建议,接受人民的监督,努力为人民服务。"我国公务员的义务可概括为以下几方面:

1. 受人民监督、为人民服务的义务。该义务反映的是公务员与人民的关系,即该公务员担任公职后要处理好与人民的关系:一则,公务员必须依靠人民群众支持,经常保持同人民群众的联系,在履行公职时不能脱离人民群众。二则,公务员必须倾听人民的意见和建议,坚持群众路线,听取人民群众对行政管理工作和自己工作作风的意见和建议。三则,公务员必须接受人民的监督,即人民群众通过一般法律程序之外的监督,如人民群众有权了解

---

[1]　张载宇:《行政法要论》,汉林出版社 1978 年版,第 282 页。

公务员的职权行为和其他与任职有关的情况。

2. 遵守宪法和法律、接受党的领导的义务。《公务员法》第 14 条第 1 项规定公务员有"忠于宪法,模范遵守、自觉维护宪法和法律,自觉接受中国共产党领导"的义务。公务员作为国家的行政执法者,相较于普通公民,应具有更强的法律意识和守法觉悟,更应带头遵守并积极宣传宪法、法律和法规,做好守法模范。自觉接受中国共产党领导,就是要坚持以马克思列宁主义、毛泽东思想、邓小平理论、"三个代表"重要思想、科学发展观、习近平新时代中国特色社会主义思想为指导,增强"四个意识"、坚定"四个自信"、做到"两个维护",坚决贯彻党的基本理论、基本路线、基本方略,坚决贯彻党中央各项决策部署。只有这样,才能更好地维护国家的利益和公务员的形象,更好地保护公民、法人和其他组织的合法权益。

3. 服从命令、保质高效执行公务的义务。《公务员法》第 14 条第 4 项规定,公务员应履行"忠于职守,勤勉尽责,服从和执行上级依法作出的决定和命令,按照规定的权限和程序履行职责,努力提高工作质量和效率"的义务。公务员制度的设立目的在于让公务员依法、保质、高效地履行行政管理职能,有效实施行政行为。公务员必须有效执行公务,即公务员应严格依法执行公务,不得有越权、滥权等违法行政;公务员应亲自执行公务,而不能由他人代为执行公务;公务员应在执行职务时忠于职务,不得对公务表现出厌恶和不忠诚。

4. 维护国家安全、荣誉和利益的义务。公务员与国家的关系也是公务员义务规则必须回应的问题。公务员不是游离于国家之外的人。因此,维护国家形象便是各国公务员义务的基本内容之一。依《公务员法》第 14 条第 2 项的规定,该义务可作如下分解:一是维护国家安全,即公务员要尽力保持国家的领土完整和不受外侵;二是维护国家荣誉,尤其在对外交往中不作有辱国格的行为;三是维护国家利益;四是维护国家统一,公务员不得从事分裂国家的活动。

5. 保守秘密的义务。《公务员法》第 14 条第 5 项规定,公务员有"保守国家秘密和工作秘密"的义务,在第 59 条的公务纪律规定中,又明确了公务员不得泄露国家秘密和工作秘密。《保守国家秘密法》把国家秘密分为绝密、机密和秘密三个密级,不同的密级采取的保密措施则有所不同。而对公务员而言,任何一个密级的国家秘密都不得泄露。工作秘密是指公务员在工作过程中依有关制度不得向外公开的那些秘密。保密的义务还包括认真保管各种文件和已经掌握的秘密文件,不得由于过失而泄露,还包括不得故意泄露。公务员保密的义务不因公务员身份的丧失而丧失。

6. 廉洁自律的义务。公务员保持良好的品格是各国公务员义务规则的基本内容。依《公务员法》及相关法规、规章的规定,廉洁自律的义务有下列要求:一则,公务员应带头践行社会主义核心价值观,坚守法治。二则,公务员在经济事务中要廉洁自律,不得有贪污、盗窃、行贿、受贿以及其他利用职务之便捞取私利的行为。三则,公务员在生活作风中要严格要求自己,模范遵守社会公德、家庭美德,不得从事与色情有关的活动,不得在公务活动中大吃大喝,追求豪华奢侈等。四则,公务员在工作作风上要恪守职业道德,要讲究民主,不得弄虚作假,欺骗领导和群众。

7. 不违反禁止规定的义务。该义务通过禁止的形式要求公务员不得从事一定的行为。根据我国相关法律、法规规定,公务员不得有下列诸种行为:(1)不得经营商业;(2)不得玩忽职守、贻误工作;(3)不得对抗行政决议和命令;(4)不得滥用职权;(5)不得索取管理、服务对象的财物;(6)不得接受可能影响公正执行公务的礼物馈赠和宴请;(7)不得在公务活动中接受社会和各种有价证券;(8)不得用公款公物操办婚丧喜庆事宜借机敛财;(9)不得违反规定买卖股票;(10)不得在国外注册公司或者投资入股;(11)不得以个人名义存储公款。

三、公务员权利的法律表现

我国《公务员法》第 15 条对公务员的权利作了列举规定,公务员权利的法律表现可概括为下列各项。

1. 职位保障权。《公务员法》第 15 条第 1 项规定,公务员有权"获得履行职责应当具有的工作条件"。该条确立了公务员的职位保障权,公务员担任公职后其行使职权的条件都应得到满足。[①] 此外,《公务员法》第 15 条第 2 项还规定了公务员"非因法定事由、非经法定程序,不被免职、降职、辞退或者处分"的权利。

2. 获得报酬和享受待遇权。此即公务员在经济方面的权利。公务员是在政府行政系统中任职的自然人,其本身具有自然人的一般属性,自身的生存以及家庭成员的生存是其履行公职的物质保障,因此,公务员担任公职后应当要从国家取得收入。具体包括:一是获得工资报酬的权利,工资是国家支付给公务员的基本劳动报酬,一般以货币的形式支付。二是享受保险的权利,公务员任职以后,国家有义务为公务员支付社会保险金。三是获得福利待遇的权利,比如政府津贴、政府特殊津贴等。四是领取退休金的权利,公务员退休以后有权领取法定的退休金。

3. 批评建议权。《公务员法》第 15 条第 5 项规定,公务员有权"对机关工作和领导人员提出批评和建议"。据此,对各个层次的国家行政机关的行政行为,公务员均有权进行批评和提出建议,并不限于对其所在行政机关行使该权利;公务员有权对行政机关领导人员的工作提出批评和建议,即公务员的领导者有权命令公务员为某种行为,同时也有义务接受公务员的批评和建议。

4. 申诉控告权。《公务员法》第 15 条第 6 项规定,公务员有权"提出申诉和控告"。申诉权是指当公务员受到行政处分后为了保护自己的权益可以依法定程序申诉。控告则是公务员对有关行政机关及其领导人的违法失职行为,无论是否侵犯公务员自身的权益,公务员都有权向有关部门举报或反映。

5. 职务深造权。《公务员法》第 15 条第 4 项规定,公务员有权"参加培训",明确了公务员的职务深造权,即公务员在任职期间有权提高自身的业务能力和业务技能,以及要求国家为其深造创造良好的条件。《公务员法》第 66 条规定:"机关根据公务员工作职责的要求和提高公务员素质的需要,对公务员进行分类分级培训。国家建立专门的公务员培训机构。机关根据需要也可以委托其他培训机构承担公务员培训任务。"第 67 条规定:"机关对新录用人员应当在试用期内进行初任培训;对晋升领导职务的公务员应当在任职前或者任职后

---

① 公务人员既为经政府特别选任的人员,便具有适于执行公务的资格条件。而现代一般国家的人事制度,就事务官方面均有建立永业制的共同趋势,这就使一般公务人员能够长久出任,以求熟悉业务提高效率。既然如此,则自反面言之,公务人员若本身并无过失,其职位即应受到保障,而不应遭受各种不利处分。此项制度是为公务人员的职位保障权亦称身份保障权。具体言之,是指公务人员任职后,在有关职位的帮助及公务人员关系终止等事项方面,依法应受到保障。参见张家洋:《行政法》,三民书局 1998 年版,第 473—474 页。

一年内进行任职培训;对从事专项工作的公务员应当进行专门业务培训;对全体公务员应当进行提高政治素质和工作能力、更新知识的在职培训,其中对专业技术类公务员应当进行专业技术培训。国家有计划地加强对优秀年轻公务员的培训。"以上规定进一步细化了公务员的深造权。

6. 辞职权。《公务员法》第 15 条第 7 项规定,公务员有权"申请辞职",是否选择承担行政公职是公务员的自由,但该权利实质为申请权,其权利行使附有一定条件。《公务员法》第85 条规定:"公务员辞去公职,应当向任免机关提出书面申请。任免机关应当自接到申请之日起三十日内予以审批,其中对领导成员辞去公职的申请,应当自接到申请之日起九十日内予以审批。"第 86 条规定:"公务员有下列情形之一的,不得辞去公职:(一)未满国家规定的最低服务年限的;(二)在涉及国家秘密等特殊职位任职或者离开上述职位不满国家规定的脱密期限的;(三)重要公务尚未处理完毕,且须由本人继续处理的;(四)正在接受审计、纪律审查、监察调查,或者涉嫌犯罪,司法程序尚未终结的;(五)法律、行政法规规定的其他不得辞去公职的情形。"该条明确了公务员辞职的禁止性条件。

第四节　公务员法对公务员考试录用的规定

一、公务员考试录用的概念

公务员考试录用即政府人事部门依法采取公开考试、严格考察、平等竞争、择优录取的办法,录用具有相应资格的人担任一级主任科员以下及其他相当职级层次公务员的人事制度。[①] 我国公务员考试录用的概念构成包括以下几个方面:

1. 公务员考试录用的管理部门是各级政府人事部门。《公务员法》第 24 条规定:"中央机关及其直属机构公务员的录用,由中央公务员主管部门负责组织。地方各级机关公务员的录用,由省级公务员主管部门负责组织,必要时省级公务员主管部门可以授权设区的市级公务员主管部门组织。"根据《公务员录用规定》第 9 条、第 10 条的规定,中央公务员主管部门负责全国公务员录用的综合管理工作,具体包括:拟定公务员录用法规;制定公务员录用的规章、政策;指导和监督地方各级机关公务员的录用工作;负责组织中央机关及其直属机构公务员的录用。省级公务员主管部门负责本辖区公务员录用的综合管理工作。

2. 只有一级主任科员以下及其他相当职级层次公务员适用考试的方式录用,具体包括一级主任科员、二级主任科员、三级主任科员、四级主任科员、一级科员、二级科员。

3. 公务员考试录用应依法开展,《公务员法》《公务员录用规定》对公务员报考资格、考试录用原则、方法和程序均作了明确规定。

---

① 参见张淑芳主编:《公务员法教程》(第三版),中国政法大学出版社 2022 年版,第 110 页。

二、我国公务员的考试制度

（一）公务员报考的资格条件

根据《公务员录用规定》第 18 条的规定,我国公务员的报考资格可概括为如下条件:(1)国籍条件,即报考者应具有中华人民共和国国籍;(2)行为能力资格,即报考者应符合 18 周岁以上,35 周岁以下的年龄要求,且具有正常履行职责的身体条件和心理素质;(3)品行要求,即拥护宪法,拥护中国共产党领导和社会主义制度,具有良好的政治素质和道德品行;(4)工作能力要求,即具有符合职位要求的工作能力;(5)文化程度资格,即具有大学专科以上文化程度;(6)特殊岗位资格要求,即报考行政机关中行政处罚决定审核、行政复议、行政裁决、法律顾问等职位的,应当取得法律职业资格。

此外,《公务员录用规定》第 19 条则对禁止报考公务员的资格要件作了规定:"下列人员不得报考公务员:(一)因犯罪受过刑事处罚的;(二)被开除中国共产党党籍的;(三)被开除公职的;(四)被依法列为失信联合惩戒对象的;(五)有法律规定不得录用为公务员的其他情形的。"

（二）公务员考试的程序

《公务员录用规定》在第五章对公务员考试作了专章规定。首先,在考试方法上,公务员录用考试采取笔试和面试等方式进行,考试内容根据公务员应当具备的基本能力和不同职位类别、不同层级机关分别设置,重点测查用习近平新时代中国特色社会主义思想指导分析和解决问题的能力。其次,对于考试科目,笔试包括公共科目和专业科目。公共科目由中央公务员主管部门统一确定。专业科目由省级以上公务员主管部门根据需要设置。最后,在特殊情形下,可简化程序或者采用其他测评办法:(1)不宜公开招考的;(2)需要专门测查有关专业技能水平的;(3)专业人才紧缺难以形成竞争的;(4)省级以上公务员主管部门规定的其他情形。

三、我国公务员考试录用制度

（一）公务员考试录用的原则

根据《公务员录用规定》第 3 条的规定,我国公务员的录用应坚持以下原则:(1)突出政治标准,坚持以马克思列宁主义、毛泽东思想、邓小平理论、"三个代表"重要思想、科学发展观、习近平新时代中国特色社会主义思想为指导,贯彻新时代中国共产党的组织路线和干部工作方针政策。(2)坚持党管干部。(3)坚持公开、平等、竞争、择优的选任方式。(4)坚持德才兼备、以德为先,五湖四海、任人唯贤的选人标准。(5)坚持事业为上、公道正派,人岗相适、人事相宜的岗位安排。(6)坚持依法依规办事。

（二）公务员考试录用的程序

根据《公务员法》《公务员录用规定》，我国公务员考试录用主要遵循以下程序：

1. 编制录用计划。《公务员法》第 27 条及《公务员录用规定》第 5 条规定："录用公务员，应当在规定的编制限额内，并有相应的职位空缺。"《公务员录用规定》第 14 条亦规定："招录机关根据队伍建设需要和职位要求，提出招考的职位、名额和报考资格条件，拟定录用计划。"其中，中央机关及其直属机构的录用计划，由中央公务员主管部门审定。省级机关及其直属机构的录用计划，由省级公务员主管部门审定。设区的市级以下机关录用计划的申报程序和审批权限，由省级公务员主管部门规定。

2. 发布招考公告。招考公告应当载明以下内容：（1）招录机关、招考职位、名额和报考资格条件；（2）报名方式方法、时间和地点；（3）报考需要提交的申请材料；（4）考试科目、时间和地点；（5）其他须知事项。

3. 对报考人员进行资格审查，主要围绕报考者的许可资格条件及禁止条件展开。

4. 对资格审查合格者进行公开考试，包括笔试与面试。

5. 对考试合格者进行体检。根据报考者考试成绩由高到低的顺序确定体检人选，并进行体检。体检的项目和标准根据职位要求确定，具体办法由中央公务员主管部门会同国务院卫生健康行政部门规定。招录机关或者报考者对体检结果有疑问的，可以按照规定提出复检。复检只能进行一次。体检结果以复检结论为准。招录机关根据职位需要，经省级以上公务员主管部门批准，可以对报考者进行体能测评。体能测评的项目和标准根据职位要求确定，具体办法由中央公务员主管部门规定。此外，招录机关根据职位需要，经省级以上公务员主管部门批准，可以对报考者有关心理素质进行测评，测评结果作为择优确定拟录用人员的重要参考。

6. 报考资格复审和考察。报考资格复审主要核实报考者是否符合规定的报考资格条件，确认其报名时提交的信息和材料是否真实、准确、完整。考察工作突出政治标准，重点考察人选是否符合增强"四个意识"、坚定"四个自信"、做到"两个维护"，热爱中国共产党、热爱祖国、热爱人民等政治要求。考察内容主要包括人选的政治素质、道德品行、能力素质、心理素质、学习和工作表现、遵纪守法、廉洁自律、职位匹配度以及是否需要回避等方面的情况。

7. 确定拟录用人员并向社会公示。招录机关根据考试成绩、考察情况和体检结果，提出拟录用人员名单，并予以公示。公示期不少于 5 个工作日。公示期满，中央一级招录机关应当将拟录用人员名单报中央公务员主管部门备案；地方各级招录机关应当将拟录用人员名单报省级或者设区的市级公务员主管部门审批。

8. 试用与录用。新录用的公务员试用期为一年，自报到之日起计算。试用期内，由招录机关对新录用的公务员进行考核，并按照规定进行初任培训。新录用公务员试用期满考核合格的，招录机关应当按照有关规定予以任职定级。考核不合格的，取消录用。

（三）公务员的录用监督

1. 录用的事前监督。如《公务员法》第 74 条规定："公务员之间有夫妻关系、直系血亲关系、三代以内旁系血亲关系以及近姻亲关系的,不得在同一机关双方直接隶属于同一领导人员的职位或者有直接上下级领导关系的职位工作,也不得在其中一方担任领导职务的机关从事组织、人事、纪检、监察、审计和财务工作。公务员不得在其配偶、子女及其配偶经营的企业、营利性组织的行业监管或者主管部门担任领导成员。因地域或者工作性质特殊,需要变通执行任职回避的,由省级以上公务员主管部门规定。”

2. 录用的事后监督。如《公务员录用规定》第45条规定:“有下列情形之一的,由省级以上公务员主管部门或者设区的市级公务员主管部门,视情况分别予以责令纠正或者宣布无效;对负有责任的领导人员和直接责任人员,根据情节轻重,给予批评教育、责令检查、诫勉、组织调整或者组织处理;涉嫌违纪违法需要追究责任的,依规依纪依法予以处分;涉嫌犯罪的,移送有关国家机关依法处理:(一)不按照规定的编制限额和职位要求进行录用的;(二)不按照规定的任职资格条件和程序录用的;(三)未经授权,擅自出台、变更录用政策,造成不良影响的;(四)录用工作中徇私舞弊,情节严重的;(五)发生泄露试题、违反考场纪律以及其他严重影响公开、公正行为的。”第46条规定:“从事录用工作的人员有下列情形之一的,由公务员主管部门或者所在单位,根据情节轻重,给予批评教育、责令检查、诫勉、组织调整或者组织处理;涉嫌违纪违法需要追究责任的,依规依纪依法予以处分;涉嫌犯罪的,移送有关国家机关依法处理:(一)泄露试题和其他录用秘密信息的;(二)利用工作便利,伪造考试成绩或者其他录用工作有关资料的;(三)利用工作便利,协助报考者考试作弊的;(四)因工作失职,导致录用工作重新进行的;(五)违反录用工作纪律的其他行为。”

第五节 公务员法对公务员管理制度的规定

一、公务员管理制度的法律界定

公务员管理制度,是指对公务员实施管理的法律制度的总称。公务员管理制度应当具有如下法律属性:

1. 公务员管理制度是一种法律制度。我国《公务员法》第12条规定:“中央公务员主管部门负责全国公务员的综合管理工作。县级以上地方各级公务员主管部门负责本辖区内公务员的综合管理工作。上级公务员主管部门指导下级公务员主管部门的公务员管理工作。各级公务员主管部门指导同级各机关的公务员管理工作。”该条明确了公务员管理的实施归属于政府行政系统。从公务员管理制度的实质来看,其应当是一项法律制度:一方面,公务员管理制度依法设定;另一方面,公务管理制度的实施依据严格的法律程序为之。①

2. 公务员管理制度是对公务员实施管理的制度。规范公务员的法律规范是体制行政法的构成部分之一,管理制度是公务员诸多规范制度中的一种,其目的和功能在于对公务员

---

① 例如,《日本外务公务法》第1条规定:“本法律的目的在于,根据外务公务员的职务和责任的特殊性,规定有关外务公务员的期务职阶制、任免、薪俸、效率、保护、工作等国家公务员法的特例和其他必要事项,并对名誉总领事、名誉领事以及外务省工作的外国人的任用作出规定。”外务公务员的整个管理过程必须依据该法规定的程序为之。参见萧榕主编:《世界著名法典选编(行政法篇)》,中国民主法制出版社1997年版,第182—201页。

进行管理。公务员职位的分类和公务员的考试录用是公务管理制度的两项前期制度,而公务员管理制度设计好后就必须确定公务员的权利与义务,这是公务员与国家得以联结的根本所在。公务员职务关系的变化虽是以管理手段为之的,但公务员的职务变迁制度所关注的是公务员的职务本身,而非公务员在任职期间的状况。公务员管理制度的实质是对公务员担任公职期间行为状态的调控,如通过公共福利制度调控公务员的经济行为,通过奖惩调整公务员的职权行使行为。

3. 公务员管理制度是对公务员管理手段的统称。公务员管理是一个范畴概念,各国公务员法一般未使用公务员管理的概念,仅使用"管理机构"这一概念。[①] 我国的公务员法规定的也是公务的管理机构,公务的管理制度则分散在如奖惩、考核、培训等具体的管理手段中,若干管理公务员的具体手段可通称为公务员的管理制度。公务员法将公务员的各项管理制度分而规定,同时针对每一种管理手段制定了相应的政府规章,如《公务员奖励规定》等。

4. 公务员管理制度是内部管理制度。公务员的管理分为部内制、部外制和折中制三种。部内制是指在中央和地方各级各类行政部门的内部设置人事管理机构,各项人事行政工作均由各部门自行负责,瑞士等国采取的便是这样的管理体制。部外制是指将公务员的管理机制设在行政系统之外,管理机构不受行政部门的领导和干预。[②] 折中制是指在政府行政系统之外设立独立的公务员管理机构专掌公务的考选事宜,而考选以外的其他人事工作则由政府各部门自己掌管。[③] 英国是采用折中制的国家。但不论何种类型的管理体制,其本质上都是内部管理机制,是行政系统内部的管理,而非行政系统对社会事务的管理。

》》二、我国公务员法对公务员考核制度的规定

(一)公务员考核的概念

公务员考核是指国家行政机关按照规定的权限、标准和程序,对非领导成员公务员的政治素质、履职能力、工作实绩、作风表现等所进行的了解、核实和评价。公务员考核有下列特征:

1. 公务员考核以规范化的行政责任制为基础。此即用法律手段明确规定每个职位的工作性质、职责范围,以便实现各司其职、人尽其能的一种责任制度。公务员的行政责任制要求公务员的行政职位统一化、标准化、定量化。统一化要求同一性质的职位,不论何种地域和部门,其职务和责任都应当相同。标准化是指每一职位的具体工作都要加以严格规范,做到职称与职务相称、权利和责任相称。定量化则是指每一职位的职务、权利、责任、奖励都尽可能实现量化说明。在建立了行政责任制的国家,行政责任制的内容包括职称、职号、工

---

① 如法国公务员法规定了法国公务员的管理机构为立法机关,"议会通过立法和公务员总章程,原则上规定了从中央到地方公务员的权利和义务等,为公务员的管理提供了根本的法律依据。再是议会根据其对各部门工作的了解及其人员需求数量,按部表决定通过年度财政预算,确定预算增长幅度,决定各部经费来源"。参见中华人民共和国国际交流与合作司编:《外国公务员制度》,中国人事出版社 1995 年版,第 188 页。

② 如美国文官法规定设立文官委员会,作为联邦最高公务员的管理机关。

③ 参见金伟峰:《国家公务员比较研究》,杭州大学出版社 1994 年版,第 31 页。

作项目、权利、责任、资格等。责任制的各项技术指标为公务员的考核提供了标准。

2. 考核的目的在于及时把握公务员的任职情况。通过考核考察和评价公务员的任职状况,使公务员管理部门能够在总体上把握公务员任职的状况,进而把握每个行政职位的状况。

3. 公务员考核是对公务员的一种规范化管理。公务员的考核针对全体公务员,每个公务员在担任公职期间都有义务接受行政机关的考核。公务员的考核有固定的周期,平时考核虽不受具体时间的限制,但同样有较强的针对性。

（二）考核的内容

《公务员法》第35条规定:"公务员的考核应当按照管理权限,全面考核公务员的德、能、勤、绩、廉,重点考核政治素质和工作实绩。考核指标根据不同职位类别、不同层级机关分别设置。"据此,结合《公务员考核规定》第4条的规定,公务员考核的内容包括:(1)德,是指思想政治素质及个人品德、职业道德、社会公德等方面的表现。(2)能,是指履行职责的业务素质和能力。(3)勤,是指责任心、工作态度、工作作风等方面的表现。(4)绩,即公务员工作的实绩,是指完成工作的数量、质量、效率和所产生的效益。(5)廉,是指廉洁自律等方面的表现。

（三）考核的方法和程序

根据《公务员法》第36条的规定,我国公务员的考核分为平时考核、专项考核和定期考核三种,采用领导与群众相结合的考核方式,即将群众评议和领导确定等级结合起来。

平时考核是对公务员日常工作和一贯表现所进行的经常性考核,一般按照个人小结、审核评鉴、结果反馈等程序进行。专项考核是对公务员完成重要专项工作,承担急难险重任务和关键时刻的政治表现、担当精神、作用发挥、实际成效等情况所进行的针对性考核,可以按照了解核实、综合研判、结果反馈等程序进行,或者结合推进专项工作灵活安排。定期考核采取年度考核的方式,是对公务员一个自然年度内总体表现所进行的综合性考核,在每年年末或者翌年年初进行。根据《公务员考核规定》第14条的规定,年度考核依照总结述职、民主测评、了解核实、审核评鉴、确定等次等程序进行。

（四）考核的分等及结果

根据《公务员法》第38条、第39条的规定,定期考核的结果分为优秀、称职、基本称职和不称职四个等次。定期考核的结果应当以书面形式通知公务员本人。定期考核的结果作为调整公务员职位、职务、职级、级别、工资以及公务员奖励、培训、辞退的依据。

（五）考核机构

根据《公务员法》和《公务员考核规定》,公务员考核由其所在机关组织实施。党委（党组)承担考核工作主体责任,组织(人事)部门承担具体工作责任。机关在年度考核时可以设立考核委员会,由本机关领导成员、组织(人事)部门、纪检监察机关及其他有关部门人员和公务员代表组成。

三、我国公务员法对公务员奖励制度的规定

(一)公务员奖励的概念

公务员奖励,是指国家行政机关依据有关法规和公务员任职的表现,对政治素质过硬,工作表现突出,有显著成绩和贡献,或者有其他突出事迹的公务员、公务员集体,给予物质或精神上的奖励。奖励坚持定期奖励与及时奖励相结合,精神奖励与物质奖励相结合、以精神奖励为主的原则。

公务员奖励的目的在于调动公务员工作的积极性。受到奖励的公务员及其行为为社会带来了良好的利益,得到了社会的良好评价。

(二)公务员奖励的法定条件

根据《公务员法》第52条和《公务员奖励规定》第5条,符合下列法定条件的公务员应当予以奖励:第一,忠于职守,积极工作,勇于担当,工作实绩显著的;第二,遵守纪律,廉洁奉公,作风正派,办事公道,模范作用突出的;第三,在工作中有发明创造或者提出合理化建议,取得显著经济效益或者社会效益的;第四,为增进民族团结、维护社会稳定做出突出贡献的;第五,爱护公共财产,节约国家资财有突出成绩的;第六,防止或者消除事故有功,使国家和人民群众利益免受或者减少损失的;第七,在抢险、救灾等特定环境中做出突出贡献的;第八,同违法违纪行为作斗争有功绩的;第九,在对外交往中为国家争得荣誉和利益的;第十,有其他突出功绩的。

(三)公务员奖励的等次和批准权限

根据《公务员奖励规定》第7条,给予公务员、公务员集体的奖励,经同级公务员主管部门或者市(地)级以上机关干部人事部门审核后,按照下列权限审批:

1. 授予荣誉称号。由省级以上党委和政府批准。

2. 记一等功。由省级党委和政府或者中央和国家机关批准。经省委同意,副省级城市党委和政府可以对本地区公务员、公务员集体给予记一等功奖励。

3. 记二等功。由市(地)级以上党委和政府或者省级以上机关批准。

4. 嘉奖、记三等功。由县级以上党委和政府或者市(地)级以上机关批准。

对下级单位实行垂直管理或者实行双重领导并以上级单位领导为主的机关,可以按照奖励权限,对本系统公务员、公务员集体给予奖励。市(地)级以上机关可以按照奖励权限,对本系统公务员、公务员集体开展及时奖励。由市(地)级以上机关审批的奖励,应当事先将奖励实施方案报同级公务员主管部门审核。

（四）公务员奖励的程序

根据《公务员奖励规定》第 8 条，给予公务员、公务员集体奖励，一般按下列程序进行：

1. 公务员、公务员集体做出显著成绩和贡献需要奖励的，由所在机关（部门）在征求群众意见的基础上，提出奖励建议。

2. 按照规定的奖励审批权限上报。

3. 审核机关（部门）审核后，在一定范围内公示不少于 5 个工作日。如涉及国家秘密不宜公示的，按照有关规定不予公示。

4. 审批机关批准，并予以公布。

《公务员奖励审批表》存入公务员本人干部人事档案；《公务员集体奖励审批表》存入获奖集体所在机关文书档案。开展及时奖励可以适当简化程序，必要时由审批机关直接确定奖励对象。

（五）公务员奖励的监督

根据《公务员奖励规定》第 19 条、第 20 条，公务员、公务员集体因涉嫌违纪违法正在接受组织调查的，暂停实施奖励。具有下列情形之一的，应当撤销奖励：（1）弄虚作假，骗取奖励的；（2）申报奖励时隐瞒严重错误或者严重违反规定程序的；（3）有严重违纪违法等行为，影响称号声誉的；（4）有法律、法规规定应当撤销奖励的其他情形的。撤销奖励，由原申报机关按程序报审批机关批准，由审批机关作出撤销决定，并在一定范围内通报。必要时，审批机关可以直接撤销奖励。

四、我国公务员法对公务员惩处制度的规定

（一）公务员惩处的概念

公务员惩处即政务处分，是指公务员违反公务员管理的法律规范，由有权的机关对责任人员予以追责的制度。公务员惩处有刑事惩处和行政惩处两类。根据《公务员法》第 57 条，机关应当对公务员的思想政治、履行职责、作风表现、遵纪守法等情况进行监督，开展勤政廉政教育，建立日常管理监督制度。对公务员监督发现问题的，应当区分不同情况，予以谈话提醒、批评教育、责令检查、诫勉、组织调整、处分。对公务员涉嫌职务违法和职务犯罪的，应当依法移送监察机关处理。

（二）公务员惩处的法定情形

《公务员法》第 59 条规定了公务员惩处的法定情形，具体包括：（1）散布有损宪法权威、中国共产党和国家声誉的言论，组织或者参加旨在反对宪法、中国共产党领导和国家的集会、游行、示威等活动；（2）组织或者参加非法组织，组织或者参加罢工；（3）挑拨、破坏民族

关系,参加民族分裂活动或者组织、利用宗教活动破坏民族团结和社会稳定;(4)不担当,不作为,玩忽职守,贻误工作;(5)拒绝执行上级依法作出的决定和命令;(6)对批评、申诉、控告、检举进行压制或者打击报复;(7)弄虚作假,误导、欺骗领导和公众;(8)贪污贿赂,利用职务之便为自己或者他人谋取私利;(9)违反财经纪律,浪费国家资财;(10)滥用职权,侵害公民、法人或者其他组织的合法权益;(11)泄露国家秘密或者工作秘密;(12)在对外交往中损害国家荣誉和利益;(13)参与或者支持色情、吸毒、赌博、迷信等活动;(14)违反职业道德、社会公德和家庭美德;(15)违反有关规定参与禁止的网络传播行为或者网络活动;(16)违反有关规定从事或者参与营利性活动,在企业或者其他营利性组织中兼任职务;(17)旷工或者因公外出、请假期满无正当理由逾期不归;(18)违纪违法的其他行为。

从实质上分析,公务员应受惩处的行为应具备下列实质要件:(1)行为人主观上具有不良动机,具有违反公务员职务的心理状态;(2)行为者的行为具有违法性,违反了有关的实体法和程序法;(3)行为本身对国家、社会或者行政相对人造成了侵害;(4)行为的社会危害性既被社会普遍承认,又通过法定程序得到确认。

(三)公务员惩处的种类及期限

根据《公务员法》第62、64条及《公职人员政务处分法》第7、8条,公务员惩处的种类包括警告、记过、记大过、降级、撤职、开除。惩处的期限为:警告,6个月;记过,12个月;记大过,18个月;降级、撤职,24个月。

(四)我国公务员惩处的免责情形

1. 责任转移情形。《公务员法》第60条规定:公务员执行公务时,认为上级的决定或者命令有错误的,可以向上级提出改正或者撤销该决定或者命令的意见;上级不改变该决定或者命令,或者要求立即执行的,公务员应当执行该决定或者命令,执行的后果由上级负责,公务员不承担责任;但是,公务员执行明显违法的决定或者命令的,应当依法承担相应的责任。

2. 免予处分情形。《公务员法》第61条规定:公务员因违纪违法应当承担纪律责任的,依照本法给予处分或者由监察机关依法给予政务处分;违纪违法行为情节轻微,经批评教育后改正的,可以免予处分。对同一违纪违法行为,监察机关已经作出政务处分决定的,公务员所在机关不再给予处分。

▶▶ 五、我国公务员法对公务员培训制度的规定

(一)公务员培训的概念

公务员培训是指国家行政机关为了提高公务员的政治素质和业务能力,依法对公务员采取的有组织、有计划的培养和训练。公务员培训是对公务员实施的第二教育;公务员培训的目标定向专一,主要解决公务员的任职问题,培训的内容要紧密联系公务员工作的实际;培训的形式要灵活多样。

（二）公务员培训的类型

根据《公务员法》第 67 条及《公务员培训规定》第 13 条至第 17 条,公务员培训主要分为初任培训、任职培训、专门业务培训和在职培训等。

1. 初任培训,是对新录用公务员在试用期内进行的培训,重点提高其思想政治素质和依法依规办事等适应机关工作的能力,由公务员主管部门统一组织,主要采取公务员主管部门统一举办初任培训班和公务员所在机关结合实际开展入职培训的形式进行。专业性较强的机关按照公务员主管部门的统一要求,可自行组织初任培训。

2. 任职培训,是按照新任职务的要求,对晋升领导职务的公务员进行的培训,重点提高其胜任职务的政治能力和领导能力。任职培训应当在公务员任职前或者任职后一年内进行。

3. 专门业务培训,是根据公务员从事专项工作需要进行的专业知识和技能培训,重点提高公务员的业务工作能力。专门业务培训的时间和要求由公务员所在机关根据需要确定。

4. 在职培训,是对全体公务员进行的以提高政治素质和工作能力、更新知识为目的的培训。在职培训重点增强公务员素质能力培养的系统性、持续性、针对性、有效性,时间和要求由各级公务员主管部门和公务员所在机关根据需要确定。

（三）公务员培训的内容

根据《公务员培训规定》第 10 条至第 12 条,公务员培训内容可分为宏观、中观、微观三个层面。

在宏观层面,对公务员的培训应突出政治素质,把深入学习贯彻习近平新时代中国特色社会主义思想作为公务员培训的重中之重,持续加强党的理论和路线方针政策、理想信念教育,强化党史、新中国史、改革开放史学习,引导公务员增强“四个意识”、坚定“四个自信”、做到“两个维护”,自觉在思想上政治上行动上同以习近平同志为核心的党中央保持高度一致。

在中观层面,应围绕中心,服务大局,培养公务员专业能力、专业精神,提高制度执行力和治理能力。加强形势任务教育,紧扣统筹推进“五位一体”总体布局和协调推进“四个全面”战略布局、贯彻落实新发展理念、深化供给侧结构性改革、实施七大战略、打赢三大攻坚战等党中央重大决策部署。根据岗位特点和工作要求,有针对性地开展履行岗位职责所必备的能力素质、知识体系培训和廉政警示、职业道德教育,引导公务员强化宗旨意识,发扬斗争精神,勇于担当作为,不断提高用习近平新时代中国特色社会主义思想指导分析和解决问题、适应新时代中国特色社会主义发展要求的能力。

在微观层面,应在公务员培训中推进分类分级培训,加强培训需求调研。其中,综合管理类公务员,强化公共管理和公共服务等培训。专业技术类公务员,强化专业知识和专业技能等培训。行政执法类公务员,强化法律法规和执法技能等培训。领导机关公务员,强化政策制定、调查研究等能力培训。基层公务员,强化社会治理、联系服务群众等能力培训。

（四）公务员培训的管理

根据《公务员培训规定》，公务员应当服从组织调训，遵守培训的规章制度，完成规定的培训任务。培训经考核合格后，获得相应的培训结业证书。公务员参加培训期间违反培训有关规定和纪律的，视情节轻重，给予批评教育、责令检查、诫勉、组织调整或者组织处理、处分。弄虚作假获取培训经历、学历或者学位的，按照有关规定严肃处理。公务员按规定参加组织选派的脱产培训期间，其工资和各项福利待遇与在岗人员相同，一般不承担所在机关的日常工作、出国（境）考察等任务。因特殊情况确需请假的，必须严格履行手续。

没有参加初任培训或者初任培训考核不合格的新录用公务员，不能任职定级。没有参加任职培训或者任职培训考核不合格的公务员，应当根据不同情况，按有关规定处理。专门业务培训考核不合格的公务员，不得从事专门业务工作。公务员因故未按规定参加培训或者未达到培训要求的，应当及时补训。无正当理由不参加培训的公务员，根据情节轻重，给予批评教育、责令检查、诫勉、组织调整或者组织处理、处分。培训考核不合格的，年度考核不得确定为优秀等次。

六、我国公务员法对公务员工资待遇的规定

（一）公务员工资的概念

公务员工资是对公务员进行个人消费品分配的一种形式，是为了满足公务员必备的物质生活需要，为其安心工作提供的物质保障。我国公务员工资的确定以按劳分配、责酬相符为原则，体现工作职责、工作能力、工作实绩、资历等因素，保持不同领导职务、职级、级别之间的合理工资差距。工资对公务员履行职责而言具有保障、激励和调节作用。

（二）公务员工资的构成

根据《公务员法》第80条，公务员工资包括基本工资、津贴、补贴和奖金。公务员按照国家规定享受地区附加津贴、艰苦边远地区津贴、岗位津贴等。公务员按照国家规定享受住房、医疗等补贴、补助。公务员在定期考核中被确定为优秀、称职的，按照国家规定享受年终奖金。公务员工资应当按时足额发放。

（三）公务员的正常增资制度

正常增资制度是指有计划地增长、提高公务员工资水平的制度，是保障公务员工资制度正常运转的有效手段。根据《公务员考核规定》，正常增资有下列途径：

1. 正常晋升职务工资档次。公务员连续2年考核为称职以上的，可在本职务工资标准内晋升一个工资档次，考核不称职者不予晋升。

2. 晋升职务工资和级别工资。公务员职务晋升后，按新任职务的工资标准确定工资。

晋升级别的公务员均可相应增加级别工资。在原级别工作期间连续 5 年考核称职或连续 5 年考核优秀的可在本职务对应的级别内晋升一个级别。副部级以上公务员,任职超过 5 年的,在本职务对应级别内晋升一个级别。级别达到本职务最高级别后,不再晋升。

(四)奖金与津贴制度

根据《公务员考核规定》,对年度考核为称职以上的公务员,年终发放一次性奖金,奖金金额按本人当年 12 月的基本工资计发。公务员的津贴分为两种:一种是地区津贴,一般而言生活条件差的地区、重点地区、物价指数高的地区,地区津贴相对高些。另一种是岗位津贴,在苦、脏、累、险等特殊岗位工作的公务员岗位津贴相对高些。

(五)福利与保险制度

根据《公务员法》第 82、83 条,公务员按照国家规定享受福利待遇。国家根据经济社会发展水平提高公务员的福利待遇。公务员执行国家规定的工时制度,按照国家规定享受休假。公务员在法定工作日之外加班的,应当给予相应的补休,不能补休的按照国家规定给予补助。公务员依法参加社会保险,按照国家规定享受保险待遇,包括养老保险、工伤保险、失业保险等。公务员因公牺牲或者病故的,其亲属享受国家规定的抚恤和优待。

第六节 公务员法对公务员职务、职级变迁的规定

▶▶ 一、公务员职务、职级变迁的界定

公务员职务、职级变迁是指公务员任职以后职务、职级发生变化的诸种客观情形。公务员的管理是对任职以后的公务员采取的各种相对静态的职权监管措施,而公务员职务、职级的变化则是相对动态的措施。公务员的管理更侧重于公务员个人,公务员职务、职级变迁的侧重点则在公务员的行政职位上。

▶▶ 二、我国公务员职务、职级任免

(一)公务员职务、职级任免的概念

公务员职务、职级任免包括任职和免职两个方面,指任免机关根据有关法律规范,在其任免权限内依法定程序任命公务员担任一定职务或免去一定职务、职级的法律行为。根据《公务员法》第 40 条,公务员领导职务实行选任制、委任制和聘任制。公务员职级实行委任制和聘任制。领导成员职务按照国家规定实行任期制。

（二）公务员职务、职级任免的法律要件

根据《公务员职务任免与职务升降规定（试行）》第9、14条，公务员任职的法定情形包括：（1）新录用公务员试用期满经考核合格的；（2）通过调任、公开选拔等方式进入公务员队伍的；（3）晋升或者降低职务的；（4）转任、挂职锻炼的；（5）免职后需要新任职务的；（6）其他原因需要任职的。免职的法定情形包括：（1）晋升职务后需要免去原任职务的；（2）降低职务的；（3）转任的；（4）辞职或者调出机关的；（5）非组织选派，离职学习期限超过1年的；（6）退休的；（7）其他原因需要免职的。

（三）公务员任免机关及权限

1. 各级政府组成人员，由同级人大及其常委会以不同方式任免。全国人大根据国家主席的提名，决定国务院总理的人选；根据国务院总理的提名，决定国务院副总理、国务委员、各部部长、各委员会主任、审计长、秘书长的人选。全国人大常委会在全国人大闭会期间，根据国务院总理的提名，决定国务院各部部长、各委员会主任、审计长、秘书长的人选。全国人大有权罢免国务院总理、副总理、国务委员、各部部长、各委员会主任、审计长、秘书长。国家主席根据全国人大及常委会的决定，任免国务院总理、副总理、国务委员、各部部长、各委员会主任、审计长、秘书长。此外，全国人大常委会还决定驻外全权代表的任免。

地方各级人大分别选举并且有权罢免本级人民政府的省长和副省长、自治区主席和副主席、市长和副市长、州长和副州长、县长和副县长、区长和副区长、乡长和副乡长、镇长和副镇长。县级以上地方各级人大常委会在本级人大闭会期间，决定副省长、自治区副主席、副市长、副州长、副县长、副区长的个别任免；根据省长、自治区主席、市长、州长、县长、区长的提名，决定本级人民政府秘书长、厅长、局长、主任科长的任免，报上一级人民政府备案。

2. 各级人民政府组成人员以外的公务员原则上由各级人民政府任免。

（1）国务院任免各部、委员会的副部长、副主任，各直属机构、办事机构的局长、副局长、主任、副主任，中华人民共和国常驻联合国副代表、驻联合国有关常设机构及部分国际组织的代表、副代表，驻外总领事及相当职务。

（2）省、自治区、直辖市人民政府任免各厅、局、委员会的副厅长、副局长、副主任，各直属机构、办事机构的局长、副局长、主任、副主任，各行政公署的专员、副专员，巡视员、助理巡视员及相当职务。

（3）自治州、设区的市人民政府任免各局、委员会的副局长、副主任，各直属机构、办事机构的局长、副局长、主任、副主任，调研员、助理调研员及相当职务。

（4）县、不设区的市、市辖区人民政府任免各委、办、局（科）的副主任、副局（科）长，主任科员、副主任科员及相当职务和乡、镇人民政府所属机构的国家公务员职务。

（5）县级以上各级人民政府需要任免的其他国家公务员职务。

三、我国公务员的交流调配

（一）公务员交流调配制度的概念

公务员交流调配制度是指国家行政机关根据工作需要或者公务员个人的愿望，通过法定形式交换公务员工作职位的一种法律行为。交流调配制度具有法定性，《公务员法》第69条规定，公务员可以在公务员和参照该法管理的工作人员队伍内部交流，也可以与国有企业和不参照该法管理的事业单位中从事公务的人员交流。交流的方式包括调任、转任。

（二）调任

调任是指国有企业、高等院校和科研院所以及其他不参照《公务员法》管理的事业单位中从事公务的人员，调入国家行政机关担任领导职务或四级调研员以上及其他相当层次的职级。公务员调出国家行政机关是调任的另一种形式。调入公务员要按法定程序为之：一是必须对调入的人员进行严格考核，确认其是否具有任职资格；二是对考核合格的人员安排任职前的培训。

（三）转任

转任是指公务员因工作需要或者基于其他正当理由在国家行政机关进行的平级调动。转任的原因既可能是工作需要，又可能是公务员个人自身的原因。根据《公务员法》第71条，公务员在不同职位之间转任应当具备拟任职位所要求的资格条件，在规定的编制限额和职数内进行。对省部级正职以下的领导成员应当有计划、有重点地实行跨地区、跨部门转任。对担任机关内设机构领导职务和其他工作性质特殊的公务员，应当有计划地在本机关内转任。上级机关应当注重从基层机关公开遴选公务员。

（四）挂职锻炼

挂职锻炼是指国家行政机关有计划选派公务员在一定时间内到基层机关或者企事业单位担任一定职务，以积累其工作经验。根据《公务员法》第72条，根据工作需要，机关可以采取挂职方式选派公务员承担重大工程、重大项目、重点任务或者其他专项工作。公务员在挂职期间，不改变与原机关的人事关系。

四、我国公务员的职务、职级升降

（一）职务、职级晋升

1. 领导职务的晋升。公务员晋升领导职务，应当具备拟任职务所要求的政治素质、工作能力、文化程度和任职经历等方面的条件和资格。公务员领导职务应当逐级晋升。特别优秀的或者工作特殊需要的,可以按照规定破格或者越级晋升。公务员晋升领导职务,按照下列程序办理:(1)动议;(2)民主推荐;(3)确定考察对象,组织考察;(4)按照管理权限讨论决定;(5)履行任职手续。

厅局级正职以下领导职务出现空缺且本机关没有合适人选的,可以通过适当方式面向社会选拔任职人选。公务员晋升领导职务的,应当按照有关规定实行任职前公示制度和任职试用期制度。

2. 职级的晋升。公务员职级应当逐级晋升,根据个人德才表现、工作实绩和任职资历,参考民主推荐或者民主测评结果确定人选,经公示后,按照管理权限审批。

（二）降职

根据《公务员法》第50条,公务员的职务、职级实行能上能下。对不适宜或者不胜任现任职务、职级的,应当进行调整。公务员在年度考核中被确定为不称职的,按照规定程序降低一个职务或者职级层次任职。

根据《公务员职务任免与职务升降规定(试行)》第25条至第29条,公务员在定期考核中被确定为不称职的,应予降职。公务员降职,一般降低一个职务层次。公务员降职,按照下列程序进行:(1)提出降职建议;(2)对降职事由进行审核并听取拟降职人的意见;(3)按照干部管理权限集体讨论决定;(4)按照规定办理降职手续。

公务员被降职的,其级别超过新任职务对应的最高级别的,应当同时降至新任职务对应的最高级别。降职的公务员,在新的职位工作1年以上,德才表现和工作实绩突出,经考察符合晋升职务条件的,可晋升职务。其中,降职时降低级别的,其级别按照规定晋升;降职时未降低级别的,晋升到降职前职务层次的职务时,其级别不随职务晋升。

》》 五、我国公务员的回避

公务员回避,是指机关依照法律法规规定,对公务员在有关职位担任领导职务或者职级、执行公务等作出限制或者调整。我国公务员回避包括任职回避、地域回避和公务回避。

1. 任职回避。这是指公务员担任行政职务时要避开的亲属关系和地域关系等。根据《公务员回避规定》第5条,公务员凡有下列亲属关系的,不得在同一机关双方直接隶属于同一领导人员的职位或者有直接上下级领导关系的职位工作,也不得在其中一方担任领导职务的机关从事组织、人事、纪检、监察、审计和财务工作:(1)夫妻关系;(2)直系血亲关系,包括祖父母、外祖父母、父母、子女、孙子女、外孙子女;(3)三代以内旁系血亲关系,包括伯叔姑舅姨、兄弟姐妹、堂兄弟姐妹、表兄弟姐妹、侄子女、甥子女;(4)近姻亲关系,包括配偶的父母、配偶的兄弟姐妹及其配偶、子女的配偶及子女配偶的父母、三代以内旁系血亲的配偶。其中亲属关系,包括法律规定的拟制血亲关系。直接隶属指的是具有直接上下级领导关系;同一领导人员,包括同一级领导班子成员;直接上下级领导关系,包括上一级正副职与下一级正副职之间的领导关系。

任职回避的程序为:(1)公务员本人提出回避申请或者所在机关提出回避建议。(2)组织人事部门按照管理权限进行审核,并提出回避意见报任免机关。在报任免机关决定前,应当听取公务员本人及相关人员的意见。(3)任免机关作出决定。需要回避的,原则上在组织人事部门提出回避意见之日起 30 日内予以调整。一般由领导职务层次较低或者不担任领导职务的一方回避;领导职务层次相同或者均不担任领导职务的,根据工作需要和实际情况决定其中一方回避。特殊情况下,任免机关可以直接作出回避决定。

2. 地域回避。根据《公务员回避规定》第 11 条的规定,公务员担任乡(镇)党委和政府主要领导职务的,应当实行地域回避;公务员不得在本人成长地担任县(市)党委和政府主要领导职务,一般不得在本人成长地担任市(地、盟)党委和政府主要领导职务。公务员不得在本人成长地担任县(市)纪委监委、组织部门、法院、检察院、公安部门主要领导职务,一般不得在本人成长地担任市(地、盟)纪委监委、组织部门、法院、检察院、公安部门主要领导职务。民族自治地方的少数民族领导干部的地域回避按照有关法律规定并结合本地实际执行。

3. 公务回避。这是指公务员从事公务活动中的回避。根据《公务员回避规定》第 13 条,下列公务活动属于公务回避的范围:(1)考试录用、聘任、调任、领导职务与职级升降任免、考核、考察、奖惩、转任、出国(境)审批;(2)巡视、巡察、纪检、监察、审计、仲裁、案件侦办、审判、检察、信访举报处理;(3)税费稽征、项目和资金审批、招标采购、行政许可、行政处罚;(4)其他应当回避的公务活动。

公务员在执行上述活动时,有下列情形之一的,应当回避,不得参加有关调查、讨论、审核、决定等,也不得以任何方式施加影响:(1)涉及本人利害关系的;(2)涉及与本人有《公务员回避规定》第 5 条所列亲属关系人员的利害关系的;(3)其他可能影响公正执行公务的。公务员回避依下列程序:(1)公务员本人或者利害关系人及时提出回避申请,或者主管领导提出回避要求。(2)所在机关及时进行审查作出是否回避的决定,并告知申请人。(3)对需要回避的,由所在机关调整公务安排。特殊情况下,所在机关可以直接作出回避决定。

六、我国公务员的辞退

公务员辞退是指国家行政机关依照法律规定终止公务员职务关系的法律行为。根据《公务员法》第 88 条,公务员辞退的法定情形包括:(1)在年度考核中,连续两年被确定为不称职的;(2)不胜任现职工作,又不接受其他安排的;(3)因所在机关调整、撤销、合并或者缩减编制员额需要调整工作,本人拒绝合理安排的;(4)不履行公务员义务,不遵守法律和公务员纪律,经教育仍无转变,不适合继续在机关工作,又不宜给予开除处分的;(5)旷工或者因公外出、请假期满无正当理由逾期不归连续超过 15 天,或者一年内累计超过 30 天的。

当公务员有以下情形时则禁止被辞退:(1)因公致残,被确认丧失或者部分丧失工作能力的;(2)患病或者负伤,在规定的医疗期内的;(3)女性公务员在孕期、产假、哺乳期内的;(4)法律、行政法规规定的其他不得辞退的情形。

辞退公务员,按照管理权限决定。辞退决定应当以书面形式通知被辞退的公务员,并告知辞退依据和理由。被辞退的公务员,可以领取辞退费或者根据国家有关规定享受失业保险。公务员辞职或者被辞退,离职前应当办理公务交接手续,必要时按照规定接受审计。

七、我国公务员的辞职

公务员的辞职是指由公务员提出终止职务关系的法律行为。公务员辞职的程序为：(1)由公务员向任免机关提出书面申请；(2)任免机关应当自接到申请之日起在 30 日内予以审批；(3)其中对领导成员辞去公职的申请，应当自接到申请之日起 90 日内予以审批。审批期间申请人不得擅自离职。

公务员有下列情形之一的，不得辞去公职：(1)未满国家规定的最低服务年限的；(2)在涉及国家秘密等特殊职位任职或者离开上述职位不满国家规定的脱密期限的；(3)重要公务尚未处理完毕，且须由本人继续处理的；(4)正在接受审计、纪律审查，监察调查，或者涉嫌犯罪，司法程序尚未终结的；(5)法律、行政法规规定的其他不得辞去公职的情形。

担任领导职务的公务员，因工作变动依照法律规定需要辞去现任职务的，应当履行辞职手续。担任领导职务的公务员，因个人或者其他原因，可以自愿提出辞去领导职务。领导成员因工作严重失误、失职造成重大损失或者恶劣社会影响的，或者对重大事故负有领导责任的，应当引咎辞去领导职务。领导成员应当引咎辞职或者因其他原因不再适合担任现任领导职务，本人不提出辞职的，应当责令其辞去领导职务。

八、我国公务员的退休

公务员的退休指其达到一定年龄或者具备了一定服务年限等按照法律规定，退出公务员岗位的法律行为。公务员的退休分为正常退休和提前退休两种情况。根据《公务员法》第 93 条的规定，凡工作年限满 30 年的，或距国家规定的退休年龄不足 5 年，且工作年限满 20 年的，或符合国家规定的可以提前退休的其他情形的，由本人自愿提出申请，经任免机关批准，可以提前退休。公务员退休后，享受国家规定的养老金和其他待遇，国家为其生活和健康提供必要的服务和帮助，鼓励发挥个人专长，参与社会发展。

第七节　实 务 案 例

一、违反规定核定非领导职数案

〔案情摘要〕

K 市为 S 省管辖的地级市。按照 K 市建设局的"三定"规定，建设局内设 7 个职能科室和 1 个离退休人员工作科，正科级领导职数 8 名，副科级领导职数 6 名。按照 S 省关于非领导职数管理的规定，各级人事部门负责党政机关部门内设机构非领导职数的核定工作。

K 市人事局依法核定 K 市建设局主任科员职数为 4 名，副主任科员职数为 3 名。两年后，建设局开展了机关中层干部竞争上岗，有 3 名正科长、2 名副科长在竞争中落岗。随后，建设局向人事局提出申请，要求增加 3 名主任科员和 2 名副主任科员非领导职数，用于安置竞争落岗人员。市人事局公务员管理科科长 S 某认为建设局的要求不符合《综合管理类公务员非领导职务设置管理办法》的规定,建议不予办理。建设局长 Z 某得知后联系人事局长 Y 某,希望其通融办理。Y 某随即找来 S 某,要求他按照建设局的要求起草批复,送人事局分管非领导职数管理的副局长 X 某审核后报他签发。X 某也认为该行为不符合《综合管理类公务员非领导职务设置管理办法》,建议不予审批。但 Y 某坚持同意增加建设局非领导职数。几个月后,经 Y 某签批,人事局给建设局下达了增加 3 名主任科员和 2 名副主任科员非领导职数的批复。

〔**法理分析与评议**〕

根据《综合管理类公务员非领导职务设置管理办法》的规定,直辖市的区、副省级市的区、设区的市、自治州机关的主任科员和副主任科员职数,不得超过乡科级领导职务职数的50%。K 市人事局按照建设局“三定”规定的正科级领导职数 8 名和副科级领导职数 6 名,核定建设局内设机构主任科员 4 名、副主任科员 3 名,符合非领导职务设置管理的规定。但在建设局机关科级领导职数没有增加的情况下,人事局核定增加建设局 3 名主任科员和 2 名副主任科员非领导职数,违反了《综合管理类公务员非领导职务设置管理办法》的规定,引起了市级机关多家部门的不满,扰乱了非领导职数管理秩序,应按照《机构编制违纪行为适用〈中国共产党纪律处分条例〉若干问题的解释》(以下简称《解释》)第 5 条的规定追究有关责任人员的责任。

1. 本案中,Y 某作为人事局主要负责人,执意要求违规审批非领导职数,其为直接责任者,应承担直接主要责任。据此,在案件处理上,按照《解释》第 5 条“具有机构编制审批权的机关在履行机构编制管理职责时,有下列行为之一的,对有关责任人员,依照《中国共产党纪律处分条例》第一百二十七条的规定处理:……(三)违反规定核定……非领导职数的”和《中国共产党纪律处分条例》第 127 条有关“党和国家工作人员或者其他从事公务的人员,在工作中不履行或者不正确履行职责,给党、国家和人民利益以及公共财产造成较大损失的,给予警告或者严重警告处分”的规定,可给予 Y 某警告或者严重警告处分。

2. 本案中,S 某为承办人,X 某为审核人,尽管两人曾明确拒绝执行 Y 某的违法决定,但在 Y 某没有改变决定的情况下,仍执行了 Y 某明显违法的决定,根据《公务员法》第 60 条有关“公务员执行公务时,认为上级的决定或者命令有错误的,可以向上级提出改正或者撤销该决定或者命令的意见;上级不改变该决定或者命令,或者要求立即执行的,公务员应当执行该决定或者命令,执行的后果由上级负责,公务员不承担责任;但是,公务员执行明显违法的决定或者命令的,应当依法承担相应的责任”的规定,也应承担相应的责任。据此,在案件处理上,对于 S 某、X 某可采取非党纪处分的方式处理,对他们进行批评教育。此外,对于违规审批的非领导职数,应按照规定宣布批复无效。

〔**相关法律法规链接**〕

《中华人民共和国公务员法》

《综合管理类公务员非领导职务设置管理办法》①

《机构编制违纪行为适用〈中国共产党纪律处分条例〉若干问题的解释》

《中国共产党纪律处分条例》

---

① 现为《公务员职务与职级并行规定》。

二、试用期公务员的政务处分案

〔案情摘要〕

2021年6月,某国家机关在新录用公务员试用期满考核过程中发现,新录用公务员W某(中共党员)自2020年8月起一直违规担任某企业监事。该机关依据《中国共产党纪律处分条例》第94条第1款对违规从事营利活动行为的处分种类和幅度之规定,给予W某党内严重警告处分;但对于是否可以依据《公职人员政务处分法》有关规定给予其相应处分,以及是否延长其试用期,产生不同意见。

第一种意见认为:W某还未进行公务员登记,未形成公务员身份,不能依据《公职人员政务处分法》有关规定给予其相应处分,亦不宜以其受到党内严重警告处分为由,延长其试用期。

第二种意见认为:不能依据《公职人员政务处分法》有关规定给予W某相应处分,但可参照《新录用公务员试用期管理办法(试行)》第13条"受到记大过以下处分尚在处分期内的,试用期顺延至处分期满后考核"之规定,延长其试用期至党内严重警告处分影响期结束。

第三种意见认为:在仅给予W某党内严重警告处分的情况下,延长其试用期于法无据。该国家机关可以依据《公职人员政务处分法》有关规定给予W某相应处分,按照党纪处分和政务处分相匹配的原则,建议给予记大过处分。据此,延长其试用期至记大过处分期满比较妥当。

〔法理分析与评议〕

综合来看,第三种意见的处理较为妥当,理由如下。

首先,试用期的公务员按照《公务员法》进行管理,是《监察法》第15条第1项规定的监察对象,可以适用《公职人员政务处分法》。根据《新录用公务员试用期管理办法(试行)》第4条的规定,"对新录用公务员的管理,除本办法规定外,按照公务员法和有关法律法规执行"。该办法第3条还明确,"新录用公务员应当履行公务员法规定的义务,享有公务员法规定的相应权利,其依法履行职务的行为,受法律保护"。其次,《监察法》的立法目的之一是"加强对所有行使公权力的公职人员的监督,实现国家监察全面覆盖"。试用期公务员虽未进行公务员登记,但享有公务员法规定的权利,履行该法规定的义务,按照公务员法和有关法律法规进行管理。因此,试用期公务员是《监察法》第15条规定的公职人员,任免机关和单位可以依据《公职人员政务处分法》的有关规定,依纪依法给予相应处分。

其次,在仅给予W某党内严重警告处分的情况下,延长其试用期于法无据。《中国共产党纪律处分条例》第10条规定"党员受到警告处分一年内、受到严重警告处分一年半内,不得在党内提升职务和向党外组织推荐担任高于其原任职务的党外职务"。该条款仅对受处分人员党内提升职务和向党外组织推荐担任高于原任职务的党外职务作出禁止性规定,没有对是否延长试用期作出规定。因此,在仅给予W某党内严重警告处分的情况下,延长其试用期至党内严重警告处分影响期结束,缺少纪法依据。

最后,W某作为中共党员、公职人员,其在企业任监事的行为,既违反了《中国共产党纪律处分条例》,也违反了《公职人员政务处分法》的有关规定。W某的行为违反了《公职人员政务处分法》第36条有关"违反规定从事或者参与营利性活动,或者违反规定兼任职务、领取报酬的,予以警告、记过或者记大过;情节较重的,予以降级或者撤职;情节严重的,予以开除"的规定,其所在国家机关可以据此给予其相应处分。综合考虑党纪处分和政务处分相匹配的原则,可以给予其记大过处分。同时,从严肃纪法执行的角度考虑,依据《新录用公务员试用期管理办法(试行)》第 13 条的规定,延长其试用期至记大过处分期满。试用期满考核不合格的,取消录用。

〔**相关法律法规链接**〕

《中华人民共和国公务员法》

《中华人民共和国监察法》

《中华人民共和国公职人员政务处分法》

《新录用公务员试用期管理办法(试行)》

《中国共产党纪律处分条例》

【习题及答案解析】

第八章 行政编制法

第一节 行政编制法的基本理论

一、行政编制的概念

行政编制,是指国家行政机关组织机构的设置和人员定额被若干量化指标确定以后所形成的行政格局。[①] 行政编制是就行政系统而言的,指的是行政系统的职位设置和人员构成的状况,不包括行政系统以外的编制问题。由于我国行政系统与企业管理体制、行政系统与事业管理体制没有完全分开或分离,谈及行政编制的概念时,总认为既包括行政系统,也包括企业事业单位。行政编制包括行政机构的设置状况和行政人员的定额状况两个方面。前者包括行政系统中机构设置的数量及一般机构和部门机构的比例数。行政系统中机构的关系一般包括横向和纵向两个范畴,每个范畴中都存在机构的比例数问题。后者指行政系统中各类人员的比例情况。行政机构中的机构设置和人员定额两个方面不可分割,因为行政系统中的公职人员总是存在于行政职位之下,行政职位状况决定公务员的定额,而公务员的定额又反映行政系统的职位设置。行政编制的本质属性包括下列方面。

(一)行政编制以行政系统中的目标分解与综合为基础

目标分解与综合最初运用在企业管理中,其基本原理是企业各类机构的设置存在于一定的行政目标之下,必须对企业的目标进行合理分解。目标的分解与综合既决定机构的数量,同时决定机构数量发展变化的序列。机构和人员的设置状况与目标分解与综合是紧密联系在一起的,没有目标的分解与综合,机构的设置和人员定额就无法确定。同样,行政系统中机构设置和人员定额也是以行政目的分解与综合为基础的。

(二)行政编制是对行政机构的管理幅度和管理层次的反映

管理幅度即行政机构体系中某行政机构所能管辖的机构数量以及一个上级行政领导所能够直接领导的下级人数。管理层次则是指行政管理中机构层次的划分。在一个行政机构

[①] 我国行政编制组织不仅包括国家机关,而且包括各民主党派、工青妇等人民团体。但主要部分是国家机关,包括国家权力机关、检察机关、审判机关、行政机关,其中最庞大的是行政机关。行政编制的大量工作首先集中在对国家行政机关的机构设置、撤销、合并、增减和调整等活动,其次集中在对国家机关工作人员的定额管理。既然所有国家机关的工作人员编制都是行政编制,经费来源由行政费用开支,扩编就要增加行政经费,所以在编制控制中对行政编制的控制最为严格。参见贾湛、彭剑锋主编:《行政管理学大辞典》,中国社会科学出版社 1989 年版,第 235 页。

体系中,若机构人数特定,管理幅度与管理层次则呈反比例关系,即管理层次越多管理幅度就越小;反之,管理层次越小管理幅度就越大。

管理幅度和管理层次首先要根据行政机构的层次而定。其次要考虑下列技术因素:一是上下级知识和能力的大小。若下级知识丰富、工作能力强,管理幅度则可大一些,反之管理幅度则应当较小。二是上下级相互关系的复杂程序。上下级关系越复杂,管理幅度就应当越小,而管理层次就应当多一些。三是下级活动同类性的大小,下级活动越类同,管理幅度就应当越大,而管理层次就可以相对小一些。四是下级工作分散性的大小。下级工作越分散,管理层次就应当越多,管理幅度则相对小一些。五是下级工作稳定性和可测性的程度。下级工作越稳定,越可测,管理幅度就应越大。六是下级工作技术性和专业化的程度。下级工作技术性和专业化的程度越高,管理幅度则应当越小,而管理层次则应当越多。

行政系统中的编制是对行政机构管理幅度与管理层次的具体反映。行政机构设置的多少以及层次是管理幅度与管理层次原理的体现。当一个行政系统目标比较分散时,需要设立较多的行政机构,行政机构的编制数便从这种较多的行政机构设置中产生。而人员的编制数也从这种较小的人员管理幅度中产生。

(三)行政编制所追求的是量化指标

行政编制是对行政组织和公务员相关规则的补充,所补充的是行政机构体系构成中量的问题,是行政机构体系中的若干量化指标。

1. 表现在对行政机构总体数量的确定。例如《美国法典》第 101 条对美国联邦政府行政各部从总体数量上进行了确定和控制,[①]这一总体上的量化确定是美国联邦各部其他分支机构设置的基础。

2. 表现在对行政机构体系中行政职位的确定。行政职位是存在于行政系统的职位构成,既反映了行政机构及其子系统之间的联系,又是公务人员的存在空间。它与行政机构总体数量一样必须有一个量化标准,即职位以及职位的具体数量。

3. 表现在对行政系统中公务人员数量的确定。存在于行政机构中的公务人员与一般的社会成员一样,其消耗必须来自其对社会所做的工作,若存在于行政系统中的公务员没有给社会带来利益,其在行政系统中的收入就是一种无谓的社会消耗。萨氏认为,一国官民之比决定于一国经济发达的程度,若一国经济比较发达,那么官员比例数就应当较小,即国家越发达,从事行政管理的公职人员就应当越少。

4. 表现在对行政机构体系中机构比例和人员构成比例的确定。在企业编制中,最重要的就是各类人员的比例构成,这种构成被一些学者上升到技术与结构之间关系的高度来认识。[②] 行政系统中同样存在各类机构以及人员的构成比例,例如,我国《澳门高级专业公署组织法》第 19 条之附件规定:a)顾问/协调员 2 人。b)高级专员办公室之人员:秘书长 1 人;私人秘书 2 人。c)技术顾问部门:顾问及专家 4 人。d)技术辅助部门:主任 1 人;翻译 2 人;

---

①　《美国法典》第 101 条规定:"行政机构包括:国务部、财政部、国防部、司法部、内政部、农业部、商业部、劳工部、卫生和人类服务部、住房和城市发展部、交通部、能源部、教育部、退伍军人事务部。"参见《世界各国法律大典》总编译委员会主持编译:《美国法典》,中国社会科学出版社 1993 年版,第 257 页。

②　参见[美]弗里蒙特·E. 卡斯特:《组织与管理》,李柱流等译,中国社会科学出版社 1985 年版,第 217 页。

执达员4人;公关督导2人。e)一般行政部门:主任1人;主任专业技术及行政人员3人;助理员8人。①

》》 二、行政编制法的界定

行政编制法,即对行政编制作出规定的法律规范的总称。对这一定义分析可从以下两个方面展开:

一是指对国家立法机关和行政机关制定编制行为进行的规范。即行政编制法所规范的是立法机关制定编制的行为过程,例如:明确行政编制的制定主体;行政编制计划的制订,包括编制计划制定的程序、编制计划涉及的内容等;行政编制的执行,即由谁负责已经制订出来的编制计划;编制的监督,即由谁负责对行政编制执行情况进行监督。

二是指确定行政机构中各种数量及其比例关系的法律规则。我国《国务院行政机构设置和编制管理条例》第3章对"编制管理"进行了专章规定,其中第17条规定:"国务院行政机构的编制依据职能配置和职位分类,按照精简的原则确定。前款所称编制,包括人员的数量定额和领导职数。"第18条规定:"国务院行政机构的编制在国务院行政机构设立时确定。国务院行政机构的编制方案,应当包括下列事项:(一)机构人员定额和人员结构比例;(二)机构领导职数和司级内设机构领导职数。"第19条规定:"国务院行政机构增加或者减少编制,由国务院机构编制管理机关审核方案,报国务院批准。"第21条规定:"国务院办公厅、国务院组成部门、国务院直属机构和国务院办事机构的领导职数,按照国务院组织法的规定确定。国务院组成部门管理的国家行政机构的领导职数,参照国务院组织法关于国务院直属机构领导职数的规定确定。国务院办公厅、国务院组成部门、国务院直属机构、国务院办事机构的司级内设机构的领导职数为一正二副;国务院组成部门管理的国家行政机构的司级内设机构的领导职数根据工作需要为一正二副或者一正一副。国务院行政机构的处级内设机构的领导职数,按照国家有关规定确定。"

法律体系中的行政编制规则有三种存在形态:

一是作为一个独立的法律体系而存在,即既不反映在行政组织法中,也不体现在公务员法中,如我国澳门特别行政区就制定了《法院办事处组成及人员编制法》。②

二是行政编制规则存在于行政组织法中,即在行政组织法中对行政组织作出规定的同时,也规定有关行政编制的内容,如我国《国务院行政机构设置和编制管理条例》第7条规定:"依照国务院组织法的规定,国务院设立办公厅。国务院组成部门的设立、撤销或者合并由国务院机构编制管理机关提出方案,经国务院常务会议讨论通过后,由国务院总理提请全国人民代表大会决定;在全国人民代表大会闭会期间,提请全国人民代表大会常务委员会决定。"其中既有国务院组织的内容,也有国务院编制的内容。

三是行政编制规则存在于公务员法中,即公务员法律规范中包含行政编制的规则。如美国文职官员法规定了各部的官员数额,对这些数额的确定是行政编制规则的典型条款。③

---

① 肖蔚云主编:《澳门现行法律汇编》,北京大学出版社1994年版,第281页。
② 参见肖蔚云主编:《澳门现行法律汇编》,北京大学出版社1994年版,第355页。
③ 《世界各国法律大典》总编译委员会主持编译:《美国法典》,中国社会科学出版社1993年版,第257页。

无论形态如何,行政编制法都具有下列本质属性:

1. 行政编制法是体制行政法的构成部分。体制行政法指有关行政体制及其构成的法律规范,包括行政组织法、公务员法和行政编制法三个部分。行政编制法与行政体制的关系十分密切,在一国行政法中若行政编制法不完善,其行政体制就必然会出现各种问题。

2. 行政编制法是控制行政机构体系规模之法。行政组织法与公务员法都与行政机构有关,一个是从宏观方面对行政机构体系的规定,另一个则是从微观方面对行政机构构成分子的规定。它们虽然能够形成行政机构体系的框架,并使行政机构由最小构成元素构成,但是行政组织法和公务员法都不能控制行政机构的规模。

3. 行政编制法是行政组织法和公务员法的辅助法。行政编制包括行政机构体系的数量确定和行政公职人员的数量确定两个方面,因此行政编制法对行政组织法和公务员法都具有补充作用。各国的立法状况都表明,行政编制法成为一部独立法典的情况相对较少,即大多数国家的立法都是在行政组织法和公务员法中包括了行政编制法的内容。[①]

三、行政编制法的基本原则

行政编制法的基本原则是指行政编制法应当贯彻的一些行为准则。我国有关行政编制的法律规范应当贯彻下列原则。

(一) 刚性原则

刚性原则是指行政编制法对于国家行政机关的机构设置和人员定额的确定是稳定的、确定的和不可任意变更的。它包括下列主要含义:(1)编制的内容具有确定性,即编制所规定的机构类型、比例结构、人员定额是以规范的形态出现的,所规定的各指标有严格的标准和定则。(2)编制的内容具有不可更改性,任何机关、组织和个人不得对编制所规定的各种状态作变通解释和"灵活执行"。(3)编制的内容具有强制力,编制法一旦公布施行,其内容便具有法律的约束力,超编要受到法律的追究,扩编要经过严格程序。(4)编制的内容具有稳定性,编制所认可的状态必须是稳定的或相对稳定的,执行机关不得从本机构的利益出发对编制进行解释和任意执行。我国行政机构长期以来呈现出"精简—膨胀—再精简—再膨胀"的恶性循环状态,历史上的数次机构改革和职能转变都没有达到预期的目的,与缺乏刚性编制有着不可分割的关系。

---

① 如依我国行政组织法和公务员法的规定,县级行政机构和人员编制的情况大体上是:经济发达、人口相对较多的县为一类县,一个县的行政机构设置为 30 个左右,人员编制为 750 个。经济较为发达人口相对较多的县为二类县,此类县的行政机构设置为 25 个左右,人员编制分别控制在 650 个左右。依次为三类县,机构控制在 25 个,人员控制在 500 人左右。经济不发达人口较少的地方为四类县,机构设置为 20 个左右,行政人员控制在 350 人左右。而乡、民族乡人民政府设乡长 1 人,副乡长若干人,乡级人民政府不设职能部门,只配一人一职的民政、司法、财政、文教卫生、计划生育、生产建设监察等助理员。镇人民政府设镇长 1 人,副镇长若干人,配有一人一职的民政、司法、财政、文教卫生、计划生育、生产建设监察等助理。对这些人员定额和机构配置的规则依法学原理分类的话,都是行政编制法规则,但目前它们基本上都存在于行政组织法和公务员法之中。

（二）紧缩原则

机构精简原则体现在编制法中就是紧缩原则,其要求包括:(1)新的编制法应体现"小政府、大社会"的政府职能转变思想,使各级行政机构逐步走向小型化、服务化、有效化。(2)新的编制法要体现"精干"精神,紧缩是使机构具有强烈的行政效能。因此,编制要大胆认可淘汰制,革除机构中的腐败因素,保留年轻有为、锐意改革、具有创新意识的人员,使行政机构永远保持良性运转状态。(3)紧缩经费。任何行政机构都有人力、物力和财力的消耗,有效的行政机构往往以最小的消耗换来最大的经济效益和社会效益。编制法通过紧缩经费,可降低行政开支,节约财政,提高机构的工作质量。

（三）对等原则

行政编制法必须承担调和机构内部冲突的功能,以对等原则为出发点,理顺机构中的各种关系,具体包括:(1)权责对等。机构和行政领导人员、主管人员享有多大的权利就应承担多大的责任,反之亦然。否则,便会出现指挥不灵,办事不力,作用不大等弊病。对等原则对权责关系的处理,是在编制法中明文规定机构和行政人员在人、财、物、信息等方面的指挥权的具体项目。(2)职级对等。即要求职位数和层次保持相互协调、相互统一。(3)行政管理专业需要与行政人员知识结构对等。行政管理人员只有具备较强的知识结构才能胜任管理工作。行政编制法对于这一原则的体现,即明确各层次所需人员的学历、资历、文化程度、所学专业知识等。

第二节　行政编制立法

一、行政编制立法的主体

行政编制立法的主体是享有制定行政编制规则权力的国家机关。我国《立法法》明确了立法主体,理论上享有立法权的主体便有制定有关行政编制规则的权力。我国《宪法》《国务院组织法》《地方各级人民代表大会和地方各级人民政府组织法》的一些条文中均有行政编制的内容,行政编制中可操作性较强的规则大多反映在部委机构和直属机构制定的规则中,但比较遗憾的是部委机构和直属机构在制定有关编制的规则时,并不是以规章的形式使这些规则具有较高的法律效力,而是以行政规范性文件的形式出现的。如2002年卫生部(已撤销)发布了《卫生部机构编制管理规定》,2001年国家药品监督管理局(已变更)、中央机构编制委员会办公室、人事部(已撤销)联合发布了《关于省以下药品监督管理机构编制和人员管理问题的通知》,1998年国务院办公厅发布了《交通部职能配置、内设机构和人员编制规定》《海关总署职能配置、内设机构和人员编制规定》,1985年财政部、劳动人事部和民政部联合发布了《关于军队离休退休干部管理机构的设置、人员编制的通知》等。

享有地方立法权的主体制定的行政编制规则相对较少,如原《广州市国家公务员职位分类工作实施办法》规定:"确定职位的数量。职位的设置数量应遵循严格、高效、精干的原则,以有效完成工作任务为标准,按照本单位的编制数额,以工作性质、责任大小、难易程度、所需资格条件为依据,以一个工作人员工作量作为基本的衡量单位而确定。不够一个工作人员一半工作量的不宜设置职位,能合并的职位应合并,可设可不设的职位不设。设置职位必须考虑整体和局部的关系,在满足整体利益的前提下,再考虑局部的职位设置。"

二、行政编制法的体系

从不同的角度认识行政编制法的体系,主要体现在以下方面。

(一)以法律形式观察行政编制法的体系

我国行政法的正式渊源包括宪法、行政法律、行政法规、地方性法规、行政规章、自治条例和单行条例、行政规范性文件等。上列渊源形式均包含了行政编制法的内容。

1. 宪法中的行政编制规则主要关注行政机构的总体格局和数量。例如,《宪法》第86条第1款规定:"国务院由下列人员组成:总理,副总理若干人,国务委员若干人,各部部长,各委员会主任,审计长,秘书长。"第93条前2款规定:"中华人民共和国中央军事委员会领导全国武装力量。中央军事委员会由下列人员组成:主席,副主席若干人,委员若干人。"

2. 行政法中的行政编制规则既有行政编制的原则规定,又有具体的编制条款。例如《国务院组织法》第2条第1款规定:"国务院由总理、副总理、国务委员、各部部长、各委员会主任、审计长、秘书长组成。"其中每一个机构名称的确定都是一个关于行政编制的原则性条款,因为这是国务院其他具体编制的基础。第9条第1款规定:"各部设部长一人,副部长二至四人。各委员会设主任一人,副主任二至四人,委员五至十人。"该规定则是具体的行政编制规则。

3. 行政法规所体现的行政编制规则在现行行政编制规则中占比最高。《国务院行政机构设置和编制管理条例》对中央政府机关的机构编制作了较为全面的规定。由于我国有关公务员管理的主要行为规则都是以行政法规的形式出现的,因此,行政法规关于公务员编制问题也作了诸多规定。

4. 地方性法规和地方政府规章所涉及的编制内容相对较少,即便对编制作出规定也是以本地区为基础的。由于我国实行单一制,国家行政机构体系的构成和职位确定应体现统一化的原则,因此,地方立法制定行政编制规则的情形应受到一定的限制。

5. 部门规章是现行行政编制规则的主要法源。国家公务员局是我国公务员的管理机构,我国有关公务员管理的规则,大多由国家公务员局制定,其中相当一部分是行政编制的规则。

6. 行政规范性文件中的行政编制规则是我国行政编制法的重要法源。尽管这些规则没有太高的法律效力,却对行政编制的具体问题作了规定。例如《国务院办公厅关于成立国家机构编制委员会的通知》规定:"国家机构编制委员会,是国务院负责机构改革和管理机构编制的综合、协调、监督机构,主要职责任务是:研究拟定各级机关机构改革的总体方案,指导地方机构改革工作;研究拟定机构编制管理的方针、政策和法规;对全国机构编制实行宏观控制,审核机构设置和人员编制总额;协调国务院各部门和职责分工等。"

（二）以法律内容观察行政编制法的体系

对行政机构体系及其构成分子的规定构成了行政编制法的基本内容,具体包括下列方面。

1. 行政机构体系总体构架的行政编制规则。政府机关组织法中行政机构体系总体框架的确定本身便是一个编制条款,同时还是其他后续编制规则制定的基础。我国宪法中的一些条款便体现了这样的编制规则。全国人大对国务院职能机构的设计也是一个行政编制规则,因其既确定了每一个职能机构的质,又确定了这些职能机构的量。

2. 行政机构体系分支系统的行政编制规则。行政机构分支系统是行政机构某一系统的分支构成。行政机构分支系统无论是否有人员上的数量限制,都已经对行政机构体系作了量化,而且使行政机构体系依一定的方式有序地排列在一起。因此,规范分支机构的规则也是行政编制的内容。

3. 行政职位分配的行政编制规则。行政系统的构成人员都存在于一定的行政职位之下,即行政职位既是行政机构分支系统的具体化,又是行政系统中公职人员存在的载体。因此,行政组织法和行政编制法要对行政职位作出规定,而且要根据行政机构所负担的任务对行政职位予以分配。①

4. 行政人员数量控制的行政编制规则。这是最能体现行政编制法属性的规则。例如,1995 年出台的《平度市政府机构改革》便通过编制规则有效控制了机构的人数:"全市党政群机关工作人员总数控制在 850 人以内(不含合格的部门)其分配比例为:市委机关 15%,127 人,政府机关 78%,1 663 人,人大,政协、群众团体 7%,60 人。市政府工作部门均为科级,设正职 1 人,副职 1-2 人。工作任务重、业务面宽的可增配副职 1 人。单位 5 人以下的只设 1 职,6 人以上的可设 2 职。"②

三、行政编制立法的规范化分析

行政编制法的规范化,是指行政编制法的高度权威化、法典化、体系化和严格效力化。从规范化所要求的标准来看,行政编制法规范化的关键有下列诸点:

1. 行政编制法必须权威化。主要指行政编制法的制定机关和法律形态问题。制定机关的地位高低直接决定着编制法的地位,关系着编制法的质量。从法律形态来看,编制法作为行政法制体系的组成部分,必须有较高的形态。就制定机关而论,应由国家权力机关即全国人大及其常委会作为编制立法的主体。当然,国务院可以根据宪法、法律和全国人大的授

① 例如,《美国文官法》对第五职级职位作了详细分配,农业部有产品销售局局长职位、农业研究局局长职位、农户住宅管理局局长职位,农业稳定和保持局局长职位、农业电气化管理局局长职位。这些职位的分配是行政公职人员存在的基础,也是对行政公职人员进行量化控制的依据。

② 参见《中国地方政府机构改革》编辑组编:《中国地方政府机构改革》,新华出版社 1995 年版,第 554 页。

权制定一定的行政编制法规,尽可能减少国务院职能部门制定编制管理法规范的数量。

2. 行政编制法必须法典化。法典化是行政编制法规范化的标志。应当指出,行政编制法典即使颁布之后,也不排斥国务院或者有关部门制定相应的编制法规和规章。因为编制法典只能从总体上、宏观上为编制工作提供规范和程序,而各种微观编制指标还要辅之以行政编制法规和规章。但是,相应的编制法规和规章只能是对编制法典的补充和完善,不能违背编制法典的内容和精神。

3. 行政编制法必须有严格的效力。编制法典和附属法律规范颁布以后,应具有法律的强制力,违背编制法的机关、组织和个人应承担相应的法律责任。

第三节　行政编制的法律构设

▶▶ 一、行政编制法的功能

行政编制法是行政法中一个独特的范畴。无论统一化的行政编制立法,还是分散化的行政编制立法都不影响行政编制法以它特有的功能对行政系统发生作用。理论上,行政编制法有下列若干功能。

(一)制约行政机构规模的功能

行政机构的规模,是指行政机构体系硬件设施的大小程度。行政机构的硬件设施越大,行政机构的规模也就越大。行政组织法对行政机构规模的控制具有一定作用,如通过行政组织法设立行政机关的组织体系本身就确立了行政机构体系在一定范围的存在。但行政组织法只能够部分控制机构的规模,而不能够全部控制行政机构的规模,因为行政组织法本身只是以行政机构体系质的方面为规制对象,其将量的方面的规制内容留给了行政编制法。行政机构的设立必须与客观的行政事态相适应,行政事态的质具有相对的稳定性,而行政事态的量则是不稳定的,处在经常的变化之中。应当通过行政编制法确定行政机构体系的量:在行政事态复杂化,其量增加时,通过行政编制法增加行政机构的规模;反之,在行政事态变得较为简单,其量减少时,通过行政编制法紧缩行政机构的规模。

(二)制约行政机构体系结构的功能

行政机构体系的结构是指行政系统内部的联结方式。大量的规则将行政机构的各种构成元素联结在一起。行政机构的结构大多由行政组织法设计并联结,但行政编制法在制约行政机构体系的结构中也起着非常重要的作用。例如,我国中央编制委员会办公室在1992年发布的《关于机构编制工作贯彻、落实中发5号文件的几个问题的通知》进一步强调了机构设置中"自定编制"的问题,而"自定编制"虽是机构改革的一个方略,却反映了不同行政机构之间的联结方式,"自定编制"机构的相对独立性就是对新的联结方式的规定。

（三）制约行政成本的功能

行政效率原则要求尽可能控制行政成本，而行政组织法对行政成本控制的能力远不如行政编制法有效。行政编制法因其突出量的方面，对有关行政成本的控制具有行政组织法不可取代的作用。相较于行政组织法相对柔性的调控，行政编制法的调控则更为刚性。1998 年国务院对行政机构进行第五次改革时，从编制管理出发，以编制规范行政机构的设置和人员构成，便达到了短期内精简机构和人员的效果，而正是通过刚性的行政编制规则使行政机构在短期内大大降低了成本。①

二、行政编制管理机关及职权

行政编制管理机关，是负责行政编制管理的机构实体。我国《国务院行政机构设置和编制管理条例》第 3 条规定："国务院根据宪法和国务院组织法的规定，行使国务院行政机构设置和编制管理职权。国务院机构编制管理机关在国务院领导下，负责国务院行政机构设置和编制管理的具体工作。"第 24 条规定："地方各级人民政府行政机构的设置和编制管理办法另行制定。国务院行政机构不得干预地方各级人民政府的行政机构设置和编制管理工作，不得要求地方各级人民政府设立与其业务对口的行政机构。"从两条规定可以看出：一则，我国行政编制管理机关的设置权归于国务院。二则，目前我国行政编制管理机关仅设立在行政系统内部。当然，我国除了负责编制管理的常设机构外，还有一些临时性的行政编制管理机构，这些机构由党的机关和行政机关联合组成。如《国务院办公厅关于成立中央机构编制委员会的通知》对中央编制委员会的职责作了如下规定：中央编制委员会负责全国行政机构改革和机构编制管理工作。其主要任务和职责是：（1）根据党中央、国务院关于经济体制改革和政治体制改革的要求，研究拟订机构改革和行政管理体制改革的总体方案，经党中央、国务院批准后组织实施。审核党中央、国务院各部门和省级机构改革方案，按程序报党中央、国务院批准。指导地方各级机构改革和行政管理体制改革工作。（2）拟订机构编制管理的政策和法规。即中共中央组织部以及地方党组的组织部门在一定程度上也负责行政编制的管理。我国行政系统的人事部门也是行政编制管理的主要机关。为确保形成相对统一的行政编制管理，应当将负责编制管理的所有机关的分散职权予以集中，在行政系统内部形成一个统一的行政编制管理机关。权力相对集中的行政编制管理机关应当行使下列职权：

1. 审批权，即行政编制管理机关对有关行政机构设置、合并、撤销等行政机构的组织及行政规模变化的行为进行审批的权力。《国务院行政机构设置和编制管理条例》第 14 条规定："国务院行政机构的司级内设机构的增设、撤销或者合并，经国务院机构编制管理机关审核方案，报国务院批准。国务院行政机构的处级内设机构的设立、撤销或者合并，由国务院行政机构根据国家有关规定决定，按年度报国务院机构编制管理机关备案。"行政机构的调

---

① 改革前，国务院有部委机构 45 个，直属机构 22 个，办事机构 7 个，以及国务院办公厅，共 66 个常设机构。非常设机构从 75 个减少到 49 个。在精简人员方面，有 31 个部门强化了职能，减少 13 900 人，有 35 个部门增加了职能，增加了 6 000 人，改革前实有人数 52 800 人，改革后为 44 800 人，共减少 7 900 人。

整和变化是我国行政机构发展变化过程中经常出现的问题,若行政编制管理机构能够对行政机构的调整和变化作出审查并予以批准,将有效控制行政机构的过度膨胀。

2. 形成权,即形成新的行政机构及其规模之方案的权力。《国务院行政机构设置和编制管理条例》第 11 条规定:"国务院议事协调机构的设立、撤销或者合并,由国务院机构编制管理机关提出方案,报国务院决定。"行政编制管理机关所享有的形成权是一种有限权力,虽可决定形成行政机构的方案,但这些方案是否付诸实施还需经有权的国家机关批准。

3. 行政机构状况评估和论证的组织权。国家对行政机构体系状况的评估和论证是全面把握行政机构现状的前提。有关法律和行政法规规定国家应当定期或者不定期对行政机构进行评估和论证,而评估和论证的组织权由行政编制管理机关行使。《国务院行政机构设置和编制管理条例》第 4 条规定:"国务院行政机构的设置以职能的科学配置为基础,做到职能明确、分工合理、机构精简,有利于提高行政效能。国务院根据国民经济和社会发展的需要,适应社会主义市场经济体制的要求,适时调整国务院行政机构;但是,在一届政府任期内,国务院组成部门应当保持相对稳定。"只有行政编制管理机关有效行使组织论证的权力,行政机构的设立才能与时俱进。

4. 监督检查权。依有关法律和行政法规的规定,行政机关应当定期向行政编制管理机关报告状况,包括机构设置和编制管理情况。由此说明行政编制管理机关有权对行政编制的执行情况进行监督和检查。《国务院行政机构设置和编制管理条例》第四章就国务院编制管理机关对行政编制的监督检查进行了专章规定,而地方各级行政编制管理机关应当享有同样的权力。

5. 处分建议权。行政编制管理机关对于行政机关及其公职人员违反编制管理规则的行为有权责令限期改正。在其不予改正的情况下,有权建议有关行政机关对主管人员和直接责任人进行处分。《国务院行政机构设置和编制管理条例》第 23 条规定:"国务院行政机构违反本条例规定,有下列行为之一的,由国务院机构编制管理机关责令限期纠正;逾期不纠正的,由国务院机构编制管理机关建议国务院或者国务院有关部门对负有直接责任的主管人员和其他直接责任人依法给予行政处分:(一)擅自设立司级内设机构的;(二)擅自扩大职能的;(三)擅自变更机构名称的;(四)擅自超过核定的编制使用工作人员的;(五)有违反机构设置和编制管理法律、行政法规的其他行为的。"该规定赋予了国务院行政编制管理机关责令限期纠正和提出处分建议的权力,虽针对的是国务院行政编制管理机关,但其对地方行政编制管理机关也具有确权作用,即地方行政编制管理机关有权对地方政府机关违反编制的行为作出处分建议或者责令限期改正。

三、行政编制的程序

行政编制的程序是指国家确定行政机构体系及其人员定额的程序规则。行政编制是对行政机构体系进行定量分析和确定定量指标的行为,因此,行政编制的程序是一个集科学程序和法律程序于一体的程序规则。我国的规定包括下列若干环节:

1. 确定行政机构存在的基础条件。1993 年《关于印发市、县及乡镇分类标准的通知》指出,为了合理确定市(不含直辖市)、县及乡镇的机构设置和人员编制,根据中央确定的分类原则,中央编办下发了对市、县及乡镇的分类预算标准,由各地进行具体测算。中央编办以及中央确立的这些分类标准是确定行政编制的基础,将行政编制程序规则的确定上升到较为科学的高度。以市级为例,一般包括下列具体内容:

(1)指标选择。以市区总人口(单位为百人)、市区非农业人口(百人)、市区面积(平方公里)、建成区面积(平方公里)、经济区划(市辖区、县个数)、地方财政预算内收入(万元)、市区国内生产总值(百万元)等7项指标作为分类的依据。

(2)指标权。以市区人口(单位为百人)、市区非农业人口(百人)、市区面积(平方公里)、建成区面积(平方公里)、行政区划(市辖区、县个数)、地方(市区)财政预算内收入(万元)、市区国内生产总值(百万元)等7项指标作为分类的依据。指标数值,除行政区划以民政部《行政区划简册》为准外,均以《中国城市统计年鉴》为准。

(3)指标数值标准化。按照各指标的重要性不同,分别确定市区总人口的权数为10、市区非农业人口为40、市区面积为2、建成区面积为8、行政区划为10、地方(市区)财政预算内收入为15、市区国内生产总值为15。根据综合指标分析的一般要求,运用数学方法对各个指标的数值进行标准化,使其转化为无量纲数值,消除不同计量单位的影响,并使数据趋于稳定。

(4)结果分值化。①由于标准化结果大部分在-2与+2之间,因此,将标准化的结果加上2,使大多数据表现为正值。计算公式为:$Yi = 2 + Yi$ 式中,Yi 为分值化后的数值。②由于各城市市区面积相差较大,为计算合理,将市区面积指标分值化后的数值控制在3.3的,均按3.3计算。

(5)计算单项指数。用该指标所确定的权重,乘以结果分值化的数值(上述第四步得到的数值),即为该单项指标的指数。

(6)计算总指数。将各单项指数加总,得到总指数(计算结果保留到小数后第三位)。总指数是对7项指标进行综合评价后得到的一个综合得分,表示各市社会经济发展的综合水平。

(7)分类标准。根据各市的总指数,按从高到低的顺序将所有的市进行排序。再按各市之间的总指数的差异大小,将市分为三类:总指数超过310的为一类市;总指数在210—310的为二类市;总指数低于210的为三类市。此外,市区人口在10万以下的市作为特殊情况对待。

2. 确定行政机构的规模和名称,即根据确定的基础条件来确定机构的规模以及机构的名称。基础条件不同,行政机构的规模和名称等就有所不同,前述一类、二类、三类市县的机构规模和名称以及数量都以此为基础。

3. 设置和裁减机构。机构的规模、名称、数量确定后就要根据行政管理的实际情况确定方案的实施。实施可通过两种手段:一是设置新的机构,在某一机构没有设立的情况下依确定的机构规模和机构的具体结构设立该机构。二是多余机构的裁减。行政编制的刚性化就应当体现在对行政机构的控制上,因此,一旦编制方案确定就应当撤销机构、裁减人员。①

4. 编制执行的监督。作为一个程序整体,行政编制的程序规则应当包括对编制执行状

---

① 例如,1995年山西"全省现有1 910个乡镇,按照中央确定的分类标准,一类乡镇166个,二类乡镇1 110个,三类乡镇634个。全省乡镇机关行政编制为50 280人,比现有114 600人减少64 320人,精简561 070人"。参见《中国地方政府机构改革》编辑组编:《中国地方政府机构改革》,新华出版社1995年版,第272页。

况的监督。编制法对行政编制的法律调整,是国家强制力在编制活动中的体现。因此,编制法必须规定国家机关、企事业单位、群众团体及公民对行政机关的监督和约束,允许各种社会力量有效监督和控制行政主体,防止机构臃肿不断发生。当然,编制法还要在外在力量发挥作用前,确认行政机构和行政人员的自我约束机制。[①]

》》 四、行政编制的法律责任

行政编制的法律责任即相关主体违反行政编制管理规则应承担的法律责任。责任主体包括行政主体及其公职人员、行政编制管理机关及其工作人员等。行政编制法若无相应的法律责任,则难以有效控制行政编制。在行政编制规则中仅规定行政纪律处分责任,还不足以打击违反编制法乱设和滥设行政机构的行为,应适当将刑事责任的机制引入行政编制法。

第四节　实　务　案　例

》》 一、超越权限审批行政机构案

〔案情摘要〕

根据《Z省各级人民政府行政机构设置和编制管理规定》,行政机构的设立、撤销、合并、升格和改变名称,由机构编制管理机关提出调整方案,经本级人民政府同意后,报上一级人民政府批准,机构编制管理机关制发文件。

S市为Z省经济欠发达的市,为了推进经济发展,S市决定加大招商引资力度。同时,S市市长、编委主任G某提出市政府设立市投资发展促进局、市投资发展软环境管理办公室两个正处级行政机构,分别负责对外招商引资和对内改善投资软环境工作,并当面责成市编办主任D某提出调整方案。D某对此作了分析汇报:依照《Z省各级人民政府行政机构设置和编制管理规定》,市政府设立副处级以上行政机构,需报省编办审核,省政府批准。但按照省里近期下发的关于严格控制机构编制增长的通知精神,成功报批的可能性不大。对此,建议市里暂时不要成立这两个机构,待下一轮机构改革时再统筹考虑。在此情况下,G某认为采取市政府直接下文即可,继续责成D某向市政府常务会提交设立投资发展促进局、市投资发展软环境管理办公室的方案。但D某拒绝执行G某的决定,G某便要求市编委会委员H某起草方案。H某按照G某的意见草拟了设立市投资发展促进局、市投资发展软环境管理办公室的方案,经市政府常务会研究,正式发文成立市投资发展促进局、市投资发展软环境管理办公室。

但由于市投资发展促进局与市发改委、经委等机构在职能上存在一定的交叉、重叠,市投资发展软环境管理办公室与市监察局、市行政审批制度改革办公室等机构在职能上存在一定的交叉、重叠,两个机构成立后,全市的招商引资工作反而有一定的退步,全市引进外资

---

① 参见关保英:《市场经济与行政法新视野论丛》,法律出版社1996年版,第107页。

额比前一年减少了近 30%。

〔**法理分析与评议**〕

行政机构设置涉及对政府组织结构框架的基本设计和规划,加强行政机构的审批管理,对于理顺职责关系、优化组织结构具有重要的意义。依照《Z 省各级人民政府行政机构设置和编制管理规定》,S 市政府行政机构的设立、撤销、合并、升格和改变名称,必须报省政府批准。S 市政府超越审批权限设立了两个正处级行政机构,给 S 市的经济发展造成了较大的损失,属于超越权限审批行政机构的违纪行为,应按照《机构编制违纪行为适用〈中国共产党纪律处分条例〉若干问题的解释》(以下简称《解释》)的规定追究有关人员的责任。

1. 本案中,S 市市长、编委主任 G 某明知市政府擅自设立市投资发展促进局、市投资发展软环境管理办公室为超越权限审批行政机构的违法违纪行为,在越权行为上具有主观故意,是该越权审批违纪行为的直接责任者,情节较为严重,可依照《解释》和《中国共产党纪律处分条例》的相关规定追究其党纪责任。据此,在案件处理上,根据《解释》第 5 条"具有机构编制审批权的机关在履行机构编制管理职责时,有下列行为之一的,对有关责任人员,依照《中国共产党纪律处分条例》第一百二十七条的规定处理:(一)超越权限审批机构的……"和《中国共产党纪律处分条例》第 127 条"党和国家工作人员或者其他从事公务的人员,在工作中不履行或者不正确履行职责,给党、国家和人民利益以及公共财产造成较大损失的,给予警告或者严重警告处分"的规定,可以给予 G 某警告或者严重警告处分。考虑其还存在越过机构编制部门提交机构编制事项审核意见的程序,要求不具有机构编制事项审核权的 H 某草拟设立两个正处级行政机构的方案的情节,独断专行,情节较为严重,可以从重处分,给予其严重警告处分。

2. 市编办主任 D 某依据《Z 省各级人民政府行政机构设置和编制管理规定》,对于 G 某错误的意见提出过正确的意见,虽然没有被 G 某采纳,但已经尽到提醒的义务。对于 G 某明显违法的决定,D 某拒绝执行的行为是正确的,对 S 市超越权限审批行政机构的违纪行为没有责任。

3. 市政府秘书长、办公室主任、市编委会委员 H 某明知 G 某的决定违法,仍按照 G 某的要求向市政府常务会提交了成立市投资发展促进局、市投资发展软环境管理办公室的方案,也应依照《解释》和《中国共产党纪律处分条例》的相关规定被追究党纪责任。在案件处理上,可根据《解释》第 5 条和《中国共产党纪律处分条例》第 127 条的规定,给予 H 某警告处分。

4. 市政府常务会其他成员共同参与了违规审批行政机构违纪行为,为违纪行为的其他直接责任人员,可依据他们在违纪行为中发挥的作用追究相应责任。据此,在案件处理上,可分别对他们进行批评教育或者诫勉谈话。

5. 市政府超越权限审批的市投资发展促进局、市投资发展软环境管理办公室,应按照机构编制监督检查工作办法的有关规定处理。据此,在案件处理上,对于超越权限审批的市投资发展促进局、市投资发展软环境管理办公室,上级机构编制管理机关可根据《机构编制监督检查工作暂行规定》第 17 条"地方各级人民政府在机构编制工作中有下列行为之一的,由上级机构编制管理机关依照本规定第十六条第(二)项的规定处理:(一)超越权限或者违反规定程序设立、撤并各类机构,提高机构规格或者变更机构性质的……"和第 16 条"机构编制管理机关对违反机构编制管理规定的行为,可以采取下列处理措施:……(二)建议改正或者责令限期纠正……"的规定,建议市政府改正。

〔**相关法律法规链接**〕

《机构编制违纪行为适用〈中国共产党纪律处分条例〉若干问题的解释》

《中国共产党纪律处分条例》

《机构编制监督检查工作暂行规定》①

二、超越权限审批编制种类案

〔**案情摘要**〕

随着经济社会的发展,社会管理的需求增加,L市城市管理、环境保护、建筑质量和安全、文化市场等执法机构普遍反映人手不足。多年来,市城管局、建设局、文化局等部门多次向市编委申请增加行政编制。但自机构改革后,L市的行政编制已经分配完毕,在后续的编制增加分配中也未给执法机构分配。

基于此,市编委主任、市长Z某要求市编办主任C某研究提出解决执法机构人手不足的办法。编委会议后,C某与市编办副主任L某、W某商量,提出在行政编制之外,设置执法编制作为新的编制类型,专门用于解决政府部门执法机构的人员需求。L某、W某对C某的意见表示赞同,并具体起草了相关方案。随后,C某先向Z某作了汇报,Z某同意将该议题提交市编委会会议研究,会议上C某正式提出了设置执法编制的意见,得到了市编委会议的同意。同时议定为市城管局、环保局、建设局、文化局、农业局、林业局、水利局、卫生局等8个部门增加执法编制65名。

〔**法理分析与评议**〕

依照相关规定,人员编制类别的设定权归中央,任何地区和部门无权自定编制类别。这是人员编制"统一领导、分级管理"体制的重要体现。L市在行政编制之外,自行设置执法编制,是超越权限审批种类的违规行为。这一违规行为扰乱了行政编制管理秩序,给公务员队伍管理也造成了不良影响。而且,中央编委下达增加行政编制的通知明确要求各地不得自定行政编制,L市的做法与中央编委的通知精神也是相悖的。L市批复下达了大量执法编制,对L市的政府管理造成了较大损失,应按照《解释》第5条的规定追究有关责任人员的责任。

1. 本案中,L市编办主任C某为超越权限审批编制种类的承办人,违背机构编制管理规定,向市编委会议提出错误的意见,导致市编委会议错误决策,其应负直接主要责任。市编办副主任L某、W某同意C某违规审批编制种类的意见,并具体起草了相关方案,为其他直接责任人员。据此,在案件处理上,依据《解释》第5条"具有机构编制审批权的机关在履行机构编制管理职责时,有下列行为之一的,对有关责任人员,依照《中国共产党纪律处分条例》第一百二十七条的规定处理:……(二)超越权限审批编制种类……"和《中国共产党纪律处分条例》第127条有关"党和国家工作人员或者其他从事公务的人员,在工作中不履行或者不正确履行职责,给党、国家和人民利益以及公共财产造成较大损失的,给予警告或者严重警告处分"的规定,可以给予C某严重警告处分,给予L某、W某警告处分。

---

① 现为《机构编制监督检查工作办法》。

2. 市编委主任、市长 Z 某对于 C 某的错误意见表示赞同,并同意将该议题提交市编委会议研究,没有制止超越权限审批编制种类问题的发生,应负主要领导责任。在案件处理上,对于市编委主任、市长 Z 某,可以采取非党纪处分的处理方式,对其进行批评教育,责令写出深刻检查。

3. 其他编委成员在违纪行为中应负重要领导责任。在案件处理上,对于市编委其他成员,按照他们在违纪行为中发挥的作用,分别进行批评教育或者诫勉谈话。

4. 按照《解释》第 5 条第 2 款"机构编制管理机关有前款所列行为的,对有关责任人员,从重处理"的规定,对以上责任人员应按照《中国共产党纪律处分条例》第 19 条有关"从轻、从重处分,是指在本条例分则中规定的违纪行为应当受到的处分幅度以内,给予较轻或者较重的处分"的规定,在应受处分以内选择较重的处分种类给予处分。

5. 对于超越权限审批编制种类的违纪行为,应按照《机构编制监督检查工作暂行规定》予以纠正处理。

〔相关法律法规链接〕

《机构编制违纪行为适用〈中国共产党纪律处分条例〉若干问题的解释》

《中国共产党纪律处分条例》

《机构编制监督检查工作暂行规定》①

【习题及答案解析】

---

① 现为《机构编制监督检查工作办法》。

| 第 三 编 |

行政行为法
及其构成

第九章 行政行为法概说

第一节 行政行为概述

一、行政行为的定义

"行政行为"一词最早出现于法国行政法学,但作为规范的行政法学的理论概念,却是由德国行政法学家奥托·迈耶首先提炼、概括出来的。[①] 此后,经过法学理论的不断发展和法学家们的不断研究,行政行为逐渐成为行政法学的一个核心范畴和概念性工具。但是,对于行政行为的定义,以及其内涵和外延,至今理论界都没有形成一致的意见,仍然有着不同的学说。在我国,1989年颁布的《行政诉讼法》首次以立法的形式采用"具体行政行为"的概念,使"行政行为"一词不仅是行政法学上的学术概念,而且成为制定法上的法律术语。[②]

行政行为的定义从学理上至少包括以下五种:[③]

第一种是最广义的行政行为,指行政机关作为一个机构实体所为的一切行为,包括能够产生法律效果的行为和不能够产生法律效果的纯粹事实行为。

第二种是广义的行政行为,指行政机关作为一个机构实体所为的能够发生法律效果的行为,包括公法上的效果和私法上的效果。

第三种是狭义的行政行为,指行政主体所作出的具体行政行为,即就某一具体事件所为的行为。

第四种是最狭义的行政行为,指行政主体就具体事件所为并发生行政法上效果的单独行为,即行政主体为这一行为时是在单方意志决定下实施的。

第五种是折中的行政行为,指行政主体基于行使行政职权所为的能够发生公法效果的行为。此说将私法行为和事实行为排除在行政行为范围之外,但在外延上却存在不同的观点。一是全部公法行为说。该说认为,行政行为包括全部有公法意义的行为。也就是说,行政行为既包括抽象行政行为,也包括具体行政行为。全部公法行为说是法国和我国行政法学界的通说。[④] 二是立法行为除外说。该说认为,行政行为包括除行政立法行为以外的全部

---

① 有学者认为,行政行为概念最早是由美国经济学家西蒙提出的。参见胡建森:《行政法学》,法律出版社1998年版,第261页。根据姜明安教授的考证,西蒙所使用并广为流行的"行政行为"是一个行政学上的概念而不是行政法学上的范畴,并且要比奥托·迈耶提出行政行为这一法学概念晚半个世纪。参见杨海坤:《中国行政法基本理论》,南京大学出版社1992年版,第248页。

② 2014年修改的《行政诉讼法》将所有条文中的"具体行政行为"一律修改为"行政行为",可谓技术层面修法的最大亮点。

③ 参见关保英:《行政法学》,法律出版社2013年版,第391页。

④ 参见王名扬:《法国行政法》,中国政法大学出版社1989年版,第132页;罗豪才主编:《行政法学》,北京大学出版社1996年版,第105、116页。

有行政法意义的行为。也就是说,抽象行政行为中的行政立法行为不属于行政行为,但制定规范性文件的行为属于行政行为。行政行为包括制定规范性文件的行为和具体行政行为。①三是具体行为说。该说认为,行政行为是行政主体就具体事件所作的公法行为。该说认为行政主体对不特定人或事所作的抽象行为不属于行政行为。此外,持该说的多数学者还认为行政主体对内部行政相对人所作的内部行为及行政契约亦不属于行政行为。具体行为说是当今德国、日本和我国台湾地区行政法学上的通说,在法国行政法学上也有一定的支持者。② 我国学者杨建顺也持具体行为说。他认为,对行政行为的界定必须从行政诉讼的现实需要和与国际上主流学说相一致的角度来进行,"行政行为,是指行政主体依法行使国家行政权,针对具体事项或事实,对外部采取的能产生直接法律效果使具体事实规则化的行为"③。四是合法行为说。该说认为,行政行为应当是行政主体所作的一种合法行为。该说认为,只有合法的行为才能发生预期的行政法效果,违法行为即使发生了相应的法律后果也不能得到法律的保护,并不是行政主体所期望的行政法效果。我国的少数学者和实务界人士持该说。④

本书认为,行政法上的行政行为是指行政主体实施的由行政法规范调整或者应当由行政法规范调整的行政活动和行政手段。

二、行政法上的行政行为的特征

行政法上的行政行为具有以下特征:

(一)行政法上的行政行为是由行政主体实施的行为

任何行为都有对应的行为主体,没有主体的行为是不存在的。行政法上的行政行为是由具有行政主体资格的机关或组织实施的。根据我国《行政诉讼法》第2条,行政行为包括行政机关和行政机关工作人员作出的行政行为以及法律、法规、规章授权的组织作出的行政行为。这里的行政机关和法律、法规、规章授权的组织均是行政主体,行政行为均以其名义作出,并由其对相关行为负责。这里的行政机关工作人员并非行政行为的主体而只是行政行为的实施者,行政机关工作人员是以行政机关的名义作出行政行为,并由行政机关对其行为负责。行政行为的实施者除了行政机关工作人员以外,还包括法律、法规、规章授权组织的工作人员以及行政机关委托的组织及其工作人员。

(二)行政法上的行政行为是产生行政法律效果的行为

行政行为是受行政法规范的,行政主体作出的产生法律效果的行为,即行政主体的行政

---

① 参见姜明安:《行政法与行政诉讼》,中国卓越出版公司1990年版,第237页。
② 参见翁岳生:《行政法与现代法治国家》(自刊),1990年版,第4、6、7页;杨建顺:《日本行政法通论》,中国法制出版社1998年版,第362页;王名扬:《法国行政法》,中国政法大学出版社1989年版,第132页。
③ 杨建顺:《关于行政行为理论与问题的研究》,载《行政法学研究》1995年第3期。
④ 参见刘勉义:《论行政行为与行政机关事实行为的界分》,载刘莘等主编:《中国行政法学新理念》,中国方正出版社1997年版,第118页;王军旺等:《对"行政法律行为"概念探讨》,载《行政法学研究》1997年第2期。

行为能对作为行政相对人的个人、组织的权利和义务产生相应影响,这种影响可能对行政相对人是有利的,如颁发证照、发给抚恤金等,也可能对行政相对人是不利的,如行政处罚、行政强制等。但是还有相当一部分行为是行政法规范之外的行为,对行政相对人并不直接产生法律效果,例如行政主体在民事法律关系中的行为,行政主体所作的不发生法律效力的事实行为等。

同时,行政行为只有与行政法发生关联以后才可被视为行政法上的行为。这里的"与行政法发生关联",包括"应然"和"实然"两方面的内容:一方面,从"应然"的角度来说,是指该行为应当受到行政法规范的调整。由于立法技术等方面的原因,在一国的行政法治中必然存在本应受到法律的控制而没有受到控制的行政行为。这就导致了行政主体依职权实施的诸多行为中,一些行政行为有相应的行为法予以规定,一些尚未有相应的行为法予以规定。但不能认为没有被现行行政法规范的行政行为就一定不是行政行为。[①] 另一方面,从"实然"的角度来说,是指该行为已经受到了行政法规范的调整,例如行政法规范赋予了行政机关实施这一行为的资格,[②]或者行政法规范对行政主体实施这一行为进行了必要限制。[③]

(三) 行政法上的行政行为以行政活动和行政措施为外在表现形式

行政行为是行政主体对行政相对人实施的,影响其权利、义务的行为,而不包括行政主体的内部行为。因此,行政行为是以一种具体的外在表现形式出现的。行政行为的外在表现形式主要体现为两种:一种为行政管理活动。例如,我国《出境入境管理法》第 4 条规定:"公安部、外交部按照各自职责负责有关出境入境事务的管理。中华人民共和国驻外使馆、领馆或者外交部委托的其他驻外机构(以下称驻外签证机关)负责在境外签发外国人入境签证。出入境边防检查机关负责实施出境入境边防检查。县级以上地方人民政府公安机关及其出入境管理机构负责外国人停留居留管理。公安部、外交部可以在各自职责范围内委托县级以上地方人民政府公安机关出入境管理机构、县级以上地方人民政府外事部门受理外国人入境、停留居留申请……"该规定即赋予了地方公安机关以及其他机关外国人入境管理权。另一种为行政措施,即行政机关在行政过程中为实现行政职权而采用的各种手段。例如,我国《港口法》第 49 条规定:"未依法取得港口经营许可证从事港口经营,或者港口理货业务经营人兼营货物装卸经营业务、仓储经营业务的,由港口行政管理部门责令停止违法经营,没收违法所得;违法所得十万元以上的,并处违法所得二倍以上五倍以下罚款;违法所得不足十万元的,处五万元以上二十万元以下罚款。"此条即赋予了港口行政管理机关在处置港口行政违法行为时采取多种行政措施的权力。

---

① 例如有完整行政程序法的国家将行政决策等行为都纳入行政法规范的调整之中,而尚未制定行政程序法的国家至少行政决策没有受到行政法规范的规制。但不能据此认为行政决策不属于行政行为的范畴。

② 如我国《中华人民共和国消费者权益保护法》第 32 条规定:"各级人民政府工商行政管理部门和其他有关行政部门应当依照法律、法规的规定,在各自的职责范围内,采取措施,保护消费者的合法权益。有关行政部门应当听取消费者和消费者协会等组织对经营者交易行为、商品和服务质量问题的意见,及时调查处理。"该条赋予了我国工商行政机关采取有关措施和调查处理的资格。

③ 如我国《行政诉讼法》就对行政机关实施行政许可的行为进行了必要的限制。

三、行政行为的效力

行政行为的效力,是指行政行为成立后,对行政相对人、行政主体以及其他组织、个人所具有的法律上的效力。[①] 关于行政行为的效力,有传统的四效力说、新四效力说、五效力说等。[②] 本书采用当前行政法学界的通说,认为行政行为的效力主要包括公定力、确定力、拘束力和执行力。

(一)公定力

行政行为的公定力,是指行政行为一经作出,除非有重大、明显的违法情形,即假定其合法有效,任何机关、组织和个人未经法定程序,均不得否定其法律效力。我们可以从两个方面来理解行政行为的公定力。一方面,行政行为的公定力是一种推定或假定的法律效力,并不意味着行政行为在事实上一经作出就必然是合法的,法定机关经过法定程序仍然可以否定其效力。例如:国家权力机关可以对行政行为进行监督,可以依法撤销违法的抽象行政行为;人民法院在行政诉讼中也可对行政行为进行监督,可以依法撤销违法的行政行为;上级行政机关可以对下级行政机关的行政行为进行监督,可以撤销下级行政机关任何违法的、不当的抽象或具体行政行为。但是,在经法定程序由法定机关使之失效前,都应对其作合法的推定。另一方面,行政行为的公定力是对世的,即此种效力不仅及于行政相对方与行政主体,还及于其他任何机关、组织和个人。尽管国家权力机关、司法机关和上级行政机关等都有权予以监督,但是对于未依法定程序撤销、废止或宣布为无效的行政行为,无论是行政主体还是行政相对人,以及其他机关、组织和个人都应当遵守其效力。

(二)确定力

行政行为的确定力,是指有效成立的行政行为具有不可变更(改变)力,即非依法不得随意变更或撤销和不可争辩的效力。[③] 行政行为的确定力对行政主体和行政相对人都发生效力。

对行政主体的确定力,称为实质确定力,要求行政主体非依法定理由和程序,不得随意改变其行为内容,否则要承担相应的法律责任。这种实质确定力的目的,主要在于防止行政主体反复无常,任意变更、撤销、废止其已作出的行政行为,导致对行政相对方权益的损害。

---

① 参见应松年主编:《行政法与行政诉讼法学》,高等教育出版社 2017 年版,第 94 页。

② 近年来,传统四效力说受到挑战,开始出现两种发展潮流:一是被以存续力概念为核心的现代四效力说取而代之,认为行政行为效力由存续力、构成要件效力、确认效力及执行力构成。该学说在批判传统四效力说过分偏重行政权的基础上,致力于淡化行政权的特权色彩,强调相对人与行政主体之间地位的平等性。但由于学者之间的认识尚不统一,该学说还没有得到普遍认可。二是在传统四效力说基础上增加一个先定力,成为五效力说。之所以会有这样的差别,是因为"四分说"是以"已经成立的行政行为"为前提条件,而先定力发生在行政行为成立之前。"五分说"是把行政行为作为一个过程来看待,自然要延伸到成立之前的先定力。这几个"力"之间的关系是,"先定力是最早发生的,公定力是确定力、拘束力和执行力的'担保力',确定力则是拘束力和执行力的前提,执行力是最后一项效力。"参见叶必丰:《行政行为的效力研究》,中国人民大学出版社 2002 年版,第 25—26 页;余凌云:《行政法讲义》,清华大学出版社 2019 年版,第 256 页。

③ 罗豪才、湛中乐主编:《行政法学》,北京大学出版社 2012 年版,第 158 页。

对行政主体的确定力对于维护行政相对方对行政行为的信任是极为重要的。

对行政相对人的确定力,称为形式确定力或不可争力,指行政相对人不得任意否认行政行为的内容或随意改变行为内容,非依法也不得请求改变行政行为。对行政相对人的确定力意味着行政相对人超过行政复议和行政诉讼期限后,不得对该行政行为申请行政复议或提起行政诉讼;即使在行政复议、行政诉讼期间,行政相对人非经法定程序,亦不得停止对该行为确定的义务的履行。例如,持有行政许可证的公民,不得随意改变许可范围,或从事许可范围以外的活动。

此外,行政行为的确定力,还要求除行政主体和行政相对人以外的国家机关(含行政机关)、社会组织和公民,都不得否认或拒绝行政行为所确认的事实和法律关系。

(三)拘束力

行政行为的拘束力,是指行政行为成立后,其内容对有关人员或组织所产生的法律上的约束效力,有关人员和组织必须遵守、服从,履行该行为确定的义务,不得作出与该行为相抵触的行为。行政行为的拘束力具体表现在以下三个方面:

首先,对相对人的拘束力。行政行为是针对行政管理相对方作出的。因此,其拘束力首先指向相对人。对于生效的行政行为,相对方必须严格遵守、服从和执行,完全地履行行政行为的内容或设定的义务,不得违反或拒绝。否则,就要承担相应的法律后果。

其次,对行政机关的拘束力。行政行为的拘束力不仅仅是针对相对人,行政机关自身同样要受约束。行政行为生效后,行政机关同样要受其拘束,包括作出该行政行为的行政机关和其他行政机关。

最后,行政行为的的拘束力也及于行政行为非直接对象的个人、组织。如行政主体发给某饮食店营业执照和有关许可证,批准其从事饮食业,其他任何个人、组织即不得阻止、妨碍或破坏其进行营业;行政主体依法冻结、划拨某公司的存款、账户,有关金融机构就应予以配合,让该公司不得再支取相应款项,或将应划拨的款项划拨给指定的组织或个人等。

(四)执行力

行政行为的执行力,是指行政行为生效后,行政主体与行政相对人必须自觉履行相应行政行为所确定的义务,拒绝履行或拖延履行的一方应当承担相应责任。在相对人拒绝履行或拖延履行的情况下,有关行政主体可以依法采取强制措施,或者依法申请人民法院强制执行行政行为内容。

行政行为的执行力不仅及于行政相对人,也及于行政主体本身。行政主体作出某种行政行为,行政相对人可能直接或间接从中取得某种利益。如果行政主体在之后不采取措施保障相对人的利益得以实现,行政相对人既可以申请行政主体履行行政行为,也可以通过行政复议或行政诉讼途径,请求行政复议机关或人民法院责令行政主体履行行政行为。

行政行为具有公定力、确定力、拘束力和执行力,是根据行政行为的性质作出的理论上的概括。这四种效力在实践中具有多方面的意义,也引发一系列规则。例如,在行政法上,对于生效的行政行为,一般采取不停止执行的原则,即不论相对方对行政行为是否存有异议,还是在相对方申请复议、提起诉讼期间都不能停止对行政行为的执行。只有在例外的情况下,才可能暂停行政行为的执行。这一规则就是行政行为效力的具体表现。

第二节 行政行为的类别[①]

行政法上的行政行为是一个行为体系,多种行政手段和行政管理方法共同称为行政行为。正是这种范畴概念的特点使得学者们不得不用诸多分类标准对行政行为进行理论分类。[②]

一、抽象行政行为和具体行政行为

以行政相对人是否特定为标准,可以将行政行为分为抽象行政行为和具体行政行为。抽象行政行为是指行政主体针对不特定行政相对人所作的行政行为,具有发生普遍性法律效力并可反复适用的特点。具体行政行为是指行政主体针对特定行政相对人所作的行政行为,具有设定、变更、消灭或确认特定行政法关系的特点,在我国台湾地区的行政法学上也称为"行政处分"。行政行为的这一分类,对认识我国现行行政救济机制,确定不同行政行为的相应救济方式具有重要意义。

二、羁束行政行为和自由裁量行政行为

以行政主体对行政法规范的适用是否具有灵活性为标准,可以将行政行为分为羁束行政行为和自由裁量行政行为。羁束行政行为是指行政主体对行政法规范的适用没有灵活性的行政行为,行政主体在实施行政行为时只能严格依据法律的规定,毫无自主灵活的余地;自由裁量行政行为则是指行政主体对行政法规范的适用具有一定程度灵活性的行政行为,行政主体在实施行政行为时,在法定的范围和幅度内,有权依据自身的判断进行裁量。之所以作这样的区分,是因为对某些法律事实能够在立法上作出统一的规定,而对某些法律事实无法在立法上作出统一的规定,需要由行政主体根据这些法律事实的具体因素决定法律的适用。这是以行政行为受行政法规范的拘束程度为标准的,而不是以行政主体对事实的认定是否具有灵活性为标准的。就事实的认定而言,不论自由裁量行政行为还是羁束行政行为都具有灵活性。羁束行政行为和自由裁量行政行为的分类,对在立法上实现对行政行为的规范和约束,在司法上对分析和认定行政行为的合法性和公正性具有一定的意义。在法律适用上,羁束行政行为只存在合法性问题,而自由裁量行政行为不仅存在合法性问题而且

---

① 该节关于行政行为类别的划分,部分内容参考了马怀德主编:《行政法与行政诉讼法》,中国法制出版社 2015年版。

② 关保英教授认为,法律对行政行为的类型并没有作出具体的规定,行政行为的分类是基于不同学者从理论层面所展开的,分类的目的在于准确把握行政行为的特征。因此,对于行政行为的分类,理论界并没有一个严格的标准和界限,只要能够设定一个合理的标准,就可以对于行政行为作出一个类型划分。

存在公正性问题。

三、依职权行政行为和依申请行政行为

以行政行为是否可由行政主体主动实施为标准,可以将行政行为分为依职权行政行为和依申请行政行为。依职权行政行为是指行政主体根据其职权而无需行政相对人申请就能主动实施的行政行为,也称主动行政行为或是积极行政行为。依申请行政行为是指行政主体只有在行政相对人提出申请后才能实施而不能主动采取的行政行为,又称为被动行政行为或者消极行政行为。依申请行政行为的实施必须以相对人的申请为启动条件,而不是指事实上或实际上接受相对人的申请作出行政行为。认定依申请行政行为必须以法律上要求具备相对人的申请为标准,而不能以相对人事实上是否已提出申请为标准。行政行为的这一分类有利于分析行政行为的实施条件。依职权行政行为不需要行政相对人的申请这一条件就能实施,有利于提高行政效率;依申请行政行为只有具备行政相对人的申请这一条件后才能实施,有利于增进相对人对行政的参与和尊重相对人的意愿。应当指出的是,行政相对人的申请尽管也是一种意思表示,但最终决定权却在行政主体,因而依申请行政行为不能等同于行政合同。同时,依申请行政行为不仅具有行政相对人的意思表示,有时还需要行政相对人缴纳一定费用,此时不应与民事法律行为相混淆。

四、附款行政行为和无附款行政行为

以行政行为是否有附款为标准,可以将行政行为分为附款行政行为和无附款行政行为。附款行政行为是指除行政法规范明确规定外,行政主体根据实际需要附加生效条件的行政行为,又称条件行政行为。无附款行政行为是指行政行为的生效没有附加条件的行政行为,又称单纯行政行为。这里的附款就是条件,指行政主体在行政行为中规定(而不是行政法规范规定)的,其成就与否决定法律行为效力的某种将来的不确定事实或行为。一般说来,这种附款多出现于自由裁量行政行为。在羁束行政行为中设定附款,必须有行政法规范的明文规定为依据,否则就属于违法。行政行为的这一分类源于民事法律行为的分类,可参见民事法律行为的相应原理。划分附款行政行为和无附款行政行为,对分析行政行为法律效力的产生、变更和消灭具有重要意义。

五、授益性行政行为和损益性行政行为

以行政行为的内容对行政相对人是否有利为标准,可以将行政行为分为授益性行政行为和损益性行政行为。授益性行政行为是指行政主体为行政相对人设定权益或免除其义务的行政行为。损益性行政行为是指行政主体为行政相对人设定义务或剥夺、限制其权益的行政行为,又称负担行政行为。但是,当一个行政行为既设定了行政相对人的权利又设定了行政相对人的义务时,既是授益性行政行为又是损益性行政行为,学说上称为混合行政行为。当一个行政行为有两个行政相对人时(如行政裁决),对一个行政相对人可能构成授益性行政行为,对另一个行政相对人则可能构成损益性行政行为。当一个行政行为是为了维

护公共利益时,则构成对不特定行政相对人的损益性行政行为。行政行为的这一分类,有利于分析行政行为的内容。

六、要式行政行为和非要式行政行为

以行政行为是否必须具备法定形式为标准,可以将行政行为分为要式行政行为和非要式行政行为。行政行为的形式包括书面文字、特定意义的符号、口头语言和实际动作。书面文字,指各种格式的文书和证件。书面文字和特定意义的符号有利于准确地载明行政主体的意思表示,体现行政行为的严肃性,分清责任,促进依法行政。因此,行政法规范一般规定书面文字或特定意义的符号为行政行为的必要形式。要式行政行为是指必须具备某种书面文字或具有特定意义符号的行政行为,非要式行政行为则是指行政法规范没有要求必须具备书面文字或特定意义符号的行政行为。行政行为的这一分类,有利于从严要求行政行为的实施,并认定口头和行动等隐蔽形式的行政行为的存在。

七、作为行政行为和不作为行政行为

以行政行为是否改变现有法律状态(权利义务关系)为标准,可以将行政行为分为作为行政行为和不作为行政行为。作为行政行为是指行政主体积极改变现有法律状态的行政行为,如行政征收和颁发许可证等。不作为行政行为是指行政主体维持现有法律状态,或不改变现有法律状态的行政行为,如不予答复和拒绝颁发许可证等。不作为行政行为应当与默示形式的行政行为相区别。默示形式的行政行为,既可以是作为行政行为,也可以是不作为行政行为。但也有学者认为,作为与不作为的划分,应以行政主体的义务是作为义务还是不作为义务,对义务的态度是积极还是消极为标准。行政主体积极履行作为或不作为义务的行为是作为行政行为,行政主体消极对待作为义务的行为是不作为行政行为。行政行为的这一分类,有利于揭示不作为形式的行政违法以防止行政主体规避法律。

八、独立行政行为和需补充行政行为

以行政行为是否需要其他行为作为补充为标准,可以将行政行为分为独立行政行为和需补充行政行为。独立行政行为是指不需要其他补充行为就能够生效的行政行为,需补充行政行为是指必须具备补充行为才能生效的行政行为。这个补充行为往往就是上级机关的审批或备案行为。当该补充行为是由行政法规范规定时,需补充行政行为是一个无附款行政行为;当该补充行为并非基于行政法规范的规定,而是由行政主体自行设定或要求时,需补充行政行为是一个附款行政行为。因此,行政行为的这一分类应当与附款行政行为和无附款行政行为的分类加以区别。

九、内部行政行为和外部行政行为

以相对人是内部相对人还是外部相对人为标准,可以将行政行为分为内部行政行为和外部行政行为。内部相对人主要是公务员以及具有与公务员相类似地位的人员(如授权行政主体和受委托组织中执行公务的人员）。区分内部相对人和外部相对人或公务人员和非公务人员的标准，主要是该人员同行政组织间是否具有行政隶属关系（人事任免和领导关系）及行政监督关系。内部行政行为是指行政组织对内部相对人所作的行政行为。外部行政行为是指行政主体对外部相对人所作的行政行为。行政行为的这一分类，有利于法律的准确适用；有利于分析行政行为的合法性，如内部行政行为在主体上的要求，没有像外部行政行为那样严格；有利于确定相应的救济途径。

十、行政立法行为、行政执法行为和行政司法行为

以行政权作用的表现方式和实施行政行为所形成的法律关系为标准，可以将行政行为分为行政立法行为、行政执法行为和行政司法行为。这是一种传统的分类。所谓行政立法行为，是指行政主体依法定职权和程序制定具有普遍约束力的规范性文件的行为。它所形成的法律关系是以行政主体为一方，以不确定的行政相对方为另一方。所谓行政执法行为，是指行政主体依法实施的直接影响相对方权利义务的行为，或者对个人、组织的权利义务的行使和履行情况进行监督检查的行为。它形成的法律关系是以行政主体为一方，以被采取措施的相对方为另一方的双方法律关系。具体包括行政许可、行政确认、行政奖励、行政处罚、行政强制、行政合同、行政监督检查等行为。所谓行政司法行为，是指行政机关作为争议双方之外的第三者，按照准司法程序（特别的行政程序）审理特定的民事争议和行政争议案件并作出裁决决定的行为。它所形成的法律关系是以行政机关为一方，以发生争议的双方当事人各为一方的三方法律关系，具体包括行政仲裁、行政调解、行政裁决、行政复议等行为。其中典型的是行政裁决、行政复议行为。

将行政行为划分为行政立法行为、行政执法行为和行政司法行为，有助于对因行政权不同作用方式而形成的不同的行政关系进行法律调整，从而规范行政行为。同时，这种划分也是行政法学者对行政行为体系结构进行研究的一种思路。

对行政行为还可以根据其他标准进行分类，如共同行政行为和非共同行政行为，同样行政行为和非同样行政行为，告知行政行为和非告知行政行为，需受领的行政行为和非受领的行政行为，自为行为、授权行为和委托行为等。

行政行为作为一种范畴性概念给完善行政行为法造成了很大的难度，究竟通过一部法典规范行政行为，还是针对每个行政行为制定规则成为理论界长期争论的问题。

第三节　行政行为法的概念与特征

一、行政行为法的界定

在我国，行政法教科书中虽有"行政行为法"的名称，但学者们并没有对于"行政行为法"的概念予以明确的界定。"行政行为法"的提法最早见于应松年教授主编的《行政行为法》一书，该书明确将行政行为法作为构成行政法学体系的一个基本概念，并在此基础上对

各种不同的行政行为形式展开分析。① 由此，"行政行为法"这一语词所具有的重要意义得到进一步强化，并在以后的诸多行政法学教材论著中成为基本的构成内容。例如，皮纯协教授主编的《行政法学》，其中有一篇的名称叫做"行政行为法"，在该篇中他设计了下列内容：行政行为一般理论、行政立法、行政许可、行政征收、行政处罚、行政编制、行政调查、行政契约、行政指导、行政计划、行政事实行为等。国内其他行政法教科书也基本上采取这样的处理方式。

国内行政法学教科书普遍使用行政行为法的名称而不界定行政行为法的概念，主要原因包括两个方面：一是行政行为与行政行为法的概念界定模糊。根据目前国内关于行政行为的通说，"行政行为是指行政主体及其工作人员或者行政主体委托的组织或个人实施的产生行政法律效果的行为"②，行政法上的行政行为是具有法律属性的，行政行为能够产生行政法上的效果。一定程度上，这模糊了行政行为和行政行为法的概念界定。但本书认为，行政行为法则是一个规则系统，行政行为是行政行为法的元素，行政行为使得行政行为法有了实在意义，而行政行为法使行政行为有了法律形式，这是理论上二者的不同。从法律规则上看，行政行为法于行政行为也是不同的，行政行为法是带有国家强制力的规范行政行为的规则，而行政行为则是行政主体实施的行政手段，二者的主体存在差别，二者在法律形式上也存在差别。二是行政行为本身是一个范畴概念，从立法技术上很难从若干的具体行政行为中抽象出来赋予其准确的定义。就目前的立法水平看，还没有找到一个很好的办法能将规范所有行政行为的实体规则和程序规则统一在一个法典中，实体规则与程序规则的分立，不同行政行为规则的分立，不同行政管理活动规则的分立模糊了将行政行为法看作实在法的视野。但本书认为，行政行为法是一国法律体系的组成部分，虽然称谓上不同，但是其作为国家用以调整行政管理活动和行政手段的规则都是非常实在的。它存在的分散性不能成为其非实在法的理由。

因此，本书认为，无论是从理论研究上还是从行政法治实践上，都应当对行政行为法的概念进行基本的界定。所谓行政行为法，是指规范行政行为的行政法规范的总称。③

二、行政行为法的特征

首先，行政行为法是形成行政行为与制约行政行为的法。行政行为法规范行政行为是

---

① 应松年教授主编的书名叫《行政行为法》，该书并没有给行政行为法下一个定义，不过该书还是指出了行政行为在行政法中的地位："行政行为最能反映行政实践中出现的各种问题。要了解行政实践的基本运行状况，必须从行为入手，掌握行政行为的范围、方式及程序，在此基础上，才能发现现行行政管理中出现的各种问题，即使是深层次的组织问题和责任问题也要通过行政行为得到反映。行政行为是联系政府与个人权利的纽带。行政行为既能够反映政府的行政效率，同时也可以体现公民在国家管理中的权利。对行政行为的规范过程实质上是平衡兼顾公共利益和个人利益的过程。行政行为是建构中国行政法体系的突破口。行政诉讼法颁布之前，我国行政法体系的建构虽然取得很大进展，但从体系到具体观点都存在着许多不稳定或者说不明确之处，行政诉讼法的实施，尤其是行政行为可诉性问题促使人们重新思考如何构建行政法学理论体系、行政法的发展模式等问题。我国行政法的性质和特征决定了新体系的建立必须选择行政行为为突破口，从行政行为入手并围绕着行为探讨组织、责任、诉讼等问题。只有如此才能解决目前行政实践存在的各种矛盾，合理地确定行政行为的范围、标准、程序和责任等问题，从而建构一个既不脱离中国实际状况又能解决实际问题的行政法新体系。"参见应松年主编：《行政行为法》，人民出版社1993年版，第2—3页。

② 参见应松年主编：《行政法与行政诉讼法学》，高等教育出版社2017年版，第82页。

③ 参见关保英：《行政法学》，法律出版社2013年版，第394页。

通过两个方面来实现的:一方面是形成行政行为的过程,即通过行政行为法形成行政主体能够实施的行政行为,赋予行政主体的行为以合法性。行政组织法规定了行政主体的产生,并赋予了行政主体以行政职权,但行政职权不能直接派生行政行为。纵观各国行政组织法,一般都不规定政府行政系统所能够实施的行政行为。也就是说,行政机构体系设立以后,行政主体还必须通过其他法律规范取得实施行为资格,有行政主体资格并不意味着一定具有实施某种行为的资格,行政行为是由行政组织规则以外的规则确定的。另一方面是制约行政行为的过程,即通过行政行为法对行政主体实施行政行为进行制约,使其实施行政行为时遵循一定的规则和程序。如我国《行政处罚法》规定行政机关实施行政处罚行为必须坚持公开、公正、公平的原则,这便是对行政主体实施行政处罚行为的约束。

其次,行政行为法是调整行政主体与行政相对人动态关系的法。行政主体与行政相对人的关系有动态与静态之分。从行政权的归属来看,行政主体与行政相对人的关系即是静态关系:行政主体是一个静态的机构实体,而行政相对人在更宽泛的意义上可以视为无数社会成员的一个集合。从这个角度来说,行政主体仅仅是行政权的行使主体,而行政相对人作为普遍意义上的社会公众成员才是行政权的归属主体。此时,可以将行政主体与行政相对人的关系以静态形式看待,对于这样的静态关系一般以行政组织法加以调整。而行政行为的本质是行政主体行使行政权的过程,其以行政活动和行政措施为外在表现形式。行政主体在行政管理过程中所为的行政活动和采取的管理手段,势必对行政相对人产生一定的影响。从这个方面来看,行政主体和行政相对人的关系即是一种动态的关系。而行政主体的行政活动和行政手段必须有相应的法律形式,这些法律形式都是行政行为法的构成。

再次,行政行为法是连接行政组织法和行政救济法的重要纽带。学界对于行政行为法的研究涵盖行政行为总论和行政行为分论的多个方面,但较少有学者深入研究行政行为法与行政组织法及行政救济法之间的关系。部分行政法教科书将行政组织法、行政行为法、行政救济法作为三个不同的编目,但并没有提到三者之间的逻辑关系。我们知道,行政法的规范体系中包括对体进行的规范和对用进行的规范两个方面,体和用是两个不能分开的东西,"体"所指的是行政法中的静态要素,"用"指的是动态要素,静态要素和动态要素的结合使行政过程得以实现。作为对"用"作出规范的行政行为法必须以行政组织法为前提。没有行政组织法对行政机构体系的设计,行政行为就失去了存在的主体,行政行为法也就没有了规制的主体要件;没有行政组织法对行政主体职权的规定,行政行为法就失去了规制行政行为的权力来源;没有行政救济法对行政权行使的校正,行政相对人的权益就失去了最后的保障。具体来说,没有行政组织法设计诸如工商、税务、物价、环保等无数行政管理职能部门,行政行为法就无法对这些职能部门确定行为,更无从制约他们的行为,而没有行政复议、行政诉讼、行政赔偿等制度的存在,行政权力的行使就失去了最后的防线。因此,行政行为法是连接行政组织法和行政救济法的重要纽带,作为行政组织法的后续法而又作为行政救济法之前置法的属性是非常重要的。我们研究行政行为和行政行为法应当与行政组织法和行政救济法有机结合起来,至少不能离开对行政组织法、行政救济法的研究而片面、孤立地研究行政行为法。

最后,行政行为法的表现形态零散。行政法是由众多法律规范构成的法律群,这一特性在行政行为法中的表现最为突出。这主要是因为,作为行政行为法基础的行政行为本身具有零散性的特点,这直接导致难以通过一个统一的法典来对所有的行政行为予以规范。实践中,如我国《行政处罚法》和《行政许可法》是针对个别的行政行为而作出的,但这些法律所规范的并不是行政处罚和行政许可行为的全部,而仅仅涉及行政处罚和行政许可行为的程序规则。相比较而言,行政组织法、行政救济法都有相对规范化的法典。行政行为法形态的零散性是行政法的一个特有现象,该现象究竟是应然还是实然,需要理论界进一步深入探讨。

三、行政行为法在行政法规范中的呈现

如前所述,行政行为法的重要特征之一就是表现形态的零散性。行政行为法是由规范行政行为的不同规则集合而成的,它不像行政组织法那样在行政立法文件中就有专门的名称。如果我们将不同行政法规范体系中规制行政行为的规则统一称为行政行为法,那么,如何确定行政行为法在行政法规范中分布的领域就是澄清行政行为法时必须首先解决的问题。从行政法文件的部类看,行政行为法主要反映在下列行政法文件中:

(一)抽象行政行为规范中的行政行为法

抽象行政行为被称为"普遍行政行为"或"制定行政法律规范的行为",是指特定的国家行政机关在行使行政权过程中,制定和发布普遍性行为规则的行为,包括制定法规、规章和发布决定、命令等行为。① 以规范程度与效力等级为标准,抽象行政行为可以分为行政立法行为和除立法行为以外的其他抽象行政行为。因此,规范抽象行政行为的行政行为法也可以从行政立法法和其他规范性文件的制定办法中得以体现。

1. 行政立法行为中的行政行为法。我国行政立法行为法大体包括下列不同层次的行政法规范:(1)《立法法》对行政立法行为的规定,包括对行政法规制定行为和政府规章制定行为的主体、客体、程序等的规定。(2)《行政法规制定程序条例》对行政立法行为的规定,主要规定了行政法规制定行为操作中的具体问题。(3)《规章制定程序条例》对行政立法行为的规定,主要规定了部门规章和地方政府规章制定过程中的操作规程问题。(4)《法规规章备案条例》对行政立法行为的规定,其中对规章备案问题的若干规定是行政行为法的内容。(5)上列若干规范行政立法行为的规则是中央机关制定的,各地根据自己的实际情况相继制定了各地行政立法权行使的规则,如《上海市人民政府规章制定程序规定》等。截至目前几乎我国具有规章制定权的地方都有规范规章制定行为的规则。

2. 其他抽象行政行为中的行政行为法。规章以下的抽象行政行为主要是以行政管理规范性文件的形式发布的。我国《宪法》《地方各级人民代表大会和地方各级人民政府组织法》赋予了各级行政机关及其职能部门制定行政管理规范性文件的权力。② 近年来大部分

---

① 参见张正钊、胡锦光主编:《行政法与行政诉讼法》,中国人民大学出版社2015年版,第145页。
② 如我国《宪法》第107条第1款规定:"县级以上地方各级人民政府依照法律规定的权限,管理本行政区域内的经济、教育、科学、文化、卫生、体育事业、城乡建设事业和财政、民政、公安、民族事务、司法行政、计划生育等行政工作,发布决定和命令,任免、培训、考核和奖惩行政工作人员。"《地方各级人民代表大会和地方各级人民政府组织法》第59条规定:"县级以上的地方各级人民政府行使下列职权:(一)执行本级人民代表大会及其常务委员会的决议,以及上级国家行政机关的决定和命令,规定行政措施,发布决定和命令……"

的地方行政机关及相关的职能部门都制定了规范性文件制定行为的规则。如 2018 年 1 月 10 日广西壮族自治区公布的《广西壮族自治区行政规范性文件制定程序规定》,2020 年 12 月 6 日山东省人民政府公布的《山东省规章和行政规范性文件备案规定》,2020 年 7 月 2 日 海南省药品监督管理局发布的《海南省药品监督管理局行政规范性文件制定与备案办法》 等。但遗憾的是,在中央层面还没有一部专门的规范性文件制定行为的规则。本书认为地 方行政机关及相关的职能部门针对行政规范性文件的发布制定专门立法的做法值得我国中 央立法机关注意,在我国没有出台行政程序法的情况下,制定专门规范行政规范性文件的行 政行为法规则是很必要的。

（二）部门行政管理法中的行政行为法

部门行政管理法也叫部门行政法,是指有关部门行政管理的法律规范的总称。我国的 部门行政法与其他国家不同,采取的是二元结构的立法体制,即在一个部门行政法中包括了 双重内容:既规定行政相对人的权利义务,又规定行政主体的权利义务。[①] 部门行政管理法 二元结构的立法技术使我国绝大多数行政行为法的规则都分散在部门行政法中。我国部门 行政法关于行政行为法的具体规定表现如下:

1. 规定了具体行政行为所涉及的管理领域和对应主体。部门行政法作为行政法的一 大部类,其功能首先表现在对行政行为涉及行政管理领域的划分。行政组织法对于行政主 体的管理职能作出了原则性的规定,但具体到行政管理权的实施,必须通过部门行政法来予 以进一步细化。每一个行政机关都有符合本部门特点的行政管理行为,只有对行政行为分 布的领域作出合理划分,才能确定如何根据行政权的不同范畴制约行政行为。如我国《审计 法》即是对于审计部门的管理领域进行的规定,而《税收征收管理法》则是对于税务部门的 税收征收领域进行的规定。部门行政法在对行政行为涉及行政管理领域进行划分的同时, 也确定了实施行政行为的主体。如我国《税收征收管理法》第 28 条规定:"税务机关依照法 律、行政法规的规定征收税款,不得违反法律、行政法规的规定开征、停征、多征、少征、提前 征收、延缓征收或者摊派税款。农业税应纳税额按照法律、行政法规的规定核定。"税收征收 的行政行为对应的主体是税务行政机关,税务机关以外的机关则不能实施此条规定的行为。

2. 规定了行政行为的名称。我国行政法教科书中使用的行政行为名称,尤其具体行政 行为名称,几乎都是从部门行政法中提炼出来的。换言之,现在使用的具体行政行为名称都 可以找到部门行政法与之对应。当前我国部门行政法所规定的行政行为主要可以分为以下 几类:(1)管理性行政行为。通过法律规范赋予相关行政机关对某一方面行政事务进行管理 的权力,以及根据这一权力实施行政活动的资格。如《食品安全法》第 5 条规定:"……国务 院卫生行政部门依照本法和国务院规定的职责,组织开展食品安全风险监测和风险评估,会 同国务院食品安全监督管理部门制定并公布食品安全国家标准……"(2)许可性行政行为。 此类行为赋予了行政主体实施行政许可行为的资格,行政主体因此对行政相对人实施行政

---

① 有学者曾经提出,从行政法是规范政府行政权的角度看,部门行政法很难被归入行政法的范畴,应当从行政法体 系中分化出去的论点,他们认为如果没有完成这样的分化,行政法与经济法以及其他部门法的关系就难以厘清。参见关 保英:《行政法学》,法律出版社 2013 年版,第 417 页。

审批。如《国境卫生检疫法》第 4 条规定:"入境、出境的人员、交通工具、运输设备以及可能传播检疫传染病的行李、货物、邮包等物品,都应当接受检疫,经国境卫生检疫机关许可,方准入境或者出境。具体办法由本法实施细则规定。"国境卫生检疫机关的行政许可行为来源于该条的规定。(3)行政检查行为。即部门行政法赋予行政主体对某些事项实施行政检查行为的权力。如《食品安全法》第 50 条规定:"……食品生产企业应当建立食品原料、食品添加剂、食品相关产品进货查验记录制度,如实记录食品原料、食品添加剂、食品相关产品的名称、规格、数量、生产日期或者生产批号、保质期、进货日期以及供货者名称、地址、联系方式等内容,并保存相关凭证。记录和凭证保存期限不得少于产品保质期满后六个月;没有明确保质期的,保存期限不得少于二年。"(4)行政处罚行为。这也是部门行政法规定最多的行政行为。行政处罚也是一个类概念。在行政处罚行为之下,存在警告、罚款、吊销许可证执照、行政拘留等众多具体的行为类型。如《药品管理法》第 117 条第 1 款规定:"生产、销售劣药的,没收违法生产、销售的药品和违法所得,并处违法生产、销售的药品货值金额十倍以上二十倍以下的罚款;违法生产、批发的药品货值金额不足十万元的,按十万元计算,违法零售的药品货值金额不足一万元的,按一万元计算;情节严重的,责令停产停业整顿直至吊销药品批准证明文件、药品生产许可证、药品经营许可证或者医疗机构制剂许可证。"该条文包含了没收、罚款、吊销许可证、责令停产等 4 种以上的处罚行为。(5)行政强制行为。行政强制行为分为两种:一是行政强制执行,即行政机关对违法当事人采取的强制执行的具体行政行为,如行政主体对不交纳税款的人强征滞纳金;二是行政强制措施,即行政主体对当事人在紧急情况下采取的处罚措施,如《治安管理处罚法》第 15 条规定,"醉酒的人违反治安管理的,应当给予处罚。醉酒的人在醉酒状态中,对本人有危险或者对他人的人身、财产或者公共安全有威胁的,应当对其采取保护性措施约束至酒醒"。(6)行政奖励行为。部门行政法中一些条款规定了行政主体在行政管理中有权实施行政奖励行为。例如,《文物保护法》第 12 条规定:"有下列事迹的单位或者个人,由国家给予精神鼓励或者物质奖励:(一)认真执行文物保护法律、法规,保护文物成绩显著的;(二)为保护文物与违法犯罪行为作坚决斗争的;(三)将个人收藏的重要文物捐献给国家或者为文物保护事业作出捐赠的;(四)发现文物及时上报或者上交,使文物得到保护的;(五)在考古发掘工作中作出重大贡献的;(六)在文物保护科学技术方面有重要发明创造或者其他重要贡献的;(七)在文物面临破坏危险时,抢救文物有功的;(八)长期从事文物工作,作出显著成绩的。"该条虽没有明确行政奖励的实施主体,但从文物行政机关是管理机关看,应由文物部门实施对行政相对人的奖励行为。

3. 规定了行政行为的救济途径。部门行政法由于立法技术上的原因,大多没有规定行政行为的实施程序,但一般都规定了行政行为对当事人不利时的救济途径。例如《商标法》第 34 条规定:"对驳回申请、不予公告的商标,商标局应当书面通知商标注册申请人。商标注册申请人不服的,可以自收到通知之日起十五日内向商标评审委员会申请复审。商标评审委员会应当自收到申请之日起九个月内做出决定,并书面通知申请人。有特殊情况需要延长的,经国务院工商行政管理部门批准,可以延长三个月。当事人对商标评审委员会的决定不服的,可以自收到通知之日起三十日内向人民法院起诉。"

（三）行政程序法中的行政行为法

应松年教授认为，"行政程序法治旨在实现对行政行为的规范和控制……可以说，没有行政程序，就没有行政行为"①。所以，从行政程序的属性看，行政程序法是以行政行为为中心的，作用基点在行政行为。我国行政行为法在行政程序法中的呈现主要包括以下方面：

1. 关于行政行为主体的规定。行政行为必须有对应主体，同时该主体应当是规范化的主体。外国行政程序法一般都规定了行政行为主体的表明身份制度，即行政主体实施某一行政行为时必须表明执法身份，以证明其身份的合法性。我国在一些特别的行政程序中也有表明身份的规定，例如《居民身份证法》第15条就规定了，人民警察依法执行职务，经出示执法证件，可以查验居民身份证。②

2. 关于行政行为告知制度的规定。告知制度是指实施行政行为的机关告知行政相对人的有关事项。对于行政相对人而言，行政主体要告知有关行政决定的情况，牵涉利害关系人权益时，行政主体还应当告知利害关系人。如我国《行政处罚法》第44条规定："行政机关在作出行政处罚决定之前，应当告知当事人拟作出的行政处罚内容及事实、理由、依据，并告知当事人依法享有的陈述、申辩、要求听证等权利。"

3. 关于行政行为说明理由制度的规定。行政行为说明理由是现代行政程序保护行政相对人权益，促使行政主体谨慎行使的一种措施。如我国《行政许可法》第38条规定："申请人的申请符合法定条件、标准的，行政机关应当依法作出准予行政许可的书面决定。行政机关依法作出不予行政许可的书面决定的，应当说明理由，并告知申请人享有依法申请行政复议或者提起行政诉讼的权利。"

4. 关于行政行为听证制度的规定。设立听证制度的目的也是在于保护行政相对人的权益，促使行政行为能够在公平公开的情况下作出。我国已经在部分行政行为中实施了听证制度，如《行政处罚法》第五章第四节就专门对听证程序进行了规定。

（四）单一行政行为规则中的行政行为法

针对某一行政行为或普遍行政行为重要事项作出规定是近年来行政行为法立法的一个新趋向。在我国难以在短期内制定一部规范化的行政程序法典的情况下，针对某些行政行为制定单行行政法律或法规，是一种比较可行的立法选择。如我国《行政处罚法》是针对行政处罚行为制定的，内容主要是行政程序规则，如行政处罚法中的管辖、决定程序、处罚决定权和执行权的分离等，同时也包含了行政处罚的实体规则，如行政处罚种类的规定等。《行政许可法》是针对行政许可行为制定的，内容也主要是行政许可的程序规则，实体规则所占

① 参见应松年主编：《行政法与行政诉讼法学》，高等教育出版社2017年版，第235页。
② 我国《居民身份证法》第15条规定："人民警察依法执行职务，遇有下列情形之一的，经出示执法证件，可以查验居民身份证：（一）对有违法犯罪嫌疑的人员，需要查明身份的；（二）依法实施现场管制时，需要查明有关人员身份的；（三）发生严重危害社会治安突发事件时，需要查明现场有关人员身份的；（四）法律规定需要查明身份的其他情形。有前款所列情形之一，拒绝人民警察查验居民身份证的，依照有关法律规定，分别不同情形，采取措施予以处理。任何组织或者个人不得扣押居民身份证。但是，公安机关依照《中华人民共和国刑事诉讼法》执行监视居住强制措施的情形除外。"

· 179 ·

的部分也相对较少。对特定行政行为制定专门法典的优势在于其具有极强的针对性,但正如一些学者所担忧的,此种立法方式势必会加大立法成本。

第四节　实务案例

一、陈某诉国家卫健委要求发放生活费及恢复职工基本医疗保险关系案

〔案情摘要〕

陈某原为国家人口计生委退休巡视员,2009 年因贪污罪被法院判处有期徒刑 12 年,原国家人口计生委已于 2010 年决定取消其退休金和其他退休待遇。后因其双目失明,且患有脑梗塞、冠心病等多种疾病,经北京市第一看守所申请,法院准许其暂予监外执行,交由中关村司法所社区矫正。2020 年 6 月 18 日,陈某社区矫正结束,于当日向国家卫健委提交《关于申领退休生活费和恢复医保关系的请示》及相关证明材料,要求依据相关政策规定向其发放生活费,并尽快恢复其职工基本医疗保险关系,以解决其生活困难和就医问题。对此,国家卫健委人事司对陈某进行了答复,称目前尚无相关政策,暂时无法解决,待相关政策出台后,再行解决。陈某对答复不服,要求国家卫健委发放生活费及恢复职工基本医疗保险关系。

法院认为,根据《行政诉讼法》规定,行政机关对其工作人员的奖惩、任免等决定不属于人民法院行政诉讼的受案范围。据此,内部行政行为应当不属于行政诉讼的受案范围。本案中,原告向被告提交相关请示,请求发放退休人员生活费,并恢复其职工基本医疗保险关系,而上述争议系行政机关内部的人事管理争议,属于内部行政法律关系的范畴,不属于行政诉讼的受案范围。原告所引的《行政诉讼法》第 12 条第 1 款第 10 项之规定,旨在解决社会保障等行政部门未依法对外履行给付职责所引发的行政争议,不适用于本案情形。

综上,原告提起的本案之诉,不符合法定起诉条件,对其起诉依法应予驳回。据此,法院依照《行政诉讼法》第 49 条第 4 项,《最高人民法院关于适用〈中华人民共和国行政诉讼法〉的解释》第 69 条第 1 款第 1 项之规定,裁定驳回原告陈胜利的起诉。

〔法理分析与评议〕

对行政机关工作人员的奖惩、任免等决定,是指行政机关作出的涉及行政机关公务员执行义务的决定。行政机关对其工作人员的奖惩、任免等决定,是行政机关的内部人事管理行为,理论上概括为内部具体行政行为。奖惩是行政机关依法定职权对其工作人员实施的奖励和惩戒的行为;任免是行政机关依法定职权任命或解除其工作人员职务的活动。根据《最高人民法院关于适用〈中华人民共和国行政诉讼法〉的解释》第 2 条第 3 款的规定:《行政诉讼法》第 13 条第 3 项规定的"对行政机关工作人员的奖惩、任免等决定",是指行政机关作出的涉及行政机关工作人员公务员权利义务的决定。如行政机关对其工作人员有关培训、考核、离退休、工资、休假等方面的决定都属于行政机关的内部管理事务,由此导致的行政纠纷由行政机关自己处理解决;行政机关工作人员不服行政机关对其作出的奖惩、任免等内部人事管理方面的决定,只能在行政系统内部提出申诉,如向监察机关或人事部门提出申诉等,而不能向人民法院提起诉讼。同时,这类行政行为也不涉及社会上公民、法人或者其他组织

的合法权益问题,公民、法人或者其他组织无权对此提起行政诉讼。

〔相关法律法规链接〕

《中华人民共和国行政诉讼法》

《最高人民法院关于适用〈中华人民共和国行政诉讼法〉的解释》

二、袁某诉A市B区C街道办事处要求行政赔偿案

〔案情摘要〕

2013年9月30日,A市B区人民政府作出大学路房屋征收实施方案,载明:征收范围为C街道办事处桥上、徐林、张窝新村、望城岗四个自然村宅基地上全部房屋及地面附属物;征收主管部门为A市B区国土资源局,征收实施单位为C街道办事处。涉案房屋在前述项目征收范围内,2018年7月6日被C街道办事处拆除。2018年12月17日,袁某提起行政诉讼,要求确认C街道办事处拆除行为违法。法院经审理后于2019年6月17日作出(2018)苏8601行初1634号行政判决,判决确认C街道办事处于2018年7月6日拆除涉案房屋行为违法。双方均未针对该判决提起上诉,判决已经生效。2019年8月8日,袁某向C街道办事处邮寄国家赔偿申请书,该邮件于2019年8月9日妥投。因申请国家赔偿无果,袁某提起行政诉讼,请求:(1)C街道办事处对被违法拆除的房屋进行房屋产权调换或对涉案房屋按周边商品房单价标准进行赔偿13 300元/平方米×343平方米=4 561 900元;(2)返还强拆中丢失及损毁的物品,无法返还的物品进行货币赔偿计40 700元(详见丢失、损毁物品及价值清单)。

2020年12月21日,A市B区人民政府针对涉案房屋作出×政征〔2020〕5号-3房屋征收补偿决定,该决定主要载明"因大学路项目建设需要,B区人民政府于2013年10月21日发布房屋征收公告,对该项目规划范围内所涉房屋实施征收……被征收人袁某房屋位于本项目房屋征收范围内,征收编号2-35,该房屋丈量建筑面积为334.16m²。经本项目房屋征收现场指挥部监审组认定,该户房屋合法建筑面积为236.6m²。该项目房屋征收实施期间,经多次动员和协商,被征收人与房屋征收实施单位未能在规定的签约期限内达成补偿协议……做出补偿决定如下:1. 对被征收人袁某位于该项目征收范围内编号为2-35的房屋实施征收,实行产权调换。2. 如被征收人选择产权调换,该户可安置面积236.6m²,房源位于望城花园小区,由于被征收人目前尚无签约和选房意愿,暂指定安置房源2套,房号分别为望城花园三期38号楼3单元302室、402室,建筑面积均为122.61m²,合计245.22m²。安置房面积大于被征收人可安置面积8.62m²,由被征收人按1 780元/m²购买,共15 344元。另,该户无证房屋补偿按200元/平方米,补偿价19 512元;附属物补偿费1 100元;搬迁补助费4 732元(236.6m²×10元/m²×2次);临时安置过渡费3 549元(236.6m²×5元/m²·月×3个月);误工费200元;物品损失费40 700元。被征收人补偿款合计为69 793元。"该补偿决定一并告知了当事人提起行政复议或行政诉讼的权利。

法院认为:本案系征收补偿过程中引发的争议,依据有关法律规定,无论是集体土地征收,还是国有土地上房屋征收,依法享有作出征收补偿决定法定职权的机关,均为县级以上人民政府。在不能达成安置补偿协议的情况下,征收主体应当按照法律规定的征收程序,对被征收涉案房屋依法进行征收安置补偿。在本案审理期间,A市B区人民政府针对涉案房

屋作出了房屋征收补偿决定,对涉案赔偿内容予以回应。在前述房屋征收补偿决定已经作出的情况下,根据行政行为公定力原理,在有权机关确认其违法或撤销前,其当然发生法律效力,袁某如对该补偿决定的补偿方式、项目、数额有异议,应当另行提起行政诉讼,阻却该决定效力,若被动等待该补偿决定超过起诉期限,将直接影响其权益,且该补偿决定亦将阻却本案的实体审理。人民法院作为维护社会公平正义的最后一道防线,应当尊重行政机关首次判断权,不宜在行政机关作出补偿决定的情况下,无视行政机关在决定中赋予行政相对人的复议和起诉权利,在本案中对袁某的赔偿诉求重复评判。依据《最高人民法院关于适用〈中华人民共和国行政诉讼法〉的解释》第 69 条第 1 款第 10 项之规定,法院裁定驳回袁某的起诉。

〔**法理分析与评议**〕

行政行为的公定力是指,行政行为一经作出,除非自始无效的情形,即应当推定合法有效;在未经法律上有权机关通过法定程序和方式否却其效力之前,个人、组织以及其他国家机关,皆需尊重之;即便民众认定该行为不合法或不正当,也唯有寻求法律允许的异议和救济过程;若直接违抗,会招致不利的法律后果。我国的公定力理论从知识渊源上主要源于日本法。在日本法上,最初的公定力理论主要基于“行政的先验优越性”,后经过田中二郎、田上穰治、渡边洋三和高根义三郎等多位学者的演绎和改造,公定力的内涵逐渐从“合法性推定”转变为“撤销程序的排他性”,即不能在行政复议、行政诉讼等撤销程序以外的程序中消除行政行为的效力。据此,行政行为的效力否定原则上只能通过法院、行政复议机关等有权主体通过行政诉讼、行政复议的法定形式进行(无效行政行为除外)。民事诉讼不能径行否定行政行为的效力。

〔**相关法律法规链接**〕

《中华人民共和国国家赔偿法》

《中华人民共和国行政诉讼法》

《最高人民法院关于适用〈中华人民共和国行政诉讼法〉的解释》

【习题及答案解析】

第十章 抽象行政行为

第一节 抽象行政行为概述

一、抽象行政行为的概念和特征

抽象行政行为是相对于具体行政行为而言的,是行政法学上的一个特殊概念。在我国行政法学上,"抽象行政行为"一词最早见于《行政法概要》。该书首次将行政行为分为"抽象的行为和具体的行为"。该书指出:"国家行政机关在进行行政管理活动时,有时只制定抽象的规范,不对具体事情进行处理,这种行为称为抽象的行为。"[①]

目前,行政法学界对于抽象行政行为的概念存在不同的认识。有学者认为:"抽象行政行为是具体行政行为的对称概念,由于它可以反复适用,且对象具有普遍性,故又有人称之为普遍行政行为。"[②]也有学者认为:"所谓抽象行政行为,是指特定的国家行政机关依照法定职权和法定程序,针对不特定的人和不特定的事制定的具有普遍约束力的行为规则的行为,包括制定行政法规和行政规章的行政立法的行为,以及制定其他具有普遍约束力的决定、命令等行政规范性文件的行为。抽象行政行为相对于具体行政行为而存在,其核心在于行为对象的不特定性或普遍性,即行为对象具有抽象性,具有对不确定的某一类人或某一类事项可以反复适用的效力。"[③]

本书认为,抽象行政行为是指行政主体运用行政权,针对不特定相对人制定规制规则的行为,包括行政立法和制定行政规范性文件行为。[④]

抽象行政行为,可以从动态和静态两方面进行分析。从动态方面看,抽象行政行为是一个行为过程,是国家行政机关针对不特定的人或不特定的事制定具有普遍约束力的行为规则的行为。从静态方面看,抽象行政行为是一个行为结果,是指国家行政机关针对不特定的人和不特定的事制定的具有普遍约束力的行为规则,包括行政法规、行政规章和其他具有普遍约束力的决定、命令等。

抽象行政行为具有以下特征:

1. 行为规范性。抽象行政行为是行政主体制定的行为规范,不仅约束行政相对人,而且约束行政主体。行政主体实施具体行政行为时,不仅要依据法律,而且要依据行政法规、规章和其他规范性文件。层次较低的抽象行政行为,要以层次较高的抽象行政行为为依据,低层级的抽象行政行为不得与高层级的抽象行政行为相抵触。

[①] 参见王岷灿主编:《行政法概要》,法律出版社1983年版,第98页。

[②] 参见杨海坤主编:《行政法与行政诉讼法》,法律出版社1992年版,第49页。

[③] 参见罗豪才主编:《行政法学》,北京大学出版社1998年版,第101页。

[④] 参见姜明安主编:《行政法与行政诉讼法》,北京大学出版社2015年版,第443页。

2. 对象的普遍性。抽象行政行为以普遍的、不特定的人或事为行政对象,即它针对的是某一类人或事,而非特定的人或事。例如,行政机关制定行政规章,规章适用于所有符合规章要求的某一类人或某一类事。

3. 效力的普遍性和持续性。首先,抽象行政行为具有普遍的效力,对某一类人或事具有约束力。其次,抽象行政行为具有后及力,不仅适用于当时的行为或事件,而且适用于以后将要发生的同类行为或事件。

4. 准立法性。抽象行政行为在性质上属于行政行为,但它具有普遍性、规范性和强制性的法律特征,并须经过立项、起草、审查、决定、公布、备案等一系列程序。

二、抽象行政行为的类别

根据不同的标准,可以对抽象行政行为作不同的分类。

1. 以抽象行政行为的制定依据、内容和目的为标准,可以将抽象行政行为分为制定执行性规则的行为、制定补充性规则的行为、制定试验性行为规则的行为。[①] 制定执行性规则的行为是指为了执行法律、地方性法规在上级行政机关之外增加新的规定,所制定的行政法规、行政规章,通常称为"实施条例""实施细则""实施办法"。制定补充性规则的行为是为了补充已经发布的法律、法规而制定的规范性文件的活动。由于法律、法规不可能事先预见到所有情况或者当时不宜规定得详细、具体,需要行政机关根据实际情况予以适当的补充。因此,有可能根据原法律、法规所确定的原则,创设出某些新的法律规则。所以补充性规则的制定必须得到法律、法规或有权机关的明确授权,所制定的法规、规定,通常叫做"补充规定"或"补充办法"。制定试验性规则的行为是指行政机关基于有权机关或法律的特别授权,对本应由法律规定的事项,在条件尚不充分、经验尚未成熟或社会关系尚未定型的情况下,先由行政机关作出有关规定,经过一段试验期以后,再总结经验,由法律正式规定下来,多属于特别授权立法,需法律或有权机关的特别授权,所制定的法规,通常称为"暂行规定"或"暂行条例"。

2. 以抽象行政行为的权力来源为标准,可以将抽象行政行为分为依授权制定行为规则的行为和依职权制定行为规则的行为。依授权制定行为规则的行为是行政机关依据国家权力机关的特别授权,就本应由国家权力机关制定法律或地方性法规的事项而进行的行为规则制定活动。依职权制定行为规则的行为则是行政机关直接根据宪法和组织法的授权,为执行相应法律、法规,或行使相应行政管理职权而制定行政法规、规章以及其他规范性文件的活动。

3. 以抽象行政行为的规范程度与效力等级为标准,可以将抽象行政行为分为行政立法行为和除行政立法以外的其他抽象行政行为。后面的章节将详细论述行政立法行为和其他抽象行政行为。

三、抽象行政行为的合法要件

(一) 行政立法行为的合法要件

根据我国《立法法》第 96 条:"法律、行政法规、地方性法规、自治条例和单行条例、规章

---

① 陈亚平主编:《行政法与行政诉讼法原理与实务》,华南理工大学出版社,2006 年版,第 57 页。

有下列情形之一的,由有关机关依照本法第九十七条规定的权限予以改变或者撤销:(一)超越权限的;(二)下位法违反上位法规定的;(三)规章之间对同一事项的规定不一致,经裁决应当改变或者撤销一方的规定的;(四)规章的规定被认为不适当,应当予以改变或者撤销的;(五)违背法定程序的。"的规定,行政立法行为的合法要件可以分为职权合法、内容合法、程序合法三个方面:

首先,职权合法,要求行政机关在自己的职权范围内制定行政法规和规章。宪法、组织法和立法法等规定了有权制定行政法规和规章的主体,以及有权制定为行政法规和规章的内容。因此,行政法规和规章的合法有效,是以制定机关具有行政法规和规章的制定权,以及对某一内容能够制定为行政法规和规章为前提的。同时,职权合法,还要求制定主体不滥用职权。也就是说,制定主体不得滥用宪法、组织法和立法法所赋予的行政立法权,不得利用这一权力达到地方保护和部门垄断等不正当目的,授权立法还应符合授权目的。

其次,内容合法,是指行政法规和规章所规定的各项内容要合法。这就要求下位法不得与上位法相抵触,行政法规和规章的标的没有违反法律,制定行政法规和规章的法律根据正确,行政法规和规章符合社会发展的客观需要,正确地体现和协调各种利益关系。

最后,程序合法,是指行政法规和规章的制定应当遵循《立法法》《行政法规制定程序条例》和《规章制定程序条例》所规定的程序。

(二)其他抽象行政行为的合法要件

在我国,抽象行政行为除了行政立法行为以外,还有制定其他行政规范性文件的行为。对制定其他行政规范性文件性的合法性要件,目前还没有统一的规定。在个别部门和地方所制定的其他行政规范性文件制定程序的规定中,也基本体现了职权合法、内容合法和程序合法要件。例如,《上海市行政规范性文件制定和备案规定》第18条前2款规定:"除由制定机关的法制机构具体负责起草规范性文件以及本规定第二十一条另有规定外,制定机关的办公厅(室)应当将报请发布的材料交由制定机关的法制机构进行法律审核。法律审核主要包括下列内容:(一)是否属于规范性文件;(二)是否超越制定机关法定职权或者法律、法规、规章的授权范围;(三)否与法律、法规、规章以及国家和本市政策相抵触;(四)是否违反本规定第八条的禁止性规定;(五)是否按照本规定第十二条的规定经过听取意见的程序;(六)是否与相关的规范性文件存在冲突;(七)其他需要审核的内容。"第4条第1款规定:"规范性文件的制定,应当遵循下列原则:(一)依照法定权限和程序;(二)维护法制统一和政令畅通;(三)保障公众有序参与;(四)确保内容合法、合理、可行。"第8条第1款规定:"无法律、法规、规章依据的,规范性文件不得设定下列内容:(一)行政许可事项;(二)行政处罚事项;(三)行政强制措施;(四)行政收费事项;(五)非行政许可的审批事项;(六)增加公民、法人或者其他组织财产性负担的其他事项;(七)应当由法律、法规、规章或者上级行政机关规定的其他事项。"

当然,合法的抽象行政行为必须是书面的而非口头的,也必须符合各种名称的规定。其中,行政法规的名称一般称"条例",也可以称"规定""办法"等。国务院根据全国人民代表大会及其常务委员会的授权决定制定的行政法规,称"暂行条例"或者"暂行规定"。规章的名称一般称"规定""办法",但不得称"条例"。《上海市行政规范性文件制定和备案规定》

第 7 条规定:上海市各级各类行政机关所制定的规范性文件的名称,一般称"规定""办法""细则""决定""通告"等;规范性文件内容为实施上位法和上级行政机关规范性文件的,其名称前可冠以"实施"两字。另外,《行政法规制定程序条例》和《规章制定程序条例》还规定了行政法规和规章的体例结构,《党政机关公文处理工作条例》等也规定了其他行政规范性文件的体例结构。这都是抽象行政行为所必须遵循的。因此,形式合法也是抽象行政行为的合法性要件。

第二节　行 政 立 法

一、行政立法的概念

行政立法到目前为止仅是一个学理概念,而非法律条文的专门术语,因此法学界对"行政立法"概念是否成立以及"行政立法"概念的含义均有不同的意见。有的学者认为:"行政立法若在行政法之外观察有两个层面的含义:第一层面的含义是行政立法指行政法规范的法律体系。行政立法作为一个部门法的造法行为和规范构成都是此一含义所应当包括的内容。这一层面的行政立法是相对于别的部门的立法而言的,如刑事立法、民事立法等。第二层面的含义是行政立法指行政系统内部的造法行为,此层面的行政立法不是对行政法体系的描述而是对政府行政系统一种特殊的行政行为的描述。"[1]有的学者从法律规范的性质来界定,认为凡是制定行政法规范的行为,不论制定主体的性质如何,都属于行政立法。[2] 也有学者认为,行政立法既应当从机关性质,又应当从法律规范的性质来界定,即只有行政机关制定行政法规范的活动才是行政立法。这也是自 20 世纪 80 年代末以来我国行政法学的通说。[3] 它包含以下几层含义:

第一,行政立法是行政机关的行为。这是从行为的主体来看,行政立法特指行政机关的行政行为,而不是国家权力机关、国家司法机关或其他组织。同时,它又同具体行政行为的主体不同。具体行政行为的主体可以是任何行政主体,包括授权行政主体。行政立法的主体仅限于行政机关而不包括授权行政主体。授权行政主体不能进行行政立法。

第二,行政立法是行政机关依照法定权限和程序所为的行为。行政立法并非行政机关固有的权力,并非行政机关的任意行为,这就要求行政机关必须依据宪法、法律或有权机关的授权进行活动。作为行政行为的一种,越权无效同样适用于行政立法。此外,行政立法还必须依照法定立法程序进行。这是行政立法同其他行政行为的显著区别。行政立法必须经过立项、起草、审查、决定、公布、备案等一系列立法程序,这就使得它与行政处罚、行政许可等由行政机关单方面作出决定的具体行政行为不同。

第三,行政立法是行政机关制定行政法规、行政规章的抽象行政行为。从行为的结果

---

① 参见关保英:《行政法学》,法律出版社 2013 年版,第 420 页
② 参见应松年等:《行政法学总论》,工人出版社 1985 年版,第 266 页以下。
③ 参见马怀德主编:《行政法与行政诉讼法》,中国法制出版社 2015 年版,第 243 页。

看,行政立法产生具有普遍约束力的规范性文件。这些规范性文件并不是针对某个具体的人或具体的事,而是普遍适用。

二、行政立法的分类

依据不同的标准可以对行政立法作不同的分类:依据行政立法权的来源不同,行政立法可以分为职权立法和授权立法;依据行政立法权行使的主体不同,行政立法可以分为中央行政立法和地方行政立法;依据行政立法的内容不同,行政立法可以分为执行性立法和创制性立法;根据行政立法的最终结果,可以将行政立法分为法规性立法和规章性立法。

(一)职权立法和授权立法

行政立法依立法权的来源不同,可以分为职权立法和授权立法。

我国职权立法是指行政机关根据《宪法》和组织法所赋予的行政立法权所进行的立法活动。[①] 例如,我国《宪法》第 89 条第 1 项规定,国务院有权"根据宪法和法律,规定行政措施,制定行政法规,发布决定和命令"。《立法法》第 65 条第 1 款对此予以确认性规定,"国务院根据宪法和法律,制定行政法规"。从而,国务院就拥有了行政立法权。《宪法》第 90 条第 2 款规定,国务院"各部、各委员会根据法律和国务院的行政法规、决定、命令,在本部门的权限内,发布命令、指示和规章"。《立法法》第 80 条第 1 款进一步明确规定:"国务院各部、委员会、中国人民银行、审计署和具有行政管理职能的直属机构,可以根据法律和国务院的行政法规、决定、命令,在本部门的权限范围内,制定规章。"《地方各级人民代表大会和地方各级人民政府组织法》第 74 条第 1 款规定:"省、自治区、直辖市的人民政府可以根据法律、行政法规和本省、自治区、直辖市的地方性法规,制定规章……"《立法法》第 82 条第 1 款进而规定:"省、自治区、直辖市和设区的市、自治州的人民政府,可以根据法律、行政法规和本省、自治区、直辖市的地方性法规,制定规章。"

授权立法是指行政机关根据单行法律和法规或授权决议所授予的立法权而进行的立法。《立法法》第 9 条规定:"本法第八条规定的事项尚未制定法律的,全国人民代表大会及其常务委员会有权作出决定,授权国务院可以根据实际需要,对其中的部分事项先制定行政法规,但是有关犯罪和刑罚、对公民政治权利的剥夺和限制人身自由的强制措施和处罚、司法制度等事项除外。"授权立法的根据有两类,即《宪法》和组织法以外的单行法律、法规和最高国家权力机关专门的授权决议。根据单行法律、法规所进行的授权立法一般称为普通授权立法,根据最高国家权力机关专门的授权决议所进行的授权立法称为特别授权立法。授权立法有如下三种形式:

(1)权力机关通过法律条款明确授权行政机关制定某法的实施办法或实施细则,如全国人大常委会通过的《道路交通安全法》第 98 条第 2 款规定,"依照前款缴纳的罚款全部纳

---

① 也有学者认为职权立法说法并不科学。因为,行政机关并没有固有的立法权,所有行政立法都应是授权立法。所以根据宪法与组织法的规定不能推论出行政立法行为,而只能说明国务院有权制定行政法规,各部委在其权限内有权制定行政规章。参见罗豪才、湛中乐主编:《行政法学》,北京大学出版社 2012 年版,第 221 页。

入道路交通事故社会救助基金。具体办法由国务院规定"。

（2）上级行政机关对下级行政机关的授权（法规授权或行政授权）。

（3）权力机关通过专门授权决议授予行政机关本应由其自身行使的一定的立法权，如1985年4月10日第六届全国人大第三次会议通过了《关于授权国务院在经济体制改革和对外开放方面可以制定暂行的规定或者条例的决定》。

（二）中央行政立法和地方行政立法

行政立法依行使行政立法权的主体不同，可分为中央行政立法和地方行政立法。

国务院制定行政法规和国务院各部门制定部门规章的活动称为中央行政立法。中央行政立法调整全国范围内的普遍性问题和须由中央作出统一规定的重大问题，如全国性治安管理问题、资源问题、环境保护问题、国家安全问题等。中央行政立法，包括中央政府行政立法和中央政府工作部门的行政立法。根据我国宪法、立法法和组织法，国务院享有制定行政法规的权力，国务院各部委和直属机构享有制定部门规章的权力。需要指出的是，之前宪法和组织法本身并没有授权国务院各直属机构具有制定规章权，但是，2000年我国最高国家权力机关制定的《立法法》作出了专门规定。

地方行政立法是指一定层级以上的地方人民政府制定行政规章的活动。在我国，目前有权进行地方行政立法的机关包括省、自治区、直辖市的人民政府，以及设区的市、自治州的人民政府。地方行政立法一方面要根据地方的实际情况，将中央行政立法的规定具体化，确定实施细则和实施办法；另一方面要对有关地方特殊问题作出具体规定，以调整区域性的特殊社会关系。如有的省或自治区就本地区的畜牧、草原、水利管理、血吸虫病防治等问题制定的地方政府规章。需要说明的是，随着我国地方社会经济的发展和改革的深入，许多中等城市的政府部门迫切需要享有行政立法权调整在改革和经济建设中发生的各种新的社会关系。

（三）执行性立法和创制性立法

行政立法依内容不同，可分为执行性立法和创制性立法。执行性立法是指行政机关为了执行或实现特定法律和法规或者上级行政机关其他行政规范性文件的规定而进行的立法。一般来说，国务院和国务院部门制定行政法规和规章，就全国人大或全国人大常委会制定的法律规定实施办法、实施细则，明确具体法律规范的含义和适用范围，都不属于创制新的权利义务规范，而是"执行性立法"。享有行政立法权的地方人民政府根据当地的实际情况，就国务院行政法规或地方性法规规定实施办法、实施细则，明确其法律规范的确切含义和适用范围，也属于"执行性立法"。

创制性立法是指行政机关为了填补法律和法规的空白或者变通法律和法规的规定以实现行政职能而进行的立法。一般来说，国务院和国务院部门依据法律或根据全国人大、全国人大常委会的授权制定行政法规和规章，为公民、法人或其他组织创制新的权利义务规范，属于"创制性立法"；同样，享有行政立法权的地方人民政府依据法律、法规或根据授权制定行政规章，为公民、法人或其他组织创制新的权利义务规范，亦称"创制性立法"。

（四）法规性立法和规章性立法

行政立法依立法的最终结果不同，可分为法规性立法和规章性立法。

法规性立法是指国务院依法制定和发布行政法规的活动。法规性立法的内容包括全国性的政治、经济、教育、科技、文化和外事等各个方面。法规性立法的目的是执行法律，实现国务院对全国各项行政工作的领导。法规性立法的方式有两种：一是由国务院直接组织起草、制定和发布；二是由国务院主管部门组织起草、制定，由国务院批准，再由制定部门发布。通过法规性立法所制定的行政法规，有条例、规定和办法三种名称。条例是对某一方面行政工作作比较全面、系统规定的行政法规名称。规定是对某一方面行政工作作部分规定的行政法规名称。办法是对某一项行政工作作比较具体规定的行政法规名称。

规章性立法是指国务院主管部门和法定地方政府依法制定和发布行政规章的活动。规章性立法所制定的行政规章，可以采用规定、办法、实施细则和规则等为名称，但不得采用条例为名称。国务院主管部门所制定的规章，称为部门规章。法定的地方人民政府所制定的规章，称为地方人民政府规章，也可简称为地方规章。

三、行政立法的原则

（一）依法立法原则

依法立法原则是依法行政在行政立法中的具体表现和必然要求。依法行政是对所有行政活动（当然包括行政立法）的基本要求，依法行政在不同的行政行为中有不同的要求和表现，在行政立法中落实依法行政就是要依法立法。根据《立法法》第4条规定，立法应当依照法定的权限和程序，从国家整体利益出发，维护社会主义法制的统一和尊严。该条就是依法立法原则的具体体现。

首先，行政立法主体法定。即只有特定的行政机关才是行政立法的主体。行政立法是特定行政机关制定行政法规、规章的行为和结果，这里的特定行政机关即国务院、国务院各部、委员会、中国人民银行、审计署和具有行政管理职能的直属机构，省、自治区、直辖市和较大的市的人民政府。根据宪法和有关法律特别是《立法法》的规定，国务院各部门的下属部门以及县、市人民政府没有规章制定权。

其次，行政立法权限法定。行政立法权限是行政立法主体行使行政立法权力的范围和程度。就我国的国情而言，它既涉及权力机关与行政机关之间的立法权限，也涉及中央和地方行政机关之间的立法权限。

最后，行政立法程序法定。程序合法是行政法规和规章有效的一个前提条件，违背法定程序的立法应予以改变或撤销。立法法对行政法规和规章的制定程序作了原则规定，国务院根据宪法、立法法和国务院组织法的相关规定，分别制定了《行政法规制定程序条例》《规章制定程序条例》，对行政立法的制定程序作了具体的规定，有行政立法权的行政机关应严格依照这些法律法规规定的程序进行立法，否则，根据《立法法》规定，对违反法定程序的行政立法将予以改变或撤销。

以上三个方面中,行政立法权限问题是依法立法原则的核心问题。

（二）民主立法原则

民主的原则不仅应体现在具体行政行为的实施中,而且应体现在行政立法上。作为行政立法的一个基本原则,民主立法原则是指行政机关依照法律规定进行行政立法时,应通过各种方式听取各方面的意见,保证民众广泛地参与行政立法。

为保障这一原则的贯彻、实施,需要确立如下一系列行之有效的制度:

1. 公开制度。行政机关应该主动地或应相对人申请公开与行政立法有关的信息、资料以及对行政立法计划的解释、说明等。最起码行政立法草案应提前公布,并附以立法说明,包括立法目的、立法机关、立法时间等内容,以便让人民有充分的时间发表意见。要正式公布已通过的行政立法文件,对直接涉及公民权利、义务的行政立法,应特别规定实施时间。

2. 咨询制度。咨询制度包括两层含义:其一,设置专门的行政立法咨询机构和咨询程序,对特别重大的行政立法进行专门咨询,并作为必经程序。行政立法机关在整个行政立法过程中,应始终尊重咨询机构的建议、劝告等,以确保科学决策。其二,公民有权就立法所涉及的有关问题甚至立法行为本身请求行政立法机关予以说明和答复。

3. 征求意见和听证制度。立法应当体现人民的意志,发扬民主,保障人民通过多种途径参与立法活动。应将听取意见作为立法的必经环节和法定程序。听取意见可以采取座谈会、论证会、听证会等多种形式,并且要向人民公布对立法意见的处理结果。尤其是涉及利害关系人权益的重大立法事项,应该举行正式的公开听证会。

民主立法体现在行政立法程序上,就是行政立法的开放性和行政相对人的立法参与,确认公众对法案的讨论权和听证权,并建立对所提意见、建议和要求是否采纳的答复制度。对此,《立法法》《行政法规制定程序条例》和《规章制定程序条例》已经作了相应的规定。民主立法体现在法规和规章的内容上,就是要求尊重人权,真正反映和体现公众的利益、愿望和要求,切实保障公民、法人和其他组织的合法权益。在规定应当履行的义务的同时,应当规定相应的权利和保障权利实现的途径。在赋予行政主体职权时,应规定行使这种职权的条件和程序。行政立法的民主立法体现在事后程序上,就是对行政立法的民主监督,能被纳入相应的救济途径。对此,《立法法》也已有明文规定。

（三）法制统一原则

我国已经初步形成了由法律、行政法规、地方性法规等多个层次法律规范构成的法律体系。在这一法律体系中,法制统一是必然要求。因此,我国《宪法》和法律规定,国家维护社会主义法制的统一和尊严,一切法律、行政法规和地方性法规都不得同宪法相抵触,规章不得与法律和行政法规相抵触。同时,《立法法》也特别规定,没有法律或国务院的行政法规、决定、命令的依据,部门规章不得设定减损公民、法人和其他组织权利或者增加其义务的规范;没有法律、行政法规、地方性法规的依据,地方政府规章不得设定减损公民、法人和其他组织权利或者增加其义务的规范。

法制统一原则不仅要求低级别的法律规范不与高级别的法律规范相抵触,作为行政立法的行政法规、规章不能与宪法、法律相抵触,行政规章不能与行政法规相冲突,地方规章不能与同级地方性法规相冲突,设区的市的规章不得与省级地方性法规和省级地方政府规章相冲突,同级的行政立法之间也不能存在冲突。

也就是说,在效力等级较高的法律规范没有授权的情况下,即使该效力等级较高的法律规范存在各种各样的问题,行政立法也不能变更其规定或另行作出不同的规定。这不是为了固守"恶法亦法"的理念,而是行政立法的积极性和行政权威不能以牺牲法制的统一和尊严为代价,法律规范的社会适应性只能通过相应的程序来修改和完善。因此,必须完善行政立法制度并增强其技术性,必须加强法规和规章的备案审查的力度;在立法解释尚不健全的情况下,应确立司法解释的权威,使行政解释服从于司法解释。目前,我国在体制上呈立法主体多元化的格局,即既有中央立法又有地方立法,既有权力机关的立法又有行政机关的立法,既有政府立法又有部门立法,并且还有多种多样的法律解释。在这种格局下,打破地方保护和部门垄断,坚持法制统一原则显得尤为必要。《立法法》关于"适用与备案审查"一章的规定,目的之一就在于加强法制的统一性。

四、行政立法的程序

行政立法程序,是指行政立法主体依法定权限制定行政法规和行政规章所应遵循的步骤、方式和顺序,具体指行政机关依照法律规定,制定、修改、废止行政法规和规章的活动程序。由于我国没有统一的行政立法程序法,目前行政立法的程序规则散落在《立法法》《行政法规制定程序条例》《规章制定程序条例》和《法规规章备案条例》的具体规定之中。行政立法程序包括如下方面的内容:

(一) 立项

作为行政立法计划的具体落实,第一个步骤就是立项。行政立法必须遵循"先立项,后立法"的原则,先编制行政立法计划。

1. 行政法规的立项。《立法法》第66条规定,国务院法制机构应当根据国家总体工作部署拟订国务院年度立法计划,报国务院审批。国务院法制机构应当及时跟踪了解国务院各部门落实立法计划的情况,加强组织协调和督促指导。国务院有关部门认为需要制定行政法规的,应当向国务院报请立项。

行政法规的立项包括以下几个方面:首先提出国务院年度立法计划的部门是国务院法制机构,通常指司法部。[①] 其他部委认为需要制定行政法规必须向国务院报请立项。其次,年度立法计划必须报经国务院审批,通常由国务院办公厅以正式发文的形式予以公布。如2022年7月5日,国务院办公厅发布的《关于印发国务院2022年度立法工作计划的通知》。最后,国务院年度立法计划中的法律项目应当与全国人民代表大会常务委员会的立法计划

---

① 2018年3月,根据第十三届全国人民代表大会第一次会议批准的国务院机构改革方案,将国务院法制办公室的职责整合,重新组建中华人民共和国司法部,不再保留国务院法制办公室。至此,国务院法制机构的职能全部划归到了司法部。

和年度立法计划相衔接,保持立法的连贯性和统一性。

2. 规章的立项。《规章制定程序条例》第二章第 10 条至第 13 条专门对规章制定的立项进行了规定。主要内容包括:(1)国务院部门内设机构或者其他机构认为需要制定部门规章的,向该部门报请立项;享有行政立法权的地方人民政府所属工作部门或者其下级人民政府认为需要制定地方政府规章的,向该地方人民政府报请立项。(2)报送制定规章的立项申请,应当对制定规章的必要性、所要解决的主要问题、拟确立的主要制度等作出说明。(3)国务院部门法制机构,省、自治区、直辖市和设区的市、自治州的人民政府法制机构,应当对制定规章的立项申请和公开征集的规章制定项目建议进行评估论证,拟订本部门、本级人民政府年度规章制定工作计划,报本部门、本级人民政府批准后向社会公布。(4)年度规章制定工作计划在执行中,可以根据实际情况予以调整,对拟增加的规章项目应当进行补充论证。

(二)起草

1. 行政法规的起草。《立法法》第 67 条规定行政法规起草的程序。(1)行政法规的实际起草主体是国务院有关部门和国务院法制机构。一般来说,国务院各部门负责起草属于本部门管理职权的行政法规,但重要行政管理的法律、行政法规草案以及涉及多个国务院部门职能的行政法规由国务院法制机构组织起草。(2)行政法规在起草过程中,应当广泛听取有关机关、组织、人民代表大会代表和社会公众的意见。听取意见可以采取座谈会、论证会、听证会等多种形式。(3)行政法规草案应当向社会公布,征求意见,但是经国务院决定不公布的除外。

2. 规章的起草。《规章制定程序条例》第三章规定了规章的起草应遵循的原则和起草的具体程序。(1)部门规章由国务院部门组织起草,国务院部门可以确定由其一个或几个内设机构具体负责起草工作,也可以确定由其法制机构起草或组织起草;地方政府规章由省、自治区、直辖市和设区的市、自治州的人民政府组织起草,相应地方人民政府可以确定由其一个或几个部门具体负责起草工作,也可以确定由其法制机构起草或组织起草。(2)起草规章,应当采取书面征求意见、座谈会、论证会、听证会等多种形式,广泛听取有关机关、组织和公民的意见。除依法需要保密的外,应当将规章草案及其说明等向社会公布,征求意见。向社会公布征求意见的期限一般不少于 30 日。(3)起草的规章涉及重大利益调整或者存在重大意见分歧,对公民、法人或者其他组织的权利义务有较大影响,人民群众普遍关注,需要进行听证的,起草单位应当举行听证会听取意见。(4)起草专业性较强的规章,可以吸收相关领域的专家参与起草工作,或者委托有关专家、教学科研单位、社会组织起草。(5)起草部门规章,涉及国务院其他部门的职责或者与国务院其他部门关系紧密的,起草单位应充分征求其他部门的意见;起草地方政府规章,涉及本级人民政府其他部门的职责或者与其他部门关系紧密的,起草单位应充分征求其他部门的意见。意见不同的,应当充分协商;经过充分协商,不能取得一致意见的,起草单位应当在上报送审稿时说明情况和理由。

(三)审查

审查是指行政法规、规章草案拟定之后,送交审议、核查的制度。根据《立法法》第 68 条的规定,行政法规起草工作完成后,起草单位应当将草案及其说明、各方面对草案主要问题的不同意见和其他有关资料送国务院法制机构进行审查。根据《规章制定程序条例》第19条的规定,规章送审稿由法制机构负责统一审查。

行政立法送审稿由行政立法机关法制机构负责审查,审查的范围通常包括:(1)送审稿是否严格贯彻落实党的路线方针政策和决策部署,是否符合宪法和法律的规定以及国家的方针、政策,是否遵循立法法确定的立法原则;(2)是否符合《行政法规制定程序条例》《规章制定程序条例》对行政法规、规章的要求;(3)是否与有关行政法规或行政规章协调、衔接;(4)是否正确处理有关机关、组织和公民对送审稿主要问题的意见;(5)是否符合行政立法技术的要求;(6)其他需要审查的内容。

法制机构对审查不合格的行政立法送审稿,可以缓办或退回起草部门、起草单位。对送审稿涉及的主要制度、主要措施、方针政策、管理体制、权限分工等问题有不同意见的,法制机构应进行协调,力求达成一致意见;不能达成一致意见的,应将争议的主要问题以及有关部门、有关机构和法制机构的意见上报行政立法机关决定。法制机构应当认真研究各方面的意见,与起草部门、起草单位协商后,对送审稿进行修改,形成行政法规、规章的草案及其说明。

(四)决定与公布

根据《行政法规制定程序条例》第26条及《规章制定程序条例》第27条的相关规定,行政法规草案由国务院常务会议审议或者由国务院审批,部门规章由部务会议或委员会会议审议决定,地方政府规章由地方人民政府的常务会议或全体会议审议决定。

经行政立法机关审议、决定(或审批)的行政法规和规章,应经行政首长签署发布令,在政府公报上或通过新闻媒介发布。《立法法》第70、71条规定,行政法规由总理签署国务院令公布。有关国防建设的行政法规,可以由国务院总理、中央军事委员会主席共同签署,国务院、中央军事委员会令公布。行政法规签署公布后,及时在国务院公报和中国政府法制信息网以及在全国范围发行的报纸上刊载。在国务院公报上刊登的行政法规文本为标准文本。《立法法》第85、86条规定,部门规章由部门首长签署命令予以公布,地方政府规章由省长、自治区主席、市长或者自治州州长签署命令予以公布。部门规章签署公布后,及时在国务院公报或者部门公报和中国政府法制信息网以及在全国范围发行的报纸上刊载;地方政府规章签署公布后,及时在本级人民政府公报和中国政府法制信息网以及在本行政区域范围发行的报纸上刊载。在国务院公报或者部门公报和地方人民政府公报上刊登的规章文本为标准文本。

行政立法自公布之日起30日后施行,但涉及国家安全、外汇汇率、货币政策的确定以及公布后不立即施行将有碍行政立法施行的,可以自公布之日起施行。

(五)备案

备案是指将已经公布的行政法规、行政规章上报法定的机关,使其知晓,并在必要时备查的程序。也有观点认为,备案只是立法程序的一个后续阶段,而不是立法本身。根据我国

《行政法规制定程序条例》第30条的规定,行政法规在公布后的30日内由国务院办公厅报全国人民代表大会常务委员会备案。根据我国《规章制定程序条例》第34条的规定,规章应当自公布之日起30日内,由法制机构依照《立法法》和《法规规章备案条例》的规定向有关机关备案。同时,根据《法规规章备案条例》第3条的规定,部门规章由国务院部门报国务院备案,两个或者两个以上部门联合制定的规章,由主办的部门报国务院备案;省、自治区、直辖市人民政府规章由省、自治区、直辖市人民政府报国务院备案;较大的市的人民政府规章由较大的市的人民政府报国务院备案,同时报省、自治区人民政府备案。

（六）解释

根据《行政法规制定程序条例》第31条,行政法规的规定需要进一步明确具体含义,或者行政法规制定后出现新的情况,需要明确适用行政法规依据的,由国务院负责解释。国务院法制机构研究拟订行政法规解释草案,报国务院同意后,由国务院公布或者由国务院授权国务院有关部门公布。根据《规章制定程序条例》第33条,规章的规定需要进一步明确具体含义,或是规章制定后出现新的情况,需要明确适用规章依据的,由制定机关负责解释。规章解释由规章制定机关的法制机构参照规章送审稿审查程序提出意见,报请制定机关批准后公布。应当注意的是,无论是行政法规的解释还是规章的解释,与被解释的行政法规和规章具有同等效力。

（七）修改与废止

行政法规、规章在实施一定阶段后,由于社会环境发生变化、主管部门变更、母法修改或废止及进一步规范化的要求,需要作一定的修改或者加以废止。根据《立法法》第96条的规定,法规、规章有下列情形之一的,有权机关可予以改变或撤销:(1)超越权限的;(2)下位法违反上位法规定的;(3)规章之间对同一事项的规定不一致,经裁决应当改变或撤销一方的规定的;(4)规章的规定被认为不适当,应当予以改变或撤销的;(5)违背法定程序的。根据《立法法》第97条的规定,行政法规不符合合法性要件的,由全国人民代表大会常务委员会撤销。部门规章不符合合法性要件的,由国务院予以改变或者撤销。地方政府规章不符合合法性要件的,国务院有权予以改变或撤销,本级地方人民代表大会常务委员会也有权撤销。省、自治区的人民政府有权改变或者撤销下一级人民政府制定的不符合合法性要件的规章。授权机关有权撤销被授权机关制定的超越授权范围或者违背授权目的的法规和规章,必要时可以撤销授权。

第三节　行政规范性文件

≫ 一、行政规范性文件的概念和特征

行政规范性文件的名称在行政法学界并不统一,有学者称其为"规范性文件",有学者称

其为"行政管理规范性文件",有学者称其为"规章以外的行政规范性文件",还有学者将其命名为"规章以下的规范性文件"。① 本书采用通说,行政规范性文件是指行政主体为实施法律和执行政策,在法定权限内制定的除行政立法以外的决定、命令等普遍性行为规则的总称。② 它在形式上表现为"行政措施""决定""命令""公告""通告"或"报告""会议纪要""通知"等。行政规范性文件的特征如下。

首先,行政规范性文件是一种特殊政令。③《宪法》规定,国务院可以规定行政措施,发布决定和命令,各部委可以发布命令、指示。《地方各级人民代表大会和地方各级人民政府组织法》规定,县级以上地方各级人民政府可以规定行政措施、发布决定和命令,乡镇人民政府可以发布决定和命令。前述规定的"行政措施""决定""命令"等都可以是行政规范性文件的形式。

其次,行政规范性文件具有普遍约束力。行政机关发布的决定、命令,有一些是针对特定人和特定事项的,有些则是针对不特定的人和事项的。只有后者才是行政规范性文件,特点是具有"普遍约束力",即它对于相应规范性文件制定主体所管辖的整个行政区域的公民、法人、其他组织均具有约束力。

再次,行政规范性文件的性质是抽象行政行为。在这个范畴内,它与行政法规、规章具有相同的性质。行政法规、规章也属于抽象行政行为。二者的区别在于:行政法规、规章同时属于行政立法,而行政规范性文件只是一般抽象行政行为,它的制定应以法律、法规、规章为依据,没有法律、法规、规章依据的行政规范性文件是无效的。

最后,行政规范性文件是行政机关发布的用以对社会进行行政管理,规范公民、法人和其他组织行为的政令。在社会管理功能方面,行政规范性文件与具体行政行为有某些相同的作用,二者的区别在于:具体行政行为的管理功能通常是直接实现的,而行政规范性文件的管理功能通常是间接实现的,行政规范性文件确定的规则、要求,大多要通过具体行政行为实现。行政规范性文件不仅规范公民、法人和其他组织的行为,而且也规范行政机关本身的行为。行政机关依据行政规范性文件实施具体行政行为,实现对社会的管理,保障法律、法规、规章在相应行政区域内的执行。

》》二、行政规范性文件的种类

依据行政规范性文件的法律效果,即对行政相对人权利义务的影响可将其划分为行政创制性文件、行政解释性文件和行政指导性文件。

(一) 行政创制性文件

行政创制性文件,是指行政主体为不特定相对人创设权利义务的行政规范性文件。从行政创制性文件的根据上来看,又可以分为两类,即依职权制定的创制性文件和依授权制定

---

① 参见关保英:《行政法案例教程》,中国政法大学出版社 1999 年版,第 169 页。
② 参见姜明安主编:《行政法与行政诉讼法》,北京大学出版社 2015 年版,第 497 页。
③ 参见应松年主编:《行政法与行政诉讼法学》,高等教育出版社 2017 年版,第 118 页。

的创制性文件。

依职权制定的创制性文件是行政机关根据宪法和有关组织法的规定,依职权对不特定公众创制新的权利义务的行政规范性文件。依职权制定的创制性文件从性质上说属于一种主动型的行政规范性文件。也就是说,这类其他行政规范性文件既不是为了执行行政法规范(法律、法规、规章)或上级其他行政规范性文件,也不是为了补充行政法规范或上级其他行政规范性文件,而是为了实际需要,由行政主体依据其职权自行制定的。

依授权制定的创制性文件,是指行政主体依据宪法和组织法以外的法律、法规、规章或上级行政规范性文件的专门授权,为不特定相对人设定权利义务的行政规范性文件。依授权制定的创制性文件,从性质上来说属于一种被动型的行政规范性文件,其目的是补充或变通行政法规范或上级行政规范性文件的规定。

(二) 行政解释性文件

所谓行政解释性文件,就是指行政机关为了实施法律、法规和规章,统一各个行政机关及其公务员对法律、法规和规章的理解及执行活动,对法律、法规和规章进行解释而形成的规范性文件,包括法定行政解释性文件和自主行政解释性文件两类。

法定行政解释性文件,是指具有法定解释权的行政主体对法律规范进行解释而形成的具有普遍性强制拘束力的行政规范性文件。对于此类文件,本书将其归入本章第二节"行政立法"之中。

自主行政解释性文件,是不具有法定解释权的行政主体为了统一所属行政主体及其工作人员对法律、法规和规章及特定行政规范性文件的认识,对法律、法规和规章及特定行政规范性文件进行解释而形成的行政规范性文件。

(三) 行政指导性文件

所谓行政指导性文件,就是行政主体对不特定相对人事先实施书面行政指导时所形成的一种行政规范性文件。行政指导所针对的对象可以是特定的也可以是不特定的,其形式可以是书面的也可以是口头的。当行政主体对不特定相对人,以书面形式进行行政指导并予以公布时,所形成的文件即行政规范性文件。

三、行政规范性文件的法律效力

传统观点认为,行政规范性文件不属于法的范畴,不具有法源意义。但行政规范性文件提供了行为规则和行为模式,具有规范性和约束力。行政规范性文件的效力低于法律、法规和规章,并且根据制定的主体不同,效力自上而下呈现多层级的特点,其法律效力可以从行政管理、行政复议和行政诉讼三个方面来展开。

在行政管理领域,行政规范性文件的法律效力主要表现为:一方面,对作为行政相对人的公民、法人和其他组织具有拘束力和执行力。行政规范性文件一经颁布,相应文件所调整的个人、组织必须服从、遵守,对相应规范性文件所确定的义务必须履行。行政相对人违反规范性文件的规定,不履行相应义务,行政执法机关可以依法对其采取强制执行措施,或依法对其科处行政处罚,追究其行政法律责任。同时,对行政机关本身具有公定力和确定力。行政规范性文件一经发布,行政机关非经法定程序不得任意撤销、改变、废止。行政规范性文件的制定机关及其下级行政执行机关在实施具体行政行为时必须遵循已经发布的行政规范性文件的规定。行政机关实施具体行政行为或作出行政决定,如果违反行政规范性文件的相关规定,或者应当适用而不适用相应的行政规范性文件,或者适用错误的行政规范性文件,都可能导致相应行为、决定的违法乃至被撤销。

在行政复议领域,行政规范性文件既是行政复议机关审理复议案件的依据,又是行政复议的客体。当行政相对人对行政机关作出的具体行政行为不服,向复议机关提起复议时,复议机关主要审查具体行政行为的合法性,其中重要的一条就是适用的依据是否正确。而这里的依据是作出原具体行政行为的依据,不仅包括法律、法规、规章的依据,也包括行政机关依法制定和发布的具有普遍约束力的决定、命令。同时,依据《行政复议法》第 7 条、第 26 条和第 27 条规定,行政相对人如认为行政机关的具体行政行为所依据的行政规范性文件不合法,在对具体行政行为申请复议时可一并申请复议。复议机关在复议时,如认为相应行政规范性文件与法律、法规、规章或高位阶的行政规范性文件相抵触,可在其职权范围内依法予以撤销或改变。如相应复议机关无权撤销或改变,则提请上级行政机关或其他有权机关依法处理。

在行政诉讼领域,行政规范性文件的法律效力主要表现在下述几个方面:其一,行政诉讼当事人可以以行政规范性文件作为论证相应具体行政行为违法或合法的根据。原告提起行政诉讼,指控具体行政行为违法,可以以相应具体行政行为违反、未适用或错误适用有关行政规范性文件的规定为理由,也可以以具体行政行为所适用的行政规范性文件违法为理由。同样,被告应诉也可以以相应具体行政行为是根据有关行政规范性文件作出的,且相应行政规范性文件符合法律、法规、规章的规定为理由,反驳原告的指控。其二,公民、法人或者其他组织认为行政行为所依据的行政规范性文件不合法,在对行政行为提起行政诉讼时,可以一并请求对该规范性文件进行审查。其三,人民法院在审理行政案件中,经审查(包括审查行政规范性文件发布的主体是否合法,发布的程序是否合法以及该文件的内容是否合法),如认为行政行为所依据的行政规范性文件合法,可以在裁判文书中予以引用;如认为不合法,则不作为认定行政行为合法的依据,并向制定机关提出处理建议。

总之,行政规范性文件是具有法律效力的国家政令。公民、法人和其他组织在进行各种活动时必须遵守相应行政规范性文件的规定;行政机关在实施具体行政行为时必须依据相应行政规范性文件的规定;人民法院在审查具体行政行为的合法性时,亦应参照合法有效的行政规范性文件的规定。

第四节　实务案例

❯❯ 一、桂某诉中国民航总局行政立法不作为案

〔案情摘要〕

2004 年 11 月 21 日上午 8 时 20 分,东方航空公司小型客机 MU5210 航班从包头起飞后

不久,坠入离机场不远的南海公园。该事故共造成 55 人遇难,其中包括 47 名乘客和 6 名机组人员以及 2 名地面人员。当时,我国空难赔偿的依据是《国内航空运输旅客身体损害赔偿暂行规定》(以下简称《暂行规定》),第 6 条规定:"承运人按照本规定应当承担赔偿责任的,对每名旅客的最高赔偿金额为人民币七万元。"2004 年 11 月 27 日,东方航空公司公布了对遇难旅客的赔偿办法。该赔偿办法首先强调了 7 万元这个基数,接着又称考虑到消费价格总指数变动因素,每位罹难乘客的死亡赔偿为 14 万元,加上其他赔偿,总计金额为 21.1 万元。但是,很多遇难者的家属不满意此赔偿金额。

2005 年 3 月 4 日,遇难者陈某的家属桂某向北京市第二中级人民法院提起行政诉讼。桂亚宁诉称,《暂行规定》不能作为东方航空公司赔偿的法律依据。《民用航空法》第 128 条第 1 款规定:"国内航空运输承运人的赔偿责任限额由国务院民用航空主管部门制定,报国务院批准后公布执行。"此条规定不仅赋予了被告立法的权力,也同时科予了被告立法的义务与责任。然而,自 1996 年 3 月 1 日《民用航空法》实施至本案发生时已近 10 年时间,国务院民用航空主管部门——民航总局,却迟迟未依法制定相应的赔偿责任限额规定。民航总局的不作为已经严重影响了包括原告在内的空难罹难者家属以及所有飞机乘客合法权益的实现。因此,请求法院判令民航总局履行《民用航空法》第 128 条所规定的立法义务,依法制定有关"国内航空运输承运人的赔偿责任限额"的规定。

2005 年 5 月 16 日,北京市第二中级人民法院裁定:"现桂某请求判令中国民用航空总局履行立法义务,因立法行为属抽象行政行为,故桂某的起诉不属于行政诉讼的受案范围,不予受理。"2005 年 5 月 27 日,桂某向北京市高级人民法院提起上诉,要求法院撤销不予受理裁定,指令北京市第二中级人民法院审理。桂某上诉称,按照《民用航空法》第 128 条的规定,制定赔偿责任限额是中国民航总局的职责,是一个具体行政行为。该条款确定了具体作为机关、具体作为内容、具体作为报送和公布步骤。对民航总局不依照法律授权制定赔偿限额的不作为行为,可以通过诉讼途径进行救济,属于行政诉讼的受案范围。2005 年 11 月 24 日,北京市高级人民法院裁定驳回了桂某的上诉。

〔法理分析与评议〕

本案是中国历史上第一起起诉立法不作为的案件。该案折射出的是行政立法不作为的法律适用问题。本案让人们进一步认识到,立法对于立法机关或授权的行政机关不仅是一种权力,而且还是一种事关公民权利保护的法律义务。如果行政机关不积极履行立法的义务,宪法与法律所赋予以及保障的公民权利就会落空。从这个意义上来说,行政立法不作为危及公民、法人或者其他组织的权益以及社会公共利益,行政立法机关因此应该承担相应的法律责任。虽然本案最终以法院不予受理而告终,但从民航总局事后发布《国内航空运输承运人赔偿责任限额规定》提高了国内航班赔偿责任限额的标准来看,这一诉讼显然已然产生了法治所要求的结果,即负有立法义务的行政机关的权力行使受到了拘束,并重新恢复到确保公民权利获得保护的平衡状态。

〔相关法律法规链接〕

《中华人民共和国民用航空法》

《国内航空运输旅客身体损害赔偿暂行规定》(已废止)

《国内航空运输承运人赔偿责任限额规定》

《中华人民共和国行政诉讼法》

▶▶ 二、上海鑫晶山建材开发有限公司诉上海市金山区环境保护局环境行政处罚案①

〔案情摘要〕

因群众举报,2016 年 8 月 17 日,被告上海市金山环保局执法人员前往鑫晶山公司进行检查,并由金山环境监测站工作人员对该公司厂界臭气和废气排放口进行气体采样。同月 26 日,金山环境监测站出具了编号为 XF26-2016 的《测试报告》,该报告中的《监测报告》显示,依据《恶臭污染物排放标准》(GB 14554-93)规定,臭气浓度厂界标准值二级为 20,经对原告厂界四个监测点位各采集三次样品进行检测,3#监测点位臭气浓度一次性最大值为 25。2016 年 9 月 5 日,被告收到前述《测试报告》,遂于当日进行立案。经调查,被告于 2016 年 11 月 9 日制作了金环保改字〔2016〕第 224 号《责令改正通知书》及《行政处罚听证告知书》,并向原告进行了送达。应原告要求,被告于 2016 年 11 月 23 日组织了听证。2016 年 12 月 2 日,被告作出第 2020160224 号《行政处罚决定书》,认定 2016 年 8 月 17 日,被告执法人员对原告无组织排放恶臭污染物进行检查、监测,在原告厂界采样后,经金山环境监测站检测,3#监测点臭气浓度一次性最大值为 25,超出《恶臭污染物排放标准》(GB 14554-93)规定的排放限值 20,该行为违反了《大气污染防治法》第 18 条的规定,依据《大气污染防治法》第 99 条第 2 项的规定,决定对原告罚款 25 万元。

鑫晶山公司不服金山环保局行政处罚提起行政诉讼,诉称:金山环保局以其厂区堆放污泥的臭气浓度超标适用《大气污染防治法》进行处罚不当,应当适用《固体废物污染环境防治法》处罚,请求予以撤销。

法院认为,本案核心争议焦点在于被告适用《大气污染防治法》对原告涉案行为进行处罚是否正确。其中涉及《固体废物污染环境防治法》第 68 条第 1 款第 7 项、第 2 款及《大气污染防治法》第 99 条第 2 项之间的选择适用问题。前者规定,未采取相应防范措施,造成工业固体废物扬散、流失、渗漏或者造成其他环境污染的,处 1 万元以上 10 万元以下的罚款;后者规定,超过大气污染物排放标准或者超过重点大气污染物排放总量控制指标排放大气污染物的,由县级以上人民政府环境保护主管部门责令改正或者限制生产、停产整治,并处 10 万元以上 100 万元以下的罚款,情节严重的,报经有批准权的人民政府批准,责令停业、关闭。前者规制的是未采取防范措施造成工业固体废物污染环境的行为,后者规制的是超标排放大气污染物的行为;前者有未采取防范措施的行为并具备一定环境污染后果即可构成,后者排污单位排放大气污染物必须超过排放标准或者重点大气污染物排放总量控制指标才可构成。本案并无证据证实臭气是否来源于任何工业固体废物,且被告接到群众有关原告排放臭气的投诉后进行执法检查,检查、监测对象是原告排放大气污染物的情况,适用对象方面与大气污染防治法更为匹配;《监测报告》显示臭气浓度超过大气污染物排放标准,行为后果方面适用《大气污染防治法》第 99 条第 2 项规定更为准确,故被诉行政处罚决定适用法律并无不当。

〔法理分析与评议〕

本案争议焦点的本质是在同一违法行为同时适用两个以上同位阶法情况下的法律适用

---

① 本案例来源于最高人民法院第 24 批指导性案例。

问题。同位法竞合,是指同一机关针对相同事项制定的法规范内容不一致,以致在适用过程中发生冲突的情形。《立法法》第 92 条明确了同位法竞合的适用规则。根据《立法法》的规定,新法优于旧法、特别法优于普通法。这一规定明确且确定,无论在规范上抑或是学理上都不存在争议。当这一规则无法解决法律适用冲突时,《立法法》则设置了相应的裁决程序。《立法法》第 94 条第 1 款规定:"法律之间对同一事项的新的一般规定与旧的特别规定不一致,不能确定如何适用时,由全国人民代表大会常务委员会裁决。"根据《立法法》第 94 条第 1 款的规定,行政法规之间针对同一事项的新的一般规定与旧的特别规定不一致,不能确定如何适用时,由国务院裁决。这意味着,新法优于旧法这一适用规则并非绝对,而应视新旧法的具体规定来选择适用冲突规则抑或是启动裁决程序。

从本案最高人民法院确立的裁判规则来看,其并未受到《立法法》第 92 条所确立的冲突规则的约束,而是在环境行政处罚这一特殊领域,出现同位法竞合的情况下,法院对于行政相对人(被行政处罚人)主张适用处罚较轻的法律依据进行处罚的诉求,不予支持。

〔相关法律法规链接〕

《中华人民共和国大气污染防治法》

《中华人民共和国固体废物污染环境防治法》

《中华人民共和国行政处罚法》

《中华人民共和国立法法》

【习题及答案解析】

第十一章 具体行政行为——授益性行政行为

第一节 行 政 许 可

》 一、行政许可的概念与特征

行政许可有广义和狭义之分,广义的行政许可既包括行政系统内部高层行政机关对低层行政机关请求行为的审批,又包括行政主体对行政相对人获得某种权益的请求行为之审批。狭义的行政许可仅指行政主体对行政相对人获得某种权益的请求行为之审批。我国《行政许可法》第2条规定:"本法所称行政许可,是指行政机关根据公民、法人或者其他组织的申请,经依法审查,准予其从事特定活动的行为。"同时,该法第3条第2款规定:"有关行政机关对其他机关或者对其直接管理的事业单位的人事、财务、外事等事项的审批,不适用本法。"由此可见,我国现行行政许可法对行政许可的定义采用了狭义的概念。

根据《行政许可法》的上述规定,结合我国行政法学界近年来的研究成果,可以对行政许可的概念作如下界定:行政许可,是指政府系统在特定当事人的请求下对法律禁止的状态或法律不予许可的状态赋予其是否能在广延领域内取得权利或利益的行政行为。[①] 按照上述行政许可的界定,行政许可有以下特征:

第一,行政主体是行政许可的实施机关。实施行政许可的行政主体是法定的具有行政许可权的行政机关或者被授权组织,而其他国家机关、社会团体以及公民、法人或其他组织实施的类似批准行为,不能认定为行政许可,也不受《行政许可法》的约束。

第二,行政许可具有被动性。行政许可的被动性具体表现为一种依申请的行政行为,只能以行政相对人的申请为条件。行政相对人如果不提出申请,行政机关既不能主动邀请相关当事人来申请行政许可,也不能在相对人未提出行政申请的情况下主动授予相对人行政许可。行政机关针对行政相对人的申请,依法采取相应的行政行为。行政相对人提出申请,是其从事某种法律行为之前必须履行的法定义务。

第三,行政许可是有限设禁和解禁的行政行为。经典行政法学认为,行政许可存在的前提是法律规范的一般禁止,而行政许可的实施就是对是否可以解除一般禁止依法作出判断的过程,其目的是对符合条件和具备资格的特定对象解禁。这里所说的一般禁止,或者称有限禁止、相对禁止,是指不经过个别批准、认可、核准或者资质确认等便不能从事的活动,是和"绝对禁止"相对应的概念。行政许可领域的"一般禁止",多是基于行政管理、公益维护以及社会秩序维护或者财政上的理由而暂且设定的禁止。而且,这种"禁"是有严格限制的,即仅限于相对人从事的"特定活动"。

---

① 参见关保英主编:《行政许可法教程》(第2版),中国政法大学出版社2011年版,第1页。

第四,行政许可是一种授益性行政行为。行政行为以对相对人权益的影响为标准,可分为授益性行政行为和负担性行政行为。授予行政相对人权利或使相对人取得利益的行政行为是授益性行政行为,剥夺与限制行政相对人权益或要求行政相对人履行义务的行为是负担性行政行为。行政许可引起的法律后果是行政机关准予行政相对人从事某种特定的行为,该行为存在的前提是法律的一般禁止,而解禁无疑意味着行政相对人获得了某种"特权"。因此,从这个意义上讲,与行政处罚和行政征收等基于法律对行政相对人的权益剥夺和限制不同,行政许可是赋予行政相对人某种权利和资格的授益性行政行为。

第五,行政许可是一种外部行政行为。与作用于行政机关内部、行政机关之间或与其有隶属关系的行政工作人员的内部行政行为不同,外部行政行为直接作用于行政机关之外的公民、法人或者组织。根据《行政许可法》第3条第2款的规定,行政机关内部的审批行为和行政机关之间以及上下级行政机关的审批行为不属于行政许可法的调整范围。也就是说,行政许可是一种外部行政行为,而不是一种内部行政行为。

第六,行政许可是一种要式行政行为。行政行为以是否具有法定形式要求为标准,可以分为要式行政行为和非要式行政行为。要式行政行为是指必须依照法定的程序并具备某种书面形式的行政行为。《行政许可法》第四章对行政许可的实施程序作出了严格的规定,例如行政许可除了要遵循一定的法定程序,还应以正规的文书、格式、日期、印章等形式予以批准。行政机关作出准予行政许可的决定,需要颁发行政许可证件的,应当向申请人颁发加盖印章的许可证、执照或者其他许可证书,资格证、资质证或者其他合格证书,批准文件或者证明文件等。因此,行政许可是一种要式行政行为。

二、行政许可的事项

从我国《行政许可法》的立法设计来看,行政许可的事项被分为两类:一类是可以设定许可的事项;一类是可以不设定许可的事项。《行政许可法》第12条和第13条分别采用列举方式从正、反两个方面对哪些事项可以设定许可、哪些事项可以不设定许可作出了具体规定。

(一) 可以设定许可的事项

《行政许可法》第12条规定:"下列事项可以设定行政许可:(一)直接涉及国家安全、公共安全、经济宏观调控、生态环境保护以及直接关系人身健康、生命财产安全等特定活动,需要按照法定条件予以批准的事项;(二)有限自然资源开发利用、公共资源配置以及直接关系公共利益的特定行业的市场准入等,需要赋予特定权利的事项;(三)提供公众服务并且直接关系公共利益的职业、行业,需要确定具备特殊信誉、特殊条件或者特殊技能等资格、资质的事项;(四)直接关系公共安全、人身健康、生命财产安全的重要设备、设施、产品、物品,需要按照技术标准、技术规范,通过检验、检测、检疫等方式进行审定的事项;(五)企业或者其他组织的设立等,需要确定主体资格的事项;(六)法律、行政法规规定可以设定行政许可的其他事项。"按行政许可的目标和功能,将《行政许可法》第12条所列举的事项范围,概括为以下几类:

1. 一般许可事项。一般许可是指只要申请人依法向主管行政主体提出申请，经有权主体审查核实其符合法定的条件，该申请人就能够获得从事某项活动的权利或者资格，对申请人并无特殊限制的许可。这一类事项的范围非常广泛，一般来说，《行政许可法》第 12 条第 1 款规定的"直接涉及国家安全、公共安全、经济宏观调控、生态环境保护以及直接关系人身健康、生命财产安全等特定活动，需要按照法定条件予以批准的事项"都属于一般许可的范畴。具体而言，主要包括：(1)国家安全有关的事项。例如进入军事禁区的许可，有关外国人入境、出境和在中国境内居留的许可。(2)涉及公共安全的事项。例如有关枪支使用的许可、驾驶机动车资格的许可等。(3)经济宏观调控的事项。例如重大建设项目的审批、关系国计民生的特殊商品的生产经营许可等。(4)生态环境保护的事项。例如有关保护水资源的取水许可、保护海洋渔业资源的海洋捕捞许可、防止废物污染的废物排放许可等。

2. 特许事项。特许是指直接为相对人设定权利能力、行为能力、特定的权利或者总括性法律关系的行为，又称为设权行为。[①]《行政许可法》上的特许，是由行政机关代表国家向被许可人授予某种特定的权利，主要适用于有限自然资源的开发利用、有限公共资源的配置、直接关系公共利益的垄断性企业的市场准入等事项。具体包括：(1)有关有限自然资源开发利用、公共资源配置，需要赋予特定权利的事项。如有关采矿、取水的许可，无线电频率占用的许可。(2)直接关系公共利益的特定行业的市场准入等需要赋予特定权利的事项。如自来水、煤气、电力、电信、邮政等与人民群众日常生活、公共利益密切相关的行业的市场准入等。

3. 认可事项。认可是由行政机关对申请人是否具备特定技能的认定，主要适用于为公众提供服务、直接关系公共利益并且要求具备特殊信誉、特殊条件或者特殊技能的资格、资质的事项。在这一领域设定许可，主要目的是提高从业水平或者某种技能、信誉。这些职业和行业直接关系公共利益，需要具备特殊信誉、特殊条件或者特殊技能，并且需要国家统一规定。这类资格资质的授予，通过考试、考核方式确定，并且资格资质与相对人的身份相联系，不能转让、不能继承。如医师、教师、律师、注册会计师等，是直接为公共服务的，直接关系公共利益，有必要对从业人员实行资格认定。

4. 核准的事项。核准是由行政机关对某些事项是否达到特定技术标准、经济技术规范的判断、确定。这一类事项通常适用于直接关系公共安全、人身健康、生命财产安全的重要设施的设计、建造、安装和使用，直接关系人身健康、生命财产安全的特定产品、物品的检验、检疫事项。具体包括：(1)直接关系公共安全、人身健康、生命财产安全的重要设备、设施的设计、建造、安装和使用。如民用航空法规定，设计民用航空器及其发动机、螺旋桨和民用航空器上的设备，应当向国务院民用航空主管部门申请领取型号合格证书，经审查合格的发给型号证书。(2)直接关系人身健康、生命财产安全的特定产品、物品的检验、检疫。如生猪屠宰管理条例规定，定点屠宰场屠宰的生猪，应当经生猪产地动物防疫机构检疫合格。

5. 登记的事项。企业或者其他组织的设立，首先应当确认主体资格，由社会承认其资格资质，使其获得合法从事涉及公共关系的经济、社会活动的许可。实践中，如企业登记、事业单位登记、社会团体登记、民办非企业单位登记等，都属于这一类情况。

6. 法律、行政法规规定可以设定行政许可的其他事项。由于行政许可几乎涵盖了行政

---

① 参见姜明安主编：《行政法与行政诉讼法》，北京大学出版社 2015 年版，第 613 页。

管理的所有领域,人的认识还难以穷尽所有需要设定行政许可的事项。为适应未来行政管理工作的需要,《行政许可法》还设定了开放条款,即单行的法律、行政法规可以根据情况和需要,对上述范围之外的事项设定许可。

(二)可以不设定许可的事项

根据《行政许可法》第 13 条的规定,可以设定行政许可的事项如果通过以下方式能够解决,就可以不设定行政许可。

1. 公民、法人或者其他组织能够自主决定的事项。从法理上来说,在民事领域,"法无禁止皆可为",对于公民、法人或者其他组织民事方面的行为,政府一般不应介入。如果某种事项由当事人自己来决定、处理,不实行许可一般也不会妨害国家安全、公共安全和他人权利,那么对该事项不必设定许可。

2. 市场竞争机制能够有效调节的事项。对经济的调节有两种,一种是市场竞争调节,还有一种是政府调节。政府调节是在市场调节失灵或市场调节滞后情况下的一种行政干预。进行这种干预时,动用行政权力,对一些经济生活实施许可制度。在市场竞争可以有效调节时,行政干预就要退出。因此,如果某种事项通过市场竞争机制能够有效调节,无须通过政府干预来解决,也可不设定许可。

3. 行业组织或者中介机构能够自律管理的事项。行业组织或者中介机构是联系市场主体和政府的桥梁,随着市场经济的发展,行业组织和中介机构蓬勃兴起。这些组织和机构自我管理和自我服务,经过一段时间的发育和成长,逐渐规范和完善,可以承担起一部分社会管理职能,从而减少政府的行政管理压力,实现政府职能的转变。因此,对于一些可以由行业组织自律、中介机构服务解决的事项,也不要设定行政许可。特别是一些资格资质,对物品的检测、检验等,完全可以由行业组织来规范确认,如电工、烹饪、电脑软件运用以及对产品质量的认证等。将这些工作交由行业组织或中介服务机构办理,既可减少政府职能,也可避免某些行政机关工作人员借审批谋私,还可借此调动行业组织和中介服务机构的积极性,培育和完善社会服务功能。

4. 行政机关采用事后监督等其他行政管理方式能够解决的事项。行政许可是一种事前监督方式,相比较而言,事后监督方式比行政许可的成本要低。对于通过其他方式能够解决,达到与行政许可相同作用和效果的,也不要设定行政许可。例如,对于广播、出版领域,在播出或出版之后,发生版权纠纷、侵犯名誉权等,可以通过事后监督、处罚等解决。

三、行政许可的设定和规定

(一)行政许可的设定

行政许可的设定,应当遵守许可法定的原则。具体而言,根据我国《行政许可法》第 4 条的规定,设定和实施行政许可,应当依照法定的权限、范围、条件和程序。因此,《行政许可法》第 14 条和第 15 条对行政许可的设定权限进行了规范。

1. 法律。法律是全国人大及其常委会制定的规范性文件,是宪法之下效力层次最高的规范性文件。法律的行政许可设定权,是指全国人民代表大会及其常委会所享有的以法律形式设定行政许可的权力。由于行政许可的设定涉及公民、法人或者其他组织在国家行政管理活动中的权利和义务,因此对行政许可也应由具有较高效力等级的规范性文件设定。根据《行政许可法》的规定,全国人大及其常委会可以通过法律形式设定行政许可。但是,应当注意的是,法律设定行政许可的权力不是无限的,也需要尊重宪法的原则和精神,同时受《行政许可法》第 12 条、第 13 条的限制。

2. 行政法规。国务院是国家最高权力机关的执行机关,是最高行政机关,根据宪法和立法法规定,国务院可以制定行政法规。在我的法律体系中,行政法规效力层次仅次于宪法、法律。行政法规的行政许可设定权,是指国务院经法律授权后所享有的通过行政法规来设定行政许可的权力。《行政许可法》第 14 条对行政法规的设定权作出了明确规定:"本法第十二条所列事项,法律可以设定行政许可。尚未制定法律的,行政法规可以设定行政许可。"

3. 国务院决定。国务院发布决定是国务院根据《宪法》第 89 条所享有的一项权力,一般针对某个方面的具体事项作出,是与行政法规不同的一种规范性文件,其制定程序也不同于行政法规,不属于我国法律体系的组成部分。根据《行政许可法》第 14 条的规定,国务院不仅可以通过制定行政法规的形式设定行政许可,还可以采用发布决定的方式设定行政许可。但国务院决定的行政许可设定权受到法律的严格限制:一是在"必要时",即来不及制定法律、行政法规,又确实需要通过设定行政许可来管理;二是行政许可实施后,在条件成熟时,国务院应当"及时"提请全国人大及其常委会制定法律加以设定,或者由其自行制定行政法规加以设定。

4. 地方性法规。地方性法规是由有立法权的地方人大及其常委会制定的规范性文件。包括省、自治区、直辖市人大及其常委会制定的地方性法规、较大的市的人大及其常委会制定的地方性法规以及经济特区所在地的省、市人大及其常委会制定的经济特区法规,这些都属于广义的"地方性法规"的范围。当法律、行政法规没有设定行政许可时,地方性法规可以在法律、行政法规专属设定行政许可事项之外,对依法可以设定行政许可的事项设定行政许可作为补充。此外《行政许可法》第 15 条第 2 款对地方性法规不得设定行政许可的事项也作了规定,即地方性法规不得设定应当由国家统一确定的公民、法人或者其他组织的资格、资质的行政许可,不得设定企业或者其他组织的设立登记及其前置性行政许可,不得设定限制其他地区的个人或者企业到本地区从事生产经营和提供服务的行政许可,不得设定限制其他地区的商品进入本地区市场的行政许可。

5. 政府规章。政府规章是由国务院部门或者省、自治区、直辖市和较大的市的人民政府制定的规范性文件,是我国法律体系中层级最低的一种法的形式,包括国务院部门规章和地方人民政府规章。根据《行政许可法》第 15 条的规定,省、自治区、直辖市人民政府享有通过制定政府规章设定行政许可的权力。理解省级政府规章的行政许可设定权,应当注意:第一,地方政府规章的设定权限制在省级人民政府,其他级别的地方政府规章不能设定行政许可;第二,可以设定行政许可的事项尚未制定法律、行政法规和地方性法规;第三,因行政管理需要确需立即实施行政许可;第四,具有临时性,若设定的行政许可实施满一年需要继续实施,应当提请本级人大及其常委会制定地方性法规;第五,不得设定必须由法律、行政法规设定的许可事项。

此外,《行政许可法》第17条还规定:"除本法第十四条、第十五条规定的外,其他规范性文件一律不得设定行政许可。"也就是说,除了上述所列可以设定行政许可的情形外,其他规范性文件不能设定行政许可。

(二)行政许可的规定权

设定权和规定权是两种不同的立法权。所谓设定权,是指法的创制权,是立法机关创制新的行为规范的权力,是从"无"到"有"。规定权是指现有的法的规范具体化的权力,是从"粗"到"细"。与行政许可的设定权不同,行政许可的规定权,是指在上位法已经设定行政许可的情况下,下位法只能以上位法为依据,在法定权限内作出细化规定,而无权创设新的行政许可。行政许可的规定权体现了法律优位原则的基本要求,对于维护整个法律体系的和谐统一意义重大。

《行政许可法》第16条对行政许可规定权作了明确规定:"行政法规可以在法律设定的行政许可事项范围内,对实施该行政许可作出具体规定。地方性法规可以在法律、行政法规设定的行政许可事项范围内,对实施该行政许可作出具体规定。规章可以在上位法设定的行政许可事项范围内,对实施该行政许可作出具体规定。法规、规章对实施上位法设定的行政许可作出的具体规定,不得增设行政许可;对行政许可条件作出的具体规定,不得增设违反上位法的其他条件。"

1. 行政法规的规定权。行政法规既可以设定行政许可,也可以对法律设定的行政许可进行具体化。目前,由于全国人大及其常委会在一些领域没有立法,行政法规进行创设的立法比较多,大量的行政许可是由行政法规设定的,行政法规对法律作进一步具体化的空间还比较大。因此,《行政许可法》规定行政法规可以在法律设定的行政许可事项范围内,对实施该行政许可作出具体规定。行政法规对法律设定的行政许可作具体规定,要注意与创设性立法的区别,也就是说在对法律规定的行政许可作具体规定前,不能创设新的行政许可。

2. 地方性法规的规定权。我国目前地方法规创设性的立法比较少,实施性的立法比较多。尤其我国各地区经济发展不平衡,国家在制定法律时,往往规定得比较"粗",给地方立法留下一定的"空间",实践中地方性法规主要以实施法律为主。因此,《行政许可法》规定地方性法规可以在法律、行政法规规定的行政许可事项范围内,对实施该行政许可作出具体规定。根据这一规定,地方性法规既可以对法律设定的行政许可作出具体规定,也可以对行政法规设定的行政许可作出具体规定。

3. 规章的规定权。在我国,无论是国务院部门还是地方人民政府,主要职能还是执行法律、法规,行使行政管理职能。因此,在行使具体的行政管理职能时,需要对法律的规定进一步具体化。《行政许可法》规定规章可以在上位法设定的行政许可事项范围内,对实施该行政许可作出具体规定,赋予规章行政许可规定权,以保证法律、法规的贯彻实施。

》》 四、行政许可的实施程序

行政许可的实施程序是行政许可机关和行政相对人应当遵循的程序,关乎行政许可实施的方式、步骤和时限等。我国设置行政许可程序的目的,在于保障实施行政许可权的公正与效率。行政许可的实施程序,不仅是行政许可机关实施行政许可的程序,同时也是行政相对人参与行政许可的程序,是行政许可实施程序的基本环节。

(一)申请

行政许可的申请,是指公民、法人或者其他组织向行政机关提出拟从事依法需要取得行政许可的特定活动的请求,并期望行政机关作出许可决定的行为。行政相对人从事特定活动,依法需要取得行政许可的,应当向行政许可机关提出申请。

申请人提出行政许可申请,一般应以书面方式提出。《行政许可法》第 29 条第 1 款规定:"……申请书需要采用格式文本的,行政机关应当向申请人提供行政许可申请书格式文本。申请书格式文本中不得包含与申请行政许可事项没有直接关系的内容。"申请人除以传统方式向行政机关递交申请书以外,还可以利用现代的通信手段提出申请。如根据《行政许可法》第 29 条第 3 款的规定,通过信函、电报、电传、传真、电子数据交换和电子邮件等更为先进、快捷的方式提出申请。

同时,《行政许可法》第 31 条第 1 款规定:"申请人申请行政许可,应当如实向行政机关提交有关材料和反映真实情况,并对其申请材料实质内容的真实性负责。行政机关不得要求申请人提交与其申请的行政许可事项无关的技术资料和其他材料。"

(二)受理

当申请人将申请书及其他有关材料提交给行政许可机关之后,行政许可机关就应当对这些材料是否齐全、是否符合法定形式进行审查,并根据具体情况作出相应的处理决定。根据《行政许可法》第 32 条的规定,行政许可机关在对申请材料进行形式上的审查之后,存在以下几种处理方式:

1. 直接受理。如果行政许可机关经审查发现申请人提交的材料齐全、符合法定形式,且所申请事项也属于材料接受机关的职权范围,应当受理申请人的申请。

2. 不予受理。不予受理存在两种情况:一是申请事项依法不需要取得行政许可;二是申请事项依法不属于受理行政机关职权范围,此时行政机关应当即时作出不予受理的决定,并告知申请人向有关行政机关申请。

3. 当场更正。对于申请人提交的申请材料,经行政许可机关审查,发现仅存在文字错误、计算错误、装订错误及其他类似的可以当场更正的错误的,行政许可机关既不能以此为由拒绝受理,也不能要求申请人重新提出行政许可,而应当允许申请人当场进行更正并予以受理。

4. 限期补正。对于申请人提交的申请材料,经行政许可机关审查,发现材料不齐全或者不符合法定形式的,行政机关不能径行作出不予受理的决定,而应当告知申请人补正。关于告知补正的时间,根据《行政许可法》的规定,可以当场作出的,应当当场告知,不能当场作出的,应当在 5 日内告知,并将需要补正的全部内容一次性告知申请人。

（三）审查

审查是行政许可机关作出是否准予许可的前提。《行政许可法》第 34 条规定："行政机关应当对申请人提交的申请材料进行审查。申请人提交的申请材料齐全、符合法定形式，行政机关能够当场作出决定的，应当当场作出书面的行政许可决定。根据法定条件和程序，需要对申请材料的实质内容进行核实的，行政机关应当指派两名以上工作人员进行核查。"因此，行政许可的审查可以分为形式审查和实质审查两种方式。

1. 形式审查，即行政许可机关仅对申请材料的形式要件进行审查，即审查申请材料是否齐全、是否符合法定形式，对于申请材料的真实性、合法性则不作审查。对于形式审查，行政机关能够当场作出决定的应当当场作出，以方便申请人，提高行政效率。

2. 实质审查，即行政机关不仅要对申请材料的要件是否具备进行审查，还要对申请材料的实质内容是否符合条件进行审查。对于申请的实质审查，有的可以采取书面审查的方式，即通过申请材料的陈述了解有关情况并进行审查，但有的实质审查还需要进行实地核查，才能确认真实情况。对于需要采取实地核查的，行政机关应当指派两名以上工作人员进行核查。行政机关工作人员在进行实地核查时，应当向当事人或其他有关人员出示执法身份证件，以表明自己正代表国家执行公务，否则当事人可以拒绝接受核查。

3. 听取申请人、利害关系人的意见。《行政许可法》第 36 条规定："行政机关对行政许可申请进行审查时，发现行政许可事项直接关系他人重大利益的，应当告知该利害关系人。申请人、利害关系人有权进行陈述和申辩。行政机关应当听取申请人、利害关系人的意见。"

（四）听证

听证程序是行政许可机关在对许可申请的审查过程中，在作出许可决定前所举行的听取申请人、利害关系人意见的最正规形式。听证程序并不是实施行政许可过程中的必经程序，但它已经成为一个被广泛适用的程序。根据《行政许可法》第 46 条、第 47 条规定，听证可以分为依职权听证和依申请听证两种类型。具体包括以下情形：

1. 法律、法规、规章明文规定应当听证的。凡法律、法规和规章中明确规定听证程序，行政许可属于其规定的情形的，行政机关在作出行政许可决定前，应当举行听证。一般来说，许可事项涉及公共利益时，法律、法规、规章才会作出这方面的要求。行政许可机关举行这类听证会，应当事先向社会公告。

2. 行政许可机关认为需要听证的。虽然法律、法规、规章并无规定需要听证，涉及公共利益的重大行政许可事项，行政许可机关也可举行听证会。行政许可机关举行这类听证会，也应当事先向社会公告。

3. 申请人、利害关系人要求听证的。《行政许可法》第 47 条规定："行政许可直接涉及申请人与他人之间重大利益关系的，行政机关在作出行政许可决定前，应当告知申请人、利害关系人享有要求听证的权利；申请人、利害关系人在被告知听证权利之日起五日内提出听证申请的，行政机关应当在二十日内组织听证。申请人、利害关系人不承担行政机关组织听证的费用。"

在听证的程序上,《行政许可法》第48条规定:"听证按照下列程序进行:(一)行政机关应当于举行听证的七日前将举行听证的时间、地点通知申请人、利害关系人,必要时予以公告;(二)听证应当公开举行;(三)行政机关应当指定审查该行政许可申请的工作人员以外的人员为听证主持人,申请人、利害关系人认为主持人与该行政许可事项有直接利害关系的,有权申请回避;(四)举行听证时,审查该行政许可申请的工作人员应当提供审查意见的证据、理由,申请人、利害关系人可以提出证据,并进行申辩和质证;(五)听证应当制作笔录,听证笔录应当交听证参加人确认无误后签字或者盖章。行政机关应当根据听证笔录,作出行政许可决定。"

（五）决定

行政许可的决定是指行政许可机关在对许可申请材料进行审查、核实的基础上,针对不同情况作出是否准予行政许可的决定。根据《行政许可法》第38条的规定,行政许可决定类型主要有两种形式,即准予行政许可的决定和不予行政许可的决定。

1. 准予行政许可的决定。只要申请人符合法律规定的有关要件,不存在不予行政许可的特别理由,行政机关原则上应当予以许可,行政许可机关应当依法作出准予许可的书面决定。行政许可是要式行政行为,许可决定应当以书面形式作出,并应以正规的文书、格式、日期和印章等形式予以批准和证明。准予许可决定的主要形式为各类行政许可证件,主要包括:(1)许可证、执照或者其他许可证书,如卫生许可证、驾驶执照等;(2)资格证、资质证或者其他合格证书,如律师资格证等;(3)行政机关的批准文件或者证明文件,如申请开办网吧首先必须获得行政部门同意筹建的批准文件;(4)法律、法规规定其他行政许可证件,如捕猎野生动物必须申请特许猎捕证。

2. 不予行政许可的决定。不予行政许可决定的作出,意味着申请人的许可申请没有得到行政许可机关的认可,申请人不能从事其希望从事的某种特定活动。

（1）不予行政许可决定的适用情形。一般来说,行政许可机关在对申请材料进行审查、核实以后,如具备下列两种情形之一,即可作出不予行政许可的决定:一是对申请人的申请经实质性审查后,认为其不符合法定条件和标准;二是在有数量限制的情形下,经审查,认为其不属于条件优先者。

（2）不予行政许可决定的实施程序。根据《行政许可法》第38条第2款的规定,当行政许可机关依法作出不予行政许可的决定时,应当积极履行说明理由、告知申请人救济权等程序法上的义务。就行政许可的申请人而言,只有当其知晓不予许可决定作出的原因时,才能消除心中的疑问;而当其疑问仍然无法彻底消除时,则可以通过行政复议或者行政诉讼等正当的渠道寻求救济。

（六）期限

《行政许可法》第四章第三节专门规定了行政许可的期限,包括行政许可机关作出许可的期限与送达相对人的期限。《行政许可法》第37条明确规定:"行政机关对行政许可申请进行审查后,除当场作出行政许可决定的外,应当在法定期限内按照规定程序作出行政许可决定。"

行政许可机关作出许可决定的期限,分四种情况:

1. 能够当场作出许可决定的,就当场作出。

2. 不能当场作出许可决定的,应当自受理行政许可申请之日起 20 日内作出。20 日内不能作出决定的,经本行政机关负责人批准,可以延长 10 日,并应当将延长期限的理由告知申请人。但是,法律、法规另有规定的,依照其规定。

3. 对于统一办理或者联合办理、集中办理的许可,办理的时间不得超过 45 日;45 日内不能办结的,经本级人民政府负责人批准,可以延长 15 日,并应当将延长期限的理由告知申请人。

4. 依法应当先经下级行政机关审查后报上级行政机关决定的行政许可,下级行政机关应当自其受理申请之日起 20 日内审查完毕。但是,法律、法规另有规定的,依照其规定。

根据《行政许可法》第 44 条、第 45 条的规定,行政机关作出准予行政许可的决定,应当自作出决定之日起 10 日内向申请人颁发、送达行政许可证件,或者加贴标签,加盖检验、检测、检疫印章。行政机关作出行政许可决定,依法需要听证、招标、拍卖、检验、检测、检疫、鉴定和专家评审的,所需时间不计算在上述期限内。行政机关应当将所需时间书面告知申请人。

(七) 行政许可程序的特别规定

《行政许可法》第四章第六节"特别规定",在一般程序基础上,对某些许可程序作出了特别要求,构成了行政许可的特别程序。《行政许可法》第 51 条规定:"实施行政许可的程序,本节有规定的,适用本节规定;本节没有规定的,适用本章其他有关规定。"主要包括以下几个方面:

1. 国务院实施行政许可的特别规定。《行政许可法》第 52 条规定:"国务院实施行政许可的程序,适用有关法律、行政法规的规定。"一般情况下,现行许可法所规定的实施行政许可的原则、程序都适用于国务院所实施的行政许可。但由于国务院实施行政许可的一些事项有特殊性,如《核出口管制条例》规定,对核出口申请进行初审和复审分别规定了 15 天的期限;但如果因涉及国家安全、社会公共利益或者对国家的外交政策有重大影响,必要时应当报国务院审批,可以不受 15 天审查期限的约束。

2. 通过招标、拍卖等公平竞争方式作出行政许可决定的特别规定。《行政许可法》第 53 条第 1 款规定:"实施本法第十二条第二项所列事项的行政许可的,行政机关应当通过招标、拍卖等公平竞争的方式作出决定。但是,法律、行政法规另有规定的,依照其规定。"因此,根据法律规定,通过招标、拍卖方式作出行政许可决定的,应当适用我国现行的《招标投标法》及《拍卖法》的相关程序规定。

3. 赋予公民、组织特定资格、资质实施程序的特别规定。《行政许可法》第 54 条第 1 款规定:"实施本法第十二条第三项所列事项的行政许可,赋予公民特定资格,依法应当举行国家考试的,行政机关根据考试成绩和其他法定条件作出行政许可决定;赋予法人或者其他组织特定的资格、资质的,行政机关根据申请人的专业人员构成、技术条件、经营业绩和管理水平等的考核结果作出行政许可决定。但是,法律、行政法规另有规定的,依照其规定。"如

2014 年 4 月修订的《文物保护工程勘察设计资质管理办法(试行)》第 11 条对于文物保护工程责任设计师的条件规定了明确的要求。① 因此在对特定的资格资质作出行政许可时,应当适用特别的规定。

4. 对特定物的检测、检验和检疫许可决定的特别规定。《行政许可法》第 55 条对根据检验、检测、检疫结果作出行政许可决定的具体程序进行了规定。对于直接关系到公共安全、人身健康、生命财产安全的重要设备、设施、产品、物品,需要通过检验、检测、检疫等方式进行审定,在这一领域设定行政许可,主要目的是维护公共安全及广大人民群众的健康。例如,《特种设备安全监察条例》第 12 条规定:"锅炉、压力容器中的气瓶(以下简称气瓶)、氧舱和客运索道、大型游乐设施以及高耗能特种设备的设计文件,应当经国务院特种设备安全监督管理部门核准的检验检测机构鉴定,方可用于制造。"

5. 行政许可优先权特别规定。以有无数量限制为标准,行政许可可以划分为有数量限制的行政许可和无数量限制的行政许可。在行政许可存在数量限制的情况下,如果多个申请人都提出了许可申请,且都符合法定的许可条件和标准,根据《行政许可法》第 57 条的规定,行政机关应当根据受理行政许可申请的先后顺序作出准予行政许可的决定,但是法律、行政法规另有规定的除外。也就是说,在通常情形下,如果申请人都符合法定许可条件和标准,则申请在先者享有许可优先权。

第二节 行 政 给 付

一、行政给付的概念

行政给付的概念有广义和狭义之分。广义的行政给付包括了供给行政、社会保障行政和资助行政。② 而狭义的行政给付,又叫行政物质帮助,是指行政主体在公民年老、疾病或丧失劳动能力等情况或其他特殊情况下,依照有关法律、法规的规定,赋予其一定的物质权益或与物质有关的权益的具体行政行为。③ 行政给付的法律渊源来自我国《宪法》第 45 条的规定:"公民在年老、疾病或者丧失劳动能力的情况下,有从国家和社会获得物质帮助的权利。国家发展为公民享受这些权利所需要的社会保险、社会救济和医疗卫生事业。国家和

---

① 《文物保护工程勘察设计资质管理办法(试行)》第 11 条规定,文物保护工程责任设计师应当具备以下条件:(1)熟悉文物保护法律法规,具有较强的文物保护意识,遵循文物保护的基本原则、科学理念、行业准则和职业操守;(2)从事文物保护工程勘察设计相关技术工作八年以上;(3)主持完成至少二项工程等级为一级,或至少四项工程等级为二级,且通过相应文物主管部门审批的文物保护工程勘察设计项目;或者作为主要技术人员参与完成至少四项工程等级为一级,或至少八项工程等级为二级,且通过相应文物主管部门审批的文物保护工程勘察设计项目;(4)近五年内主持完成的文物保护工程勘察设计,没有发生因勘察设计质量问题对文物造成损坏或人员伤亡等重大责任事故。近五年内,主持完成的文物保护工程勘察设计或相关科研项目因工程质量、管理创新、科技创新,获得国家级、省部级奖项的专业人员,申请担任文物保护工程责任设计师的,可适当放宽前款(2)、(3)项标准。
② 参见姜明安主编:《行政法与行政诉讼法》,北京大学出版社 2015 年版,第 629 页。
③ 参见罗豪才、湛中乐主编:《行政法学》,北京大学出版社 2012 年版,第 357 页。

社会保障残废军人的生活,抚恤烈士家属,优待军人家属。国家和社会帮助安排盲、聋、哑和其他有残疾的公民的劳动、生活和教育。"

行政给付具有以下法律特征:

首先,行政给付具有授益性。行政给付表现为行政主体给予相对人一定的物质帮助,以金钱或物质为给付内容。不具有"财物性"的给付不属于这种意义上的行政给付。从这个意义上说,精神奖励不属于行政给付,而只有物质奖励才属于行政给付。

其次,行政给付具有单向性。行政给付法律关系是通过行政主体的行政行为单方面形成的,这种关系的实现是给付主体的职责,而无需行政相对人付出任何对价,所以具有行政主体针对行政相对人的单向性。

再次,行政给付具有无偿性。行政给付是国家针对一些生活困难者或其他需要救助的情况,依据法规给予救助的行为,是国家福利政策的表现,因而是无偿的。任何对价性的、有偿性的支付均不属行政给付。如国家对相对人私人财产的征收和征用而给予的补偿,行政执法机关因违法或合法行为给相对人造成损害而给予的赔偿或补偿等,均不属于行政给付。

最后,行政给付具有依申请性。行政给付属于依申请行为而不是依职权行为。行政给付的对象具有较强的限定性和倾向性,只有特定的行政相对人才能申请行政给付。它一般需由相对人向特定的行政主体申请,行政主体对其情况与条件进行审查,并依法决定给予或不给予救助。

▶▶ 二、行政给付的种类

目前,我国有关行政给付的法律、法规、规章主要包括《残疾人保障法》《军人抚恤优待条例》《中国人民解放军现役士兵服役条例》《烈士褒扬条例》《城市居民最低生活保障条例》《城市生活无着的流浪乞讨人员救助管理办法》《城市生活无着的流浪乞讨人员救助管理办法实施细则》等。综合现有法律、法规和政策的规定,目前我国行政给付的种类主要包括:

(一)抚恤金

抚恤金是指有关单位或者组织对因公死亡或者病故以及其他意外死亡的人员的家属,因工负伤、残疾者本人以及复转军人本人等,按照规定给予一定的物质帮助。抚恤金的类型包括:(1)牺牲、病故人员抚恤金。此类抚恤金的发放对象是烈士和病故的军人、人民警察、参战民兵和民工以及党政机关、民主党派、人民团体工作人员的遗属。(2)残疾抚恤金。此类抚恤金包括发给革命残疾人员的抚恤金、在乡革命残疾人员的副食品价格补贴、回乡安置的特等残疾军人的护理费,革命残疾人员的伤口复发治疗费、装修假肢和辅助器械等按规定报销的费用,在乡三等革命残疾人员疾病医疗减免的费用。(3)烈军属、复员退伍军人生活补助费。此项补贴费包括发给在乡退伍红军老战士的生活补助费、副食品价格补贴和护理费,符合规定条件的烈属、在乡复退军人定期定量补助费和烈军属、在乡复退军人临时补助费。(4)退伍军人安置费。此项安置费是发给无住房或者严重缺房而自力确有困难无法克服的当年回乡义务兵的一次性建房补助费。

（二）特定人员离退休金

此项行政给付主要包括如下三种情形：

1. 由民政部门管理的军队离休干部的离休金、生活补助费、副食品价格补贴以及取暖补贴、护理费、丧葬费、遗属生活困难补助等。

2. 由民政部门管理的军队退休干部、无军籍退休职工和由民政部门发放退休金的地方退休人员的退休金、副食品价格补贴以及取暖补贴、护理费、丧葬费、遗属生活困难补助费等。

3. 由民政部门发放退职金的退职人员生活费、副食品价格补贴。

（三）社会救济、福利金

此项行政给付主要包括如下几种情形：

1. 农村社会救济，即用于对农村五保户、贫困户等的救济。老年、残疾或者未满 16 周岁的村民，无劳动能力、无生活来源又无法定赡养、抚养、扶养义务人，或者其法定赡养、抚养、扶养义务人无赡养、抚养、扶养能力的，享受农村五保供养待遇。

2. 城镇社会救济，即用于对城镇居民中无依无靠无生活来源的孤老残幼和贫困户等的救济。在这方面，除了基于《城市居民最低生活保障条例》而建立起来的一整套生活保障资金的发放制度外，还有中低收入者买经济适用房，特困者暂时租住解困房（或者称廉租房），介入廉租房和经济适用房以及经济适用房和商品房之间的公共租赁房、共有产权房、"两限房"等多样化的救济方式。如上海市人民政府发布的《上海市共有产权保障住房管理办法》规定，共有产权是指符合国家住房保障有关规定，由政府提供政策优惠，按照有关标准建设，限定套型面积和销售价格，限制使用范围和处分权利，实行政府与购房人按份共有产权，面向本市符合规定条件的城镇中低收入住房困难家庭供应的保障性住房。

3. 社会福利金，即用于对社会福利院、敬老院、儿童福利院等社会福利机构、流浪乞讨人员收容救助、安置以及社会残疾人团体及其福利生产单位、科研机构（假肢科研机构等）的经费资助。

（四）自然灾害救济金及救济物资

灾害救济制度，包括洪涝灾害救济、防震减灾救济、地质灾害救济、森林火灾救济、突发公共卫生事件救济等。例如，根据《防洪法》的相关规定，在生活供给、卫生防疫、救济物资供应、恢复生产和重建家园方面，有关人民政府及其相关部门承担大量行政给付职责。

三、行政给付的原则

（一）公平、公正、平等

行政给付首先应坚持公平、公正的原则，对符合条件的公民平等地实施，且对于符合相同条件的行政相对人应给予相同的标准,不应当差别对待。对于符合给付标准的行政给付申请,行政机关没有正当理由不得拒绝给付。

(二)持续给付

实践中,除了一次性或者临时性发放的行政给付外,大多数行政给付是需要持续给付的。例如,残疾军人的残疾抚恤金,就是在生存期间持续发放。并且,随着社会的发展及生活水平的提高,给付的标准也会相应地进行调整。

(三)给付性与助成性相结合

狭义的行政给付只是金钱或者实物的支付活动,对于确保人们的生活达到一定水准具有立竿见影的效果。但是,从长远来看,从整个社会协调发展的角度来看,为了达到标本兼治的目的,必须坚持给付性与助成性相结合的原则,在给予行政相对人以直接的物质帮助的同时,在生活、就业等其他方面予以帮助,只有这样被给付主体才有可能真正地摆脱被救助的状态。

(四)程序规范、透明

行政给付作为行政机关的一种具体行政行为,应当遵循相应的程序方可实施。尽管我国目前在行政给付方面尚无统一的法律规定,但在不同的法律、法规、规章中对不同形式的行政给付程序均作了一些简单规定。从目前实践中的做法来看,行政给付的程序大致有三种情形:

1. 定期性发放。例如军人伤残抚恤金、离退休金、烈军属生活困难补助等,通常由给付对象本人或者所在组织、单位提出申请,主管行政机关依法对其进行审查、评定等级,在特定情况下,还需要通过技术专家或者专门部门的鉴定,以确定标准,然后再定期(按月或者按年)发给。

2. 一次性发放。如因公牺牲或者病故人员的丧葬费、退伍军人安置费、烈士遗属抚恤金等,通常由给付对象提出申请,主管行政机关予以审查核实,然后按照法律、法规或者规章所确定的标准一次性发给。

3. 临时性发放。如自然灾害救济、公民突发性困难紧急救济等,有的由给付对象提出申请,有的则由有关基层组织确定给付对象,或者经有关基层组织发给给付对象。

第三节　行政奖励

≫ 一、行政奖励的概念与特征

行政奖励是指行政机关或者法律、法规授予奖励权的组织依照法定的条件和程序,对为

国家和社会作出重大贡献的单位与个人,给予物质或精神鼓励的具体行政行为。[①] 行政奖励具有下述特征:

首先,行政奖励的实施主体是行政机关或法律、法规授权的社会组织。行政奖励的实施主体主要是行政机关,除行政机关外,法律、法规授予行政奖励权的组织也可作为行政奖励的主体。与之对应的是,未经授权的个体企业、外资企业等非行政主体实施的奖励行为,不是行政奖励。

其次,行政奖励的目的在于表彰和鼓励先进,激励和推动后进,调动和激发人们的积极性和创造性。从这个角度来说,行政奖励具有很强的行政指导属性,其所肯定和倡导的行为,不仅对受表彰奖励者,而且对整个社会都会产生引导或者指导的作用。

再次,行政奖励的对象广泛。行政奖励的对象是对国家、人民和社会作出突出贡献或者模范地遵纪守法的个人或者组织。行政奖励的对象范围相当广泛,国家行政机关及其工作人员、普通公民、企事业单位、社会团体甚至外国人或无国籍人,都可以成为其对象。

最后,行政奖励的内容是给予受奖者某些精神或物质利益。受奖者具备了受奖的条件,便获得了原来并不为其所有的某些利益,如奖金。行政奖励不同于行政给付,行政奖励包括了物质奖励和精神奖励。物质奖励包括给受奖人颁发奖品或奖金;精神奖励则包括给予受奖人某种荣誉,如"五一劳动奖章""五四青年奖章""三八红旗手"等。

▶▶ 二、行政奖励的原则

(一) 依法奖励

行政奖励是一种法定行为。任何行政奖励都应当坚持法定的标准、条件和程序,如果由行政主体任意框定,由领导者个人的意志任意决定,势必会影响行政奖励行为目的的实现,甚至产生负效应。因此,行政奖励应当坚持依法奖励的原则,对于违反这一原则者,要按照情节轻重分别予以批评、撤销奖励、给予行政处分等措施。

(二) 物质奖励与精神奖励相结合

如前所述,行政奖励包括了物质奖励和精神奖励两个类别。这两种奖励形式既可分别独立实施,也可合并实施。理论和实践证明,人的需要是多方面、多层次的。人不仅有物质需求,还有精神需求。精神需要是人们高层次的需要。当物质需求满足后,人们往往会追求高层次的精神需求。物质奖励较为直观,受奖者获得的激励持续性较短,而精神奖励往往具有持续性,对于某些受奖对象来讲,精神奖励的作用甚至大于物质奖励。应该说,物质奖励与精神奖励各具特色,但若能将两者有机地结合起来,就可以更加充分地发挥行政奖励的整体效应。

[①]　参见马怀德主编:《行政法与行政诉讼法》,中国法制出版社 2015 年版,第 321 页。

（三）公正、平等

行政主体应当对所有的行政相对人一视同仁，相对人拥有相同的奖励条件，拥有同等的受奖机会和权利，授奖机关不得以自己的好恶偏袒某受奖集体或个人。公正、平等的原则要求做到机会均等，按照法定的程序实施奖励，凡符合法定条件者，人人都有平等受奖励的权利。此外，公正、平等的原则还要求行政奖励的程序民主、公开，以确保对行政奖励的有效监督，保证行政奖励的公正、平等，最大限度地发挥行政奖励行为表彰先进、鞭策后进的作用。

（四）奖励与行为相适应

行政奖励的内容和形式要与受奖者的行为贡献相一致，奖励的等级与贡献大小相适应，对于成绩显著、贡献巨大的，应当予以重奖，做到论功行奖、合理适度。

三、行政奖励的种类和形式

（一）行政奖励的种类

1. 内部行政奖励和外部行政奖励。按照奖励机关与受奖者的关系划分，行政奖励可以分为内部行政奖励和外部行政奖励。内部行政奖励是指行政机关或者法律、法规授权的组织，依法给予下级机构、公务员或其他工作人员的一种奖励行为。内部行政奖励由行政机关或组织的内部管理机关或与受奖者有从属关系的行政机关作出。外部行政奖励，是指行政机关或法律、法规授权的组织依法对符合一定条件的相对方当事人所给予的一种行政奖励。在外部行政奖励中，授奖者与受奖者之间不存在行政上的隶属关系，该奖励一般由具有社会管理职能的行政机关作出。

2. 赋予权利的奖励和赋予能力的奖励。按照奖励的内容划分，行政奖励可以分为赋予权利的奖励和赋予能力的奖励。赋予权利的奖励，是指行政奖励主体依法为受奖人设定其本来所不享有的法律上的权利，即实现某种利益的可能性。例如，授予荣誉称号或给予物质奖励，就是一种赋予权利的奖励，它使受奖人获得了享有该荣誉的权利或占有一定财物的权利。行政奖励多是赋予权利性的奖励。赋予能力的行政奖励，是指行政奖励主体依法为受奖者设定其原来没有的法律上的能力，即为某种行为的资格。如给工作人员的晋职奖励，即属赋予能力的奖励。

3. 荣誉性奖励、物质性奖励和职位性奖励。按照奖励的形式划分，行政奖励可以分为荣誉性奖励、物质性奖励和职位性奖励。荣誉性奖励是指给受奖人某种荣誉。任何行政奖励对受奖者来说都是一种荣誉。不过荣誉性奖励指的是纯粹荣誉性奖励，如通令嘉奖、记功、记大功，授予荣誉称号等。物质性奖励是指发给受奖人一定奖金、奖品等实物的奖励。职位性奖励是指提升工资级别、晋升行政职位的奖励，是一种荣誉性、物质性相结合的奖励。实践中，各种奖励形式很少单独运用，常常是以一种奖励为主而辅之以他种奖励形式，如既记功又颁发奖金，或既授予荣誉称号又晋升职位。

（二）行政奖励的形式

行政奖励的形式多种多样，不同的法律、法规往往针对不同的对象规定不同的形式。概括而言，主要有下列几种形式：

1. 通报表扬。这是指实施行政奖励的主体以一定的形式，在一定的范围内对受奖人进行公开的肯定和赞扬。通报表扬属于精神奖励的一种形式。

2. 记功。这是指实施行政奖励的主体公开对受奖人加以肯定，并记入受奖人个人或单位档案的一种奖励形式。记功也属于精神奖励的一种形式。

3. 奖金或奖品。这是指实施行政奖励的主体给受奖人发给奖金或奖品的奖励形式。发给奖金或奖品属于物质奖励的一种形式。

4. 晋级。这是指实施行政奖励的主体以提高受奖人职务级别和工资级别的方式，对受奖人进行的奖励。晋级也属于物质奖励的一种形式。

5. 通令嘉奖。这是指较高级别的行政奖励主体在较大范围内公开对受奖人进行肯定和赞扬，并明确对受奖人以通令嘉奖的形式予以奖励。通令嘉奖属于精神奖励的一种形式。

6. 授予荣誉称号。这是指实施行政奖励的主体对受奖者授予先进工作者、劳动模范等称号。授予荣誉称号属于精神奖励的一种形式。

四、行政奖励的程序

目前，我国尚无统一的行政奖励规范，有关行政奖励的程序也散见于各个法律法规或规范性文件之中。从现行法律、法规的规定看，大体有三种情况：第一种是法律、法规规定了具体奖励程序。例如，《国家科学技术奖励条例》对于国家科学技术奖的设置、提名、评审和授予进行了明确的规定；第二种是法律、法规将授奖程序授权给奖励机关拟定和自由裁量。例如，《消防法》第 7 条第 2 款规定，"对在消防工作中有突出贡献的单位和个人，应当按照国家有关规定给予表彰和奖励"；第三种是只规定奖励条件与权限，未对奖励程序作任何规定。例如，《文物保护法》第 12 条规定，"有下列事迹的单位或者个人，由国家给予精神鼓励或者物质奖励：（一）认真执行文物保护法律、法规，保护文物成绩显著的；（二）为保护文物与违法犯罪行为作坚决斗争的；（三）将个人收藏的重要文物捐献给国家或者为文物保护事业作出捐赠的；（四）发现文物及时上报或者上交，使文物得到保护的；（五）在考古发掘工作中作出重大贡献的；（六）在文物保护科学技术方面有重要发明创造或者其他重要贡献的；（七）在文物面临破坏危险时，抢救文物有功的；（八）长期从事文物工作，作出显著成绩的"。总体而言，行政奖励程序可以归纳为以下步骤：

1. 奖励的提出。一般有三种方式：自行申请或申报、群众讨论评选、有关单位或个人推荐。

2. 审批。由法定权限机关对奖励进行审查批准，审批权限一般应同奖励权限相一致。

3. 公布。行政奖励审查批准后，一般应由一定机关以一定方式予以公布。公布程序是行政奖励生效的必经程序。如科技进步奖，必须在公布期届满无异议时才可生效。

4. 授奖。采取一定的仪式，发给奖品或以资证明的证、章。对于个人的奖励，一般应书面通知受奖者,并将奖励材料存入个人人事档案。

第四节　实务案例

》》一、丁某诉 A 市审批局、B 市审批局行政许可案

〔案情摘要〕

2018 年 8 月某小区 27 号楼二单元丁某等业主向 A 市审批局申请办理老小区增设电梯施工许可手续。同年 12 月,A 市审批局向该单元业主核发了《建设工程规划许可证》和《既有住宅增设电梯施工许可》。2019 年 4 月 12 日,A 市审批局作出《撤销登记决定书》,以案涉小区存在违章建筑,不符合《某市既有多层住宅增设电梯指导意见(试行)》(以下简称《指导意见》)第 5 条的规定,申请人提供的"无违章建筑"的证明内容虚假为由撤销了前述许可证。丁某等业主不服,向 A 市审批局上级主管部门 B 市审批局申请行政复议,B 市审批局复议维持了《撤销登记决定书》。丁某仍不服,诉至法院要求撤销《撤销登记决定书》。

法院认为:A 市审批局作出《撤销登记决定书》所依据的《指导意见》将有关"无违章建筑"证明或承诺书作为许可条件,增设了法外的其他许可条件,依法不应当作为撤销涉案许可行为的规范性依据。是否存在违章建筑以及对违章建筑的查处,属于 A 市综合行政执法局的职责范围,A 市审批局将小区无违章建筑作为实施许可的条件之一属于行政行为的不当牵连,是综合执法部门借行政许可"搭便车"以增设许可条件的方式实施城市综合行政执法管理,目的不正当。江苏省 B 市经济技术开发区人民法院根据《行政诉讼法》第 70 条第 2 项、第 79 条之规定判决撤销 A 市审批局于 2019 年 4 月 12 日作出的《撤销登记决定书》以及 B 市审批局于 2019 年 9 月 11 日作出的《行政复议决定书》。

〔法理分析与评议〕

许可法定是设立和实施行政许可应遵循的基本原则。《行政许可法》规定:法律、行政法规、地方性法规可以设定行政许可,地方政府规章可以设定临时性行政许可,临时性许可期限届满需要继续实施的应当通过地方人大制定地方性法规,其他规范性文件一律不得设定行政许可。这意味着市、县级行政主管部门制定的规范性文件依法不得增设行政许可,对行政许可条件作出的具体规定不得增设违反上位法的其他条件。《江苏省规范性文件制定和备案规定》规定,行政机关制定规范性文件以实施法律、法规、规章的相关规定为主,并不得创设行政许可。规范性文件为实施法律、法规、规章作出具体规定的,不得违法增加公民、法人或者其他组织的义务或者限制公民、法人或者其他组织的权利。

因此,在法律规定的行政许可条件以外另行增设新的行政许可条件,增加了申请人的法外义务,不应作为行政行为的依据。

〔相关法律法规链接〕

《中华人民共和国行政许可法》

《江苏省规范性文件制定和备案规定》

《中华人民共和国行政复议法》

二、李某诉A市B镇人民政府不依法履行优待金给付义务案

〔案情摘要〕

原告李某之子于2002年底应征入伍,并于2003年被评为优秀士兵。被告A市B镇人民政府依据A市政府文件,以每年900至1100元标准,先后支付原告2003年、2004年度优待金2000元。原告认为被告违反规定,擅自降低优待金发放标准,侵犯了原告的合法权益。在原告多次上访,要求补发未果的情况下,向法院提起行政诉讼,要求被告支付所拖欠的优待金2738.50元。被告辩称:(1)优待金的发放标准法律并无规定,对此能否提起行政诉讼,行政诉讼法也未明确规定,故本案不属于行政诉讼的受案范围。(2)本案即使成诉,B镇人民政府也不具备被告资格,应变更为A市人民政府或民政部门。(3)B镇人民政府按全市现行的统一标准支付优待金并无不当。

A市人民法院经审理认为,优待金作为对现役义务兵家属的一种社会保障制度,不仅体现为荣誉权,而且体现为财产权。对涉及公民人身权和财产权的优待金发放行为不服的,可以提起行政诉讼。依据《兵役法》第54条关于"义务兵服现役期间,其家属由当地人民政府给予优待"的规定,B镇人民政府作为当地优待金发放部门,具备本案被告主体资格。被告未依据《江苏省拥军优属工作若干规定》第16条关于"农村义务兵家属优待金标准,不低于上年度当地农村人均收入70%"的规定标准支付原告优待金,应当补发差额。诉讼期间,由于被告主动补发原告优待金2630元,并负担本案诉讼费用,原告申请撤诉。法院裁定准许。

〔法理分析与评议〕

行政给付,是行政主体在公民失业、年老、疾病、丧失劳动能力等情况下,依照有关法律、法规、规章或者政策的规定,赋予其一定的物质权益或与物质有关的权益的具体行政行为。政府给现役军人家属发放优待金,是《兵役法》为政府设定的一项职责,与发放抚恤金、社会保障金、最低生活保障费的性质一样,"发放优待金"也是一种行政给付行为。行政给付行为必须依法实施,给付的对象、给付的标准,都由法律、法规、规章和有关政策明确规定。行政主体对相对人实施给付行为,不是对相对人的恩赐,而是其必须履行的法定职责。因此,行政主体不履行或者拖延履行给付职责或者不依法定标准、足额进行给付,都构成行政违法。

〔相关法律法规链接〕

《中华人民共和国兵役法》

《江苏省拥军优属工作若干规定》

三、杨某诉A县市场监督管理局行政奖励决定案

〔案情摘要〕

杨某于2017年11月7日向B市食品药品监督管理局举报A县辖区内10起食品药品违法行为。B市食品药品监督管理局接到举报信后于2017年11月13日向A县食品药品

工商质量监督管理局①下发《投诉举报交办函》，要求其于 2017 年 12 月 30 日前依法处理。A 县市场监督管理局接到《投诉举报交办函》后于 2018 年 3 月 21 日分别以 10 个行政处罚案件对相关行政相对人进行了处罚。

杨某于 2018 年 9 月 21 日向 A 县市场监督管理局提交《食品药品违法行为举报奖励奖金申请书》，要求其发放 10 个案件的举报奖金。A 县市场监督管理局收到申请后没有对原告进行奖励。杨某对 A 县市场监督管理局不给予奖励的行为不服，遂向 B 市食品药品监督管理局提起复议，要求确认 A 县市场监督管理局拒不向其发放食品药品违法行为举报奖励奖金的行政行为违法，并向自己发放相应的举报奖励奖金。B 市食品药品监督管理局于 2019 年 1 月 10 日作出邵食药监复决字[2018]9 号复议决定：(1)被申请人应当收到本决定书之日起 10 日内对申请人提出的违法行为举报奖励申请进行书面回复，并妥善处理；(2)被申请人应当就食品药品违法行为举报奖励事宜向 A 县人民政府作出汇报，力争早日出台 A 县食品药品违法行为举报奖励办法。2019 年 1 月 24 日，A 县市场监督管理局作出《关于申请发放食品药品违法行为举报奖励的答复》，内容是："我县财政未将食品药品违法行为举报资金纳入地方财政预算，而我局工作经费紧张暂时不能出台有关奖励细则。"杨某对该答复不服，于 2019 年 5 月 23 日向法院提起行政诉讼。法院于 2019 年 8 月 28 日作出(2019)湘 0581 行初 41 号行政判决书，撤销 A 县市场监督管理局于 2019 年 1 月 24 日作出的《关于申请发放食品药品违法行为举报奖励的答复》，要求其于判决生效后 30 日内对原告举报违法行为奖励的申请重新作出答复。A 县市场监督管理局于 2019 年 12 月 10 日根据《A 县食品药品违法行为举报奖励暂行办法》向杨某作出《A 县市场监督管理局举报违法行为奖励通知书》，对杨某举报 10 起违法行为奖励 570 元。杨某于 2019 年 12 月 18 日领取奖励 570 元，并对该奖励决定向法院提起行政诉讼。

法院认为：《食品药品违法行为举报奖励办法》第 10 条规定，各省级食品药品监督管理部门可结合本行政区域实际，按照涉案货值金额或者罚没款金额、奖励等级等因素综合计算奖励金额，每起案件的奖励金额原则上不超过 50 万元。上述规定表明，奖励金额的计算是以每起案件的具体情况为基准进行的。本案中，原告举报了 10 个不同的违法行为，被告对 10 个违法行为分别作出了行政处罚，是 10 件行政处罚案件，但被告在计算奖励金额时，作为一个案件予以计算。因此，被告作出的《A 县市场监督管理局举报违法行为奖励通知书》适用法律错误，应予以撤销，由被告重新作出行政行为。

〔法理分析与评议〕

行政奖励是行政机关或者法律、法规授予奖励权的组织依照法定的条件和程序，对为国家和社会作出贡献的单位与个人，给予物质或精神鼓励的具体行政行为。行政机关在实施行政奖励时，必须依法定的条件、形式和程序，在法律仅对行政奖励做原则性规定的情况下，行政机关制定规范性文件对如何奖励进行具体规定并对外公布，行政机关在实施奖励行为时，也应遵循该文件的规定。如行政机关在作出行政奖励行为时违背已公布的奖励标准和计算方法，行政相对人有权向人民法院提起诉讼，由人民法院依法予以撤销，并责令行政机关依据公布的励标准和计算方法重新作出行政奖励行为。

---

① 该单位在机构改革后称为隆回县市场监督管理局。

〔相关法律法规链接〕

《食品药品违法行为举报奖励办法》(已废止)

《中华人民共和国行政诉讼法》

【习题及答案解析】

第十二章 具体行政行为——损益性行政行为

第一节 行 政 处 罚

一、行政处罚概述

（一）行政处罚的概念与特征

行政处罚是指行政机关依法对违反行政管理秩序的公民、法人或者其他组织,以减损权益或者增加义务的方式予以惩戒的行为。[①] 行政处罚具有以下特征:

1. 实施行政处罚的主体是行政机关。首先,行政处罚权是行政机关的一项重要的职权,这是行政机关与立法机关、司法机关等其他国家机关在职能上的重要区别。其次,并不是任何一个行政机关都有行政处罚权,只有按法律、法规规定有行政处罚权的行政机关,才能行使行政处罚权。最后,有处罚权的行政机关也不是在任何方面、任何领域都可以行使行政处罚权,对于某一特定的行政处罚权,只能由某一特定的行政主管机关行使,其他行政机关无权实施。

2. 行政处罚的对象是行政违法的公民、法人或其他组织。凡违反行政法律规范的个人或组织都是行政处罚的对象,即被处罚人并局限于特定范围,一切违法的公民、法人或其他组织均属行政处罚的对象,从而与基于隶属关系而产生的行政处分相区别。行政处分的对象一般只限于行政机关的工作人员或其任命、监督的人员,受一定范围的限制。

3. 行政处罚具有制裁性。行政处罚只能针对行政违法行为实施。行政违法行为违反的是行政管理秩序。行政处罚以行政相对人违反行政管理秩序行为的存在为前提,是行政主体对违反行政法律规范行为相对人的一种惩罚,因而具有行政制裁性。

4. 行政处罚具有法定性。行政处罚作为一种特定的行政行为,其结果是导致相对人权利被剥夺,因而必须依法设定。根据我国《行政处罚法》的规定,行政处罚的机关、种类、范围、程序等都必须是法定的。

（二）行政处罚与相关概念的区别

1. 行政处罚与行政处分的区别。行政处分是指国家行政机关对其系统内部违法失职的公务员实施的一种惩戒措施。行政处罚与行政处分都具有制裁性,但二者还是具有较大区别:

[①] 我国 2021 年《行政处罚法》第 2 条首次从立法的层面为行政处罚进行了定义,这是该法修订时的一大亮点。

（1）主体不同。行政处罚是由享有行政处罚权的行政主体作出的，这些行政主体具有对外管理职能，未经法律、法规的明确规定和授权，任何行政机关不得行使行政处罚权。如根据《治安管理处罚法》的相关规定，只有公安行政机关有权实施治安管理处罚。而行政处分是由受处分的公务员所在机关，或上级机关，或行政监察机关作出的。也就是说，一般的行政机关都享有对其工作人员的行政处分权。

（2）对象不同。行政处罚制裁的对象是行政相对方，即违反行政法规范的公民、法人或其他组织；而行政处分的对象仅限于行政机关系统内部工作人员。

（3）种类不同。行政处罚的形式、种类很多，有警告、罚款、行政拘留、吊销许可证执照、责令停产停业、没收财物等；而行政处分的形式只有警告、记过、记大过、降级、撤职和开除等六种形式。

（4）性质不同。行政处罚属于外部行政行为，以行政管理关系为基础；而行政处分属于内部行政行为，以行政隶属关系为前提。

（5）救济途径不同。对行政处罚不服的，除法律、法规另有规定外，相对方可申请复议或提起行政诉讼，通过复议与行政诉讼获得救济；而对行政处分不服的，被处分人只能通过内部申诉的方式向作出处分决定的机关的上一级机关或行政监察部门申诉。

2. 行政处罚与行政强制执行的区别。行政处罚与行政强制执行都是对违反行政法律规范的行为采取的以国家强制力为后盾的具体行政行为，但二者也有明显的区别：

（1）性质不同。行政处罚是对违反行政法律规范行为的一种制裁，即对行政违法行为的事后制裁，它以依法限制相对方的权益惩戒相对方，减损权益或者增加义务为手段，处罚决定不因相对方停止或应允停止实施违法行为而解除、失效。而行政强制执行的性质不是制裁，其本质上属于执行行为，在相对方开始履行或应允履行行政处理决定或义务时，强制执行措施即应停止，如冻结的存款要解冻，扣留的物品要返还，拘留行为要解除等。

（2）目的不同。行政处罚的主要目的是对行政违法行为进行惩戒，促使被处罚人和相关人员不为违法行为；而行政强制执行的目的是促使被强制人履行法定义务。

（3）实施的机关不同。行政处罚只能由法定的行政机关行使；而行政强制执行除由行政机关实施外，主要由人民法院依行政机关的申请而实施。

3. 行政处罚与执行罚的区别。执行罚是行政强制执行的一种方法，它是以处罚的形式促使当事人履行义务。虽然行政处罚与执行罚都是对不履行义务的公民、法人或其他组织的处罚，但二者之间仍有明显区别：

（1）性质不同。行政处罚必须以违反行政管理秩序为前提，没有相对方的违法行为，就不能给予行政处罚。引起执行罚的行为并非严格意义上的违法行为，法律设定执行罚的目的在于促使相对方履行法定义务。例如，税收管理中的滞纳金。超过法定期限不纳税，就要按日交纳滞纳金。但纳税义务人一旦履行纳税义务，滞纳金就立即停止累计。

（2）目的不同。行政处罚是对已经违反了法定义务的行为实施的制裁，目的是惩罚、教育行政违法的行政相对人，制止和预防行政违法行为。该违法行为受到行政处罚后，即告结束，一事不得再罚。执行罚与其他强制执行方式一样，目的是促使相对方在法定期限内履行法定义务，处以执行罚以后，相对方仍要继续或开始履行义务。执行罚可以反复多次运用，直至相对方完全履行了义务为止。

（3）形式不同。行政处罚的方式多种多样，而执行罚一般只有财产给付一种形式。

（三）我国 2021 年《行政处罚法》的主要变化

2021 年 1 月 22 日，第十三届全国人大常委会第二十五次会议表决通过了行政处罚法修订草案，通过后的《行政处罚法》得以公布并自 2021 年 7 月 15 日起施行。

这是《行政处罚法》自 1996 年颁布实施以来的第三次修订，①也是首次全面修订。修订后的《行政处罚法》结构上仍为 8 章，但条文从原来的 64 条变成 86 条，新增加了 22 个条文，而修订所涉条文有 70 条之多。本次修订的主要亮点包括：

1. 首次明确了"行政处罚"的概念。之前《行政处罚法》因没有规定行政处罚的具体定义，导致行政处罚的内涵和外延都不明确。相应的行政处罚的单行法规、规章，如《治安管理处罚法》等也都没有行政处罚的明确定义，这显然给实务操作造成了很大的困扰。本次修订明确了行政处罚的主体、对象和内容，较为全面地反映了行政处罚的内涵和外延，也有利于将行政处罚与其他行政行为区别开来。

2. 扩大了行政处罚设定权限。本次修订，行政处罚权的设定权限有了较大的变化：一是扩大了地方性法规的行政处罚设定权限。增加了法律、行政法规对违法行为未作出行政处罚规定，地方性法规为实施法律、行政法规，可以补充设定行政处罚。二是扩大了行政法规的行政处罚设定权限。增加了法律对违法行为未作出行政处罚规定，行政法规为实施法律，可以补充设定行政处罚。三是增加了行政法规、地方性法规补充设定行政处罚的约束性要求。增加了行政法规、地方性法规拟补充设定行政处罚的，应当通过听证会、论证会等形式广泛听取意见，并向制定机关作出书面说明；行政法规、地方性法规报送备案时，应当说明补充设定行政处罚的情况。四是增加了行政处罚实施评估制度。增加了国务院部门和省、自治区、直辖市人民政府及其有关部门应当定期组织评估行政处罚的实施情况和必要性，对不适当的行政处罚事项及种类、罚款数额等，应当提出修改或者废止的建议。

3. 强化了处罚与教育相结合原则。本次修订增加"首违不罚"的规定。2021 年《行政处罚法》第 33 条规定："初次违法且危害后果轻微并及时改正的，可以不予行政处罚。……对当事人的违法行为依法不予行政处罚的，行政机关应当对当事人进行教育。"行政执法的价值绝非"为罚而罚"，而是要达到预防违法的实际效果，因此，"首违不罚"的规定，具有非常强的现实意义。对行政相对人的违法行为依据"首违不罚"规则免予处罚，必须满足三个条件：一是行政相对人的行政违法行为必须是第一次作出或发生，二是该违法行为的危害后果轻微，三是当事人已经对违法行为及时进行了改正。应当注意的是，这一规则并非强制性适用，即使行政相对人同时符合上述三点要求，行政机关依然可以根据具体情况决定是否适用这一规则对行政相对人免除处罚。此外，依据"首违不罚"规则免予对行政相对人进行行政处罚后，根据新《行政处罚法》第 33 条第 3 款的规定，行政机关还需要对行政相对人进行教育。这一要求属于强制性规定，只要依法对相对人免于行政处罚，行政机关就必须对其进行教育，或采用书面形式，或以电子记录等形式予以载明。

4. 完善了行政处罚的"从旧兼从轻"的法律适用。从旧兼从轻原则，是我国《立法法》确

---

① 我国《行政处罚法》自 1996 年颁布以来，前后经历了 2009 年 8 月 27 日的第一次修订，以及 2017 年 9 月 1 日的第二次修订。本次为该法的第三次修订，也是变动最大的一次修订。

定的法律原则。《立法法》第 93 条规定:"法律、行政法规、地方性法规、自治条例和单行条例、规章不溯及既往,但为了更好地保护公民、法人和其他组织的权利和利益而作的特别规定除外。"2021 年《行政处罚法》第 37 条规定:"实施行政处罚,适用违法行为发生时的法律、法规、规章的规定。但是,作出行政处罚决定时,法律、法规、规章已被修改或者废止,且新的规定处罚较轻或者不认为是违法的,适用新的规定。"首次将该原则在行政处罚基本法层面确定下来,有利于保障行政相对人的合法权益。对本条需从以下几个层面予以理解:第一,"从旧兼从轻"是法律适用的一个基本原则,所要解决的是新旧法律交替过程中,如何适用法律的问题,遵循了法不溯及既往原则和例外情形。第二,关于"违法行为发生时",一般是指行政相对人的行为终了之时。即当行为人的违法行为在新的行政法律规范颁布之前,应当适用旧的行政法律规范,除非适用新的行政法律规范更有利于维护行为人的利益,如处罚幅度较轻或者不认为是违法,则依据新的行政法律规范处理。如果违法行为发生在旧法施行期间,并一直连续或者持续到新法施行之后,则不适用"从旧兼从轻"。第三,关于"法律、法规、规章的规定"的认定,行政机关在实施行政处罚时,除了依据法律、法规、规章的规定外,配套规范性文件、标准等内容亦作为违法行为认定的重要依据。因此,将涉及违法行为认定的规范性文件、标准等内容亦按照"从旧兼从轻"的原则进行处理,更符合法不溯及既往的基本原则。第四,本条将"从轻"作了具体化规定,即"新的规定处罚较轻或者不认为是违法的"情形。

5. 完善了行政处罚的程序。2021 年《行政处罚法》第 48 条增加了行政执法公开制度,"具有一定社会影响的行政处罚决定应当依法公开。公开的行政处罚决定被依法变更、撤销、确认违法或者确认无效的,行政机关应当在三日内撤回行政处罚决定信息并公开说明理由"。行政处罚决定公开制度包括以下方面的内容:第一,公开的内容。行政处罚决定公开的内容,应当包括行政处罚的对象、行政处罚的违法事实、法律依据、处罚(类型)结果、处罚时间。应当注意的是,对于根据其他法律、法规的规定,如涉及国家秘密、法律法规禁止公开的政府信息,或对履责过程中获悉的个人隐私、个人信息、商业秘密、保密商务信息等数据,不得公开或对相关信息进行技术处理。第二,公开的方式。行政处罚决定的公开,主要通过作出行政处罚的行政机关的官方网站、相关政务平台等。此外,根据《国务院办公厅关于加快推进社会信用体系建设构建以信用为基础的新型监管机制的指导意见》,还可能通过"信用中国"网站、国家企业信用信息公示系统或中国政府网及相关部门门户网站等渠道依法依规向社会公开。第三,行政处罚决定的撤回制度。撤回的事由,包括行政处罚决定被依法变更、撤销、确认违法或者确认无效。撤回的时限,自行政处罚决定被依法变更、撤销、确认违法或者确认无效的裁定或判决生效之日起算 3 个工作日之内。撤回后的公开说明理由,即在行政处罚决定撤回后,应当公开行政处罚决定被依法变更、撤销、确认违法或者确认无效的原因,以减小可能会对相对人产生的不利影响。

二、行政处罚的基本原则与分类

(一)行政处罚的基本原则

根据我国《行政处罚法》的规定,行政处罚应遵循如下基本原则:

1. 处罚法定原则。依法行政是行政法最主要的原则,处罚法定可以说是依法行政对行政处罚的基本要求。处罚法定包含三层意思:首先是实施处罚的主体法定。《行政处罚法》第 4 条规定:"公民、法人或者其他组织违反行政管理秩序的行为,应当给予行政处罚的,依照本法由法律、法规、规章规定,并由行政机关依照本法规定的程序实施。"不具有有关法定职权的行政机关不能实施特定的行政处罚。法律、法规授权的具有管理公共事务职能的组织,可以在法定授权范围内实施行政处罚。受委托组织,在委托的范围内以委托的行政机关的名义实施行政处罚,并由委托的行政机关对行政处罚行为的后果承担法律责任。其次是处罚依据法定。"法无明文规定不为罚。"处罚依据应限于法律、法规及规章这三种形式。根据《行政处罚法》的规定,法律可以设定各种类型的处罚,行政法规、地方性法规及规章可在一定范围内设定行政处罚。如果法规、规章超过"设定"范围设定处罚,不得以此为依据实施行政处罚。最后是处罚程序合法。处罚设定不但要求实体合法,也要求程序合法,必须按照《行政处罚法》规定的程序实施处罚行为。

2. 处罚与教育相结合的原则。处罚与教育相结合原则是指行政处罚不仅是制裁行政违法行为的手段,而且也起着教育的作用,是教育人们遵守法律的一种形式。行政处罚的实施中,不得为罚而罚或简单处罚了事,还必须与教育相结合。行政处罚的教育作用主要是通过对违法行为的纠正表现出来的。为此,《行政处罚法》第 6 条明确规定:"实施行政处罚,纠正违法行为,应当坚持处罚与教育相结合,教育公民、法人或者其他组织自觉守法。"

3. 公开、公正原则。《行政处罚法》第 5 条第 1 款规定:"行政处罚遵循公正、公开的原则。""公开"有两层含义:一方面,行政处罚的规定和依据应当公开。有关行政处罚的规定要公布,使公民事先了解。凡是要公民遵守的,就要事先公布,未经公布的,不得作为行政处罚的依据。另一方面,行政处罚的决定应当公开。根据《行政处罚法》第 48 条规定,"具有一定社会影响的行政处罚决定应当依法公开"。公正原则,即过罚相当原则,具体是指给予行政处罚必须以事实为根据,以法律为准绳。要查明违法事实,以事实为根据,没有违法事实的,不得给予处罚。给什么处罚,要以法律为准绳,与违法行为的事实、性质、情节以及社会危害程度相当,不得滥罚。

4. "一事不再罚"原则。"一事不再罚"原则的目的在于防止重复处罚,体现过罚相当的法律原则,以保护当事人的合法权益。《行政处罚法》第 29 条规定:"当事人的同一个违法行为,不得给予两次以上罚款的行政处罚。同一个违法行为违反多个法律规范应当给予罚款处罚的,按照罚款数额高的规定处罚。"具体来说:第一,行为人的一个行为,同时违反了两个以上法律、法规规定的,可以给予两次以上的处罚,但如果处罚是罚款,则只能适用一次,另一次处罚可以是吊销营业执照或许可证,也可以是责令停产停业,还可以是没收等,但不能再罚款了。第二,行为人的一个行为,违反了一个法律、法规规定,该法律、法规同时规定实施处罚机关可以并处两种处罚,如可以没收并处罚款、罚款并处吊销营业执照等,这种并处亦不违背一事不再罚原则。第三,违法行为构成犯罪,依法应予以行政处罚的,仍可适用行政处罚。例如在偷逃税款构成刑事犯罪时,仍可对偷逃税的行为实施行政处罚。

5. 保障当事人权利原则。在行政处罚的实施中必须对行政相对人的权利予以充分保障。这一原则在《行政处罚法》的多个章节中都有具体的规定。行政相对人享有陈述权、申辩权、申请复议权、行政诉讼权、要求行政赔偿的权利以及要求举行听证的权利,这些权利的确定是十分必要的。第一,从行政处罚的性质看,行政处罚是对行政相对人权利的限制或剥夺,或者是科以新的义务。未经当事人申辩,不听取当事人对事实的陈述就实施处罚,有悖于公正。第二,从行政法律关系来看,在行政处罚中,行政机关处于优越地位,可以凭借权力对行政相对人施罚,而且由于行政工作人员主客观上的原因,也存在不可避免的差错率,因此应当赋予行政相对人防卫自己合法权益的权利以及自己合法权益受到侵害得到救济的权利。第三,从行政机制上看,赋予行政相对人这种权利,能促进行政机关依法行政。

(二) 行政处罚的种类

根据我国《行政处罚法》第 9 条规定,行政处罚可分为六类:

1. 警告、通报批评。警告是指行政主体向违法相对人发出警诫,申明其有违法行为,通过对其名誉、荣誉、信誉等施加影响,引起其精神上的警惕,使其不再违法的处罚形式。通报批评属于申诫罚,是在一定范围内对违法行为人的违法事实予以公布的处罚形式。

2. 罚款、没收违法所得、没收非法财物。罚款是指行政主体强制违法相对人交纳一定钱币的处罚。没收违法所得、没收非法财物是指行政主体把违法相对人的违法所得和非法财物的财产所有权予以最终剥夺的处罚形式。

3. 暂扣许可证件、吊销许可证件、降低资质等级。暂扣许可证件、吊销许可证件是指行政主体对违法相对人取消许可证或执照,或者在一定期限内扣留许可证或执照的处罚形式。而降低资质等级是后增加的行政处罚方式,是行政机关对违法行为人通过降低资质等级的方式剥夺其从事生产或经营权利的行政处罚,属于资格罚。例如建筑监管领域的行政许可分成不同级别,不同级别的资质具有不同的经营范围,降低资质等级即限制其经营范围。

4. 限制开展生产经营活动、限制从业、责令停产停业、责令关闭。这些属于行为罚。限制开展生产经营活动包括两种形式:(1)不得申请行政许可;(2)直接限制开展生产经营的业务范围、经营区域、经营期限等。限制开展生产经营活动是在原有生产经营范围的基础上加以限制,但生产经营活动并不停止,相对于责令停产停业而言范围和效果更轻。而限制从业是指行政机关依法对违反行政管理秩序的当事人在时间和领域等方面实施经济和社会方面的职业限制。责令关闭、责令停产停业是指行政主体强制违法相对人关闭生产经营,或在一定期限内停止经营的处罚形式,较多存在于环境保护、安全生产等领域。例如,对于不符合安全标准的中小煤矿责令关闭,或责令停业整改等。

5. 行政拘留。是指行政主体在一定期限内剥夺违法相对人人身自由的行政处罚。它是最为严厉的一种行政处罚。

6. 法律、行政法规规定的其他行政处罚。为避免遗漏,同时也为未来立法预留空间,《行政处罚法》设定了这样一个兜底条款。

▶▶ 三、行政处罚的程序

(一) 简易程序

行政处罚的简易程序又称当场处罚程序,是一种简单易行的行政处罚程序。设定当场处罚程序的法律意义在于,基于行政管理效率的要求,对一些不需要立案调查且影响不大,在被发现后即可认定事实的行政违法行为直接给予处罚,也并不影响受罚人的合法权益,从而确保行政管理的高效性。

根据我国《行政处罚法》第 51 条的规定,适用简易程序的条件是:(1)违法事实确凿;(2)有法定依据;(3)对公民处以 200 元以下、对法人或者其他组织处以 3 000 元以下罚款或者警告的行政处罚。

行政主体的行政执法人员在进行当场处罚时,应遵循下列程序:

(1) 表明身份。这是表明处罚主体是否合法的必要手续,执法人员应向当事人出示执法证件。

(2) 确认违法事实,说明处罚理由和依据。执法人员当场发现或者有人当场指认违法的,如果违法事实清楚、情节简单,当事人对违法事实无异议,执法人员即可当场处罚,并说明处罚的事实根据和法律依据。

(3) 填写预定格式、编有号码的行政处罚决定书。当场处罚决定书应是由有管辖权的行政机关或组织统一制作的有格式、有编号的两联处罚决定书,由执法人员填写。当场处罚决定书应当载明当事人的违法行为,行政处罚的种类和依据、罚款数额、时间、地点,申请行政复议、提起行政诉讼的途径和期限以及行政机关名称,并由执法人员签名或者盖章。

(4) 行政处罚决定书的交付。当场处罚决定书应当场交付当事人。当事人拒绝签收的,应当在行政处罚决定书上注明。

(5) 备案。执法人员当场作出的行政处罚决定,应当报所属行政机关备案。

(二) 一般程序

行政处罚的一般程序又称普通程序,是行政处罚的基本程序,是指除法律特别规定应当适用简易程序和听证程序的以外,行政处罚通常所应适用的程序。它具有内容最完善、适用最广泛的特点。

行政处罚一般程序的特点有:(1)适用范围广。除了法律特别规定应当适用简易程序和听证程序的两种情形外都适用。(2)较简易程序严格、复杂。在时间顺序、证据取舍、当事人参与权利以及对公众公开等方面更为严格。(3)是听证程序的前置程序。听证程序适用于案情复杂、争议较大、可能导致较重处罚的案件,但适用听证程序的案件在举行听证前,必须首先经过一般程序的有关步骤。所以可以说听证程序是一般程序的特别程序。

我国行政处罚的一般程序包括以下几个步骤:

1. 立案。根据《行政处罚法》第 54 条的规定,行政机关发现公民、法人或者其他组织有依法应当给予行政处罚的行为,符合立案标准的,行政机关应当及时立案。

立案是行政处罚的启动程序,应通过一定的法律形式表现出来。一般说来,立案的条件是:(1)经过对有关材料的审查,初步认为有违法行为发生;(2)违法行为是应当受到行政处罚的行为;(3)属于本部门职权范围且归本机关管辖;(4)不属于适用简易程序的案件。对于符合这些立案条件的,应当填写立案报告表或立案审批表(有的部门或机关可能是立案决定书),在经本机关主管负责人审查批准后即完成了法律上的立案程序。行政机关如果认为不符合立案条件,或者主管负责人对立案报告不予批准,应当制作不予立案决定书送达利害关系人。利害关系人如不服此决定,可依法申请复议或提起行政诉讼。

2. 调查取证。根据《行政处罚法》第 54 条的规定,行政机关发现公民、法人或者其他组织有依法应当给予行政处罚的行为的,必须全面、客观、公正地调查,收集有关证据;必要时,依照法律、法规的规定,可以进行检查。

首先,行政机关在调查或者进行检查时,必须全面、客观、公正地调查,收集有关证据。根据《行政处罚法》第 55 条的相关规定,执法人员在调查或者进行检查时,应当主动向当事人或者有关人员出示执法证件。当事人或者有关人员有权要求执法人员出示执法证件。执法人员不出示执法证件的,当事人或者有关人员有权拒绝接受调查或者检查。

其次,被调查的行政相对人具有配合调查的义务。当事人或者有关人员应当如实回答询问,并协助调查或者检查,不得拒绝或者阻挠。

再次,询问或者检查应当制作笔录。被调查的当事人或者有关人员经核对认为无误后,应当在笔录上签名或盖章,讯问人也应当在笔录上签名。

最后,行政主体进行调查取证,还可依法暂扣违法行为涉及的相关证据。根据《行政处罚法》第 56 条的规定,在证据可能灭失或者以后难以取得的情况下,经行政机关负责人批准,可以先行登记保存,并应当在 7 日内及时作出处理决定,在此期间,当事人或者有关人员不得销毁或者转移证据。

3. 听取当事人陈述与申辩。行政主体在调查取证之后和作出行政处罚之前,应当告知当事人拟作出的行政处罚内容及事实、理由、依据,并告知当事人依法享有的陈述、申辩、要求听证等权利。这种说明理由和告知权利的主要意义在于,给当事人以针对处罚理由、根据进行申辩的机会,保障当事人在行政处罚后及时寻求救济,防止错过救济时效。当事人有权进行陈述和申辩。行政机关必须充分听取当事人的意见,对当事人提出的事实、理由和证据,应当进行复核;当事人提出的事实、理由或者证据成立的,行政机关应当采纳。同时,行政机关不得因当事人陈述、申辩而给予更重的处罚。

4. 决定。行政机关在案件调查终结后,应当由承办人员填写《案件处理意见申报表》,向有裁决权的行政机关汇报案件情况和有关处理意见,送行政机关负责人审批。行政机关负责人应当及时对调查结果进行审查,对情节复杂或者重大违法行为给予行政处罚,行政机关负责人应当集体讨论决定。根据不同情况,分别作出不同的处理决定:(1)确有应受行政处罚的违法行为的,根据情节轻重及具体情况,作出行政处罚决定;(2)违法行为轻微,依法可以不予行政处罚的,不予行政处罚;(3)违法事实不能成立的,不予行政处罚;(4)违法行为涉嫌犯罪的,移送司法机关。

应当注意的是,有下列情形之一的,在行政机关负责人作出行政处罚的决定之前,应当由从事行政处罚决定法制审核的人员进行法制审核;未经法制审核或者审核未通过的,不得作出决定:(1)涉及重大公共利益的;(2)直接关系当事人或者第三人重大权益,经过听证程序的;(3)案件情况疑难复杂、涉及多个法律关系的;(4)法律、法规规定应当进行法制审核的其他情形。

5. 制作处罚决定书。行政机关负责人经过对调查结果的审查,作出给予行政处罚决定的,应拟制盖有作出行政处罚决定的行政机关印章的拟行政处罚决定书。行政处罚决定书应当载明下列事项:(1)当事人的姓名或者名称、地址;(2)违反法律、法规、规章的事实和证据;(3)行政处罚的种类和依据;(4)行政处罚的履行方式和期限;(5)申请行政复议、提起行政诉讼的途径和期限;(6)作出行政处罚决定的行政机关名称和作出决定的日期。

6. 送达。行政机关依照法定的程序和方式,将行政处罚决定书送交当事人的行为,称为行政处罚决定书的送达。行政处罚决定书一经送达,便产生一定的法律效果。当事人提起行政复议或者行政诉讼的期限,从送达之日起计算。《行政处罚法》第 61 条规定:(1)行政处罚决定书应当在宣告后当场交付当事人;(2)当事人不在场的,行政机关应当在 7 日内依照《民事诉讼法》的有关规定,将行政处罚决定书送达当事人;(3)当事人同意并签订确认书的,行政机关可以采用传真、电子邮件等方式,将行政处罚决定书等送达当事人。

(三)行政处罚的听证程序

1. 听证程序的概念。行政法上的听证,是指行政机关为了合理、有效地制作和实施行政决定,公开举行由全部利害关系人参加的听证会。听证的目的在于广泛听取各方面的意见,通过公开、合理的程序形式,将行政决定建立在合法适当的基础上,避免违法或者不当的行政决定给行政相对人带来不利或者不公正的影响。[①] 根据我国《行政处罚法》第 63 条的规定,在行政处罚程序中,行政机关为了查明案件事实、公正合理地实施行政处罚,在作出较大数额罚款,没收较大数额违法所得、没收较大价值非法财物,降低资质等级、吊销许可证件,责令停产停业、责令关闭、限制从业,其他较重的行政处罚等行政处罚决定之前,应当告知当事人有要求听证的权利,当事人要求听证的,行政机关应当组织听证。

在行政处罚中设立听证程序,其目的在于加强行政处罚活动的民主化、公开化,保证行政处罚的公正性和合理性,督促行政机关依法实施行政处罚,在事前有效地防范行政相对方的合法权益受到侵犯。

2. 听证程序的特征。听证程序具有以下特征:第一,听证程序是由行政机关主持,并由有关利害关系人参加的程序。这种听证程序与审判程序具有形式上的相似性,但二者存在本质差别。行政机关在听证程序中既是调查、主持者,又是行使处罚裁决或者决定的主体(即使调查人员与处罚决定人员通常分离);同时,在公正性方面,听证程序也难以与作为司法机关(审判机关)的人民法院相提并论。第二,听证公开进行。听证程序不仅有行政机关和有关利害关系人参加,社会各界人士也可以旁听。质证与辩论程序的公开,有利于更好地规范行政权力的行使,防止和控制行政权力的滥用。第三,并非所有的行政处罚案件都可以适用听证程序,仅《行政处罚法》第 63 条规定的六种情形才适用,在范围上还有一定的局限性。第四,听证程序的适用以当事人的申请为前提。当事人要求听证的,行政机关才组织听证。第五,组织听证是行政机关的法定义务。当事人依法要求听证的,行政机关应当组织听证。

3. 听证程序的组织。听证程序可以说是一般程序(普通程序)中的特别程序。根据我国《行政处罚法》第 64 条的规定,行政处罚的听证程序为:

(1)听证的申请与决定。当事人要求听证的,应当在行政机关告知后 5 日内提出。这是启动听证的必要程序。此外,行政机关认为确有必要时也可主动组织听证。行政机关在接到听证申请后,应决定举行听证的时间和地点,并根据案件是否涉及个人隐私、商业秘密、国家秘密,决定听证是否公开举行。

---

① 参见姜明安主编:《行政法与行政诉讼法》,北京大学出版社 2015 年版,第 741 页。

（2）听证通知。组织听证的行政机关在作出有关组织听证的决定后,应当在听证开始的 7 日前,以书面形式通知当事人举行听证的时间、地点和其他有关事项,以便当事人作充分准备在听证会上申辩与质证。

（3）听证的形式。除涉及国家秘密、商业秘密、个人隐私外,听证会一律公开举行。

（4）举行听证会。听证会由行政主体指定的非本案调查人员主持,当事人认为主持人与本案有直接利害关系的,有权申请回避。当事人可以亲自参加听证,也可以委托一至二名代理人出席或与代理人同时出席。当事人及其代理人无正当理由拒不出席听证或者未经许可中途退出听证的,视为放弃听证权利,行政机关终止听证。

（5）举行听证时,首先由主持人宣布听证会开始、听证事项及其他有关事项,然后由调查取证人员提出当事人违法的事实、证据和行政处罚建议;针对被指控的事实及相关问题,当事人进行申辩和质证;经过调查取证人员与当事人相互辩论,由听证主持人宣布辩论结束后,当事人有最后陈述的权利。最后由听证主持人宣布听证会结束。

（6）制作听证笔录。对在听证会中出示的材料、当事人的陈述以及辩论等过程,应当制作笔录,交付当事人、证人等有关参加人阅读或向他们宣读。如有遗漏或差错的应予补正或改正。经核审无误后,应当交当事人或者其代理人在笔录上签名或盖章。当事人或者其代理人拒绝签字或者盖章的,由听证主持人在笔录中注明。

4. 行政处罚决定。听证程序只是一般程序中的一种特殊的调查处理程序,并不涵盖行政处罚程序的全过程。与一般程序中的调查取证程序相比,只是对比较重大的处罚案件适用特殊方式的调查取证,仍应按照一般程序的有关规定作出行政处罚决定。根据我国《行政处罚法》第 65 条的规定,听证结束后,行政机关应当根据听证笔录,依照有关一般程序的规定作出处理决定。从这个意义上讲,在我国适用听证程序案件的最后决定权在行政机关而非主持听证的工作人员。

第二节 行 政 强 制

一、行政强制的概念与特征

行政强制是行政强制行为的简称,是指在行政过程中出现违反义务或者不履行义务的情况下,为了确保行政的实效性,维护和实现公共利益,由行政主体或者行政主体申请人民法院,对公民、法人或者其他组织的财产以及人身、自由等予以强制而采取的措施。[1] 行政强制具有以下特征:

第一,行政强制的主体是行政主体和人民法院。行政强制的主体具有独特性,大多数行政强制的主体是行政主体,但在某些特殊的行政强制行为中(如行政强制执行),主体不是行政机关,而是人民法院。但无论是行政主体还是人民法院,都必须严格依据法定权限行使行政强制权。

---

[1] 参见［日］南博方:《行政法》(第六版),杨建顺译,中国人民大学出版社 2009 年版,第 121 页。

　　第二,行政强制的对象是拒不履行行政法义务的行政相对方,或对社会秩序及他人人身健康和安全可能构成危害,或本身正处在或将处在某种危险状态下的行政相对方。行政强制注重对违法行为的制止,在证据可能被损毁、危害可能发生或者危险可能扩大的情况下,采取临时性的措施予以限制或者控制,在法定义务不履行的情况下,采取相应的强制措施,以实现义务的履行。

　　第三,行政强制的目的在于确保法定义务的实现。行政强制权是国家行政权的重要组成部分,是实现公共利益的重要保障手段。以实现公共利益为目的,是包括行政强制在内的一切行政活动正当性的判断基准。所以,一旦实现了相关目的,行政强制应当立即终结。

　　第四,行政强制是一种负担性行政行为。行政强制是对公民、法人或者其他组织的财产以及人身和人身自由等实施的强制,故而尤其强调"依法律行政"原则,一般要求有明确而具体的法律授权。行政强制是为执行法律,实现公共利益等行政目的,保护私人合法权益而存在和实施的,故而行政强制的实施也要求有较为严格的法律依据,需要有法律、法规的具体规定。

　　第五,行政强制具有可诉性。行政强制属单方行政行为,由行政主体单方面作出,无须相对方同意。但相对方不服行政强制,可以依法向人民法院提起诉讼。

二、行政强制的种类

　　根据我国《行政强制法》第 2 条的规定,行政强制包括两个方面的内容,即行政强制措施和行政强制执行。

(一)行政强制措施

　　《行政强制法》第 2 条第 2 款规定:"行政强制措施,是指行政机关在行政管理过程中,为制止违法行为、防止证据损毁、避免危害发生、控制危险扩大等情形,依法对公民的人身自由实施暂时性限制,或者对公民、法人或者其他组织的财物实施暂时性控制的行为。"

　　根据上述定义,行政强制措施可分为对公民人身自由的行政强制措施和对公民、法人或者其他组织财产的行政强制措施。同时,《行政强制法》第 9 条规定,行政强制措施种类包括:

　　1. 限制公民人身自由。限制公民人身自由,系指行政机关为了实施行政管理的需要,依据法律对公民的人身自由进行短期限制的行政强制措施。

　　2. 查封场所、设施或者财物。查封场所、设施或者财物是由《行政强制法》第 9 条第 2 项设定的行政强制种类和手段。从理论上说,是有关行政机关为了预防和制止违法行为,保证行政决定的有效执行,通过"就地封存"的方法,在短时间内禁止对场所进行使用并限制对财物进行使用、毁损、转移和处分的行政强制措施。

　　3. 扣押财物。扣押财物是由《行政强制法》第 9 条第 3 项设定的与查封相并行的行政强制种类和手段。这两项措施的主体、功能、依据基本相同,法律法规往往对这两项措施同时作出规定,行政机关可以针对不同财物的特点选择不同措施。从理论上说,扣押措施是指有关行政机关为了预防和制止违法,保证行政决定的有效执行,将涉嫌违法的财物移动至有关地点进行直接控制,在短时间内禁止相对人对扣押财物的使用、毁损、转移和处分的行政强制措施。

4. 冻结存款、汇款。冻结存款、汇款是由《行政强制法》第 9 条第 4 项设定的一种行政强制措施。冻结这一措施与查封、扣押措施有明显的区别,《行政强制法》对它采用了严格的"法律保留原则"。从理论上说,冻结措施是指有关行政执法机关,为了防止相对人转移或者隐匿违法资金、损毁证据,或者为了保障行政决定得到有效执行,通过金融机构对相对人的账户采取的停止支付、禁止转移资金的行政强制措施。

5. 其他行政强制措施。《行政强制法》第 9 条列举了最为常见和典型的行政强制措施,但在现实中还有许多行政强制措施尚未列入。为了防止遗漏,以及应对社会发展的变化,《行政强制法》第 9 条在第 5 项设计了一个兜底性规定,即"其他行政强制措施"。

(二)行政强制执行

《行政强制法》第 2 条第 3 款规定:"行政强制执行,是指行政机关或者行政机关申请人民法院,对不履行行政决定的公民、法人或者其他组织,依法强制履行义务的行为。"

行政强制执行包括行政机关的强制执行和申请人民法院的强制执行两个方面:

1. 行政机关的强制执行。根据《行政强制法》第 12 条规定,行政强制执行的方式有以下几种:

(1)加处罚款或者滞纳金。这是两种行政执行罚的基本方式。其中,加处罚款是指相对人拒不履行基础决定所规定的义务时,行政执行机关依法通过罚款的方式给相对人设定或增加新的金钱给付义务,迫使相对人履行原基础决定的行政执行罚行为。而加收滞纳金则是指当事人逾期不交纳税款、规费的,行政征收机关依法向当事人征收一定的具有惩罚性款项的行政强制执行行为。

(2)划拨存款、汇款。这是指行政机关对当事人拒不履行行政决定所确定的金钱给付义务时,依照法律规定,通过有关金融机构、邮政机构将负有给付义务的行政相对人账户上的存款或者邮寄给其的汇款,直接划入权利人账户的执行方式。

(3)拍卖或者依法处理查封、扣押的场所、设施或者财物。这是指行政机关对当事人拒不履行行政决定所确定的金钱给付义务时,依照法律规定,对当事人的已被依法查封、扣押的场所、设施或者财物,通过拍卖、变卖等变现方式实现当事人的金钱给付义务的执行方式。

(4)排除妨碍、恢复原状。排除妨碍,是指行政相对人拒不纠正妨碍社会管理秩序的行为时,行政机关依法直接排除妨碍的行政强制执行行为。而恢复原状,系指相对人的行为导致原物状态和功能变化,在行政机关责令其恢复原状而相对人拒不履行该义务时,所采取的直接恢复至原来状态的行政强制执行行为。

(5)代履行。这是在相对人拒不履行行政决定所确定义务时,由行政机关或者第三人代替相对人履行该义务,并向相对人收取履行费用的执行方式。

(6)其他强制执行方式。这是《行政强制法》规定的一个兜底条款。当前述五种执行方式未能囊括时,《行政强制法》第 12 条第 6 项设置的兜底条款,为其他法律设定行政强制执行手段留下了空间。

2. 行政机关申请人民法院的强制执行。《行政强制法》第 53 条规定:"当事人在法定期限内不申请行政复议或者提起行政诉讼,又不履行行政决定的,没有行政强制执行权的行政机关可以自期限届满之日起三个月内,依照本章规定申请人民法院强制执行。"同时,《行政诉讼法》第 97 条规定:"公民、法人或者其他组织对行政行为在法定期限内不提起诉讼又不履行的,行政机关可以申请人民法院强制执行,或者依法强制执行。"因此,对于没有强制执行权的行政机关,可以据此申请人民法院强制执行。

▶ 三、我国行政强制的实施程序

(一)行政强制措施的实施程序

1. 一般规定。

(1)依法判断采取行政强制措施的必要性,在法定职权和法定授权范围内实施行政强制措施。根据《行政强制法》第 16 条的规定,行政主体在履行行政管理职责过程中,可以依照法律、法规的规定,实施行政强制措施。根据对相关情况的把握,确认违法行为情节显著轻微或者没有明显社会危害的,可以不采取行政强制措施。

(2)由具有法定职权的行政主体和具备资格的行政执法人员实施。根据《行政强制法》第 17 条的规定,行政强制措施由法律、法规规定的行政机关在法定职权范围内实施。行政强制措施权不得委托。依据《行政处罚法》的规定行使相对集中行政处罚权的行政机关,可以实施法律、法规规定的与行政处罚权有关的行政强制措施。行政强制措施应当由行政机关具备资格的行政执法人员实施,其他人员不得实施。

(3)按照法定的程序实施。《行政强制法》第 18 条规定:实施行政强制措施前须向行政机关负责人报告并经批准;由两名以上行政执法人员实施;出示执法身份证件;通知当事人到场;当场告知当事人采取行政强制措施的理由、依据以及当事人依法享有的权利、救济途径;听取当事人的陈述和申辩;制作现场笔录;现场笔录由当事人和行政执法人员签名或者盖章,当事人拒绝的,在笔录中予以注明;当事人不到场的,邀请见证人到场,由见证人和行政执法人员在现场笔录上签名或者盖章。此外,还须遵守法律、法规规定的其他程序。

(4)遵守时限规定,履行报告和告知义务。根据《行政强制法》第 19、20 条的规定,情况紧急,需要当场实施行政强制措施的,行政执法人员应当在 24 小时内向行政机关负责人报告,并补办批准手续。行政机关负责人认为不应当采取行政强制措施的,应当立即解除。实施限制公民人身自由的行政强制措施,还须当场告知或者实施行政强制措施后立即通知当事人家属实施行政强制措施的行政机关、地点和期限,并履行法律规定的其他程序,不得超过法定期限。实施限制人身自由的行政强制措施的目的已经达到或者条件已经消失,应当立即解除。

(5)依法移送司法机关。违法行为涉嫌犯罪应当移送司法机关的,行政机关应当将查封、扣押、冻结的财产一并移送,并书面告知当事人。

2. 查封、扣押。

(1)依法判断查封、扣押的标的,严格遵守标的有限原则。根据《行政强制法》第 23 条的规定,查封、扣押限于涉案的场所、设施或者财物,不得查封、扣押与违法行为无关的场所、设施或者财物;不得查封、扣押公民个人及其所扶养家属的生活必需品。当事人的场所、设施或者财物已被其他国家机关依法查封的,不得重复查封。

（2）查封、扣押决定书和清单的制作与交付。根据《行政强制法》第 24 条的规定,行政机关实施查封、扣押的,应当履行行政强制措施实施程序的一般规定,还应当制作并当场交付查封、扣押决定书和清单。查封、扣押决定书应当载明下列事项:当事人姓名或者名称、地址;查封、扣押的理由、依据和期限;查封、扣押场所、设施或者财物的名称、数量等;申请行政复议或者提起行政诉讼的途径和期限;行政机关的名称、印章和日期。查封、扣押清单一式二份,由当事人和行政机关分别保存。

（3）遵守法定时限,履行延期批准和告知义务。根据《行政强制法》第 25 条的规定,查封、扣押的期限不得超过法定期限;情况复杂的,经行政机关负责人批准,可以延长,但是延长期限不得超过 30 日。延长查封、扣押的决定应当及时书面告知当事人,并说明理由。对物品需要进行检测、检验、检疫或者技术鉴定的,查封、扣押的期间不包括检测、检验、检疫或者技术鉴定的期间。检测、检验、检疫或者技术鉴定的期间应当明确,并书面告知当事人。检测、检验、检疫或者技术鉴定的费用由行政机关承担。

（4）履行妥善保管义务,承担损毁赔偿责任。根据《行政强制法》第 26 条的规定,对查封、扣押的场所、设施或者财物,行政机关应当妥善保管,不得使用或者损毁;造成损失的,应当承担赔偿责任。对查封的场所、设施或者财物,行政机关可以委托第三人保管,受委托的第三人负有妥善保管义务,不得损毁或者擅自转移、处置。因第三人的原因造成的损失,由行政机关先行赔付后,有权向第三人追偿。因查封、扣押发生的保管费用由行政机关承担。

（5）依法作出处理决定。根据《行政强制法》第 27、28 条的规定,行政机关采取查封、扣押措施后,应当及时查清事实,在法定期间内依法作出处理决定。对违法事实清楚,依法应当没收的非法财物予以没收;法律、行政法规规定应当销毁的,依法销毁。对于当事人没有违法行为,查封、扣押的场所、设施或者财物与违法行为无关,行政机关对违法行为已经作出处理决定,不再需要查封、扣押,查封、扣押期限已经届满,以及其他不再需要采取查封、扣押措施的情形,行政机关应当及时作出解除查封、扣押决定。解除查封、扣押应当立即退还财物;已将鲜活物品或者其他不易保管的财物拍卖或者变卖的,退还拍卖或者变卖所得款项。变卖价格明显低于市场价格,给当事人造成损失的,应当给予补偿。

3. 冻结。

（1）依法判断冻结标的,严格遵守标的有限原则。冻结存款、汇款的数额应当与违法行为涉及的金额相当;已被其他国家机关依法冻结的,不得重复冻结。

（2）冻结机关的通知义务和金融机构的保密义务。根据《行政强制法》第 30 条的规定,行政机关依照法律规定决定实施冻结存款、汇款的,应当向金融机构交付冻结通知书。金融机构接到行政机关依法作出的冻结通知书后,应当立即予以冻结,不得拖延,不得在冻结前向当事人泄露信息。法律规定以外的行政机关或者组织要求冻结当事人存款、汇款的,金融机构应当拒绝。

（3）在法定期限内作出处理决定。根据《行政强制法》第 32 条的规定,行政机关应当在法定期限内作出处理决定或者作出解除冻结决定;情况复杂的,经行政机关负责人批准,可以延长,法律另有规定的除外。延长冻结的决定应当及时书面告知当事人,并说明理由。

（4）解除冻结决定的情形及其执行。根据《行政强制法》第 33 条的规定,对于当事人没有违法行为,冻结的存款、汇款与违法行为无关,行政机关对违法行为已经作出处理决定,不再需要冻结,冻结期限已经届满,以及其他不再需要采取冻结措施的情形,行政机关应当及时作出解除冻结决定。行政机关作出解除冻结决定的,应当及时通知金融机构和当事人。金融机构接到通知后,应当立即解除冻结。行政机关逾期未作出处理决定或者解除冻结决定的,金融机构应当自冻结期满之日起解除冻结。

(二)行政机关强制执行程序

1. 一般规定。

(1)催告前置。行政相对人不履行应履行的法定义务,是适用行政强制执行的前提条件。行政机关实施行政强制执行,应当对该前提条件存在的事实予以确认,并事先催告当事人履行义务。经催告,当事人履行行政决定的,不再实施强制执行;经催告,当事人逾期仍不履行,且无正当理由的,行政机关可以作出强制执行决定;在催告期间,对有证据证明有转移或者隐匿违法资金迹象的,行政机关可以立即作出强制执行决定。催告应当以书面形式作出,并载明下列事项:当事人履行义务的期限;履行义务的方式;涉及金钱给付的,应当有明确的金额和给付方式;当事人依法享有的陈述权和申辩权。

(2)当事人陈述和申辩。根据《行政强制法》第36条的规定,当事人收到催告书后有权进行陈述和申辩。行政机关应当充分听取当事人的意见,对当事人提出的事实、理由和证据,应当进行记录、复核;当事人提出的事实、理由或者证据成立的,行政机关应当采纳。

(3)强制执行决定书的制作与交付。根据《行政强制法》第37、38条的规定,强制执行决定应当以书面形式作出,并载明下列事项:当事人的姓名或者名称、地址;强制执行的理由和依据;强制执行的方式和时间;申请行政复议或者提起行政诉讼的途径和期限;行政机关的名称、印章和日期。行政强制执行决定书应当直接送达当事人;当事人拒绝接收或者无法直接送达当事人的,应当依照《民事诉讼法》的有关规定送达。

(4)行政强制执行的中止执行和终结执行。根据《行政强制法》第39、40条的规定,中止执行的情形有:当事人履行行政决定确有困难或者暂无履行能力的;第三人对执行标的主张权利,确有理由的;执行可能造成难以弥补的损失,且中止执行不损害公共利益的;行政机关认为需要中止执行的其他情形。中止执行的情形消失后,行政机关应当恢复执行。对没有明显社会危害,当事人确无能力履行,中止执行满3年未恢复执行的,行政机关不再执行。终结执行的情形有:公民死亡,无遗产可供执行,又无义务承受人的;法人或者其他组织终止,无财产可供执行,又无义务承受人的;执行标的灭失的;据以执行的行政决定被撤销的;行政机关认为需要终结执行的其他情形。

2. 金钱给付义务的执行。

(1)确认义务不履行,作出执行罚决定。根据《行政强制法》第45条的规定,行政机关依法作出金钱给付义务的行政决定,当事人逾期不履行的,行政主体可以依法按日加处罚款或者滞纳金。加处罚款或者滞纳金的标准应当告知当事人。加处罚款或者滞纳金的数额不得超出金钱给付义务的数额。

(2)执行罚的强制执行。根据《行政强制法》第46条的规定,行政机关依法实施执行处罚超过30日,经催告当事人仍不履行的,具有行政强制执行权的行政机关可以强制执行。实施强制执行前,需要采取查封、扣押、冻结措施的,依照相关规定办理。没有行政强制执行权的行政机关应当申请人民法院强制执行。但是,当事人在法定期限内不申请行政复议或者提起行政诉讼,经催告仍不履行的,在实施行政管理过程中已经采取查封、扣押措施的行政机关,可以将查封、扣押的财物依法拍卖抵缴罚款。

（3）法律规定的行政机关决定划拨存款、汇款的,应当书面通知金融机构。金融机构在接到行政机关划拨存款、汇款的决定后,应当立即划拨。

（4）依法拍卖财物,由行政机关委托拍卖机构依照《拍卖法》的规定办理。

（5）划拨存款、汇款及拍卖和依法处理所得的款项,应当上缴国库或者划入财政专户。任何行政机关或者个人不得以任何形式截留、私分或者变相私分。

3. 代履行。

（1）作为义务不履行的确认与催告。根据《行政强制法》第50条的规定,行政机关依法作出要求当事人排除妨碍、恢复原状等的行政决定,当事人逾期不履行的,行政机关应当对相关作为义务不履行的事实予以确认,向当事人发出催告。经催告,当事人仍不履行,其后果已经或者将危害交通安全、造成环境污染或者破坏自然资源的,行政机关应当作出代履行的决定。

（2）代履行决定书的送达与再次催告。根据《行政强制法》第51条的规定,行政机关作出代履行决定,应当制作代履行决定书,并在代履行前送达决定书。代履行决定书应当载明当事人的姓名或者名称、地址,代履行的理由和依据、方式和时间、标的、费用预算以及代履行人等。在代履行3日前再次催告,当事人履行的,停止代履行;经催告,当事人仍然不履行的,实施代履行。

（3）代履行的实施与监督。根据《行政强制法》第51条的规定,行政机关实施代履行,可以亲自代履行,也可以委托没有利害关系的第三人代履行。委托实施代履行的,作出决定的行政机关应当派员到场监督。

（4）代履行的执行文书与费用负担。根据《行政强制法》第51条的规定,代履行完毕,行政机关到场监督的工作人员、代履行人和当事人或者见证人应当在执行文书上签名或者盖章。代履行的费用按照成本合理确定,由当事人承担。但是,法律另有规定的除外。

（5）即时代履行。根据《行政强制法》第52条的规定,需要立即清除道路、河道、航道或者公共场所的遗洒物、障碍物或者污染物,当事人不能清除的,行政机关可以决定立即实施代履行。立即实施代履行时当事人不在场的,行政机关应当在事后立即通知当事人,并依法作出处理。

（三）申请人民法院强制执行程序

1. 申请人民法院强制执行的实体要件。根据《行政强制法》第53条的规定,当事人在法定期限内不申请行政复议或者提起行政诉讼,又不履行行政决定的,没有行政强制执行权的行政机关可以在法定期限内（自期限届满之日起3个月内）申请人民法院强制执行。

2. 催告前置程序。根据《行政强制法》第54条的规定,行政机关申请人民法院强制执行前,应当催告当事人履行义务。催告书送达后法定期限内当事人仍未履行义务的,行政机关可以向所在地有管辖权的人民法院申请强制执行;执行对象是不动产的,向不动产所在地有管辖权的人民法院申请强制执行。

3. 申请人民法院强制执行的材料提供。行政机关向人民法院申请强制执行,应当提供下列材料:强制执行申请书;行政决定书及作出决定的事实、理由和依据;当事人的意见及行政机关催告情况;申请强制执行标的情况;法律、行政法规规定的其他材料。强制执行申请书应当由行政机关负责人签名,加盖行政机关的印章,并注明日期。

4. 紧急情况下的简易程序。根据《行政强制法》第 59 条的规定,因情况紧急,为保障公共安全,行政机关可以申请人民法院立即执行。经人民法院院长批准,人民法院应当在法定期限内予以执行。

第三节　行政征收

一、行政征收的概念和特征

对于行政征收的概念,国内学者存在不同的认识。有学者认为,行政征收的标的是税费和财产,如应松年教授认为:"行政征收是行政决定的形态之一,也是一种独立的行政行为。它是指行政主体依法向行政相对人强制性地收取税费或私有财产的行政行为。"[1]姜明安教授认为:"传统的行政征收,是指行政主体凭借国家行政权,根据国家和社会公共利益的需要,依法向行政相对人强制地、无偿地征收税、费或者实物的行政行为。"[2]有学者认为,行政征收的标的是税费和财产性权益,如张正钊教授认为:"行政征收是指行政主体基于国家利益或者公共利益的需要,依法向行政相对人强制地取得税、费以及土地、企业等其他财产权益的行政行为。"[3]还有学者认为,行政征收的标的不仅包括财物,还包括劳务,如马怀德教授认为:"行政征收是指行政主体为了公共利益目的,以国家强制力为后盾,从行政相对人处有偿或无偿获取一定财物(费)或劳务的单方行为。"[4]

本书采用通说,认为行政征收是指行政主体基于国家利益和公共利益的需要,根据国家法律、法规规定,依法向行政相对人强制地、非对价地征集一定数额金钱或实物的具体行政行为。

行政征收具有如下特征:

1. 法定性。行政征收直接指向行政相对人的经济利益即财物,对行政相对人的财产权益始终都具有侵害性。因此,为了确保行政相对人的合法权益不受违法行政征收行为的侵害,行政征收必须由法律直接设定。如我国《宪法》第 13 条第 3 款规定,在行政征收时明确要求"依照法律规定"。而《立法法》第 8 条则规定"对非国有财产的征收"属于"只能制定法律"的事项。

2. 强制性。行政征收机关实施行政征收行为,履行的国家赋予的征收权具有强制行政相对人服从的效力。因此,实施行政征收行为,无须征得行政相对人的同意,甚至有时可以

---

① 《行政法与行政诉讼法学》编写组:《行政法与行政诉讼法学》,高等教育出版社 2017 年版,第 154 页。
② 姜明安主编:《行政法与行政诉讼法》,北京大学出版社 2015 年版,第 717 页。
③ 张正钊、胡锦光主编:《行政法与行政诉讼法》,中国人民大学出版社 2015 年版,第 190 页。
④ 马怀德主编:《行政法与行政诉讼法》,中国法制出版社 2015 年版,第 367 页。

在违背行政相对人意志的情况下进行。行政相对人必须服从行政征收命令,否则将承担一定的法律后果。例如,根据我国《税收征收管理法》的相关规定,对于逾期仍未缴纳的,税收机关可以采取的一系列强制执行措施。

3. 非对价性。行政主体向相对人征税是无偿的,作为纳税义务人的相对人有无偿缴纳税款的义务。行政收费也是无偿的,虽然个别行政收费以提供行政服务为前提,但由于相对人缴纳的费用不属于行政服务费,因而不具有对价性。国家征收相对人的个人财产,虽然依法给予补偿,但也不具有对价性。因为补偿款是法定的,并不根据被征收财产的实际价值支付对价。

二、行政征收的种类

(一)税的征收

税的征收,是国家税收机关依法强制地、无偿地取得财政收入的一种手段。国家通过对税收的征收,达到调节资源分配和收入分配、协调行业发展的目的。通过对中央税、地方税和中央、地方共享税的合理分配,兼顾中央和地方的利益,实现中央与地方、区域统筹发展。从征税对象来看,税收可分为流转税、资源税、收益(所得)税、财产税和行为税5种。按照税收支配权的不同,可分为中央税、地方税和中央、地方共享税。应当注意的是,税收征收的主体只能由国家特定的行政机关——税务机关及海关——负责征收。税收一经征收入库,就为国家所有,不管是什么税种,都处于国家整体支配之中,通过国家预算支出,统一用于社会各方面的需要,在整个国家活动中体现出“取之于民,用之于民”的宗旨,而不是直接返还给纳税人或者用于税收项目。

(二)费的征收

费,即各种社会费用。费的征收从本质上来说是行政机关为行政相对人提供一定的公益服务,或授予国家资源和资金的使用权而收取的代价。目前,我国的各种社会费用主要有公路运输管理费、车辆通行费、港口建设费、排污费、河道工程修建维护管理费和教育费附加等。在实践中,曾有地方自立名目、擅自订立征收标准,造成非常负面的社会影响。因此,无论征收何种社会费用,都必须严格依法进行。各种社会公益费用,由从事该方面服务的行政机关负责征收,遵循专款专用、列收列支、收支平衡的原则,以收取部门提供一定的专门公益服务为前提而用于其自身开支,或者将此项收费专门用于特定的社会公益事业,以直接为被征收人提供更好的公益服务。

(三)土地征收

土地征收是指行政主体根据公共利益的需要,强制地取得土地所有权并给予补偿的行政行为。《宪法》第10条第3款明确规定了对土地的征收和征用制度:“国家为了公共利益的需要,可以依照法律规定对土地实行征收或者征用并给予补偿。”这里提出“可以依照法律规定对土地实行征收或者征用",意味着对原土地征用制度进行分类:一种是所有权的转移,另一种是使用权的取得。2004 年修改的《土地管理法》对征收或者征用土地并给予补偿的制度予以确认。①

(四) 企业征收

企业征收是指国家根据社会公共利益的需要,强制地取得中外合资经营企业、外资企业等的所有权的行政征收行为,是企业国有化的一种重要途径和形态。《中外合资经营企业法》(已失效)、《外资企业法》(已失效)曾规定:国家对中外合资经营企业、外资企业不实行国有化和征收;在特殊情况下,根据社会公共利益的需要,对中外合资经营企业、外资企业可以依照法律程序实行征收,并给予相应的补偿。

(五) 其他财产的征收

我国《宪法》明确规定:"国家为了公共利益的需要,可以依照法律规定对公民的私有财产实行征收或者征用并给予补偿。"所谓"对公民的私有财产实行征收或者征用",当然包括前述诸种形态,除此之外还有"依照法律规定"而确立的其他情形。如《城市房地产管理法》第 6 条规定:"为了公共利益的需要,国家可以征收国有土地上单位和个人的房屋,并依法给予拆迁补偿,维护被征收人的合法权益;征收个人住宅的,还应当保障被征收人的居住条件。具体办法由国务院规定。"

三、行政征收的程序

行政征收的程序是指行政征收行为应采取何种步骤,按照何种顺序进行。行政征收作为一种行政行为,必须遵循一定的程序。我国目前尚无关于行政征收的一般程序规定,除《税收征收管理法》等对行政强制征收程序作了较详细的规定外,其他种类的行政征收还缺少对强制征收程序的明确规定。

本书以税收征收为例,简要地介绍行政征收的程序。根据我国《税收征收管理法》的规定,由税务机关征收税收程序主要如下:

1. 税务登记。根据《税收征收管理法》第 15、16 条的规定,企业、企业在外地设立的分支机构和从事生产、经营的场所,个体工商户和从事生产、经营的事业单位自领取营业执照之日起 30 日内,持有关证件,向税务机关申报办理税务登记。税务机关审核后发给税务登记证件。税务登记内容发生变化的,纳税人应持有关证件在规定期限内向征收机关申请办

---

① 《土地管理法》也分别使用了"征收"和"征用"两个术语,但是,该法并未对征收和征用作出明确的概念界定和区分,也未在将征收和征用加以明确区分的基础上分别规定补偿制度。实质上,我国立法实务界与行政法学理论界长期沿用的所谓"土地征用"概念,并不是"只改变使用权"的土地取得制度,而是改变所有权的土地取得制度。换言之,一直以来人们所理解的"土地征用"制度实质上应是这里所说的"土地征收"制度。在这层意义上,土地收用补偿制度并非始于 2004 年《宪法修正案》及当年修改的《土地管理法》。

理变更或注销税务登记。

2. 账簿、凭证管理。根据《税收征收管理法》第 19—24 条的相关规定,纳税人、扣缴义务人按照有关法律、行政法规和国务院财政、税务主管部门的规定设置账簿,根据合法、有效凭证记账,进行核算。从事生产、经营的纳税人的财务、会计制度或者财务、会计处理办法和会计核算软件,应当报送税务机关备案。纳税人、扣缴义务人的财务、会计制度或者财务、会计处理办法与国务院或者国务院财政、税务主管部门有关税收的规定抵触的,依照国务院或者国务院财政、税务主管部门有关税收的规定计算应纳税款、代扣代缴和代收代缴税款。从事生产、经营的纳税人、扣缴义务人必须按照国务院财政、税务主管部门规定的保管期限保管账簿、记账凭证、完税凭证及其他有关资料。账簿、记账凭证、完税凭证及其他有关资料不得伪造、变造或者擅自损毁。纳税人、扣缴义务人必须按规定的保管期限保管账簿、记账凭证、纳税凭证及其他有关资料,不得仿造、变造或擅自损毁。

3. 纳税申报。根据《税收征收管理法》第 25—27 条的相关规定,纳税人必须依照法律、行政法规规定或者税务机关依照法律、行政法规的规定确定的申报期限、申报内容如实办理纳税申报,报送纳税申报表、财务会计报表以及税务机关根据实际需要要求纳税人报送的其他纳税资料。纳税人、扣缴义务人不能按期办理纳税申报或者报送代扣代缴、代收代缴税款报告表的,经税务机关核准,可以延期申报。经核准延期办理前款规定的申报、报送事项的,应当在纳税期内按照上期实际缴纳的税额或者税务机关核定的税额预缴税款,并在核准的延期内办理税款结算。

4. 税款征收。《税收征收管理法》第三章规定了税款征收,税务机关应当按照法律、行政法规的规定征收税款,不得违反规定开征、停征、多征或少征税款。纳税人和扣缴义务人,应当按照法定或征收机关依法确定的期限,缴纳或解缴税款。征收机关在收取税款后,必须开具完税凭证。符合法定减税和免税条件的纳税义务人提出申请,并经有权机关审查批准,可减少或免缴税款。

第四节　实 务 案 例

一、吴某诉厦门市集美公安分局不服收容教育决定以及行政赔偿案

〔案情摘要〕

2012 年 5 月 15 日 16 时许,吴某在厦门市集美区东安村村仔里 11 号君来顺休闲馆二楼一包间内嫖娼时被集美公安分局当场查获。2012 年 5 月 16 日,集美公安分局依据吴祥飞的陈述和申辩、同案人员宋某的陈述、证人证言、到案经过等证据,依据《治安管理处罚法》第 66 条第 1 款之规定,作出厦公集决字〔2012〕第 00428 号行政处罚决定,对原告吴祥飞处以行政拘留 10 日。2012 年 5 月 26 日,集美公安分局根据《全国人大常委会关于严禁卖淫嫖娼的决定》(以下简称《严禁卖淫嫖娼决定》)第 4 条第 2 款和《卖淫嫖娼人员收容教育办法》(以下简称《收容教育办法》)第 7 条第 1 款、第 9 条第 1 款之规定,作出厦公集收教决字〔2012〕

第 00006 号收容教育决定,决定对吴祥飞收容教育 6 个月。吴某不服集美公安分局作出的收容教育决定,于 2012 年 6 月 5 日向厦门市集美区人民政府提起行政复议,复议机关作出集政行复〔2012〕02 号行政复议决定,维持原收容教育决定。吴某仍旧不服,向法院提起诉讼。

　　法院认为,关于被告作出的收容教育决定是否违反"一事不再罚"原则,《严禁卖淫嫖娼的决定》和《收容教育办法》自颁布以来,分别被《全国人民代表大会常务委员会关于修改部分法律的决定》和《国务院关于废止和修改部分行政法规的决定》修改,但至今没有被废止或被新法代替,依然有效。《收容教育办法》第 2 条对收容教育的性质做了明确界定,即收容教育是一种行政强制教育措施。根据《严禁卖淫嫖娼决定》第 4 条以及《收容教育办法》第 7 条的规定,对卖淫、嫖娼人员除可处以治安拘留外,还可以进行收容教育。可见,行政拘留与收容教育性质不同,且相互独立。"一事不再罚"是指同一行政机关对同一违法行为人的同一违法事实不得进行两次及以上的行政处罚。本案中,被告对原告进行行政拘留和收容教育是依据不同法律、法规作出的不同性质的行政行为,不适用"一事不再罚"原则。原告诉讼理由不被采纳,被告集美公安分局对原告作出的行政拘留 10 日以及收容教育 6 个月的决定合法。也因此,原告提出的行政赔偿请求没有法律依据,法院不予支持。据此,依照《最高人民法院关于执行〈中华人民共和国行政诉讼法〉若干问题的解释》第 56 条第 4 项之规定,判决驳回原告吴祥飞的全部诉讼请求。

　　〔法理分析与评议〕

　　《行政处罚法》规定的一事不再罚原则必须同时满足三个条件:第一,同一事实是指同一违法行为,即从构成要件上只符合一个违法行为的特征。第二,同一依据是指同一法律依据。如果违法行为同时触犯两个或者两个以上的法律规范,行政机关应当依据不同的法律规范分别实施处罚,不违反"一事不再罚"的规定。同时,如果当事人的一个行为违反一个法律、法规规定,该法律、法规同时规定施罚机关可以并处两种处罚,如没收并处罚款、罚款并吊销生产许可证等,在具备法定条件下实施并处同样也不违背"一事不再罚"原则。第三,"一事不再罚"的核心是"不再罚款"。当同一违法行为触犯两个以上法律规范时,行政机关可以分别依据不同的法律规范实施处罚,也就是说行为人的一个行为,同时违反了两个以上法律、法规的规定,可以给予两次以上的处罚,但如果处罚是罚款则只能罚一次,另一次处罚可以是依法吊销许可证、责令停产停业、没收财产等,只是不能再罚款。

　　〔相关法律法规链接〕

　　《中华人民共和国治安管理处罚法》

　　《卖淫嫖娼人员收容教育办法》(已废止)

　　《中华人民共和国行政复议法》

　　《最高人民法院关于执行〈中华人民共和国行政诉讼法〉若干问题的解释》

二、黄某、吴某请求确认丰都县规划和自然资源局、丰都县人民政府三合街道办事处行政强制违法案

　　〔案情摘要〕

　　2018 年 4 月 20 日,丰都县规划局对位于丰都县××街道××路××号东侧的钢架棚立案调

查,于当日对该违法建筑进行了现场勘验,张贴了丰规告字〔2018〕第180号《关于确定违法建筑当事人的公告》(以下简称《确认公告》),称:"因无法确认违法建筑当事人,现发布公告,公告时间为十日。请该违法建筑当事人在2018年4月30日前,到本机关登记确认并接受处理,逾期未登记确认并接受处理的,将由丰都县人民政府根据《重庆市城乡规划条例》第九十四条第三款的规定,对违法建筑实施强制拆除(回填)。"2018年4月23日,丰都县规划局在丰都电视台发布了《关于确认违法建筑当事人的公告》,对位于丰都县××街道××路××号东侧等十八处的违法建筑予以立案查处,要求违法建筑当事人于10日内,到原规划局进行登记并接受处理。直至公告期满,并无位于丰都县××街道××路××号东侧的违法建筑当事人登记。2018年5月7日,丰都县人民政府作出丰都府拆字〔2018〕第168号《强制拆除(回填)违法建筑决定书》和丰都府拆告字〔2018〕第168号《强制拆除(回填)违法建筑公告》。县政府于同月10日将前述决定与公告张贴于丰都县××街道××路××号东侧的违法建筑上。2018年5月7日,县政府作出丰都府责字〔2018〕第168号《关于责成实施强制拆除(回填)违法建筑的通知》(以下简称《责成通知》),责成三合街道办对位于××街道××路××号东侧修建的违法建筑依法实施强制拆除(回填),并于同月10日将《责成通知》送达三合街道办事处(以下简称"三合街道办")。2019年12月4日,三合街道办对位于丰都县××街道××路××号东侧的钢架棚实施了强制拆除。2020年1月17日,黄某、吴某向法院提起本案诉讼。

法院认为,本案争议焦点在于三合街道办于2019年12月4日实施的强制拆除行为是否违法。本案中,从被告提交的证据看,被告在实施强制拆除二原告案涉钢架棚前,并未按照前述规定履行事先催告、听取相对人的意见和申辩、制作催告书、送达相关文书等相应的程序,被告三合街道办仅凭县政府《责成通知》径行实施强制拆除行为,故被诉强制拆除行为程序违法。因案涉钢架棚已被拆除,拆除行为不具有可撤销内容,根据《行政诉讼法》第74条第2款第1项的规定,应依法确认拆除行为违法。

〔法理分析与评议〕

行政机关实施强制拆除,属于典型的直接强制执行,应当遵循《行政强制法》中第35至37条关于行政强制执行一般程序的规定,包括催告、听取意见和申辩、作出强制拆除决定书、送达、中止执行、终结执行、执行回转、执行中禁止性规定等。涉及拆除违法建筑的,同时还应履行该法第44条的特殊程序规定。因此,行政机关在实施拆除前,应当依照《行政强制法》第35条的规定,作出书面催告通知书,催告当事人履行拆除义务,并依照《行政强制法》第38条、第44条的规定,在送达书面催告通知书的同时,将强制拆除违法建筑的内容向社会公告,目的是督促当事人自行履行拆除义务,同时向社会宣示国家机关对违法建筑的态度,警示其他人。在送达催告通知书和发布公告后,应当依照《行政强制法》第36条的规定听取当事人的陈述、申辩,并对其陈述申辩作出处理。经催告,当事人逾期仍不履行行政决定,且无正当理由的,依据《行政强制法》第37条的规定作出强制拆除执行决定,确定强制执行的具体时间,并将强制拆除执行决定书送达给当事人,当事人到期没有自行履行,行政机关才能依法采取强制措施,对当事人的建筑物强制拆除。

〔相关法律法规链接〕

《中华人民共和国行政强制法》

《重庆市城乡规划条例》

《中华人民共和国行政诉讼法》

【习题及答案解析】

第四编

行政救济法
及其构成

第十三章　行政救济法概说

第一节　行政救济法的内涵

一、行政救济法的概念

一个完整的行政法体系,若缺失了行政救济法,无论从形式上还是从内容上来讲,都是不完整的。行政救济法,主要强调权利保护理念,是有关在行政法治运作中保障行政相对人权利的行为规则的一个总称。在我国行政法体系中,行政救济法主要表现为六个组成部分:一是行政复议法;二是行政诉讼法;三是行政赔偿法;四是监察法;五是信访制度;六是权力机关对行政机关的监督制度。

二、行政救济法的法律基础

我国行政救济的法律基础来源于《宪法》规定的原则和制度。《宪法》第 41 条第 1 款规定:"中华人民共和国公民对于任何国家机关和国家工作人员,有提出批评和建议的权利;对于任何国家机关和国家工作人员的违法失职行为,有向有关国家机关提出申诉、控告或者检举的权利,但是不得捏造或者歪曲事实进行诬告陷害。"从根本上说,由于我国人民民主专政的国家性质,《宪法》明文规定了公民对于国家机关的监督权。同时,《宪法》第 41 条第 2、3款规定:"对于公民的申诉、控告或者检举,有关国家机关必须查清事实,负责处理。任何人不得压制和打击报复。由于国家机关和国家工作人员侵犯公民权利而受到损失的人,有依照法律规定取得赔偿的权利。"其中提及了行政救济的途径,包括行政复议和行政诉讼的处理,以及行政赔偿责任的落实。因此,我国通过《宪法》这一根本大法,确认了公民的合法权益受到保护,以及国家机关进行行政救济的义务。这也成为以《行政复议法》《行政诉讼法》《国家赔偿法》为代表的行政救济法律条文的根本法基础。

三、行政救济法的立法历史

从立法的角度看,我国行政救济法的发展具有阶段性立法的特点。我国有关行政救济最早的规范始于行政诉讼,见于 20 世纪 80 年代外商投资的税收纠纷中,对于税收有纠纷的应先向上级部门提起复议,对复议决定不服的,可以向当地人民法院提起诉讼。[①] 此后 1982

---

① 参见 1980 年《中外合资经营企业所得税法》第 15 条规定:"合营企业同税务机关在纳税问题上发生争议时,必须先按照规定纳税,然后再向上级税务机关申请复议。如果不服复议后的决定,可以向当地人民法院提起诉讼。"

年施行的《民事诉讼法（试行）》明确行政案件的审理适用民事诉讼的规定，首次为行政诉讼提供了完整的制度依据。从 20 世纪 90 年代开始，在实践和理论的推进下，我国逐步探索独立的行政救济法体系。我国用于独立审理行政诉讼的法律《行政诉讼法》于 1989 年正式通过、由全国人大颁布，之后经历 2014 年、2017 年两次修正。为了完善行政救济体系，鼓励行政体系自我纠正，多种途径保障受害人的合法权利，1990 年国务院通过了《行政复议条例》，也正式确立了我国行政诉讼与行政复议并存的体系制度。此后到 1999 年，全国人大正式通过了《行政复议法》，行政复议提到法律层面，该法后经历了 2009 年、2017 年两次修正。

《行政诉讼法》与《行政复议法》第 1 条均明确了保护的对象和法益，即"保护公民、法人和其他组织的合法权益"。《行政诉讼法》重点在于"保证人民法院公正、及时审理行政案件，解决行政争议""监督行政机关依法行使职权"，《行政复议法》的重点则在于"防止和纠正违法的或者不当的具体行政行为""保障和监督行政机关依法行使职权"，可见立法者对两种救济体系的思考和对于相关部门特点的理解。

同时，为了保障行政行为受害人的救济权得到落实，我国于 1994 年通过了《国家赔偿法》，并于 2010 年、2012 年两次修正。该法融合了行政赔偿和刑事赔偿的规范，在第二章针对行政赔偿，从赔偿范围、赔偿请求人和义务机关、赔偿程序等多方面进行了规定，并在第四章至第六章对赔偿方式和计算标准以及其他事项进行了规范。

四、行政救济法的功能

《行政复议法》第 1 条规定："为了防止和纠正违法的或者不当的具体行政行为，保护公民、法人和其他组织的合法权益，保障和监督行政机关依法行使职权，根据宪法，制定本法。"《行政诉讼法》第 1 条规定："为保证人民法院公正、及时审理行政案件，解决行政争议，保护公民、法人和其他组织的合法权益，监督行政机关依法行使职权，根据宪法，制定本法。"《国家赔偿法》第 1 条规定："为保障公民、法人和其他组织享有依法取得国家赔偿的权利，促进国家机关依法行使职权，根据宪法，制定本法。"从这三个行政救济法律的规定中可以看出行政救济制度的基本价值定位，即通过解决行政争议，保护公民、法人或者其他组织的合法权益，监督和促进行政机关依法行政。具体来说，行政救济制度具有如下功能。

第一，保障行政相对人权益的功能。行政管理职能的履行以行政秩序是否得到维护为鉴别标准之一。从深层次上讲，无论行政相对人的合法权益是否受到侵害，只要行政相对人对行政行为表示不服，那就意味着行政行为尚未结束。若通过行政救济对行政主体的错误行为进行了纠正，则行政相对人的利益得到了保护；若行政救济对行政主体的行政行为进行了维护，也间接地维护了行政相对人的权益，行政相对人通过第三者对行政行为有了更深层次的认识，心态由不服变为信服，便起到了保护其精神权益的作用。

第二，维护行政主体行政权威的功能。行政主体是公权力的行使者，履行行政管理职能作出行政行为时，代表的是公共利益，或者说是多数利益。行政主体在现代国家也是法律的执行者，法律经过法定程序制定，代表了人民利益，行政主体执法过程也是实现人民意志的行为，所以行政机关的行政权威也必须得到维护。行政救济的目标在于审查行政行为的合理性与合法性,而并非否定行政机关作出的行政行为。正如有学者指出的:"行政诉讼制度与普通诉讼制度不同,在此种制度中,国家一方面为当事人,另一方面又是裁判者,因此其立场应公正无私。如行政机关措施确有违法不当情节,国家自不能予以袒护,对于人民权益则应力求保全。反之,如行政相关措施,并无违法不当情事,则应就争议案件予以澄清。对行政机关措施予以全力支持并使人民了解政府措施的合法性与合理性。如此以公正守法,审慎客观的态度处理行政争议,自有助于政府威信的树立,并维护行政机关守法负责的良好形象。"[①]

第三,实现法治行政的功能。在行政救济中,公民与行政主体的关系是法律上的权利义务关系,行政主体与行政相对人兼具权利主体与义务主体的双重身份,一方面行政主体通过行使职权对行政相对人实施行政法上的影响,另一方面行政相对人对行政主体的不法行为提出质疑,要求行政救济机关予以处理,从而实现国家机构体系与行政相对人地位的平等性。行政救济法的出现,改变了行政系统行使权力的理念,促使行政机关依法行政,也唤起了公众面对行政机关行政行为的自我保护意识,激发公众督促行政机关依法行政,通过对权力的监督以及对权利的保护,行政救济法为实现法治行政起到了巨大的促进作用。

第二节　行政救济法与行政的司法化

》》一、行政的司法化

2014 年 10 月 23 日,党的十八届四中全会通过《中共中央关于全面推进依法治国若干重大问题的决定》,强调要"深入推进依法行政,加快建设法治政府",此后依法行政、建设法治政府的要求也列明于"十三五"规划和"十四五"规划中,行政司法化的要求进入国家发展层面。建设法治中国,必须有效合理地对行政权力予以控制,行政的司法化尤为关键。从近年社会环境看,民众法律意识的觉醒,行政范式由"官僚行政"向"公共行政"转换,行政制度中解决纠纷、公力救济的功能显现[②],等等。这使得行政体系,特别是行政救济方面的司法化倾向得以发展。

(一)行政司法化的正当性

行政司法化是使行政权在运作模式等方面类似于司法权的情形。[③] 关于行政司法化的权力来源与正当性,从 20 世纪 80 年代开始,国内学者们就已经开始进行研究。有学者认为

---

① 参见张家洋:《行政法》,三民书局 1998 年版,第 731 页。
② 参见耿玉基:《超越权力分工:行政司法化的证成与规制》,载《法制与社会发展》2015 年第 3 期。
③ 参见关保英:《行政法教科书之总论行政法》,中国政法大学出版社 2005 年版,第 611 页。

行政裁决和法官的判决过程可以进行类比,既包括狭义的调解、仲裁、复议等行为,也包括行政机关直接做出的行政处罚、行政强制、行政许可等。行政裁决的权力主要源自行政机关的专业水平和技术水平,以及"继受公正的司法程序"。① 也有学者提出,行政活动司法化的正当性基础来源于行政机关的经验和能力水平,行政机关工作人员的专业知识和素养,以及司法程序的公正性。②

由于社会的发展和科技的进步,行政管理涉及的问题越来越复杂,而行政机关长期管理某方面的事务,恰恰具有处理这类争议、纠纷的专门知识、专门经验和专门技能。于是,法律赋予行政机关一定范围内的司法权,允许行政机关在行政管理过程中裁决和处理与行政管理有关的争议和纠纷。行政机关在行政管理中,直接裁决和处理与此有关的争议、纠纷,显然有利于及时解决社会矛盾,实现行政管理的目标。

(二)行政司法化的表现

1. 行政判断的司法化倾向。近年来,随着政府治理理念的改变,行政体系的关键词由"管理""治理"为主,转为"服务""法治"为主,这种转变也使行政主体的主动式管理逐步出现了司法中立式判断的倾向,比如劳动仲裁。为了落实中立公正判断的立场,在行政管理中有着明确的限制性规范,例如行政回避制度。除了做到中立性,被动性的特征也日益显现,党的十八大以来,简政放权、放管结合、优化服务成了党和政府深化行政体制改革、推动政府职能转变的一项重大举措。落实到具体规定,行政的被动性主要体现在众多的行政程序由当事人来主导申请,行政机关保持被动,比如行政许可、行政裁决、行政复议等都需要申请人提出申请。

2. 行政程序的司法化倾向。司法部门依仗多种途径和制度保证公正、公平的核心价值。若要制约行政公权力的无序发展、维持社会公信力,也须依赖和借鉴司法程序的特点。目前我国并没有为行政程序设立专门法典,行政程序的相关规范主要散见于《行政许可法》《行政处罚法》《行政复议法》《行政诉讼法》等行政行为法和行政救济法中,涉及行政权力的开展条件、适格主体、行为规范、行政回避、听证、证据规则等。

3. 行政主体的司法化倾向。行政机关过去的管理模式大多是上级领导、下级服从的模式,但近年来行政机关相对独立行使职权的趋势逐渐显现。以行政复议为例,从 2008 年国务院提出推进行政复议机关委员会的试点工作开始,试点最先从 8 个城市展开,后来在全国各地开始试行。有咨询模式的行政复议机关委员会,主要对行政复议的疑难问题进行审理和讨论研究,也有直接审议行政复议案件的模式。③ 但综合来看,无论哪种模式,行政复议机关委员会都能促进行政复议的案件量上升,减少法院行政诉讼的压力,还能提高行政案件解

---

① 参见马怀德:《行政裁决辨析》,载《法学研究》1990 年第 6 期。

② 参见文正邦:《论行政司法行为》,载《政法论丛》1997 年第 1 期。

③ 参见陈峰、王杏:《关于探索行政复议委员会制度若干问题的思考》,载苏州市司法局官网,http://sfj. suzhou. gov. cn,2020 年 2 月 10 日访问。

决的效率,保证公平,体现行政机关的独立性。近年来对行政机关工作人员的法律专业知识和素养的培养也在推进过程当中,初次从事行政处罚决定法制审核的人员、[①]行政复议的人员[②]应当通过国家统一法律职业资格考试取得法律职业资格。

二、行政司法化的作用

第一,可以控制行政权。通过实体立法"增强行政的居中性、被动性,防止行政越位并勾勒行政权的边界;通过引入司法化的正当程序,确立听证制度、听取意见制度等,让行政相对人能够参与行政的关键过程"[③],以"实现公民权利对政府权力的制约"[④],使得"政府无论是行使法定权限还是行使自由裁量权都必须遵守公开、公正、公平的行政程序"[⑤],"可以有效防止政府在行使权力过程中为'恶'抑制其腐败和滥用权力的可能性[⑥]"。

第二,可以强化行政权。"依规则管理的情况下,政府行政系统面对复杂的行政事务会游刃有余,而依行政手段管理的政府会整天忙于具体的行政事务之中",[⑦]所以,行政司法化会使行政行为有规可循、有法可依。同时,行政系统"与相对人的关系就好像法官与当事人之间的关系那样,既不介入他们之间的纠纷中去,又可以较高的身份对纠纷主体采取措施"[⑧],从而提高行政行为的透明度,促进行政行为的公正性,获得行政相对人的认同,增强行政系统权威。

第三,可以降低行政成本。行政系统本身运行的成本巨大,还存在着巨大的内耗以及行政行为错误造成的损失。虽然"一些成本不是通过行政权的司法化所能够遏制的。然而,就行政权运作仅突出行政特征而论,行政权的司法化是降低行政成本的一个很好的手段。行政权司法化以后行政机构体系社会由原来的经验模式变为技术模式,即行政体系不是以经验和传统为本位结构体系,而是以技术为本位的结构体系,只有相对专业化的人员才有管理行政事务的资格和机会。行政权的司法化将行政权置于严格的法律程序之下,而不是简单的内部行政程序之下,行政过程的主观色彩就会越来越少,行政对社会事态发生作用时所犯的错误也自然会越来越少"[⑨]。

第四,可以提高行政效率。行政司法化所要达到公正与效率的平衡状态,则依赖于一系列行政司法化的制度安排,这主要是通过司法化的行政期限规定、办理程序以及处理机制来兑现,如行政复议办案(办理)期限制度、行政处罚相对人的举证期限制度、行政许可的听证期限制度。这些期限制度直接指向行政效率目标,对行政行为的实施程序以及各个环节提

---

① 《行政处罚法》第 58 条第 2 款规定:"行政机关中初次从事行政处罚决定法制审核的人员,应当通过国家统一法律职业资格考试取得法律职业资格。"

② 《行政复议法》第 3 条第 2 款规定:"行政机关中初次从事行政复议的人员,应当通过国家统一法律职业资格考试取得法律职业资格。"

③ 耿玉基:《超越权力分工:行政司法化的证成与规制》,载《法制与社会发展》2015 年第 3 卷。

④⑤⑥ 姜明安:《行政程序:对传统控权机制的超越》,载《行政法学研究》2005 年第 4 期。

⑦⑧ 关保英:《行政法教科书之总论行政法》,中国政法大学出版社 2005 年版,第 611 页。

⑨ 关保英:《行政法教科书之总论行政法》,中国政法大学出版社 2005 年版,第 612 页。

出时间上的限制,要求行政机关遵守法定时限,积极行政,提高办事效率。① 同时,司法化的行政程序"是经过科学论证、科学设计的程序。它是经过比较多种方案,选择其最能兼顾公正和效率的方案,然后再加以法律确立的程序。例如行政处罚根据相对人违法行为情节的轻重和行政机关作出处罚决定和执行处罚决定的实际需要,立法者分别为之设定了简易程序、普通程序和听证程序三种不同的程序,这种设计很好地体现了科学性,它既有利于保障公正,又有利于保障效率"②。

第五,可以促进行政民主。行政民主与行政专制是相对的概念。"所谓行政专制是指行政主体对社会的管理以行政主体的单方意志为转移"③,与之相对,"行政民主则是指行政主体的行政决定权是有限的,是在其他社会主体的参与下对行政事项作出决定的"④。在行政司法化背景下,其他主体依据法定程序也会介入到行政行为中来,比如,行政赔偿是行政行为实施后的介入,而其他主体介入行政事项就是行政民主最好的证明。

▶ 三、行政救济法促进行政司法化

行政救济法具有促进行政司法化的作用,主要体现在以下几个方面。

第一,行政救济法确立了行政过程的三角关系。行政管理过程通常是行政主体与行政相对人之间的双方关系,行政主体在对行政相对人行使权力时具有单方意志性,且无后顾之忧。而行政救济则在行政救济机关、行政主体、行政相对人之间建立了三角关系,使得行政主体在对行政相对人行使权力中有了后顾之忧,而行政相对人对行政行为的异议有了提出诉求的渠道,行政救济机关有了对与行政相对人诉求相关的行政行为进行审查的权力。我们知道,司法关系就是一个三角关系,行政救济法建立的三角关系,使得行政具有了司法性。

第二,行政救济法确立了行政行为的证明制度。在没有行政救济法的情况下,行政主体作出行政行为时可能并没有证明该行政行为的合法性。而建立行政救济法体系以后,在行政争议中,行政主体需要全面证明其行政行为的合法性。比如,在行政诉讼中,被告行政机关对被诉行政行为的合法性应该承担举证责任,且为了防止行政机关依仗公权力干扰司法,诉讼过程中被告行政机关不得自行向原告、第三人和证人收集证据,⑤具体而言被告需要用行政行为作出前收集的证据证明行政行为所认定的事实清楚,适用行政法规范正确、符合程序法定、没有超越和滥用职权的情况,也没有不履行或拖延履行法定职责的情况。正是由于行政主体在行政救济中需要承担证明责任,所以行政机关在作出行政行为前,需要收集与保留证明行政行为合法性的证据,从而推动行政司法化。

---

① 参见耿玉基:《超越权力分工:行政司法化的证成与规制》,载《法制与社会发展》2015 年第 3 卷。
② 姜明安:《行政程序:对传统控权机制的超越》,载《行政法学研究》2005 年第 4 期。
③④ 关保英:《行政法教科书之总论行政法》,中国政法大学出版社 2005 年版,第 613 页。
⑤ 《行政诉讼法》第 35 条规定:"在诉讼过程中,被告及其诉讼代理人不得自行向原告、第三人和证人收集证据。"

第三节 行政救济法与不良行政的校正

» 一、现代行政权的过程

按照管理的概念,可将管理分为组织、计划、领导和控制,[①]每个部分都是权力行使的一个环节,每一个环节都有复杂的内容。落实到具体的行政管理,一般将行政管理分为六个环节。

第一,搜集行政信息。行政主体在实施行政管理活动时,首先"要搜集和占有大量的行政信息,这里的行政信息包括主观信息和客观信息两个方面。客观信息是客观存在的规则与事实,行政法规范、行政相对人的基本情况、行政行为所涉及权利义务等都是客观信息,主观信息则是行政主体以及行政人员对行政过程所作的分析与判断"[②]。搜集行政信息环节的质量好坏直接决定后面所有其他环节的质量。

第二,作出行政决定。"行政决定是指行政主体在大量搜集信息的基础上,针对行政管理的客观实际作出能够改变行政相对人原来权利与义务的行政行为。"[③]行政决定也叫行政决策,决策是多种方案下的选择,是行政主体的判断,也会受到外在的、非理性的因素影响,所以,行政决定必须被纳入法律轨道。《法治政府建设实施纲要(2021—2025年)》要求,"各级行政机关负责人要牢固树立依法决策意识,严格遵循法定权限和程序作出决策,确保决策内容符合法律法规规定","严格执行《重大行政决策程序暂行条例》,增强公众参与实效,提高专家论证质量,充分发挥风险评估功能,确保所有重大行政决策都严格履行合法性审查和集体讨论决定程序"。

第三,行政执行。行政决定与行政执行相联系,行政决定一旦作出便会转入执行,从而把行政决定从规范形态变为事态形态。

第四,行政决定的效果评价。行政决定经历执行之后需要对其产生的社会效果进行评价。《法治政府建设实施纲要(2021—2025年)》要求:"建立健全重大行政决策跟踪反馈制度。依法推进决策后评估工作,将决策后评估结果作为调整重大行政决策的重要依据。"

第五,行政监控。"行政监控是指对行政系统的行政决定以及行政决定的执行情况进行的控制。行政监控分为内部控制和外部控制两种情况。内部控制是设立于行政系统内部的控制机制,除专职的控制机构外,还有上级对下级的监控。我国的行政监察制度就是一种比较完整的内部制度。外部控制则是在行政系统之外设立的控制机制。我国的诸多法定监督主体都是从行政系统外部对行政过程的控制,如人民代表机关的监督控制、人民法院的司法控制等。"[④]《法治政府建设实施纲要(2021—2025年)》进一步要求:"坚持将行政权力制约

---

① 参见[美]亚当·库珀、杰西卡·库珀主编:《社会科学百科全书》,林勇军等译,上海译文出版社1989年版,第786页。

② [美]W. H. 纽曼、小·C. E. 萨默:《管理过程:概念、行为和实践》,李柱流等译,中国社会科学出版社1995年版,第809页。

③④ 关保英:《行政法教科书之总论行政法》,中国政法大学出版社2005年版,第618页。

和监督体系纳入党和国家监督体系全局统筹谋划,突出党内监督主导地位。推动党内监督与人大监督、民主监督、行政监督、司法监督、群众监督、舆论监督等各类监督有机贯通、相互协调。积极发挥审计监督、财会监督、统计监督、执法监督、行政复议等监督作用。"

第六,不良行政的校正。"行政行为从其合法与否可以界分为合法行政与违法行政,这是对行政行为的一种基本分类。这种分类是根据法律法规的明确规定对某一行政行为的法律定性。然而,在合法行政与违法行政之外,尚有些行政行为不能根据法律法规的规定对其做出判断的,诸如不良行政、不当行政等。尤其不良行政是行政活动中普遍存在的一种现象,其无论是对行政相对人权益的侵害还是对行政机关行政行为的公信力都会产生深远的影响。"[①]从广义来说,不良行政包括违法行政与狭义的不良行政、不当行政,这里的不良行政是广义上的不良行政。行政监督的意义在于,"通过行政监督要找出不良行政行为,并通过一定的法律程序由有校正权的实体对不良行政行为予以校正"[②]。而行政救济的过程其实就是对不良行政进行干预和纠正的过程,行政救济处在行政过程的最后一道环节,其对行政权的实质意义在于校正不良行政。

二、不良行政校正的理论

"不良行政校正的理论基础应当是行政责任的理论和制度。所谓行政责任,是行政法律责任的简称。在行政法学中行政责任有两层意思,第一层意思是行政主体对自己所管辖的行政事务应当具有负责的精神,这一意义上的行政责任是就行政主体及其公职人员对行政事务的态度而言的,第二层意思是行政主体及其公职人员对自己的行为应当承担相应的法律后果。"[③]本节所讲行政责任是第二层意思的行政责任。行政主体依授权或者依法律获得国家权力,带来支配别人的权力的同时也承担着相应的责任。各国在设定行政责任时都遵循以下原则:其一,行政责任法定原则。行政责任主体的权利义务要通过法律设定,责任形式也要有法律依据,在我国《行政诉讼法》《行政复议法》《国家赔偿法》等中均有行政主体承担具体责任形式的规定,比如赔礼道歉、依法履行职责、撤销违法行为、纠正不当的行政行为、返还权益、行政赔偿等。其二,行政责任过错原则。行政主体承担行政法责任的前提是其主观上有过错,故意或过失致使行政相对人合法权益受损。行政责任与其他责任有本质区别,现具体分析如下。

第一,行政责任旨在让行政过程能够继续进行。不同于其他法律责任,如民事赔偿责任追究的目的在于定分止争,终止原先的不良行为及带来的后果,而行政责任中的行政主体承担责任的目的,却是通过对行政相对人精神或物质上的安抚,让行政主体与行政相对人的关系进一步继续下去。形式上看,任何一种行政法上的责任形式都是以行政过程继续进行为界。让行政过程继续进行,既是行政主体承担行政责任的目标,也是行政主体承担行政责任的法律属性。

第二,行政责任旨在让行政关系进一步理顺。行政关系是行政主体和行政相对人在行

① 胡峻:《不良行政的认定及法律规制》,载《行政与法》2009 年第 1 期。
② 关保英:《行政法教科书之总论行政法》,中国政法大学出版社 2005 年版,第 618 页。
③ 参见关保英:《行政法教科书之总论行政法》,中国政法大学出版社 2005 年版,第 619 页。

政活动中结成的关系,行政责任也是在行政主体和行政相对人的关系中得到展现的。行政主体承担行政责任后,一种情况是行政主体和行政相对人之间行政关系终结,另一种情况是行政主体和行政相对人之间行政关系继续存续,而且进一步将这一行政关系理顺。行政主体和行政相对人之间在某一事项中的行政关系随时都有终止的可能,但从行政关系的整体看,行政主体和行政相对人之间的关系是一个长远关系,行政责任的目的在于校正不当行政行为,所以行政主体承担行政责任可以使行政关系进一步理顺。

第三,行政责任旨在让行政过程中诸方利益进一步和谐。一些行政行为本身就是对社会利益的分配,若行政主体对利益分配不公,行政主体很可能因此承担行政责任,而让行政主体承担行政责任旨在让利益分配更加合理,最终让利害各方的利益进一步和谐。

第四节 实 务 案 例

一、启东市发圣船舶工程有限公司诉启东市人民政府渡口行政许可及南通市人民政府行政复议案①

〔案情摘要〕

启东红阳港至启东市启隆乡的长江段原设有汽渡,原告发圣船舶工程有限公司(以下简称"发圣公司")原为该汽渡的车客渡船运输的经营者。2011年,汽渡沿岸因围垦拆除了汽渡南岸的启隆码头,于是该汽渡停止运营。2012年5月10日,被告启东市人民政府(以下简称"启东市政府")作出启政复〔2012〕19号《市政府关于同意撤回红阳港和兴隆沙渡口设置的批复》,以崇启大桥建成通车、渡口存在的必要性已消失,以及渡口北岸有一条约300米的暗沙,严重影响渡船安全航行,自2010年以来该渡口已发生3起船舶搁浅险情,安全隐患严峻为由,撤回了该渡口设置的行政许可。2014年,发圣公司就汽渡重设及复航事项向启东市北新镇人民政府、启隆乡人民政府提出了书面报告。2014年10月13日,启东市北新镇人民政府、启隆乡人民政府根据发圣公司的申请,向启东市政府提交了《关于设立启东至启隆乡汽渡的申请》,建议重新开设启东至启隆的航线。启东市政府当时的分管领导在该申请上签署了"请交通局按程序审核批准,确保安全和运营规范"的意见。2015年,发圣公司再次提交了关于筹建和经营红阳港至兴隆沙渡口的报告,启东市政府未予答复。为此,发圣公司曾于2016年6月提起行政诉讼,江苏省南通市中级人民法院于2016年11月21日作出(2016)苏06行初86号行政判决,责令启东市政府在判决生效后60日内作出答复。2016年11月26日,启东市政府收到该判决。

2016年12月12日,被告启东市政府向原告发圣公司寄送了启政补正告字〔2016〕1号行政许可申请及材料补正告知书,要求发圣公司在7日内按照《江苏省渡口管理办法》以及2011年修订的《内河交通安全管理条例》等的规定,补充提交汽车渡口设置可行性研究报告、渡口安全管理制度、渡船的船舶检验证书、海事管理机构意见书等材料。2016

---

① 本案例来源于《中华人民共和国最高人民法院公报》2020年第12期。

年 12 月 29 日、2017 年 1 月 5 日,启东市政府分别向南通启东海事处(以下简称"启东海事处")、崇明海事局发送关于发圣公司申请筹建和经营红阳港至兴隆沙渡口征求意见的函。

2016 年 12 月 30 日,启东海事处作出回复,主要意见为:(1)启东市政府原建桥撤渡符合渡运安全管理和交通事业发展战略;(2)渡口下游 12 公里左右已建有崇启大桥,上游另设有渡口,新设渡口的必要性要进一步研究,如新设会导致非理性竞争,对渡口安全营运造成影响;(3)长江口渡运安全隐患多,红阳港渡口位置处于岸线整治范围,不利于恢复设置渡口,且沿岸线已在整治过程中,原红阳港渡口处于整治范围内。

2017 年 1 月 11 日,崇明海事局作出复函,主要内容为:(1)建桥撤渡符合国家交通发展战略,崇启大桥通车、2012 年 5 月红阳港至兴隆沙渡口停运,北支水域车客船搁浅险情明显下降;(2)长江口北支下游水域水文通航条件复杂多变,暗沙、浅滩较多,且常年未经扫测,新设渡口需进行可行性研究和通航安全评估;(3)长江口北支水域无常驻应急救援力量,设置渡口需考虑配套应急救援船舶和设施。

此外,启东市政府还于 2016 年 12 月 30 日向启东市交通运输局征求意见。

2017 年 2 月 6 日,启东市交通运输局作出回复。2017 年 2 月 24 日,启东市政府向发圣公司作出《1 号不予许可决定》。

原告发圣公司不服《1 号不予许可决定》,于 2017 年 3 月 10 日向被告南通市人民政府(以下简称"南通市政府")申请复议。2017 年 5 月 2 日,南通市政府组织听证会对案件进行了审理。2017 年 6 月 6 日,南通市政府作出《88 号复议决定》,认为启东市政府作出的《1 号不予许可决定》符合渡口设置许可的相关法律规定,行政程序亦无不当,遂维持了《1 号不予许可决定》。发圣公司不服,向法院提起本案诉讼,发圣公司指出:一审法院曾作出判决,责令被上诉人启东市政府在判决书生效后 60 日内对其设置渡口的申请作出答复,该市政府超出上述期限作出《1 号不予许可决定》,属于程序违法。

〔法理分析与评议〕

人民法院在确定行政机关履行法定职责的期限时,应当遵循一定的原则。当法律规范明确规定了行政机关的履责期限,除特殊情形外,人民法院一般应当参照相关法律规范的规定确定行政机关的履责期限;法律规范未对行政机关履责期限作出规定的,人民法院应结合具体案情,充分考虑当事人合法权益保护的及时性和行政机关履责的可行性等因素,根据《行政诉讼法》第 47 条的规定,合理确定行政机关的履责期限。存在正当理由或不可抗力的,即便行政机关超出人民法院生效判决所确定的期限作出行政决定亦不能认定该行为构成程序违法。本案中,启东市政府在受理发圣公司的申请后,分别向启东海事处、崇明海事局、启东市交通运输局发函征求意见,尽到了法定的、审慎的审查义务。因现行法律并未对相关部门何时反馈征求意见作出明确规定,法院依据《行政诉讼法》关于履行职责的期限规定,得出"行政机关依法履职过程中征求相关部门意见的合理期限应当扣除"的结论,为实务中此类问题的处理提供了指导意见。

〔相关法律法规链接〕

《中华人民共和国行政许可法》

《中华人民共和国行政诉讼法》

《中华人民共和国行政复议法》

《中华人民共和国内河交通安全管理条例》

二、江苏瑞达海洋食品有限公司诉盐城市大丰区人民政府等海域使用权行政许可纠纷案①

〔案情摘要〕

2015 年 8 月,原告江苏瑞达海洋食品有限公司参与被告大丰区自然资源局组织的海域使用权出让招投标,并通过投标与大丰区自然资源局签订三份 2015 年东沙紫菜养殖海域使用权第一轮出让合同,出让海域均位于东沙辐射沙洲,海域规定用途为紫菜养殖,合同确定的海域面积分别为 145.099 公顷、97.668 公顷、142.991 公顷。上述合同约定的海域使用权期限均为自 2015 年 8 月 20 日至 2018 年 6 月 30 日,第 10 条均写明:"合同期满,海域使用权终止,本海域使用权不予续期。"此后,原告取得对应的 3 份海域使用权证书,证书写明的登记机关为大丰区自然资源局,发证机关为被告大丰区人民政府(以下简称"大丰区政府")。证书载明的终止日期为 2018 年 6 月 30 日,并写明"招标海域到期后不再续期"。

2018 年 3 月 29 日,原告江苏瑞达海洋食品有限公司向被告大丰区政府、大丰区自然资源局邮寄海域使用权续期申请。大丰区自然资源局向原告出具"关于海域使用权不予续期的答复"。

原告江苏瑞达海洋食品有限公司原取得的海域使用权涉及海域位于大丰区东沙辐射沙洲,与江苏省海洋生态红线区毗邻,且邻近盐城湿地珍禽国家级自然保护区和盐城黄海湿地。在原告取得涉案海域使用权之前,相关海域也曾于 2012 年以招投标的方式组织出让,2015 年海域使用权到期之后,当地政府又重新组织招投标,原告竞标取得涉案海域使用权。2018 年 1 月,盐城市政府正式向世界遗产中心提交申遗正式文本。2018 年 8 月 24 日,盐城市人民政府办公室发出"市政府办公室关于做好遗产提名地国家检查评估相关工作的通知",其附件重点工作任务交办单中写明要求被告大丰区政府对东沙紫菜养殖进行清理。2019 年 7 月,经世界自然遗产大会表决,盐城黄海湿地被成功列为世界自然遗产。

〔法理分析与评议〕

1.《海域使用管理法》第 26 条(即海域使用权期限届满,海域使用权人需要继续使用海域的,应当至迟于期限届满前 2 个月向原批准用海的人民政府申请续期。除根据公共利益或者国家安全需要收回海域使用权外,原批准用海的人民政府应当批准续期)是关于海域使用权人申请续期的相关规定,其是否具有强制性,是本案的关键。本案认定该规定并非强制性规定,因此并不排除政府机关与海域使用权人在使用权到期后收回相关海域。本案中,涉案海域使用权出让合同第 10 条明确写明了"合同期满,海域使用权终止,本海域使用权不予续期",意思清晰明确并无歧义。相关合同的签订并无欺诈、胁迫,原告对合同相关条款应当是明知且理解其含义的,参加投标并签订合同,意味着接受招标方案和合同条款的限定条件。故该约定为有效约定。

2. 盐城黄海湿地作为丹顶鹤等候鸟的栖息地,也是世界遗产提名地,退渔还湿恢复海洋生态是当前的大趋势,也是保护社会公共长远利益的需要,因此政府综合考虑,暂时不再组织对涉案海域的出让。大丰区自然资源局作为海洋行政管理部门,同时作为大丰区政府

---

① 本案例来源于《中华人民共和国最高人民法院公报》2020 年第 8 期。

的下级机关,不予续期的答复属于合法有效的答复。

〔**相关法律法规链接**〕

《中华人民共和国海域使用管理法》

《中华人民共和国行政诉讼法》

《最高人民法院关于适用〈中华人民共和国行政诉讼法〉的解释》

三、陆红霞诉南通市发展和改革委员会政府信息公开答复案①

〔**案情摘要**〕

2013 年至 2015 年 1 月期间,原告陆红霞及其父亲陆富国、伯母张兰 3 人以生活需要为由,分别向南通市人民政府、南通市城乡建设局、南通市发展和改革委员会、南通市住房保障和房产管理局、南通市规划局、南通市国土资源局、南通市公安局、南通市公安局港闸分局等共提起至少 94 次政府信息公开申请,要求公开南通市人民政府财政预算报告、所拥有公车的数量、牌照号码及公车品牌、政府信息公开年度报告等政府信息。

在以上提出的政府信息公开申请中,原告陆红霞、张兰分别向南通市人民政府、南通市港闸区人民政府申请公开"南通市人民政府 2013 年度政府信息公开工作年度报告、南通市港闸区人民政府 2007 年度《财政预算决算报告》"等内容相同的信息;陆富国、张兰分别向南通市人民政府、南通市发展和改革委员会、南通市住房保障和房产管理局、南通市港闸区审计局等单位申请公开"城北大道工程征地的供地方案、农用地转用方案、征收土地方案、补充耕地方案、城北大道的立项批文、城北大道工程的拆迁计划和拆迁方案、房屋拆迁公告、房屋拆迁许可证、城北大道工程拆迁管理费的审计内容及该工程拆迁管理费的总额"等内容相同的信息。

原告陆红霞及其父亲陆富国、伯母张兰在收到行政机关作出的相关《政府信息公开申请答复》后,分别向江苏省人民政府、江苏省公安厅、江苏省国土资源厅、南通市人民政府、南通市审计局等复议机关共提起至少 39 次行政复议。在经过行政复议程序之后,3 人又分别以政府信息公开答复"没有发文机关标志、标题不完整、发文字号形式错误,违反《党政机关公文处理工作条例》的规定,属形式违法;未注明救济途径,属程序违法"等为由向南通市中级人民法院、如东县人民法院、港闸区人民法院提起政府信息公开之诉至少 36 次。

本案中,原告陆红霞向南通市发展和改革委员会申请公开"长平路西延绿化工程的立项批文",南通市发展和改革委员会作出被诉答复并提供了通发改投资[2010]67 号《市发改委关于长平路西延工程的批复》。原告认为自己申请公开的是"长平路西延绿化工程",而公开的却是"长平路西延工程",虽只有两字之差,但内容完全不同。于是提起诉讼,请求依法撤销被告作出的通发改信复[2013]14 号《政府信息公开申请答复书》并责令重新作出答复。本案经过一审、二审,一审法院认定陆红霞存在滥用获取政府信息权和滥用诉权行为,裁定驳回陆红霞的起诉,二审予以维持。

〔**法理分析与评议**〕

《政府信息公开条例》曾规定,除行政机关主动公开的政府信息外,公民、法人或者其他

---

① 本案例来源于《中华人民共和国最高人民法院公报》2015 年第 11 期。

组织还可以根据自身生产、生活、科研等特殊需要,向国务院部门、地方各级人民政府及县级以上地方人民政府部门申请获取相关政府信息。虽然知情权是公民的一项法定权利,但如果公民提起政府信息公开申请违背了《政府信息公开条例》的立法本意且不具有善意,就会构成知情权的滥用。本案中,当事人反复多次提起琐碎的、轻率的、相同的或者类似的诉讼请求,或者明知无正当理由而反复提起诉讼,人民法院应对其起诉严格依法审查,对于缺乏诉的利益、目的不当、有悖诚信的起诉行为,因违背了诉权行使的必要性,丧失了权利行使的正当性,应认定构成滥用诉权行为。

〔**相关法律法规链接**〕

《中华人民共和国行政诉讼法》

《中华人民共和国政府信息公开条例》

【习题及答案解析】

第十四章　行政复议法

第一节　行政复议法的基本理论

一、行政复议的概念

行政纠纷有两类：一类是行政系统内部的纠纷；另一类是行政系统外部的纠纷，即行政主体与其行使职权时的行政相对人之间的纠纷。行政复议处理的是行政纠纷中的外部纠纷。依据我国《行政复议法》第2条的规定，行政复议是"公民、法人或者其他组织认为具体行政行为侵犯其合法权益，向行政机关提出行政复议申请，行政机关受理行政复议申请、作出行政复议决定"的法律行为或者法律制度。

二、行政复议的特征

1. 行政复议具有主体特定性。行政复议的主体只能是国家行政机关，行政机关以外的机关和组织（如国家司法机关）不能成为行政复议主体。行政复议的通道通常有两种，一是上级行政机关对下级行政机关，二是人民政府对其所属的各工作部门。

2. 行政复议具有层级监督性。[①] 行政复议的依据是上级行政机关对下级行政机关的监督，是对具体行政行为作出后的层级监督，是上级行政主体对于下级行政主体的具体行政行为是否具有违法性或不当性做出的审查。行政复议代表了行政管理的一种程序，与行政诉讼、行政内部监督都有所区别。

3. 行政复议具有被动性。这是说，行政复议是一种"依申请"的行政行为，以行政相对方的申请为前提。

4. 行政复议具有司法性。行政司法是指国家行政机关根据法律的授权充当公断人，依照司法化的程序裁断行政争议和民事纠纷的活动。行政司法中的主要制度，除了行政复议之外，还包括行政裁决、行政仲裁和行政调解。与这些制度不同的是，行政复议是行政机关裁断行政争议的活动，而行政裁决等则是以与行政管理职能有关的民事纠纷作为裁断对象的。[②] 行政复议机关在裁断行政争议时，需要审查具体行政行为的合法性与适当性，对此，《行政复议法》第3条规定："审查申请行政复议的具体行政行为是否合法与适当。"

5. 行政复议具有救济性。我国的多元行政争议矛盾解决机制中，行政救济的方式从手

---

① 参见张少波：《行政复议制度监督纠错功能的实效困境——基于相关经验素材的分析》，载《行政法学研究》2021年第3期。

② 参见关保英主编：《行政法与行政诉讼法（第二版）》，中国政法大学出版社2004年版，第481页。

段和途径角度,可以分为控诉、信访、行政复议、行政诉讼等多种。同时,部分情况下法律也有特殊规定,行政复议必须作为行政诉讼的前置程序存在。[①] 故行政复议作为国家行政救济多元化途径中的一个重要环节,有独特的特点与存在的必要性,通过行政机关体制内部的自我纠错复议来达到行政救济的目的,维护相对人的合法权益。行政复议是行政救济的重要一环,但有别于行政诉讼,行政复议具有其独特性。与行政诉讼相比,行政复议周期短、程序便捷、低成本的优势决定了其为权利救济功能的发挥提供了一个开阔的平台。[②]

6. 行政复议具有程序性。法律对行政复议有较高的程序性要求,这些要求体现在复议申请、受理、审理、期限、决定、强制执行、法律救济等诸多方面。程序公正是复议公正的有力保障,行政复议的全过程均须依照法定程序进行,违反或欠缺其中任何一项程序,都有可能导致复议的停顿或终止。

7. 行政复议具有行政性。行政复议的本质是一种行政行为,是行政机关行使行政管理权的单方职权行为,可以直接规定行政相对人的权利与义务。比如,复议后变更,实质上就是复议机关用自己新的行政行为替换掉原行政行为。

第二节　行政复议法律主体

▶▶ 一、行政复议机关与行政复议机构

（一）行政复议机关

行政复议机关是指依照法律规定有权受理行政复议申请,依法对被申请的具体行政行为进行审查并作出复议决定的行政机关。[③] 行政复议机关有下列特征。

第一,行政复议机关具有独立的主体资格。行政复议机关是依政府组织法设置的具有独立管理职权的行政机关,符合行政法中行政主体所具备的法律要件。行政复议机关能够以自己的名义行使行政复议中的诸种权力,并对行政复议行为所产生的法律后果负法律上的责任。

第二,行政复议机关是行政复议活动的主导机关。行政复议活动开始后,行政复议机关就处于行政复议活动的核心地位,整个行政复议活动就是在行政复议机关的主导下进行的,行政复议机关作为行政复议的主导机关统领着行政复议活动,对行政复议过程的诸多问题具有决定权。

第三,行政复议机关具有特定性。行政复议机关必须是法律赋予行政复议权的机关,在我国行政系统中不是所有行政机关都有可能成为行政复议机关,下列行政机关就不能成为行政复议机关:一是不设派出机构的县级人民政府所属工作部门;二是乡(镇)人民政府;三

[①] 参见张云年:《我国行政复议与行政诉讼的程序衔接问题研究》,载《理论观察》2022 年第 4 期。

[②] 参见徐龙飞:《论我国行政复议制度的功能定位》,载《淮南职业技术学院学报》2022 年第 2 期。

[③] 参见关保英:《行政法教科书之总论行政法》,中国政法大学出版社 2005 年版,第 636 页。

是县级以上地方各级人民政府的派出机关；四是国务院。国务院是最高国家行政机关，它统领全国的行政事务，不直接主持行政复议活动。《行政复议法》第14条规定，对国务院部门或者省、自治区、直辖市人民政府的具体行政行为不服的，向作出该具体行政行为的国务院部门或者省、自治区、直辖市人民政府申请行政复议。对行政复议决定不服的，可以向人民法院提起行政诉讼；也可以向国务院申请裁决，国务院依照该法的规定作出最终裁决。这表明国务院不是复议机关。

（二）行政复议机构

行政复议机构是指设立于行政复议机关之中负责主持复议活动的政府法制部门。[①] 行政复议机构具有下列特征。

第一，行政复议机构是行政复议机关的内部机构。《行政复议法》第3条第1款规定："依照本法履行行政复议职责的行政机关是行政复议机关。行政复议机关负责法制工作的机构具体办理行政复议事项。"依此条规定，行政复议机构的内设属性是非常明显的。

第二，行政复议机构不能以自己的名义从事行政复议行为。行政复议机构不具有行政主体资格，不能够对外从事行政行为，在行政复议中可以成为行政复议的主持机关，主持行政复议活动，但不能以自己的名义作出行政复议决定，只能以它所在的行政机关的名义从事行政复议活动。

第三，行政复议机构是行政复议机关的法制机构。根据《行政复议法》第3条第1款的规定，行政复议机构应当是行政复议机关的法制机构，即从事政府法制工作的机构。就行政复议事项的处理而论，行政复议机构是处理行政复议的专职机构。

（三）行政复议机关与行政复议机构的职责

根据《行政复议法》第3条第1款的规定，行政复议机关负责法制工作的机构具体办理行政复议事项，履行下列职责。

第一，受理行政复议申请，审查行政复议申请是否符合法定条件。审查的主要内容是：申请人是否具备申请资格；申请理由是否正当；被申请人是否明确；是否超过申请复议期限；申请复议的案件是否属本机关管辖；申请复议的其他要求是否符合。符合法定条件的，应予受理。不符合法定条件的，应请申请人提供或者补充有关材料；属于不予受理的，应当由行政复议机关作出不予受理的决定，并书面通知申请人。

第二，向有关组织和人员调查取证，查阅文件和资料。

第三，审查申请行政复议的具体行政行为是否合法与适当，拟订行政复议决定。行政复议机构受理行政复议申请后，应当依据事实与法律，对行政机关作出的具体行政行为进行审查，审查具体行政行为是否合法，除此之外还要审查具体行政行为是否适当。

第四，处理或者转送《行政复议法》第7条所列有关规定的审查申请。《行政复议法》第26条规定："申请人在申请行政复议时，一并提出对本法第七条所列有关规定的审查申请

---

① 参见关保英：《行政法教科书之总论行政法》，中国政法大学出版社2005年版，第637页。

的,行政复议机关对该规定有权处理的,应当在三十日内依法处理;无权处理的,应当在七日内按照法定程序转送有权处理的行政机关依法处理,有权处理的行政机关应当在六十日内依法处理。处理期间,中止对具体行政行为的审查。"

第五,对行政机关违反《行政复议法》规定的行为提出处理建议。《行政复议法》第 38 条规定:"行政复议机关负责法制工作的机构发现有无正当理由不予受理行政复议申请、不按照规定期限作出行政复议决定、徇私舞弊、对申请人打击报复或者不履行行政复议决定等情形的,应当向有关行政机关提出建议,有关行政机关应当依照本法和有关法律、行政法规的规定作出处理。"

第六,办理因不服行政复议决定提起行政诉讼的应诉事项。《行政复议法》第 5 条规定:"公民、法人或者其他组织对行政复议决定不服的,可以依照行政诉讼法的规定向人民法院提起行政诉讼,但是法律规定行政复议决定为最终裁决的除外。"诉讼发生后,行政复议机关的法定代表人就应当出庭应诉。为了保证行政复议机关法定代表人履行其领导职责,减轻行政复议机关法定代表人出庭应诉负担,《行政复议法》规定,应诉事项由行政复议机构办理。

第七,法律、法规规定的其他职责。

▶▶ 二、行政复议申请人

所谓行政复议申请人就是指认为行政主体具体行政行为侵犯其合法权益,依法向行政复议机关提出行政复议的人。[1] 申请人必须符合下列条件:第一,申请人必须是行政相对人。行政相对人包括公民、法人和其他组织,只要其被行政主体的行政行为改变了权利义务就是行政相对人。第二,申请人是认为行政主体具体行政行为侵犯其合法权益的相对一方。即申请人不是一般意义的行政相对人,而是对行政主体的具体行政行为不服,认为其已经侵犯其合法权益的行政相对人。若行政主体的具体行政行为对某个行政相对人的权利义务产生了影响,该行政相对人并不认为这一行政行为侵犯了其合法权益,其就不具备申请人的资格。第三,申请人必须是明确提出了行政复议请求的人。上列三个方面是行政复议申请人的资格条件。

在行政复议中,常常会出现行政复议申请人主体资格转移或主体资格发生变化的情况。依据《行政复议法》第 10 条第 2 款的规定,如果行政复议的申请人是限制性民事行为能力人或者无民事行为能力人,则其法定代理人可以代为申请行政复议,此时的申请人仍然是该限制民事行为能力人或无民事行为能力人;如果有权提起复议的公民死亡,在这种情况下,行政复议的资格将发生转移,其近亲属可以申请行政复议;有权申请行政复议的法人或者其他组织终止的,承受其权利的法人或者其他组织可以申请行政复议。

▶▶ 三、行政复议被申请人

所谓行政复议被申请人是指因申请人指控其具体行政行为侵犯申请人合法权益,被行

---

[1]　参见关保英:《行政法教科书之总论行政法》,中国政法大学出版社 2005 年版,第 639 页。

政复议机关通知参加行政复议的行政主体。① 被申请人必须具备下列条件:第一,应当是行政机关,而且是具有外部管理职能的行政机关(包括一些经法律、法规授权施行行政管理职能的组织),其共同的特点是对外有行政管理职能。监察部门、机关事务管理局尽管也是行政机关,由于其不行使对外的管理职能,不会成为行政复议的被申请人。第二,实施了申请人认为侵犯其合法权益的具体行政行为,也就是说该行政机关(包括经法律、法规授权的组织)实施的具体行政行为与申请人提出的复议请求有必然的因果关系;如果没有实施申请人所指控的具体行政行为,或者实施的行为与复议请求无因果关系,不能成为行政复议的被申请人。第三,经复议机关确认并通知其参加行政复议,说明行政复议机关已经受理了申请人的复议申请,并确定该行政机关或者组织为被申请人。②

行政复议被申请人有下列几类:一是作出具体行政行为的行政机关是被申请人;二是共同作出具体行政行为的行政机关是共同被申请人;三是被法律、法规授权组织在授权范围内作出具体行政行为的,该组织是被申请人;四是行政机关委托的组织作出具体行政行为,委托的行政机关是被申请人;五是行政机关发生合并等情况,继续行使其权力的行政机关是被申请人;六是行政机关设立的派出机构、内设机构或者其他组织,未经法律、法规授权,对外以自己名义作出具体行政行为的,该行政机关为被申请人;七是下级行政机关依照法律、法规、规章规定,经上级行政机关批准作出具体行政行为的,批准机关为被申请人。

四、行政复议第三人

所谓行政复议第三人,是指与申请复议的具体行政行为有利害关系,经行政复议机关批准参加到行政复议活动中的公民、法人或者其他组织。③ 第三人是行政行为的利害关系人,即行政复议机关对行政复议案件的裁决会直接或间接影响到他的权益。行政复议第三人必须具备下列条件:第一,必须与申请复议的具体行政行为有利害关系。第二,必须向行政复议机关提出参加行政复议的申请,如果没有向行政复议机关提出参加行政复议的申请,即使与具体行政行为有利害关系,也不能被称为行政复议第三人。第三,必须参加到正在进行的行政复议活动中。行政复议尚未发生,或者行政复议已经结束,则与案件有关的当事人都不是第三人。第四,必须经行政复议机关批准。第三人的资格必须经行政复议机关认定和决定。

在行政复议期间,行政复议机关若认为有必要,可以通知公民、法人、其他组织作为第三人参与行政复议;申请人以外的公民、法人或其他组织认为该具体行政行为与自己有利害关系的,也可主动申请作为第三人参加。④

---

① 参见关保英:《行政法教科书之总论行政法》,中国政法大学出版社 2005 年版,第 639 页。
② 参见深圳市司法局:《中华人民共和国行政复议法释义四(第三章 行政复议申请)》,http://sf. sz. gov. cn/xxgk/xxgkm1/zcjd/content/post_2978080. html.
③ 参见关保英:《行政法教科书之总论行政法》,中国政法大学出版社 2005 年版,第 640 页。
④ 《行政复议法实施条例》第 9 条第 2 款规定:"行政复议期间,申请人以外的公民、法人或者其他组织与被审查的具体行政行为有利害关系的,可以向行政复议机构申请作为第三人参加行政复议。"

第三节　行政复议的主管与管辖

一、行政复议的主管

（一）行政复议主管的概念

主管一般是指机关之间的职权分工，行政复议中的主管即行政复议机关对于行政复议案件的受案范围，即与其他机关之间的分工。

（二）行政复议主管的范围

《行政复议法》第 6 条列举了行政复议受案范围的具体情形，包括：

1. 对行政机关作出的警告、罚款、没收违法所得、没收非法财物、责令停产停业、暂扣或者吊销许可证、暂扣或者吊销执照、行政拘留等行政处罚决定不服的。

2. 对行政机关作出的限制人身自由或者查封、扣押、冻结财产等行政强制措施决定不服的。

3. 对行政机关作出的有关许可证、执照、资质证、资格证等证书变更、中止、撤销的决定不服的。

4. 对行政机关作出的关于确认土地、矿藏、水流、森林、山岭、草原、荒地、滩涂、海域等自然资源的所有权或者使用权的决定不服的。

5. 认为行政机关侵犯合法的经营自主权的。

6. 认为行政机关变更或者废止农业承包合同，侵犯其合法权益的。

7. 认为行政机关违法集资、征收财物、摊派费用或者违法要求履行其他义务的。

8. 认为符合法定条件，申请行政机关颁发许可证、执照、资质证、资格证等证书，或者申请行政机关审批、登记有关事项，行政机关没有依法办理的。

9. 申请行政机关履行保护人身权利、财产权利、受教育权利的法定职责，行政机关没有依法履行的。

10. 申请行政机关依法发放抚恤金、社会保险金或者最低生活保障费，行政机关没有依法发放的。

11. 认为行政机关的其他具体行政行为侵犯其合法权益的。

复议机关除了审查具体行政行为外，还可以依据申请附带审查抽象行政行为。《行政复议法》第 7 条规定，公民、法人或者其他组织认为行政机关的具体行政行为所依据的规定不合法，在对具体行政行为申请行政复议时，可以一并向行政复议机关提出对该规定的审查申请，这些规定包括：（1）国务院部门的规定；（2）县级以上地方各级人民政府及其工作部门的规定；（3）乡、镇人民政府的规定。但不含国务院部、委员会规章和地方人民政府规章。

二、行政机关的管辖

行政复议的管辖是指不同等级、地域、职能的行政复议机关在受理行政复议案件时的分工。①　对于相对人来说，要申请行政复议，必须遵守管辖的规定，向具有管辖权的行政复议机关提出。同时，管辖也可能影响行政复议的最终结果。《行政复议法》对管辖作出了具体的规定。

（一）不服县级以上地方各级政府工作部门具体行政行为的复议管辖

对于该种情形，《行政复议法》第12条有较为具体的规定，申请人可以自主选择向本级人民政府或者上一级主管部门提出行政复议申请，两者并无顺序区别。

值得注意的是，对于海关、金融、国税、外汇管理等实行垂直领导的行政机关和国家安全机关，行政复议必须向上一级主管部门提出，但是法律另有规定的除外。除了国家级垂直管理部门，省级以下垂直管理部门还包括工商、质监等部门。

（二）不服地方各级人民政府具体行政行为的复议管辖

依据《行政复议法》第13条的规定，对于县级以上地方各级人民政府作出的具体行政行为不服，只能向上一级地方人民政府申请复议。这是因为，《政府组织法》明确规定，地方人民政府的工作是受同级人民代表大会和上一级国家行政机关监督的，上一级政府的工作部门同下一级人民政府没有领导关系，所以无权对下一级人民政府作出的具体行政行为进行复议。

此外，对省、自治区人民政府依法设立的派出机关所属的县级人民政府的具体行政行为不服的，向该派出机关申请行政复议。我国《政府组织法》明确规定："省、自治区的人民政府在必要的时候，经国务院批准，可以设立若干派出机关。"这些派出机关（地区行政公署或者盟）在省、自治区的范围设立，受省、自治区人民政府的委托指导下级国家行政机关工作并负责办理各项事宜，不是一级独立的国家机关，受派出它的机关的领导，同时又代表派出它的机关指导和管理下级行政机关完成行政管理任务。正因为在我国有这样一个特殊的行政管理方式，所以，对由省、自治区的派出机关（地区行政公署或者盟）指导和管理下的县级人民政府作出的具体行政行为，行政管理相对人不服的，行政复议申请应当向派出机关（地区行政公署或者盟）提出。这样规定符合我国当前的行政管理实际，也符合行政复议的便民原则。

（三）不服国务院部门或者省、自治区、直辖市人民政府具体行政行为的复议管辖

对国务院部门或者省、自治区、直辖市人民政府的具体行政行为不服的，按照向上一级

① 参见沈福俊、邹荣主编：《行政法与行政诉讼法学》（第三版），北京大学出版社2019年版，第506—507页。

行政机关申请复议的原则,理应向国务院复议。但是,考虑到国务院是国家最高行政机关,主要是制定方针政策、从全局上处理行政事务的,一般不宜、也难以处理大量的具体行政事务。因此,《行政复议法》第 14 条规定:"对国务院部门或者省、自治区、直辖市人民政府的具体行政行为不服的,向作出该具体行政行为的国务院部门或者省、自治区、直辖市人民政府申请行政复议。对行政复议决定不服的,可以向人民法院提起行政诉讼;也可以向国务院申请裁决,国务院依照本法的规定作出最终裁决。"但必须要注意,这两条救济途径只能择其一,也就是说,选择了向人民法院提起行政诉讼,就不得再向国务院申请裁决;选择了向国务院申请裁决,就不得再向法院提起行政诉讼,国务院作出的决定为终局决定。

（四）不服其他行政机关、组织具体行政行为的复议管辖

依据《行政复议法》第 15 条的规定,对地方各级人民政府工作部门、地方各级人民政府以及国务院各部门、省、自治区、直辖市人民政府以外的其他行政机关、组织的具体行政行为不服的,提出复议申请的复议管辖有五种特殊情况:

1. 对县级以上地方人民政府依法设立的派出机关的具体行政行为不服的,向设立该派出机关的人民政府申请行政复议。

2. 对政府工作部门依法设立的派出机构依据法律、法规或者规章规定,以自己的名义作出的具体行政行为不服的,向设立该派出机构的部门或者该部门的本级地方人民政府申请行政复议。

3. 对法律、法规授权的组织的具体行政行为不服的,分别向直接管理该组织的地方人民政府、地方人民政府工作部门或者国务院部门申请行政复议。

4. 对两个以上行政机关以共同的名义作出的具体行政行为不服的,向其共同上一级行政机关申请行政复议。

5. 对被撤销的行政机关在撤销前所作出的具体行政行为不服的,向继续行使其职权的行政机关的上一级行政机关申请行政复议。

此外,在上述五种特殊情况下,申请人也可以向具体行政行为发生地的县级地方人民政府申请复议,由接受申请的县级地方人民政府依照《行政复议法》第 18 条的规定办理,即应当在 7 日内转送行政复议机关、告知相对人,并最终由转送机关审查、决定受理。

》》 三、行政复议与行政诉讼的衔接

（一）复议、诉讼自由选择

在没有特别法另行规定的情况下,行政争议均应当通过自由选择行政复议或行政诉讼的方式予以解决。但自由选择并不意味着当事人可以同时使用行政复议或行政诉讼两种救济途径。当事人既提起行政复议又提起行政诉讼的,由先立案的机关处理;同时立案的,由当事人选择。当事人已经申请行政复议,在法定复议期间内又向法院起诉的,法院裁定不予受理。

一般情况下,当事人对复议结果不服,只能选择提起行政诉讼,而不能再次选择行政程

序。但也有例外，即当事人对于省部级行政单位的具体行政行为不服提起复议时，复议机关和复议被申请人都是该省部级行政单位，当事人对该省部级行政单位的复议决定不服时除了可以提起行政诉讼，还可以向国务院申请裁决。我们把国务院裁决俗称为"二次复议"。

（二）复议前置但不终局

《行政诉讼法》第44条第2款规定："法律、法规规定应当先向行政机关申请复议，对复议决定不服再向人民法院提起诉讼的，依照法律、法规的规定。"复议前置案件一般是专业性比较强的案件，立法者希望当事人先在行政机关内部解决。比如，自然资源类案件必须复议前置，《行政复议法》第30条第1款规定："公民、法人或者其他组织认为行政机关的具体行政行为侵犯其已经依法取得的土地、矿藏、水流、森林、山岭、草原、荒地、滩涂、海域等自然资源的所有权或者使用权的，应当先申请行政复议；对行政复议决定不服的，可以依法向人民法院提起行政诉讼。"

（三）复议终局

有的法律法规规定，行政争议由行政机关最终裁决，此即复议终局。比如，《行政复议法》第30条第2款规定："根据国务院或者省、自治区、直辖市人民政府对行政区划的勘定、调整或者征用土地的决定，自治区、直辖市人民政府确认土地、矿藏、水流、森林、山岭、草原、荒地、滩涂、海域等自然资源的所有权或者使用权的行政复议决定为最终裁决。"

第四节　行政复议的程序

一、行政复议的提起

（一）行政复议的申请

行政复议申请，是指复议申请人对行政主体所作的具体行政行为不服，在法定期限内，依法向有管辖权的行政复议机关提出，请求行政复议机关撤销或者变更该具体行政行为的行为。行政复议申请是行政复议程序的启动，没有复议申请人的申请，行政复议机关不能主动进行复议。

（二）行政复议申请期限

《行政复议法》第9条规定，公民、法人或者其他组织认为具体行政行为侵犯其合法权益的，可以自知道该具体行政行为之日起60日内提出行政复议申请，但是法律规定的申请期限超过60日的除外。因不可抗力或者其他正当理由耽误法定申请期限的，申请期限自障碍消除之日起继续计算。

（三）行政复议的申请方式

提出复议申请可以有两种形式：一种是书面形式，即申请人向行政复议机关提交据以请求复议机关启动复议程序的申请文书；另一种是口头形式，即不向复议机关递交书面申请，但有明确的向复议机关申请行政复议的意思表示。

二、行政复议的受理

（一）行政复议受理的概念

行政复议的受理，是指复议机关基于审查申请人所提出的复议申请，认为符合受理条件而予以立案的法律行为。行政复议的受理是行政复议程序的第二阶段，是连接复议申请和复议审查的关键环节。

（二）行政复议受理期限

行政复议机关接到行政复议申请后，应当在 5 日内进行审查，对不符合《行政复议法》规定的行政复议申请，决定不予受理，并书面告知申请人。申请人对行政复议机关决定不予受理或者受理后超过行政复议期限不作答复的，有权依法向人民法院提起行政诉讼。公民、法人或者其他组织可以自收到不予受理决定书之日起或者行政复议期满之日起 15 日内，依法向人民法院提起行政诉讼。对符合《行政复议法》规定，但是不属于本机关受理的行政复议申请，应当告知申请人向有关行政复议机关提出。

三、行政复议的审理

（一）行政复议审理的概念

行政复议的审理，是指复议机关依法对行政复议案件进行全面审查的复议活动，是行政复议机关对受理的行政复议案件进行合法性和合理性审查的过程，是行政复议程序的核心。行政复议审理的主要任务是调查收集证据，审查证据，询问当事人和其他参与人，并组织当事人进行辩论、听证，以查明事实，分清案件性质，从而为作出正确的复议决定奠定基础。

（二）行政复议审理前的准备

根据《行政复议法》第 23 条的规定，行政复议机关负责法制工作的机构应当自行政复议申请受理之日起 7 日内，将行政复议申请书副本或者行政复议申请笔录复印件发送给被申请人。行政复议被申请人应当自收到复议申请书副本或者行政复议申请笔录复印件之日起10日内，提出书面答复，并提交当初作出具体行政行为的全部证据、依据和其他有关资料。行政复议申请人、第三人可以查阅被申请人提交的书面答复、作出具体行政行为的证据、法律依据和其他有关材料，除了涉及国家秘密、商业秘密和个人隐私外，行政复议机关不得拒绝。

（三）行政复议的审理方式

《行政复议法》第22条规定："行政复议原则上采取书面审查的办法，但是申请人提出要求或者行政复议机关负责法制工作的机构认为有必要时，可以向有关组织和人员调查情况，听取申请人、被申请人和第三人的意见。"这一规定确定了以书面审理为原则，以听证审理为补充的行政复议审理方式。所谓书面审理，是指行政复议机关仅就双方所提供的书面材料进行审查后即作出决定的一种审理方式。所谓听证审理，是指行政复议机关采取类似于行政诉讼"开庭"审理的方式，直接面对当事人，组织争议双方进行辩论，依据职权主动调查取证，在查清事实和听取各方意见的基础上，依法作出复议决定的审理方式。关于听证，《行政复议法实施条例》第33条规定："对重大、复杂的案件，申请人提出要求或者行政复议机构认为必要时，可以采取听证的方式审理。"

（四）行政复议的审理期限

行政复议审理期限是复议机关审理行政复议案件所应遵守的法定时限。根据《行政复议法》第31条第1款的规定，行政复议机关的审理期限有以下几种情形：（1）一般情况下，行政复议机关应当在受理申请之日起60日内作出行政复议决定。（2）法律规定的行政复议期限少于60日的，依照有关法律规定处理。（3）对于情况复杂，不能在规定期限内作出行政复议决定的，经行政复议机关的负责人批准，可以适当延长审理期限并告知申请人和被申请人，但延长期限最多不得超过30日。

（五）行政复议申请的撤回

《行政复议法》第25条规定："行政复议决定作出前，申请人要求撤回行政复议申请的，经说明理由，可以撤回；撤回行政复议申请的，行政复议终止。"从《行政复议法》的有关规定来看，申请人撤回复议申请必须具备四个条件：第一，提出撤回申请的必须是申请人一方当事人；第二，撤回申请必须出于自愿，撤回申请是申请人无条件放弃复议的请求；第三，申请撤回必须在复议决定作出前提出；第四，申请人撤回申请需说明理由。复议申请的撤回是申请人的权利，但也应向行政复议机关说明。因为在实践中有被申请人利用一些不当的手段，采取各种方法向申请人施加压力，逼迫申请人违心地要求撤回行政复议申请的情形。如果出现了这种情形，申请人撤回了行政复议申请，则可能使违法或不当的具体行政行为仍然存在，得不到及时纠正。

但要注意，"申请人撤回行政复议申请的，不得再以同一事实和理由提出行政复议申请。但是，申请人能够证明撤回行政复议申请违背其真实意思表示的除外"。

（六）行政复议审理的证据规则

1. 行政机关负有举证责任。《行政复议法》第 23 条规定：被申请人应当自收到申请书副本或者申请笔录复印件之日起 10 日内，提出书面答复，并提交当初作出具体行政行为的证据、依据和其他有关材料。申请人、第三人可以查阅被申请人提出的书面答复、作出具体行政行为的证据、依据和其他有关材料，除涉及国家秘密、商业秘密或者个人隐私外，行政复议机关不得拒绝。

2. 被申请人的取证禁止。所谓被申请人的取证禁止，是指依照《行政复议法》的规定，被申请人不得自行向申请人和其他有关组织或者个人收集证据，也即事后被申请人不能再补充收集证据。被申请人所提供的证据必须是在作出具体行政行为时即已获得的证据，而不是在行政复议开始后才着手收集到的证据。法律之所以作出这样的规定，在于敦促行政机关在充分掌握各种证据的情况下依法作出行政行为，并且避免被申请人在行政复议审理过程中以取证为由向申请人和有关个人、组织施加压力，从而影响行政复议的公正性。另外，如果被申请人有关于案件的重要证据线索需要收集的，可以向复议机关提出取证请求，复议机关认为有必要时，可以根据《行政复议法》第 22 条之规定调取证据。

（七）对抽象行政行为的审查

依据《行政复议法》第 26 条的规定，申请人在申请行政复议时，一并提出对该法第 7 条所列有关"规定"的审查申请的，行政复议机关对该规定有权处理的，应当在 30 日内依法处理；无权处理的，应当在 7 日内按照法定程序转送有权处理的行政机关依法处理，有权处理的行政机关，应当在 60 日内依法处理。处理期间，中止对具体行政行为的审查。复议机关对"规定"的审查一般可以从三方面进行：第一，主体合法性审查。抽象行政行为的主体应当是依法享有采取某种抽象行政行为权利的行政机关。第二，内容合法性审查。抽象行政行为内容合法的标准，首先是依据合法。其次是内容不得与作为依据的法律、法规、规章或者上级规范性文件相抵触。第三，程序合法性审查。

四、行政复议的决定

（一）行政复议决定的概念

行政复议决定，是指行政复议机关在对具体行政行为的合法性和适当性进行审查的基础上所作出的审查结论。由于我国的行政复议采取一级复议制，所以行政复议的决定标志着行政复议程序的终结。

（二）行政复议决定的类型

行政复议的决定，包括复议机关对抽象行政行为的处理决定和对具体行政行为的处理

决定两方面的内容。根据《行政复议法》第28条的规定,行政复议机关对具体行政行为可以作出的复议决定包括:

1. 维持决定。行政复议机关认为原具体行政行为认定事实清楚,证据确凿,适用依据正确,程序合法,内容适当的,应当作出维持具体行政行为的决定。

2. 履行决定。这是指复议机关经过审查,认为被申请人没有履行法律、法规和规章规定的职责,从而作出责令其在一定期限内履行职责的决定。这种复议决定主要适用于以下几类复议案件:(1)复议申请人认为符合法定条件曾申请行政机关颁发许可证和执照,行政机关拒绝颁发或者不予答复的;(2)复议申请人曾申请行政机关履行保护人身权和财产权的法定职责,行政机关拒绝履行或者不予答复的;(3)复议申请人认为行政机关没有依法发给抚恤金的。

履行决定的适用条件是:(1)复议申请人曾依法向行政机关提出过作出某种具体行政行为的申请;(2)被申请人是有权作出该具体行政行为的行政机关;(3)被申请人未作出有关具体行政行为并无正当理由。

3. 撤销、变更或者确认违法的决定。行政复议机关认为被申请复议的具体行政行为存在下列情形之一的,可以依据情形,作出撤销、变更该具体行政行为或者确认该具体行政行为违法的复议决定:(1)主要事实不清、证据不足的;(2)适用依据错误的;(3)违反法定程序的;(4)超越职权或者滥用职权的;(5)具体行政行为明显不当的。

行政复议机关在决定撤销或者确认具体行政行为违法时,可以附带责令被申请人在一定期限内重新作出具体行政行为。此时,被申请人不得以同一事实和理由作出与原具体行政行为相同或者基本相同的具体行政行为。

第五节　行政复议的法律责任

行政复议的法律责任主要体现在《行政复议法》的第六章中,行政复议的法律责任的承担主体可以分为三种:行政复议机关、行政复议机关的工作人员和被申请人。以下将分别介绍它们各自的法律责任。

首先,对于行政复议机关来说,可能承担法律责任的情况有:违反《行政复议法》的规定,在没有正当理由的情况下,对依法提出的行政复议申请不予受理,或者不按照法律规定转送,或者在法定期限内不作出行政复议决定,则会对直接负责的主管人员和其他直接责任人员依法给予行政处分,比如警告、记过等。经责令后仍不受理或者不按照规定转送的,在造成严重后果的情况下,依法给予降级、撤职、开除的行政处分。

其次,对于行政复议机关的工作人员来说,承担法律责任的可能情况有徇私舞弊、渎职、失职行为,依法给予警告、记过等处分。如果情节严重,依法给予降级、撤职、开除的行政处分。在构成犯罪的情况下,工作人员将被依法追究刑事责任。

最后,对于被申请人而言,如果不提交书面答复、证据等材料,或者以各自形式阻挠相对人依法申请行政复议以维护自己的合法权益,将对直接负责的主管人员和直接责任人员依法给予警告、记过、记大过的行政处分。如果有报复陷害的情况,则依法给予降级、撤职、开除的行政处分。如果构成犯罪的,依法追究刑事责任。如果是被申请人不履行或者拖延履行行政复议决定,又没有正当理由的,那么对直接负责的主管人员和其他直接责任人员依法给予警告、记过、记大过的行政处分。经过责令仍不履行的,依法给予降级、撤职、开除的行政处分。

第六节　实 务 案 例

一、孙长荣与吉林省人民政府行政复议不予受理决定案①

〔案情摘要〕

2010 年,孙长荣向吉林省长春市房地产管理局提出将其房屋用途由"住宅"变更为"商用"。登记机关称,依据吉林省住房和城乡建设厅(以下简称"吉林省住建厅")1999 年 11 月 17 日公布的吉建房字〔1999〕27 号《关于申请房屋用途变更登记有关问题的通知》(以下简称"吉建房字〔1999〕27 号通知"),变更用途必须经规划许可。但规划部门拒绝对孙长荣的事项作出行政许可。2011 年 2 月,孙长荣向吉林省住建厅提交了关于查询吉建房字〔1999〕27 号通知是否已过时效的申请,并要求给予书面答复。吉林省住建厅一直未予书面答复。2011 年 4 月 26 日,孙长荣以吉林省住建厅对其申请推托、未予书面答复为由向吉林省人民政府提起行政复议,请求依据《政府信息公开条例》及相关法律规定,责令吉林省住建厅依法给予书面答复。2011 年 4 月 28 日,吉林省人民政府作出吉政复不字〔2011〕号不予受理决定,认为孙长荣提出的行政复议申请不在行政复议范围之内,根据《行政复议法》第 6 条、第 17 条的规定,决定不予受理。2011 年 5 月 31 日,吉林省住建厅在其网站上公布废止了吉建房字〔1999〕27 号通知。2011 年 7 月 6 日,孙长荣向吉林省长春市中级人民法院提起行政诉讼,请求人民法院撤销吉林省人民政府吉政复不字〔2011〕号不予受理决定,并责令重新作出行政行为。

另外,孙长荣向吉林省住建厅提交的申请内容为:"1999 年 11 月 17 日由贵厅下发的吉建房字〔1999〕27 号《关于申请房屋用途变更登记有关问题的通知》,根据吉林省人民政府令第 201 号《吉林省规章规范性文件清理办法》相关规定,该文件已超时效。不知现是否仍然有效? 敬请给以书面答复。"在孙长荣向吉林省住建厅申请了解吉建房字〔1999〕27 号通知是否有效时,吉林省住建厅正在根据《关于规章和规范性文件清理工作有关问题的通知》(吉府法〔2010〕74 号)要求,组织开展规范性文件的清理工作,清理范围包括了吉建房字〔1999〕27 号通知。针对孙长荣的申请内容,吉林省住建厅向其作出了口头答复。

〔法理分析与评议〕

根据《政府信息公开条例》,政府信息应当是现有的,以一定形式记录、保存的信息。为准确把握政府信息的适用范畴,《国务院办公厅关于做好政府信息依申请公开工作的意见》(国办发〔2010〕5 号)第 2 条明确规定:"行政机关向申请人提供的政府信息,应该是现有的,一般不需要行政机关汇总、加工或者重新制作(作区分处理的除外)。"本案中,孙长荣向吉林省住建厅申请了解的是吉建房字〔1999〕27 号通知的效力问题,并非申请公开"以一定形式记录、保存

---

① 本案例来源于《中华人民共和国最高人民法院公报》2016 年第 12 期。

的"政府文件本身,在性质上属于咨询,不属于《政府信息公开条例》调整的范畴,况且针对咨询作出答复以及答复与否,不会对咨询人的权利义务产生实际影响。因此,吉林省人民政府作出吉政复不字〔2011〕号不予受理决定,符合《行政复议法》第6条、第17条的规定。

根据《政府信息公开条例》,行政机关依申请公开的政府信息,应当按照申请人要求的形式予以提供。本案中,孙长荣的申请属于咨询性质,不属于"应当按照申请人要求的形式予以提供"政府信息的情形,故法律并没有明确规定行政机关必须书面答复。吉林省住建厅已经以口头方式作出答复,而且吉林省住建厅已经公布废止吉建房字〔1999〕27号通知,但孙长荣仍然要求人民法院责令行政机关对该通知的效力问题作出答复,其并无应受司法保护的现实利益,已丧失诉的基础。

〔相关法律法规链接〕

《中华人民共和国行政复议法》

《中华人民共和国行政诉讼法》

《中华人民共和国政府信息公开条例》

二、夏秀英诉山东省威海市人民政府行政复议再审案①

〔案情摘要〕

2003年2月8日,夏秀英与盘川乔村村民刘海静签订土地转包合同,约定刘海静将其在盘川乔村承包的50亩土地转包给夏秀英经营。2013年3月29日,盘川乔村收到因修建7号公路的补偿款93 624元,刘海静于4月3日支付给夏秀英补偿款7万元。2013年7月11日,威海市国土资源局作出威国土经监字〔2013〕第015号行政处罚决定,认定桥头镇人民政府修建公路占用盘川乔等村集体土地的行为违法,并给予罚款等处罚。2014年,桥头镇人民政府修建金鸡大道占用姚家圈部分集体土地。

2014年10月30日,夏秀英以桥头镇人民政府为被申请人向威海市人民政府提起行政复议申请,称桥头镇政府修建7号公路和金鸡大道分别占用其在盘川乔村、姚家圈承包地并毁掉其栽种的树木,请求确认桥头镇人民政府占用其土地修建7号公路和金鸡大道的行为违法,责令桥头镇人民政府限期将违法占用的土地恢复原状,并赔偿因违法占用土地给其所造成的财产损失170.1999万元。2014年11月21日,威海市人民政府作出威政复受字〔2014〕第81号《行政复议受理通知书》,对夏秀英的行政复议申请予以受理。2015年2月6日,威海市人民政府作出威政复决字〔2014〕第81号《行政复议决定书》。该复议决定认为:(1)关于夏秀英是否具有申请行政复议的主体资格。夏秀英在经过盘川乔村村民委员会同意的情况下从刘海静处转包土地,是盘川乔村涉案土地的合法承包人,具有合法的土地承包经营权。夏秀英以其女儿刘晓杰的名义承包姚家圈的土地,但实际上由夏秀英经营管理。故夏秀英因其涉案的承包土地被占用,与其有法律上的利害关系,具有提出行政复议申请的主体资格。(2)关于桥头镇人民政府因修建道路占用夏秀英承包土地的具体行政行为是否符合法律规定。根据《土地管理法》,本案中桥头镇人民政府占用盘川乔村和姚家圈的集体土地进行道路建设,威海市国土资源局经济技术开发区分局对桥头镇人民政府作出了行政

---

① 本案例来源于《中华人民共和国最高人民法院公报》2020年第12期。

处罚决定,确认属未经批准非法占用土地,该行政处罚决定已经生效。故对夏秀英关于桥头镇人民政府修建道路未办理用地手续,属于违法用地的主张,予以支持。(3)关于夏秀英的行政赔偿请求是否具有事实和法律依据。根据《行政复议法实施条例》的规定,因具体行政行为侵害而造成损害的举证责任,应由夏秀英承担。本案中,夏秀英申请行政复议时仅提交了户口簿、土地承包合同书、信访户回访单、现场照片及证人证言等证据材料,无法确认其被损坏果树的棵数、种类、状态、生长期和大小等具体情况,从而无法确认其是否受到具体行政行为侵害及受具体行政行为侵害而遭受损失的具体数额,夏秀英应承担法律上的不利后果,故对夏秀英要求行政赔偿的复议请求,不予支持。

夏秀英不服81号复议决定,提起行政诉讼,请求撤销该复议决定的第二项复议决定,并判令威海市人民政府限期对其请求责令桥头镇人民政府恢复土地原状及赔偿损失部分重新审理,重新作出复议决定。后该案经过一审、二审、再审。审理期间,夏秀英就赔偿事宜另案起诉桥头镇人民政府。

〔法理分析与评议〕

威海市人民政府所作81号复议决定有两项内容:一是确认桥头镇政府占用再审申请人夏秀英土地修建7号公路和金鸡大道的行为违法;二是驳回再审申请人要求行政赔偿的请求。夏秀英起诉时仅针对后者,并不包括前者。复议机关对被申请复议的行政行为的处理和对一并提出的行政赔偿请求的处理虽可载明于同一行政复议决定中,但彼此可分,因为这两种处理引起的诉讼相互独立。按照不告不理原则,当事人选择其中之一时,人民法院不宜主动审理另外一个并作出裁判。

对于以获得行政赔偿为目的的诉讼而言,《国家赔偿法》规定的救济方式是直接起诉赔偿义务机关,并不包括起诉复议机关,即不包括要求人民法院判决复议机关就赔偿义务机关的行政赔偿问题作出处理或者重新处理的情形。《行政诉讼法》中有关复议机关为被告的规定同样不包括该情形。当事人仅就行政赔偿提出诉求,应要求赔偿义务机关履行责任,而不是起诉行政复议机关。

〔相关法律法规链接〕

《中华人民共和国土地管理法》
《中华人民共和国行政复议法》
《中华人民共和国行政复议法实施条例》
《中华人民共和国国家赔偿法》

三、张成银诉徐州市人民政府房屋登记行政复议决定案①

〔案情摘要〕

曹春义、曹春芳系兄妹关系。二人之父早逝,一直随其母曹陈氏居住在徐州市民安巷31号,该住处原为3间东草房和1间南草房。1954年,张成银与曹春义结婚后迁入民安巷31号居住。1961年左右,曹春芳出嫁,搬出民安巷31号。1986年1月30日,曹陈氏去世。在曹陈氏与儿媳张成银及其家庭成员共同居住生活期间,民安巷31号的原住处经翻建和新

① 本案例来源于《中华人民共和国最高人民法院公报》2005年第3期。

建,先后形成了砖木结构、砖混结构的房屋计 7 间。其中砖混结构的 3 间东屋,是 1981 年 12 月以张成银的名字办理了第 2268 号建筑工程施工执照,在原 3 间东草房的基础上翻建而成。1988 年 5 月 31 日,张成银向徐州市房产管理机关提出为其办理民安巷 31 号的上述 7 间房屋产权和土地使用权登记的书面申请。徐州市鼓楼区房地产登记发证办公室根据张成银提交的申请材料,经调查后于 1988 年 9 月 28 日为张成银填发了鼓房字第 1741 号房屋所有权证,并加盖徐州市人民政府的印章,将 199.78 平方米的国有土地使用权登记为张成银使用。

此后,民安巷 31 号的房屋又历经 1991 年的新建、1994 年的扩建、1997 年的赠与和 1998 年的新建,徐州市房产管理机关经公告征询无产权异议后,相应为张成银办理了产权登记,颁发了房屋所有权证。徐州市土地管理局亦于 1996 年 12 月 3 日向张成银颁发了国有土地使用证。2002 年,张成银位于民安巷 31 号的房屋被依法拆迁。2003 年 10 月 28 日,曹春芳向徐州市人民政府申请行政复议,请求撤销 1988 年将民安巷 31 号房屋产权和土地使用权确权登记给张成银的具体行政行为。徐州市人民政府于 2004 年 4 月 29 日作出了徐政行决〔2004〕24 号行政复议决定:确认徐州市房地产管理局(被申请人徐州市房产管理局前身)将民安巷 31 号房屋产权及国有土地使用权确权给张成银的具体行政行为违法。后张成银提起诉讼,本案经过一审、二审,法院裁决撤销徐政行决〔2004〕24 号行政复议决定。

〔法理分析与评议〕

1.《行政复议法》虽然没有明确规定行政复议机关必须通知第三人参加复议,但根据正当程序的要求,行政机关在可能作出对他人不利的行政决定时,应当专门听取利害关系人的意见。本案中,复议机关审查的对象是颁发鼓房字第 1741 号房屋所有权证行为,复议的决定结果与现持证人张成银有着直接的利害关系,故复议机关在行政复议时应正式通知张成银参加复议。本案中,徐州市人民政府虽声明曾采取了电话的方式口头通知张成银参加行政复议,但却无法予以证明,而利害关系人持有异议,应认定其没有采取适当的方式正式通知当事人参加行政复议,故徐州市人民政府认定张成银自动放弃参加行政复议的理由欠妥。在此情形下,徐州市人民政府未听取利害关系人的意见即作出对其不利的行政复议决定,构成严重违反法定程序。

2. 根据《行政复议法》和《民事诉讼法》的有关规定,复议机关在行使行政复议职权时,应针对申请行政复议的具体行政行为的合法性与适当性进行审查,有关民事权益的纠纷应通过民事诉讼程序解决。本案中,徐州市人民政府所作的复议决定中,直接对有关当事人争议的民事权利予以确认的行为,超越了复议机关的职权范围,缺乏法律依据,应予以撤销。

〔相关法律法规链接〕

《中华人民共和国行政复议法》

《中华人民共和国行政诉讼法》

【习题及答案解析】

第十五章　行政诉讼法

第一节　行政诉讼法的基本理论

一、行政诉讼法的历史

"我国的行政诉讼制度是在改革开放以后,适应社会主义市场经济与民主政治的发展需要而得以确立的。"[1]有关行政诉讼的规定最早见于《中外合资经营企业所得税法》,[2]该法规定"如果不服复议后的决定,可以向当地人民法院提起诉讼"。此后,1982 年施行的《民事诉讼法(试行)》明确规定"法律规定由人民法院审理的行政案件,适用本法规定",首次为我国行政诉讼的流程提供了完整的制度依据,可见民事诉讼法对行政诉讼法产生的深远影响。至今,现行《行政诉讼法》仍然规定"人民法院审理行政案件,关于期间、送达、财产保全、开庭审理、调解、中止诉讼、终结诉讼、简易程序、执行等,以及人民检察院对行政案件受理、审理、裁判、执行的监督,本法没有规定的,适用《中华人民共和国民事诉讼法》的相关规定"。现行《行政诉讼法》于 1989 年发布、1990 年实施,并经历了 2014 年、2017 年两次修正。

二、行政诉讼法的概念

"行政诉讼制度的实质是通过法院司法权来控制行政权力从而保护公民权利。"[3]所谓行政诉讼,就是指行政相对人认为行政主体的具体行政行为侵犯了其合法权益,依法向人民法院起诉,由人民法院对该具体行政行为是否合法行使司法审查并作出裁判的法律行为或者法律制度。[4]

行政诉讼法是调整行政诉讼关系的法律规范的总称。[5] 它是规定人民法院、诉讼当事人和其他参与人的诉讼活动程序,规范各种行政诉讼行为,调整行政诉讼关系的法律规范,也是我国法律体系的重要组成部分。

行政诉讼法有广义、狭义之分。狭义的行政诉讼法专指《行政诉讼法》。广义的行政诉讼法除《行政诉讼法》外,还包括一切有关行政诉讼的法律规范。它们分散在各种法律、法规及司法解释中,比如《治安管理处罚法》第 102 条即规定:"被处罚人对治安管理处罚决定不

---

[1]　杨海坤、曹达全:《渐进发展中的中国行政诉讼法学研究》,载《浙江学刊》2006 年第 6 期。

[2]　1980 年颁布的《中外合资经营企业所得税法》第 15 条规定:"合营企业同税务机关在纳税问题上发生争议时,必须先按照规定纳税,然后再向上级税务机关申请复议。如果不服复议后的决定,可以向当地人民法院提起诉讼。"

[3]　孙笑侠:《法律对行政的控制——现代行政法的法理解释》,山东人民出版社 1999 年版,第 20 页。

[4]　参见关保英:《行政法教科书之总论行政法》,中国政法大学出版社 2005 年版,第 659 页。

[5]　参见关保英:《行政法教科书之总论行政法》,中国政法大学出版社 2005 年版,第 661 页。

服的,可以依法申请行政复议或者提起行政诉讼。"

三、行政诉讼的特征

行政诉讼的基本特征是:(1)行政诉讼案件由普通法院受理,即通过一般法院的行政审判庭受理和审查;(2)行政机关制定的规范性文件不能成为法院行政诉讼的客体;(3)行政主体不能作为原告,行政权限争议不能通过法院解决;(4)法院对行政机关或者自治组织内部的奖惩、任免、纪律处分等决定一般没有管辖权;(5)行政主体的工作人员不能成为行政诉讼的被告;[①](6)行政诉讼是通过审查行政行为合法性的方式解决行政争议的,《行政诉讼法》第6条明确规定:"人民法院审理行政案件,对行政行为是否合法进行审查。"

四、行政诉讼法律原则

(一)行政诉讼与其他诉讼的共有原则

1. 独立审判原则。《行政诉讼法》第4条第1款规定,人民法院依法对行政案件独立行使审判权,不受行政机关、社会团体和个人的干涉。
2. 以事实为根据,以法律为准绳原则。《行政诉讼法》第5条规定,人民法院审理行政案件,以事实为根据,以法律为准绳。
3. 合议原则。《行政诉讼法》第68条规定,人民法院审理行政案件,由审判员组成合议庭,或者由审判员、陪审员组成合议庭。合议庭的成员,应当是3人以上的单数。
4. 回避原则。《行政诉讼法》第55条第1、2、3款规定,当事人认为审判人员与本案有利害关系或者有其他关系可能影响公正审判,有权申请审判人员回避。审判人员认为自己与本案有利害关系或者有其他关系,应当申请回避。前述规定,适用于书记员、翻译人员、鉴定人、勘验人。
5. 公开审判原则。《行政诉讼法》第54条规定,人民法院公开审理行政案件,但涉及国家秘密、个人隐私和法律另有规定的除外。涉及商业秘密的案件,当事人申请不公开审理的,可以不公开审理。
6. 两审终审原则。《行政诉讼法》第7条规定,人民法院审理行政案件,依法实行合议、回避、公开审判和两审终审制度。
7. 使用本民族语言、文字原则。《行政诉讼法》第9条规定,各民族公民都有用本民族语言、文字进行行政诉讼的权利。在少数民族聚居或者多民族共同居住的地区,人民法院应当用当地民族通用的语言、文字进行审理和发布法律文书。人民法院应当对不通晓当地民族通用的语言、文字的诉讼参与人提供翻译。
8. 辩论原则。《行政诉讼法》第10条规定,当事人在行政诉讼中有权进行辩论。
9. 检察监督原则。《行政诉讼法》第11条规定,人民检察院有权对行政诉讼实行法律监督。

---

① 参见江必新、梁凤云:《行政诉讼法理论与实务》,北京大学出版社2009年版,第10—11页。

10. 当事人地位平等原则。《行政诉讼法》第 8 条规定,当事人在行政诉讼中的法律地位平等。

（二）行政诉讼的特有原则

1. 具体行政行为的合法性审查原则。《行政诉讼法》第 6 条规定,人民法院审理行政案件,对行政行为是否合法进行审查。首先,这一审判规则,将行政权力置于司法审判权之下,体现了行政权受到司法审判权的监督。其次,行政诉讼只能审查行政行为的合法性,而并不审查合理性,体现了司法审判的克制,行政机关有着自由裁量的权力,对行政争议也有着自身的理解,司法权力不宜过多干涉。

2. 诉讼期间不停止执行原则。《行政诉讼法》第 56 条第 1 款规定,诉讼期间不停止行政行为的执行,但是有特殊情形的裁定停止执行。此特点和行政复议中不停止执行的理念一脉相承,但在三大诉讼法中确实独树一帜。该原则的例外情形如下:(1)被告认为需要停止执行的;(2)原告或者利害关系人申请停止执行,人民法院认为该行政行为的执行会造成难以弥补的损失,并且停止执行不损害国家利益、社会公共利益的;(3)人民法院认为该行政行为的执行会给国家利益、社会公共利益造成重大损害的;(4)法律、法规规定停止执行的。

3. 司法最终救济原则。《行政诉讼法》第 44 条规定,对属于人民法院受案范围的行政案件,公民、法人或者其他组织可以先向行政机关申请复议,对复议决定不服的,再向人民法院提起诉讼;也可以直接向人民法院提起诉讼。法律、法规规定应当先向行政机关申请复议,对复议决定不服再向人民法院提起诉讼的,依照法律、法规的规定。

第二节　行政诉讼的主管与管辖

一、行政诉讼主管

（一）行政诉讼主管的概念

行政诉讼主管是指人民法院所能够受理的行政诉讼案件的范围,[①]也就是《行政诉讼法》所指的"受案范围"。

（二）行政诉讼的主管范围

1. 法院可以受理的具体行政行为案件。对于法院可以受理的具体行政行为案件,《行政诉讼法》列举如下:

（1）对行政拘留、暂扣或者吊销许可证和执照、责令停产停业、没收违法所得、没收非法

---

① 参见关保英:《行政法教科书之总论行政法》,中国政法大学出版社 2005 年版,第 676 页。

财物、罚款、警告等行政处罚不服的。

（2）对限制人身自由或者对财产的查封、扣押、冻结等行政强制措施和行政强制执行不服的。

（3）申请行政许可，行政机关拒绝或者在法定期限内不予答复，或者对行政机关作出的有关行政许可的其他决定不服的。

（4）对行政机关作出的关于确认土地、矿藏、水流、森林、山岭、草原、荒地、滩涂、海域等自然资源的所有权或者使用权的决定不服的。

（5）对征收、征用决定及其补偿决定不服的。

（6）申请行政机关履行保护人身权、财产权等合法权益的法定职责，行政机关拒绝履行或者不予答复的。

（7）认为行政机关侵犯其经营自主权或者农村土地承包经营权、农村土地经营权的。

（8）认为行政机关滥用行政权力排除或者限制竞争的。

（9）认为行政机关违法集资、摊派费用或者违法要求履行其他义务的。

（10）认为行政机关没有依法支付抚恤金、最低生活保障待遇或者社会保险待遇的；

（11）认为行政机关不依法履行、未按照约定履行或者违法变更、解除政府特许经营协议、土地房屋征收补偿协议等协议的。

（12）认为行政机关侵犯其他人身权、财产权等合法权益的。

法律、法规规定可以提起诉讼的其他行政案件，亦属受案范围。

特别注意，行政机关为了实现行政管理或者公共服务目标，与公民、法人或者其他组织协商订立的具有行政法上权利义务内容的协议，属于《行政诉讼法》第12条第1款第11项规定的行政协议，[1]所以，法院可以受理具有行政法上权利义务内容的协议纠纷案件。

2. 法院可以受理的抽象行政行为案件。公民、法人或者其他组织认为行政行为所依据的国务院部门和地方人民政府及其部门制定的规范性文件不合法，在对行政行为提起诉讼时，可以一并请求对该规范性文件进行审查。

对于抽象行政行为的审查，有诸多要求。首先，必须是先有具体行政行为引发了争议，才能对抽象行政行为申请相应的附带性审查。其次，审查的内容也有两层限制：一是该抽象行政行为与受案的具体行政行为直接相关，二是抽象行政行为的范围不包含行政法规和行政规章。因为是附带性审查，所以抽象行政行为由具体行政行为案件管辖法院一并审查[2]。若审查认为规范性文件不合法，不作为人民法院认定行政行为合法的依据，并在裁判理由中予以阐明。作出生效裁判的人民法院应当向规范性文件制定机关提出处理建议，并可以抄送制定机关的同级人民政府、上一级行政机关、监察机关以及规范性文件的备案机关。[3]

---

[1] 《最高人民法院关于审理行政协议案件若干问题的规定》第1条规定："行政机关为了实现行政管理或者公共服务目标，与公民、法人或者其他组织协商订立的具有行政法上权利义务内容的协议，属于行政诉讼法第十二条第一款第十一项规定的行政协议。"

[2] 《最高人民法院关于适用〈中华人民共和国行政诉讼法〉的解释》第145条规定："公民、法人或者其他组织在对行政行为提起诉讼时一并请求对所依据的规范性文件审查的，由行政行为案件管辖法院一并审查。"

[3] 《最高人民法院关于适用〈中华人民共和国行政诉讼法〉的解释》第149条规定："人民法院经审查认为行政行为所依据的规范性文件合法的，应当作为认定行政行为合法的依据；经审查认为规范性文件不合法的，不作为人民法院认定行政行为合法的依据，并在裁判理由中予以阐明。作出生效裁判的人民法院应当向规范性文件的制定机关提出处理建议，并可以抄送制定机关的同级人民政府、上一级行政机关、监察机关以及规范性文件的备案机关。"

3. 法院不可以受理的行政行为案件。依据《行政诉讼法》和《最高人民法院关于适用〈中华人民共和国行政诉讼法〉的解释》（以下简称《行政诉讼法解释》），下列事项不属于法院受案范围：

（1）国防、外交等国家行为，即国务院、中央军事委员会、国防部、外交部等根据宪法和法律的授权，以国家的名义实施的有关国防和外交事务的行为，以及经宪法和法律授权的国家机关宣布紧急状态等行为。

（2）行政法规、规章或者行政机关制定、发布的具有普遍约束力的决定、命令，即行政机关针对不特定对象发布的能反复适用的规范性文件。

（3）行政机关对行政机关工作人员的奖惩、任免等决定，即行政机关作出的涉及行政机关工作人员公务员权利义务的决定。

（4）法律规定由行政机关最终裁决的行政行为。

（5）公安、国家安全等机关依照《刑事诉讼法》的明确授权实施的行为。

（6）调解行为以及法律规定的仲裁行为。

（7）行政指导行为。

（8）驳回当事人对行政行为提起申诉的重复处理行为。

（9）行政机关作出的不产生外部法律效力的行为。

（10）行政机关为作出行政行为而实施的准备、论证、研究、层报、咨询等过程性行为。

（11）行政机关根据人民法院的生效裁判、协助执行通知书作出的执行行为，但行政机关扩大执行范围或者采取违法方式实施的除外。

（12）上级行政机关基于内部层级监督关系对下级行政机关作出的听取报告、执法检查、督促履责等行为。

（13）行政机关针对信访事项作出的登记、受理、交办、转送、复查、复核意见等行为。

（14）对公民、法人或者其他组织权利义务不产生实际影响的行为。

二、行政诉讼的管辖

（一）级别管辖

1. 基层人民法院管辖第一审行政案件。

2. 中级人民法院管辖下列第一审行政案件：（1）对国务院部门或者县级以上地方人民政府所作的行政行为提起诉讼的案件；（2）海关处理的案件；（3）本辖区内重大、复杂的案件；（4）其他法律规定由中级人民法院管辖的案件。有下列情形之一的，属于本辖区内重大、复杂的案件：（1）社会影响重大的共同诉讼案件；（2）涉外或者涉及香港特别行政区、澳门特别行政区、台湾地区的案件；（3）其他重大、复杂案件。

3. 高级人民法院管辖本辖区内重大、复杂的第一审行政案件。

4. 最高人民法院管辖全国范围内重大、复杂的第一审行政案件。

（二）地域管辖

1. 行政案件由最初作出行政行为的行政机关所在地人民法院管辖。

2. 经复议的案件,也可以由复议机关所在地人民法院管辖。

3. 经最高人民法院批准,高级人民法院可以根据审判工作的实际情况,确定若干人民法院跨行政区域管辖行政案件。

4. 对限制人身自由的行政强制措施不服提起的诉讼,由被告所在地或者原告所在地人民法院管辖。

5. 因不动产提起的行政诉讼,由不动产所在地人民法院管辖。"因不动产提起的行政诉讼"是指因行政行为导致不动产物权变动而提起的诉讼。

6. 两个以上人民法院都有管辖权的案件,原告可以选择其中一个人民法院提起诉讼。原告向两个以上有管辖权的人民法院提起诉讼的,由最先立案的人民法院管辖。

（三）移送管辖

人民法院发现受理的案件不属于本院管辖的,应当移送有管辖权的人民法院,受移送的人民法院应当受理。受移送的人民法院认为受移送的案件按照规定不属于本院管辖的,应当报请上级人民法院指定管辖,不得再自行移送。

（四）指定管辖

1. 有管辖权的人民法院由于特殊原因不能行使管辖权的,由上级人民法院指定管辖。

2. 人民法院对管辖权发生争议,由争议双方协商解决。协商不成的,报它们的共同上级人民法院指定管辖。

（五）转移管辖

1. 上级人民法院有权审理下级人民法院管辖的第一审行政案件。

2. 下级人民法院对其管辖的第一审行政案件,认为需要由上级人民法院审理或者指定管辖的,可以报请上级人民法院决定。

第三节　行政诉讼参加人

一、行政诉讼原告

（一）行政诉讼原告的概念

行政诉讼的原告是指,认为行政机关和行政机关工作人员的行政行为以及法律、法规、规章授权的组织作出的行政行为侵犯其合法权益,而依法向人民法院提起诉讼的公民、法人或者其他组织。就原告概念注意以下几点:

1. 对于"认为"的理解。只要原告"认为"行政行为侵犯其合法利益就可以提起诉讼,并不需要其合法利益在实体法上确实受到侵犯。

2. 对于"其"的理解。除特殊情况下的公益诉讼外,行政诉讼的原告起诉只能出于维护自己的利益,不能为了维护他人利益或公共利益。

3. 对于"合法权益"的理解。"合法权益"是指合法权利和合法利益,根据《行政诉讼法》的规定,《行政诉讼法》保护的合法权益主要指人身权、财产权。

（二）行政诉讼原告的分类

《行政诉讼法》第 25 条第 1 款规定,行政行为的相对人以及其他与行政行为有利害关系的公民、法人或者其他组织,有权提起诉讼。所以,行政诉讼原告有两类,一类是行政行为的相对人;另一类是行政行为的相关人,即与行政行为有利害关系的公民、法人或者其他组织。对于"与行政行为有利害关系",《行政诉讼法解释》列举了如下情况:（1）被诉的行政行为涉及其相邻权或者公平竞争权的;（2）在行政复议等行政程序中被追加为第三人的;（3）要求行政机关依法追究加害人法律责任的;（4）撤销或者变更行政行为涉及其合法权益的;（5）为维护自身合法权益向行政机关投诉,具有处理投诉职责的行政机关作出或者未作出处理的;（6）其他与行政行为有利害关系的情形。

（三）组织的行政诉讼原告资格认定

对于组织的行政诉讼原告资格,《行政诉讼法解释》具体规定如下:

1. 合伙企业向人民法院提起诉讼的,应当以核准登记的字号为原告。未依法登记领取营业执照的个人合伙的全体合伙人为共同原告;全体合伙人可以推选代表人,被推选的代表人,应当由全体合伙人出具推选书。

2. 个体工商户向人民法院提起诉讼的,无字号的,以营业执照上登记的经营者为原告。有字号的,以营业执照上登记的字号为原告,并应当注明该字号经营者的基本信息。

3. 股份制企业的股东大会、股东会、董事会等认为行政机关作出的行政行为侵犯企业经营自主权的,可以企业名义提起诉讼。

4. 联营企业、中外合资或者合作企业的联营、合资、合作各方,认为联营、合资、合作企业权益或者自己一方合法权益受行政行为侵害的,可以自己的名义提起诉讼。

5. 非国有企业被行政机关注销、撤销、合并、强令兼并、出售、分立或者改变企业隶属关系的,该企业或者其法定代表人可以提起诉讼。

6. 事业单位、社会团体、基金会、社会服务机构等非营利法人的出资人、设立人认为行政行为损害法人合法权益的,可以自己的名义提起诉讼。

7. 业主委员会对于行政机关作出的涉及业主共有利益的行政行为,可以自己的名义提起诉讼。

（四）行政诉讼原告资格的转移

《行政诉讼法》第 25 条第 2、3 款规定：有权提起诉讼的公民死亡，其近亲属可以提起诉讼；有权提起诉讼的法人或者其他组织终止，承受其权利的法人或者其他组织可以提起诉讼。其中的"近亲属"，包括配偶、父母、子女、兄弟姐妹、祖父母、外祖父母、孙子女、外孙子女和其他具有扶养、赡养关系的亲属。

原告死亡，须等待其近亲属表明是否参加诉讼的，以及法人或者其他组织终止，尚未确定权利义务承受人的，中止审理，中止满 90 日仍无人继续诉讼的，裁定终结诉讼，但有特殊情况的除外。

二、行政诉讼被告

（一）行政诉讼被告的概念

行政诉讼被告是指由原告提起诉讼，指控其行政行为违法的，经法院通知应诉的行政机关以及法律、法规、规章授权的组织。

（二）直接起诉的行政诉讼被告资格认定

1. 作出行政行为的行政机关。公民、法人或者其他组织直接向人民法院提起诉讼的，作出行政行为的行政机关是被告。

2. 法律、法规或者规章授权的组织。

（1）当事人对村民委员会或者居民委员会依据法律、法规、规章的授权履行行政管理职责的行为不服提起诉讼的，以村民委员会或者居民委员会为被告。

（2）当事人对高等学校等事业单位以及律师协会、注册会计师协会等行业协会依据法律、法规、规章的授权实施的行政行为不服提起诉讼的，以该事业单位、行业协会为被告。

（3）法律、法规或者规章授权行使行政职权的行政机关内设机构、派出机构或者其他组织，超出法定授权范围实施行政行为，当事人不服提起诉讼的，应当以实施该行为的机构或者组织为被告。

3. 行政机关委托的组织。

（1）当事人对村民委员会、居民委员会受行政机关委托作出的行为不服提起诉讼的，以委托的行政机关为被告。

（2）当事人对高等学校等事业单位以及律师协会、注册会计师协会等行业协会受行政机关委托作出的行为不服提起诉讼的，以委托的行政机关为被告。

（3）行政机关委托的组织所作的行政行为，委托的行政机关是被告。

（4）没有法律、法规或者规章规定，行政机关授权其内设机构、派出机构或者其他组织行使行政职权的，属于《行政诉讼法》第 26 条规定的委托。当事人不服提起诉讼的，应当以该行政机关为被告。

4. 行政机关被撤销或变更后的被告。

（1）行政机关被撤销或者职权变更的,继续行使其职权的行政机关是被告。

（2）行政机关被撤销或者职权变更,没有继续行使其职权的行政机关的,以其所属的人民政府为被告;实行垂直领导的,以垂直领导的上一级行政机关为被告。

5. 临时机构行政行为的被告。行政机关组建并赋予行政管理职能但不具有独立承担法律责任能力的机构,以自己的名义作出行政行为,当事人不服提起诉讼的,应当以组建该机构的行政机关为被告。

6. 经上级批准而作出行政行为的被告。当事人不服经上级行政机关批准的行政行为,向人民法院提起诉讼的,以在对外发生法律效力的文书上署名的机关为被告。

7. 开发区的被告资格。当事人对由国务院、省级人民政府批准设立的开发区管理机构作出的行政行为不服提起诉讼的,以该开发区管理机构为被告;对由国务院、省级人民政府批准设立的开发区管理机构所属职能部门作出的行政行为不服提起诉讼的,以其职能部门为被告;对其他开发区管理机构所属职能部门作出的行政行为不服提起诉讼的,以开发区管理机构为被告;开发区管理机构没有行政主体资格的,以设立该机构的地方人民政府为被告。

8. 房屋征收的被告资格。

（1）市、县级人民政府确定的房屋征收部门组织实施房屋征收与补偿工作过程中作出行政行为,被征收人不服提起诉讼的,以房屋征收部门为被告。

（2）征收实施单位受房屋征收部门委托,在委托范围内从事的行为,被征收人不服提起诉讼的,应当以房屋征收部门为被告。

（三）经过复议再起诉的行政诉讼被告资格认定

1. 经复议的案件,复议机关决定维持原行政行为的,作出原行政行为的行政机关和复议机关是共同被告。"复议机关决定维持原行政行为",包括复议机关驳回复议申请或者复议请求的情形,但以复议申请不符合受理条件为由驳回的除外。

2. 复议机关改变原行政行为的,复议机关是被告。《行政诉讼法解释》第22条规定,"复议机关改变原行政行为",是指复议机关改变原行政行为的处理结果。复议机关改变原行政行为所认定的主要事实和证据、改变原行政行为所适用的规范依据,但未改变原行政行为处理结果的,视为复议机关维持原行政行为。复议机关确认原行政行为无效,属于改变原行政行为。复议机关确认原行政行为违法,属于改变原行政行为,但复议机关以违反法定程序为由确认原行政行为违法的除外。

3. 复议机关在法定期限内未作出复议决定,公民、法人或者其他组织起诉原行政行为的,作出原行政行为的行政机关是被告;起诉复议机关不作为的,复议机关是被告。

》》三、行政诉讼的第三人

（一）行政诉讼第三人的概念

所谓行政诉讼第三人,是指在原告和被告的行政诉讼活动展开以后,介入到该诉讼中的公民、法人或者其他组织。① 第三人具有下列特点：一是其参加到原告与被告已经开展但没有结束的诉讼中来；二是其与原告和被告开展的诉讼以及诉讼标的有利害关系，即人民法院对行政主体被诉具体行政行为的审查结果会影响到他的利益。

（二）行政诉讼第三人的认定

1. 原告型第三人。

（1）公民、法人或者其他组织同被诉行政行为有利害关系但没有提起诉讼，或者同案件处理结果有利害关系的，可以作为第三人申请参加诉讼，或者由人民法院通知参加诉讼。

（2）人民法院追加共同诉讼的当事人时，应当通知其他当事人。应当追加的原告，已明确表示放弃实体权利的，可不予追加；既不愿意参加诉讼，又不放弃实体权利的，应追加为第三人。第三人不参加诉讼，不能阻碍人民法院对案件的审理和裁判。

2. 被告型第三人。应当追加被告而原告不同意追加的，人民法院应当通知其以第三人的身份参加诉讼，但行政复议机关作共同被告的除外。

四、行政诉讼的共同诉讼人

（一）共同诉讼的概念

《行政诉讼法》第 27 条规定，当事人一方或者双方为二人以上，因同一行政行为发生的行政案件，或者因同类行政行为发生的行政案件，人民法院认为可以合并审理并经当事人同意的，为共同诉讼。

（二）共同诉讼的类型

1. 必要共同诉讼。必要共同诉讼是指当事人一方或者双方为两人以上，因同一行政行为发生行政争议，人民法院必须合并审理的案件。如两个以上行政机关作出同一行政行为的，共同作出行政行为的行政机关是共同被告。

2. 普通共同诉讼。普通共同诉讼是指当事人一方或者双方为二人以上，因同类行政行为发生的行政案件，人民法院认为可以合并审理且当事人同意合并审理的案件。普通的共同诉讼的特点在于共同诉讼的一方当事人对诉讼标的没有共同的权利义务，是一种可分之诉，只是因为他们的诉讼标的属于同一种类，人民法院为审理方便，才将他们作为共同诉讼审理。

---

① 参见关保英：《行政法教科书之总论行政法》，中国政法大学出版社 2005 年版，第 695 页。

第四节　行政诉讼第一审程序

➤ 一、起诉

（一）起诉的条件

依据《行政诉讼法》的规定,提起行政诉讼需要具备如下条件:(1)原告是符合《行政诉讼法》第 25 条规定的公民、法人或者其他组织;(2)有明确的被告;(3)有具体的诉讼请求和事实根据;(4)属于人民法院受案范围和受诉人民法院管辖。

1. 关于"有明确的被告"。《行政诉讼法解释》规定,原告提供被告的名称等信息足以使被告与其他行政机关相区别的,可以认定为《行政诉讼法》第 49 条第 2 项规定的"有明确的被告"。起诉状列写被告信息不足以认定明确的被告的,人民法院可以告知原告补正;原告补正后仍不能确定明确的被告的,人民法院裁定不予立案。

2. 关于"具体的诉讼请求",《行政诉讼法解释》规定了以下情形:(1)请求判决撤销或者变更行政行为;(2)请求判决行政机关履行特定法定职责或者给付义务;(3)请求判决确认行政行为违法;(4)请求判决确认行政行为无效;(5)请求判决行政机关予以赔偿或者补偿;(6)请求解决行政协议争议;(7)请求一并审查规章以下规范性文件;(8)请求一并解决相关民事争议;(9)其他诉讼请求。

当事人单独或者一并提起行政赔偿、补偿诉讼的,应当有具体的赔偿、补偿事项以及数额;请求一并审查规章以下规范性文件的,应当提供明确的文件名称或者审查对象;请求一并解决相关民事争议的,应当有具体的民事诉讼请求。

（二）起诉的程序

1. 对属于人民法院受案范围的行政案件,公民、法人或者其他组织可以先向行政机关申请复议,对复议决定不服的,再向人民法院提起诉讼;也可以直接向人民法院提起诉讼。但法律、法规规定应当先申请复议,公民、法人或者其他组织未申请复议直接提起诉讼的,人民法院裁定不予立案。

2. 依照《行政诉讼法》第 45 条的规定,复议机关不受理复议申请或者在法定期限内不作出复议决定,公民、法人或者其他组织不服,依法向人民法院提起诉讼的,人民法院应当依法立案。

3. 法律、法规未规定行政复议为提起行政诉讼必经程序的,公民、法人或者其他组织向复议机关申请行政复议后,又经复议机关同意撤回复议申请,在法定起诉期限内对原行政行为提起诉讼的,人民法院应当依法立案。

（三）起诉的期限

1. 公民、法人或者其他组织不服复议决定的,可以在收到复议决定书之日起 15 日内向人民法院提起诉讼。

2. 复议机关逾期不作决定的,申请人可以在复议期满之日起 15 日内向人民法院提起诉讼。法律另有规定的除外。

3. 公民、法人或者其他组织直接向人民法院提起诉讼的,应当自知道或者应当知道作出行政行为之日起 6 个月内提出。法律另有规定的除外。

4. 公民、法人或者其他组织依照《行政诉讼法》第 47 条第 1 款的规定,对行政机关不履行法定职责提起诉讼的,应当在行政机关履行法定职责期限届满之日起 6 个月内提出。

▶▶ 二、受理

（一）立案登记

人民法院在接到起诉状时对符合《行政诉讼法》规定的起诉条件的,应当登记立案。

（二）不予立案

有下列情形之一,应当裁定驳回起诉:(1)不符合《行政诉讼法》第 49 条规定的;(2)超过法定起诉期限且无《行政诉讼法》第 48 条规定情形的;(3)错列被告且拒绝变更的;(4)未按照法律规定由法定代理人、指定代理人、代表人为诉讼行为的;(5)未按照法律、法规规定先向行政机关申请复议的;(6)重复起诉的;(7)撤回起诉后无正当理由再行起诉的;(8)行政行为对其合法权益明显不产生实际影响的;(9)诉讼标的已为生效裁判或者调解书所羁束的;(10)其他不符合法定起诉条件的情形。

（三）先予立案

对当事人依法提起的诉讼,人民法院应当根据《行政诉讼法》第 51 条的规定接收起诉状。能够判断符合起诉条件的,应当当场登记立案;当场不能判断是否符合起诉条件的,应当在接收起诉状后 7 日内决定是否立案;7 日内仍不能作出判断的,应当先予立案。

▶▶ 三、一审程序

（一）一审普通程序

1. 庭前准备。

(1) 组成合议庭。人民法院审理行政案件,由审判员组成合议庭,或者由审判员、陪审员组成合议庭。合议庭的成员,应当是 3 人以上的单数。

(2)交换诉状。人民法院应当在立案之日起 5 日内,将起诉状副本发送被告。被告应当在收到起诉状副本之日起 15 日内向人民法院提交作出行政行为的证据和所依据的规范性文件,并提出答辩状。人民法院应当在收到答辩状之日起 5 日内,将答辩状副本发送原告。

(3)开庭通知。在开庭 3 日前用传票传唤当事人。对证人、鉴定人、勘验人、翻译人员,应当用通知书通知其到庭。当事人或者其他诉讼参与人在外地的,应当留有必要的在途时间。

2. 审理方式。人民法院公开审理行政案件,但涉及国家秘密、个人隐私和法律另有规定的除外。涉及商业秘密的案件,当事人申请不公开审理的,可以不公开审理。

原告或者上诉人在庭审中明确拒绝陈述或者以其他方式拒绝陈述,导致庭审无法进行,经法庭释明法律后果后仍不陈述意见的,视为放弃陈述权利,由其承担不利的法律后果。

当事人之间恶意串通,企图通过诉讼等方式侵害国家利益、社会公共利益或者他人合法权益的,人民法院应当裁定驳回起诉或者判决驳回其请求,并根据情节轻重予以罚款、拘留;构成犯罪的,依法追究刑事责任。

3. 审理期限。人民法院应当在立案之日起 6 个月内作出第一审判决。有特殊情况需要延长的,由高级人民法院批准,高级人民法院审理第一审案件需要延长的,由最高人民法院批准。

(二)一审简易程序

1. 简易程序的适用范围。

(1)法定简易程序①。为了节约司法资源,提升审判效率,按照繁简分流的思路,《行政诉讼法》第 82 条第 1 款规定,人民法院审理下列第一审行政案件,认为事实清楚、权利义务关系明确、争议不大的,可以适用简易程序:被诉行政行为是依法当场作出的;案件涉及款额 2 000 元以下的;属于政府信息公开案件的。

(2)约定简易程序。法定适用简易程序以外的第一审行政案件,当事人各方同意适用简易程序的,可以适用简易程序。

(3)不适用简易程序。发回重审、按照审判监督程序再审的案件不适用简易程序。

2. 简易程序的要求。

(1)简易程序由审判员一人独任审判。

(2)简易程序应当在立案之日起 45 日内审结。

(3)适用简易程序审理的行政案件,人民法院可以用口头通知、电话、短信、传真、电子邮件等简便方式传唤当事人、通知证人、送达裁判文书以外的诉讼文书。

(4)适用简易程序案件的举证期限由人民法院确定,也可以由当事人协商一致并经人民法院准许,但不得超过 15 日。

---

① 参见杨伟东:《行政诉讼制度和理论的新发展——行政诉讼法修正案评析》,载《国家检察官学院学报》2015 年第 1 期。

3. 简易程序向普通程序的转换。人民法院发现案情复杂,需要转为普通程序审理的,应当在审理期限届满前作出裁定并将合议庭组成人员及相关事项书面通知双方当事人。案件转为普通程序审理的,审理期限自人民法院立案之日起计算。

第五节 第二审程序与审判监督程序

一、第二审程序

(一)上诉期限

《行政诉讼法》第85条规定:"当事人不服人民法院第一审判决的,有权在判决书送达之日起十五日内向上一级人民法院提起上诉。当事人不服人民法院第一审裁定的,有权在裁定书送达之日起十日内向上一级人民法院提起上诉。逾期不提起上诉的,人民法院的第一审判决或者裁定发生法律效力。"

(二)审理方式

人民法院对上诉案件,应当组成合议庭,开庭审理。经过阅卷、调查和询问当事人,对没有提出新的事实、证据或者理由,合议庭认为不需要开庭审理的,也可以不开庭审理。

人民法院审理上诉案件,应当对原审人民法院的判决、裁定和被诉行政行为进行全面审查。须注意,行政诉讼二审是全面审查,不同于民事诉讼二审仅对上诉范围进行审查。

(三)审理期限

《行政诉讼法》第88条规定:"人民法院审理上诉案件,应当在收到上诉状之日起三个月内作出终审判决。有特殊情况需要延长的,由高级人民法院批准,高级人民法院审理上诉案件需要延长的,由最高人民法院批准。"

二、审判监督程序

(一)审判监督程序的概念

审判监督程序是指人民法院对已经发生法律效力的判决或裁决,发现有违反法律法规的情形,再次进行审理并作出裁判的特殊审理程序。①《行政诉讼法》第 92、93 条的规定是我国设立审判监督程序的主要依据。

(二) 审判监督程序的提起

1. 当事人提起。《行政诉讼法》第 90 条规定,当事人对已经发生法律效力的判决、裁定,认为确有错误的,可以向上一级人民法院申请再审。司法实践中,当事人的申诉,是引起审判监督程序的重要原因之一。《行政诉讼法》第 91 条规定,当事人的申请符合下列情形之一的,人民法院应当再审:(1)不予立案或者驳回起诉确有错误的;(2)有新的证据,足以推翻原判决、裁定的;(3)原判决、裁定认定事实的主要证据不足、未经质证或者系伪造的;(4)原判决、裁定适用法律、法规确有错误的;(5)违反法律规定的诉讼程序,可能影响公正审判的;(6)原判决、裁定遗漏诉讼请求的;(7)据以作出原判决、裁定的法律文书被撤销或者变更的;(8)审判人员在审理该案件时有贪污受贿、徇私舞弊、枉法裁判行为的。

2. 原审人民法院提起。《行政诉讼法》第 92 条第 1 款规定,各级人民法院院长对本院已经发生法律效力的判决、裁定,发现有该法第 91 条规定情形之一,或者发现调解违反自愿原则或者调解书内容违法,认为需要再审的,应当提交审判委员会讨论决定。

3. 上级人民法院提起。《行政诉讼法》第 92 条第 2 款规定,最高人民法院对地方各级人民法院已经发生法律效力的判决、裁定,上级人民法院对下级人民法院已经发生法律效力的判决、裁定,发现有该法第 91 条规定情形之一,或者发现调解违反自愿原则或者调解书内容违法的,有权提审或者指令下级人民法院再审。

4. 人民检察院提起。《行政诉讼法》第 93 条第 1、2 款规定,最高人民检察院对各级人民法院已经发生法律效力的判决、裁定,上级人民检察院对下级人民法院已经发生法律效力的判决、裁定,发现有该法第 91 条规定情形之一,或者发现调解书损害国家利益、社会公共利益的,应当提出抗诉。地方各级人民检察院对同级人民法院已经发生法律效力的判决、裁定,发现有该法第 91 条规定情形之一,或者发现调解书损害国家利益、社会公共利益的,可以向同级人民法院提出检察建议,并报上级人民检察院备案;也可以提请上级人民检察院向同级人民法院提出抗诉。

(三) 当事人提起再审的期限

《行政诉讼法解释》第 110 条规定,当事人向上一级人民法院申请再审,应当在判决、裁定或者调解书发生法律效力后 6 个月内提出。有下列情形之一的,自知道或者应当知道之日起 6 个月内提出:(1)有新的证据,足以推翻原判决、裁定的;(2)原判决、裁定认定事实的主要证据是伪造的;(3)据以作出原判决、裁定的法律文书被撤销或者变更的;(4)审判人员审理该案件时有贪污受贿、徇私舞弊、枉法裁判行为的。

---

① 参见关保英:《行政法教科书之总论行政法》,中国政法大学出版社 2005 年版,第 709 页。

第六节 行政诉讼证据

一、行政诉讼证据的基本理论

（一）行政诉讼证据的概念

行政诉讼证据是指行政诉讼过程中,能够证明案件事实情况的材料。行政诉讼证据应具有真实性、关联性、合法性。

（二）行政诉讼证据的分类

《行政诉讼法》第33条第1款规定,证据包括:(1)书证;(2)物证;(3)视听资料;(4)电子数据;(5)证人证言;(6)当事人的陈述;(7)鉴定意见;(8)勘验笔录、现场笔录。在实务中对证据还有一些特别要求。

1. 书证。当事人向人民法院提供书证的,应当符合下列要求:(1)提供书证的原件,原本、正本和副本均属于书证的原件。提供原件确有困难的,可以提供与原件核对无误的复印件、照片、节录本。(2)提供由有关部门保管的书证原件的复制件、影印件或者抄录件的,应当注明出处,经该部门核对无异后加盖其印章。(3)提供报表、图纸、会计账册、专业技术资料、科技文献等书证的,应当附有说明材料。(4)被告提供的被诉具体行政行为所依据的询问、陈述、谈话类笔录,应当有行政执法人员、被询问人、陈述人、谈话人签名或者盖章。(5)当事人向人民法院提供外文书证的,应当附有由具有翻译资质的机构翻译的或者其他翻译准确的中文译本,由翻译机构盖章或者翻译人员签名。

法律、法规、司法解释和规章对书证的制作形式另有规定的,从其规定。

2. 物证。当事人向人民法院提供物证的,应当符合下列要求:(1)提供原物。提供原物确有困难的,可以提供与原物核对无误的复制件或者证明该物证的照片、录像等其他证据。(2)原物为数量较多的种类物的,提供其中的一部分。

3. 视听资料。当事人向人民法院提供计算机数据或者录音、录像等视听资料的,应当符合下列要求:(1)提供有关资料的原始载体。提供原始载体确有困难的,可以提供复制件。(2)注明制作方法、制作时间、制作人和证明对象等。(3)声音资料应当附有该声音内容的文字记录。

4. 证人证言。当事人向人民法院提供证人证言的,应当符合下列要求:(1)写明证人的姓名、年龄、性别、职业、住址等基本情况。(2)有证人的签名,不能签名的,应当以盖章等方式证明。(3)注明出具日期。(4)附有居民身份证复印件等证明证人身份的文件。

5. 鉴定意见。被告向人民法院提供的在行政程序中采用的鉴定意见,应当载明委托人和委托鉴定的事项、向鉴定部门提交的相关材料、鉴定的依据和使用的科学技术手段、鉴定部门和鉴定人鉴定资格的说明,并应有鉴定人的签名和鉴定部门的盖章。通过分析获得的鉴定意见,应当说明分析过程。

原告或者第三人有证据或者有正当理由表明被告据以认定案件事实的鉴定意见可能有错误,在举证期限内书面申请重新鉴定的,人民法院应予准许。

6. 勘验笔录、现场笔录。被告向人民法院提供的现场笔录,应当载明时间、地点和事件等内容,并由执法人员和当事人签名。当事人拒绝签名或者不能签名的,应当注明原因。有其他人在现场的,可由其他人签名。法律、法规和规章对现场笔录的制作形式另有规定的,从其规定。

人民法院可以依当事人申请或者依职权勘验现场。勘验现场时,勘验人必须出示人民法院的证件,并邀请当地基层组织或者当事人所在单位派人参加。当事人或其成年亲属应当到场,拒不到场的,不影响勘验的进行,但应当在勘验笔录中说明情况。

7. 境外证据。对于来自境外的证据,应当说明来源,经所在国公证机关证明,并经我国驻该国使领馆认证,或者履行我国与证据所在国订立的有关条约要求的手续。

▶▶ 二、行政诉讼责任分配

(一)被告的举证责任

《行政诉讼法》第34条规定:"被告对作出的行政行为负有举证责任,应当提供作出该行政行为的证据和所依据的规范性文件。被告不提供或者无正当理由逾期提供证据,视为没有相应证据。但是,被诉行政行为涉及第三人合法权益,第三人提供证据的除外。"可见,被告在行政案件中对自身作出的行政行为的合法性负有证明责任。

(二)原告的举证责任

1. 根据《行政诉讼法》第49条的规定,提起诉讼应当符合下列条件:(1)原告是符合《行政诉讼法》第25条规定的公民、法人或者其他组织;(2)有明确的被告;(3)有具体的诉讼请求和事实根据;(4)属于人民法院受案范围和受诉人民法院管辖。为此,原告应当对自身符合法定起诉条件承担证明责任。

2. 原告主张被告不作为的,应当提供原告向被告提出过申请的证据。但有下列情形之一的除外:(1)被告应当依职权主动履行法定职责的;(2)原告因正当理由不能提供证据的。

3. 在行政赔偿、补偿的案件中,原告就行政行为造成损害的事实承担证明责任。因被告的原因导致原告无法举证的,由被告承担举证责任。

4. 原告可以提供证明行政行为违法的证据,但原告提供的证据不成立的,不免除被告的举证责任。

(三)被告原则上禁止补证

在诉讼过程中,被告及其诉讼代理人不得自行向原告、第三人和证人收集证据。但也有例外,《行政诉讼法》第36条第2款规定,原告或者第三人提出了其在行政处理程序中没有提出的理由或者证据的,经人民法院准许,被告可以补充证据。

(四) 法院调查取证

涉及国家利益、公共利益或者他人合法权益的事实认定的,或涉及依职权追加当事人、中止诉讼、终结诉讼、回避等程序性事项的,人民法院有权向有关行政机关以及其他组织、公民调取证据。

原告或者第三人不能自行收集,但能够提供确切线索的,可以申请人民法院调取下列证据材料:(1)由国家有关部门保存而须由人民法院调取的证据材料;(2)涉及国家秘密、商业秘密、个人隐私的证据材料;(3)确因客观原因不能自行收集的其他证据材料。

但人民法院不得为证明被诉具体行政行为的合法性,调取被告在作出具体行政行为时未收集的证据。

(五) 证据保全

当事人可以根据《行政诉讼法》第36条的规定向人民法院申请保全证据。人民法院依照《行政诉讼法》第36条规定保全证据的,可以根据具体情况,采取查封、扣押、拍照、录音、录像、复制、鉴定、勘验、制作询问笔录等保全措施。

第七节 实 务 案 例

一、田永诉北京科技大学拒绝颁发毕业证、学位证案①

〔案情摘要〕

原告田永于1994年9月考取北京科技大学,取得本科生的学籍。1996年2月29日,田永在电磁学课程的补考过程中,随身携带写有电磁学公式的纸条去上厕所时纸条掉出,被监考教师发现。监考教师虽未发现其有偷看纸条的行为,但还是按照考场纪律,当即停止了田永的考试。被告北京科技大学根据原国家教委关于严肃考场纪律的指示精神,于1994年制定了校发(94)第068号《关于严格考试管理的紧急通知》。该通知规定,凡考试作弊的学生一律按退学处理,取消学籍。被告据此于1996年3月5日认定田永的行为属作弊行为,并作出退学处理决定。同年4月10日,被告填发了学籍变动通知,但退学处理决定和变更学籍的通知未直接向田永宣布、送达,也未给田永办理退学手续,田永继续以该校大学生的身份参加正常学习及学校组织的活动。1996年9月,被告为田永补办了学生证,之后每学年均收取田永交纳的教育费,并为田永进行注册、发放大学生补助津贴,安排田永参加了大学生毕业实习设计,由其论文指导教师领取了学校发放的毕业设计结业费。田永还以该校大学

---

① 本案例来源于《中华人民共和国最高人民法院公报》1999年第4期。

生的名义参加考试,先后取得了大学英语四级、计算机应用水平测试 BASIC 语言成绩合格证书。被告对原告在该校的四年学习中成绩全部合格,通过毕业实习、毕业设计及论文答辩,获得优秀毕业论文及毕业总成绩为全班第九名的事实无异议。

1998 年 6 月,田永所在院系向被告报送田永所在班级授予学士学位表时,被告有关部门以田永已按退学处理、不具备北京科技大学学籍为由,拒绝为其颁发毕业证书,进而未向教育行政部门呈报田永的毕业派遣资格表。田永所在院系认为原告符合大学毕业和授予学士学位的条件,但由于当时原告因毕业问题正在与学校交涉,故暂时未在授予学位表中签字,待学籍问题解决后再签。被告因此未将原告列入授予学士学位资格的名单交该校学位评定委员会审核。因被告的部分教师为田永一事向原国家教委申诉,国家教委高校学生司于 1998 年 5 月 18 日致函被告,认为被告对田永违反考场纪律一事处理过重,建议复查。1998 年 6 月 10 日,被告复查后,仍然坚持原结论。田永认为自己符合大学毕业生的法定条件,北京科技大学拒绝给其颁发毕业证、学位证是违法的,遂向北京市海淀区人民法院提起行政诉讼。

〔法理分析与评议〕

1. 高等学校因受教育者违反校规、校纪而拒绝颁发学历证书、学位证书,受教育者不服的,可以依法提起行政诉讼。

2. 高等学校依据违背国家法律、行政法规或规章的校规、校纪,对受教育者作出退学处理等决定的,人民法院不予支持。

3. 高等学校对违反校规、校纪的受教育者作出影响其基本权利的决定时,应当允许其申辩并在决定作出后及时送达,否则视为违反法定程序。

〔相关法律法规链接〕

《中华人民共和国行政诉讼法》

《中华人民共和国教育法》

《中华人民共和国学位条例暂行实施办法》

《中华人民共和国国家赔偿法》

二、余姚市甬兴气体分滤厂与余姚市住房和城乡建设局燃气经营许可案①

〔案情摘要〕

《关于印发余姚市域燃气专项规划(2014—2030 年)的通知》第 49 条规定:“……2)泗门镇可根据区域瓶装燃气实际供应的需要,在现状基础上新增液化石油气储配站 1 座,储罐规模为 100m³。”2018 年 8 月 17 日,原告余姚市甬兴气体分滤厂向被告余姚市住房和城乡建设局(以下简称“余姚市住建局”)申请核发瓶装燃气经营许可证。被告于 2018 年 8 月 27 日作出《行政许可决定书》,以目前泗门镇已有一座瓶装液化石油气储配站为由,决定不予核发原告瓶装燃气经营许可证。

原告不服,向余姚市人民法院提起行政诉讼。经审理,余姚市人民法院于 2019 年 4 月 4 日作出(2018)浙 0281 行初 94 号《行政判决书》,认定行政许可决定适用法律不当,依据不

---

① 本案例来源于《中华人民共和国最高人民法院公报》2022 年第 2 期。

足,理由难以成立,判决撤销《行政许可决定书》并责令被告重新作出决定。

被告委托杭州市城乡建设设计院股份有限公司进行评估,该公司于 2019 年 7 月 8 日作出《关于〈余姚市域燃气专项规划(2014—2030 年)〉中“泗门镇储配站是否新增”的相关情况说明》,认为“泗门镇 2030 年前无需新增储配站”。2019 年 7 月 11 日,被告以杭州市城乡建设设计院股份有限公司出具的说明为依据,以不符合规划条件为理由,作出《不予行政许可决定书》。

原告不服,再次向余姚市人民法院提起行政诉讼,要求撤销 2019 年 7 月 11 日作出的《不予行政许可决定书》,并责令被告重新作出行政许可决定。余姚市人民法院和宁波市中级人民法院分别驳回了原告的诉讼请求与上诉请求。原告于是向浙江省高级人民法院申请再审,高院裁定撤销一、二审法院判决,并撤销余姚市住建局于 2019 年 7 月 11 日作出的《不予行政许可决定书》,责令被告对原告提出的瓶装燃气经营许可证的核发申请在法定期限内重新作出决定。

〔法理分析与评议〕

1. 余姚市住建局不审查申请人提出的申请是否符合法律规定的其他条件,却以杭州市城乡建设设计院股份有限公司出具的说明为依据,认定申请人不符合规划条件而作出不予行政许可的决定,明显与余姚市燃气发展规划和专项规划中“泗门镇可根据区域瓶装燃气实际供应的需要,在现状基础上新增液化石油气储配站 1 座”的要求不符。

2. 余姚市住建局在余姚市人民法院判决撤销其不予行政许可行为的情况下,仍然以相同理由作出不予行政许可决定,严重违反了《行政诉讼法》第 71 条规定,应认定为滥用职权。

〔相关法律法规链接〕

《中华人民共和国行政许可法》

《中华人民共和国行政诉讼法》

《最高人民法院关于适用〈中华人民共和国行政诉讼法〉的解释》

三、罗镕荣诉吉安市物价局物价行政处理案[①]

〔案情摘要〕

2012 年 5 月 28 日,原告罗镕荣向被告吉安市物价局邮寄一份申诉举报函,对吉安电信公司向原告收取首次办理手机卡卡费 20 元进行举报,要求被告责令吉安电信公司退还非法收取原告的手机卡卡费 20 元,依法查处并没收所有电信用户首次办理手机卡被收取的卡费,依法奖励原告和书面答复原告相关处理结果。2012 年 5 月 31 日,被告收到原告的申诉举报函。2012 年 7 月 3 日,被告作出《关于对罗镕荣 2012 年 5 月 28 日〈申诉书〉办理情况的答复》,并向原告邮寄送达。答复内容为:“2012 年 5 月 31 日我局收到您反映吉安电信公司新办手机卡用户收取 20 元手机卡卡费的申诉书后,我局非常重视,及时进行调查,经调查核实:江西省通管局和江西省发改委联合下发的《关于江西电信全业务套餐资费优化方案的批复》(赣通局〔2012〕14 号)规定:UIM 卡收费上限标准:入网 50 元/张,补卡、换卡:30 元/张。我局非常感谢您对物价工作的支持和帮助。”原告收到被告的答复后,以被告的答复违法为

---

① 本案例来源于最高人民法院发布的第 77 号指导案例。

由诉至法院。江西省吉安市吉州区人民法院于 2012 年 11 月 1 日作出(2012)吉行初字第 13 号判决:撤销吉安市物价局《关于对罗镕荣 2012 年 5 月 28 日〈申诉书〉办理情况的答复》,限其在 15 日内重新作出书面答复。

〔法理分析与评议〕

1. 行政机关对与举报人有利害关系的举报仅作出告知性答复,未按法律规定对举报进行处理,不属于《最高人民法院关于执行〈中华人民共和国行政诉讼法〉若干问题的解释》第 1 条第 2 款第 6 项规定的"对公民、法人或者其他组织权利义务不产生实际影响的行为",因而具有可诉性,属于人民法院行政诉讼的受案范围。

2. 举报人就其自身合法权益受侵害向行政机关进行举报的,与行政机关的举报处理行为具有法律上的利害关系,具备行政诉讼原告主体资格。

3.《价格违法行为举报规定》第 14 条规定:"举报办结后,举报人要求答复且有联系方式的,价格主管部门应当在办结后五个工作日内将办理结果以书面或者口头方式告知举报人。"《关于对罗镕荣 2012 年 5 月 28 日〈申诉书〉办理情况的答复》未依法载明吉安市物价局对被举报事项的处理结果,不具有合法性,应予以纠正。

〔相关法律法规链接〕

《中华人民共和国行政诉讼法》

《价格违法行为举报规定》(已废止)

《最高人民法院关于执行〈中华人民共和国行政诉讼法〉若干问题的解释》(2000 年)①

【习题及答案解析】

---

① 现行有效为《最高人民法院关于适用〈中华人民共和国行政诉讼法〉的解释》。

第十六章　行政赔偿法

第一节　行政赔偿法概述

一、行政赔偿的概念

我国《国家赔偿法》第 2 条第 1 款规定："国家机关和国家机关工作人员行使职权,有本法规定的侵犯公民、法人和其他组织合法权益的情形,造成损害的,受害人有依照本法取得国家赔偿的权利。"可见,国家赔偿责任是一种不同于民事赔偿和国家补偿的特殊赔偿责任。国家赔偿责任在性质上属于自己责任。[①]　在绝大多数国家,侵权的行为主体与国家赔偿责任的主体是不同的,无论侵权的行为主体是否在主观上有侵权的意愿,只要存在对公民、法人和其他组织的合法权益造成侵害的结果,就必须由国家承担相应的赔偿责任,而不需要国家机关或国家机关工作人员自行承担相应的赔偿责任。我国《国家赔偿法》有关"赔偿费用列入各级财政预算"的规定就确立了国家赔偿责任的主体是国家。国家赔偿法是有关国家承担侵权赔偿责任的法律规范总和。

国家赔偿法的概念分为广义与狭义两种。广义上的国家赔偿法是指宪法、民法、行政法、诉讼法或者其他明确规定国家赔偿责任的单行法律的总和。狭义上的国家赔偿法则指专门规定国家赔偿责任的国家赔偿法、国家责任法、公职责任法等。[②]《国家赔偿法》的出台,建立了一个较为完整的国家赔偿制度,是有效制约国家权力,防止国家权力的滥用,保护公民、法人以及其他组织的合法权益的一种非常行之有效的手段。我国《国家赔偿法》第 1 条就规定："为保障公民、法人和其他组织享有依法取得国家赔偿的权利,促进国家机关依法行使职权,根据宪法,制定本法。"从而在开篇就明确指出了该法的立法宗旨以及立法依据。

行政赔偿是国家赔偿的一种,在《国家赔偿法》中并没有明确的定义。关于行政赔偿的含义,有的学者认为,行政赔偿是指国家行政机关及其工作人员违法行使职权,侵犯公民、法人或其他组织的合法权益造成损害的,由国家承担赔偿责任的制度。[③]　也有的学者认为,行政赔偿是指行政机关及其工作人员违法行使职权侵犯了公民、法人或其他组织的合法权益并造成损害,依法由赔偿义务机关承担损害赔偿。[④]　根据《国家赔偿法》的相关规定,本书认为,所谓行政赔偿,是指国家行政机关及其工作人员在行使行政职权时侵犯公民、法人和其他组织合法权益并造成损害,国家承担赔偿责任的制度。

我国关于行政赔偿的规定,最早可追溯到 1982 年《宪法》第 41 条第 3 款规定的"由于国

---

① 参见刘嗣元、石佑启、朱最新编著:《国家赔偿法要论(第二版)》,北京大学出版社 2010 年版,第 1 页。
② 参见黄凤兰:《行政法与行政诉讼法案例教程》,中国政法大学出版社 2013 年版,第 246 页。
③ 参见本书编写组编:《公务员依法行政读本》,中国政法大学出版社 2001 版,第 206 页。
④ 参见罗豪才、应松年主编:《行政法学》,中国政法大学出版社 1996 年版,第 325 页。

家机关和国家工作人员侵犯公民权利而受到损失的人,有依照法律规定取得赔偿的权利"。到 1989 年《行政诉讼法》颁布,第 67 条、第 68 条明确规定了赔偿权利人和赔偿义务人,正式开启了我国行政赔偿制度。1994 年《国家赔偿法》公布,立法者认为"行政赔偿、刑事赔偿有不同的情况,但许多问题是一样的,如赔偿的原则、标准等",[①] 故采用行政赔偿和刑事赔偿合一的体例,是一部颇具特色且具有开创意义的法律。[②]

二、行政赔偿的特征

（一）行政赔偿是国家责任制度的组成部分

行政机关及其工作人员与国家之间存在委托代理关系,在法律上代表国家实施行为,虽然是国家行政机关及其工作人员作出的侵权行为,侵犯了公民、法人和其他组织合法权益并造成损害,但是行政行为是由国家承担赔偿责任,具体机关履行赔偿义务,这与侵权人承担侵权责任的民事赔偿理念不同。最初各国订立行政权赔偿制度时,曾实行过"公职人员个人赔偿,国家不承担任何责任"的制度。直到 20 世纪,各国才逐步形成了"国家承担责任,具体机关赔偿,向公职人员追偿"的形式。

（二）行政赔偿是对行政侵权的赔偿

国家可能承担的赔偿责任多种多样,包括民事赔偿责任、司法赔偿责任、立法赔偿责任、军事赔偿责任、公共设施设置赔偿责任和国际法上的赔偿责任等。特定的赔偿责任与特定的侵权行为相对应,而行政赔偿仅仅是国家对行政管理过程中的侵权行为承担的赔偿责任。[③]

（三）行政赔偿的赔偿范围有限

《国家赔偿法》在第二章第一节对行政赔偿的范围进行了列举,旨在表明,行政赔偿以公民、法人和其他组织之合法权益受到损害为要素。[④] 具体而言,行政赔偿的权益范围仅限于部分人身权和财产权,而对于行为范围,也仅通过列举式规范予以明确。国家仅对行政机关及其工作人员的一部分侵权行为造成的一部分侵权结果承担赔偿责任,这相对于民事案件中,有侵权就有赔偿的理念限缩了相当之多。

（四）行政赔偿的赔偿标准和方式由法律规定

不同于民事意思自治,行政赔偿的赔偿方式以及标准都是法定的,《国家赔偿法》第四章

---

①　顾昂然:《国家赔偿法制定情况和主要问题》,载《中国法学》1995 年第 2 期。

②　马怀德、孔祥稳:《我国国家赔偿制度的发展历程、现状与未来》,《北京行政学院学报》2018 年第 6 卷。

③　参见黄凤兰:《行政法与行政诉讼法案例教程》,中国政法大学出版社 2013 年版,第 246 页。

④　参见王铭杨:《法国行政法》,中国政法大学出版社 1988 年版,第 717 页。

针对赔偿标准和赔偿方式进行了列举式规定。例如,对于公民人身自由受到的损害,国家根据上年度职工的平均工资给予金钱赔偿,并不考虑相对人的实际工资水平以及因此而遭受的其他实际损失。而对于吊销许可证和执照、责令停产停业的,国家只赔偿停产停业期间必要的经常性费用开支,而不赔偿生产经营者的实际利益和利益损失。对财产权造成其他损害的,国家只赔偿直接损失,对间接损失和可得利益损失都不予赔偿。①

三、行政赔偿的构成要件

行政赔偿的构成要件是行政赔偿制度的核心内容,是国家承担赔偿责任所应具备的前提条件,主要是指国家在怎样的情况下,具备怎样的条件,承担国家机关及其工作人员在执行职务中实施侵权行为而造成的损害赔偿责任。它主要是为了限定行政赔偿的范围以及有效保障公民获得赔偿请求权的实现。参照我国《国家赔偿法》的规定,行政赔偿的构成必须同时具备以下几个条件。

(一)主体条件

根据《国家赔偿法》第 2 条的规定,构成行政侵权行为的行为主体必须是国家行政机关及其工作人员,这是行政赔偿主体要件的基本内涵。所谓"国家行政机关",既包括正式列入国家行政机关序列的机关,也包括法律、法规、规章授权的组织。这些被授权的组织尽管外在形式上不是国家行政机关,但因为行使着法律、法规、规章授予的行政公权力而成为事实上的国家行政机关。所谓"国家行政机关工作人员",除了包括行政序列的公务员,法律、法规、规章授权行使行政公权力组织的成员,受行政机关委托执行公务的人员外,还应当包括事实上协助执行公务的人员,在他协助公务人员之时就应被视为执行公务的人员。②

(二)行为要件

职务违法行为是行政赔偿责任中最根本的构成要件,所谓的职务违法行为,是指违法执行职务的行为。所谓执行职务,就是指行使职权的过程,或者说,在职权范围实施的活动。理解行政赔偿的行为要件,要分三个层次:首先,只有存在国家行政机关及其工作人员实施了侵权行为的前提,才有存在行政赔偿的可能性;其次,按照我国《国家赔偿法》的要求,国家行政机关及其工作人员必须是在行使职权时的侵权行为才能被视为具有行政赔偿资格的侵权行为;最后,这个侵权行为必须满足"有法律规定"这一要件,如果法律没有规定行政赔偿责任,即使公民受到国家机关违法侵害,国家也可能不承担赔偿责任。③

---

① 参见刘嗣元、石佑启、朱最新编著:《国家赔偿法要论》(第二版),北京大学出版社 2010 年版,第 3 页。
② 参见胡锦光、余凌云主编:《国家赔偿法(第二版)》,中国人民大学出版社 2011 年版,第 48—49 页。
③ 参见黄凤兰:《行政法与行政诉讼法案例教程》,中国政法大学出版社 2013 年版,第 249 页。

（三）结果要件

损害结果是最直观的行政赔偿构成要件。国家赔偿中的损害是由民法中的损害发展而来的,在国家赔偿制度诞生初期,其对损害的规定与民法中的规定非常相似,也将损害分成人身损害与财产损害、物质损害与精神损害、直接损害与间接损害几类。直到后来,在国家赔偿的实践中,人们才慢慢发现了国家赔偿中的损害与民事损害的区别。

我国《国家赔偿法》在制定的过程中,关于对何种损害结果承担赔偿责任的问题,学界有着不同的意见:有的学者提出国家仅对直接损失负责赔偿;还有的学者提出国家不仅要赔偿直接损失,还要赔偿间接损失等。我国《国家赔偿法》采纳的是前一种意见[1],但进行了小范围的修改,即原则上只赔偿直接损失,而对必须赔偿的间接损失由法律列举规定。[2]

（四）因果关系要件

国家行政机关及其工作人员的侵权行为应与公民、法人和其他组织的合法权益受到侵犯的损害结果之间具有引起和被引起的关系。

》》 四、行政赔偿的归责原则

归责,是指行为和物件造成他人损失后应根据何种依据使侵权行为人或物件所有人、使用人承担损害赔偿责任。归责原则实际上是归责的规则,是确定侵权行为承担责任的依据,贯穿于侵权行为法之中。[3] 国家赔偿法的产生晚于民法、刑法、行政法及宪法等法律,其吸收了民法的归责原则,再根据自身的一些特点进行了修正,许多国家的国家赔偿法均呈现出多元化的归责原则相结合的体系。

我国 1994 年的《国家赔偿法》第 2 条规定:"国家机关和国家机关工作人员违法行使职权侵犯公民、法人和其他组织的合法权益造成损害的,受害人有依照本法取得国家赔偿的权利。国家赔偿由本法规定的赔偿义务机关履行赔偿义务。"可见我国行政赔偿的归责制度此前采用的是单一的违法归责制度。时任全国人大常委会法工委主任的顾昂然就曾明确提出:"我国国家赔偿法采取违法原则,即以是否违背法律规定,作为是否承担责任的标准,只要是违反法律规定的,不管主观上有无过错,都要承担赔偿责任。这样规定,对国家机关和国家机关工作人员执法提出严格的要求,有利于更好地保护公民的合法权益。"[4]此条经过2010 年修正,改为"国家机关和国家机关工作人员行使职权,有本法规定的侵犯公民、法人和其他组织合法权益的情形,造成损害的,受害人有依照本法取得国家赔偿的权利。本法规定的赔偿义务机关,应当依照本法及时履行赔偿义务"。而将"违法"二字删除,学界一般理

---

① 《国家赔偿法》第 35 条规定:"有本法第三条或者第十七条规定情形之一,致人精神损害的,应当在侵权行为影响的范围内,为受害人消除影响,恢复名誉,赔礼道歉;造成严重后果的,应当支付相应的精神损害抚慰金。"
② 参见刘嗣元、石佑启、朱最新编著:《国家赔偿法要论(第二版)》,北京大学出版社 2010 年版,第 69 页。
③ 参见王利明:《侵权行为法归责原则研究》,中国政法大学出版社 1992 年版,第 18 页。
④ 顾昂然:《国家赔偿法制定情况和主要问题》,载《中国法学》1995 年第 2 期。

解为目前的归责原则是违法归责为主、过错归责等为补充的多元的归责体系,这在当前时代更有利于扩宽受害人获得救济的范围。

第二节　行政赔偿的请求人与赔偿义务主体

一、行政赔偿的请求人

行政赔偿请求人是指有权向有关行政主体主张赔偿的公民、法人或者其他组织。[①]《国家赔偿法》第 6 条规定:"受害的公民、法人和其他组织有权要求赔偿;受害的公民死亡,其继承人和其他有扶养关系的亲属有权要求赔偿;受害的法人或者其他组织终止的,其权利承受人有权要求赔偿。"所以,我国的行政赔偿请求人,除了合法权益因行政机关及其工作人员行使职权行为而受到损害,向赔偿义务机关请求行政赔偿的公民、法人或其他组织外,还包括受害公民死亡后的继承人和其他有扶养关系的亲属,或者受害的法人或者其他组织终止后承受其权利的法人或其他组织。也就是说,行政赔偿的请求人应当是受害人,即合法权益受到损害的人。但在某些情况下,请求人资格也会发生转移。具体而言,行政赔偿请求人分为以下几类:(1)受害的公民本人;(2)受害的公民死亡的,其继承人和其他有扶养关系的亲属是行政赔偿请求人;(3)受害的法人或者其他组织;(4)受害的法人或者其他组织终止的,其权利承受人是行政赔偿请求人。

二、行政赔偿义务主体

（一）行政赔偿义务主体的概念

我国行政赔偿的责任主体为国家,行政赔偿义务主体是指代表国家履行行政赔偿义务的行政机关或者法律、法规、规章授权的组织。行政赔偿义务机关制度诞生是基于国家是一种抽象主体,受到损害的公民、法人和其他组织无法从抽象的国家得到具体的赔偿,故我国采用了"国家责任,机关赔偿"的制度。另需注意,行政赔偿义务主体是实施了具体行政行为并对行政相对人的合法权益造成侵害的主体,此两方面缺一不可。

（二）行政赔偿义务主体的范围

依据《国家赔偿法》第 7 条的规定,行政机关作为赔偿义务机关有以下几种情形:一般情况下,行政机关及其工作人员行使行政职权侵犯公民、法人和其他组织的合法权益造成损害的,该行政机关为赔偿义务机关。两个以上行政机关共同行使行政职权时侵犯公民、法人和其他组织的合法权益造成损害的,共同行使行政职权的行政机关为共同赔偿义务机关。法

---

① 参见关保英:《行政法教科书之总论行政法》,中国政法大学出版社 2005 年版,第 737 页。

律、法规授权的组织在行使授予的行政权力时侵犯公民、法人和其他组织的合法权益造成损害的,被授权的组织为赔偿义务机关。受行政机关委托的组织或者个人在行使受委托的行政权力时侵犯公民、法人和其他组织的合法权益造成损害的,委托的行政机关为赔偿义务机关。赔偿义务机关被撤销的,继续行使其职权的行政机关为赔偿义务机关;没有继续行使其职权的行政机关的,撤销该赔偿义务机关的行政机关为赔偿义务机关。

依据《国家赔偿法》第 8 条的规定,对于经过复议机关复议的案件,最初造成侵权行为的行政机关为赔偿义务机关,但复议机关的复议决定加重损害的,复议机关对加重的部分履行赔偿义务。

依据《最高人民法院关于审理行政赔偿案件若干问题的规定》第 10 条的规定,行政机关依据《行政诉讼法》第 97 条的规定申请人民法院强制执行其行政行为,因据以强制执行的行政行为违法而发生行政赔偿诉讼的,申请强制执行的行政机关为被告。据此,若行政机关申请人民法院实施行政强制执行,在执行中给行政相对人的合法权益造成侵害的,申请强制执行的行政机关为行政赔偿义务主体。

此外,由于派出机构并没有独立的经费来源,故由其所属的行政机关作为赔偿义务机关。

三、行政追偿权

(一) 行政追偿权的概念

行政追偿权是指行政赔偿义务主体享有的向相关责任人追究赔偿责任的权力。[1] 依据《国家赔偿法》第 16 条的规定,赔偿义务机关赔偿损失后,应当责令有故意或者重大过失的工作人员或者受委托的组织或者个人承担部分或者全部赔偿费用。对有故意或者重大过失的责任人员,有关机关应当依法给予处分;构成犯罪的,应当依法追究刑事责任。行政追偿的作用不仅在于可追回部分国有资产,更在于监督和惩戒公职人员,使其合法合规行使公权力。

(二) 行政追偿的构成要件

关于行政追偿制度,我国法律没有专门的规定,一般认为,行政追偿的构成要件包括以下几个方面。

1. 被追究者必须行使了职权。

2. 被追究者行使职权过程中,侵犯了行政相对人的合法利益并造成损失,即损失与被追究者的职务行为间存在因果关系。

3. 行政赔偿义务主体因被追究者行使职权的行为承担了行政赔偿责任,即只有赔偿义务机关根据行政赔偿决定书、协议书或人民法院作出的已经发生法律效力的判决、裁定或调解书,履行了行政赔偿义务后,赔偿义务机关才有权享有追偿权。

---

[1]　参见关保英:《行政法教科书之总论行政法》,中国政法大学出版社 2005 年版,第 740 页。

4. 被追究者在行使职权过程中,主观上存在故意或者重大过失。所谓故意,是指工作人员在实施侵权行为时,主观上能认识到自己的行为违法并可能造成公民合法权益的损害,希望或放任侵害结果的发生的一种心理状态。所谓重大过失,是指行政机关工作人员没有达到其职务上的一般要求,未能预见和避免一般情况下能够预见或避免的侵害后果,也就是说没有达到对公务员的一般业务要求。[①]

第三节 行政赔偿的范围

所谓行政赔偿的范围,是指行政赔偿义务主体所能够承担的赔偿责任的行为范畴[②],这本身是一个法律问题,行政赔偿的范围依据法律规定而定。

一、侵犯人身权的行政赔偿

只要与人身有关的权利都可以被认为是人身权,在民法中,人身权包括人格权和身份权,在《宪法》中也规定了许多公民的人身权利,但前述广泛的人身权,并不能全部成为行政赔偿中人身侵权的范围。

《国家赔偿法》第3条规定了行政机关及其工作人员在行使职权期间侵犯自然人人身权时行政赔偿的赔偿范围,具体包括:(1)违法拘留或者违法采取限制公民人身自由的行政强制措施的;(2)非法拘禁或者以其他方法非法剥夺公民人身自由的;(3)以殴打、虐待等行为或者唆使、放纵他人以殴打、虐待等行为造成公民身体伤害或者死亡的;(4)违法使用武器、警械造成公民身体伤害或者死亡的;(5)造成公民身体伤害或者死亡的其他违法行为。

可见国家赔偿仅针对人身自由权、健康权和生命权进行赔偿,与《民法典》中保障的生命权、身体权、健康权、姓名权、名称权、肖像权、名誉权、荣誉权、隐私权等权利对比,进行了很大的限缩。

二、侵犯财产权的行政赔偿

财产权是指公民对财产的支配权,行政赔偿制度中的财产权是就行政相对人的财产权而言的,《国家赔偿法》第4条规定了行政机关及其工作人员在行使职权期间侵犯财产权时行政赔偿的赔偿范围,具体包括:(1)违法实施罚款、吊销许可证和执照、责令停产停业、没收财物等行政处罚的;(2)违法对财产采取查封、扣押、冻结等行政强制措施的;(3)违法征收、征用财产的;(4)造成财产损害的其他违法行为。

---

① 参见黄凤兰:《行政法与行政诉讼法案例教程》,中国政法大学出版社2013年版,第256页。
② 参见关保英:《行政法教科书之总论行政法》,中国政法大学出版社2005年版,第741页。

三、行政机关不作为的赔偿

虽然《国家赔偿法》并没有明确规定行政机关不作为的赔偿责任,但是《行政诉讼法解释》明确规定,因行政机关不履行、拖延履行法定职责,致使公民、法人或者其他组织的合法权益遭受损害的,人民法院应当判决行政机关承担行政赔偿责任。在确定赔偿数额时,应当考虑该不履行、拖延履行法定职责的行为在损害发生过程和结果中所起的作用等因素。

四、不承担行政赔偿的情形

从国家赔偿的范围可以看出,国家赔偿本身就是一种有限的责任,只对特定的行为主体所为的一部分特定行为负赔偿责任,而其他属于特定行为之外的行为是不能得到国家赔偿的。从行政权的权威性,行政权作为国家权利属性分析,当然不能将行政权行使中所有方面的不当情形都纳入行政赔偿的范围之中。①

《国家赔偿法》第5条规定了国家不承担赔偿责任的情形,包括:(1)行政机关工作人员与行使职权无关的个人行为;(2)因公民、法人和其他组织自己的行为致使损害发生的;(3)法律规定的其他情形。所谓"法律规定的其他情形",《国家赔偿法》没有详细描述,一般认为行政机关及其工作人员实施的国家行为(包括但不限于国防、外交等)不承担行政赔偿责任,而对于抽象行政行为是否要承担行政赔偿责任,学界也没有统一的意见,也有人提出"不可抗力""第三者过错"等造成的侵害的免责情形②,实务中免责情形主要根据各个部门法的规定确定。

第四节　行政赔偿程序

所谓行政赔偿程序,是指行政赔偿请求人向行政赔偿义务机关请求行政赔偿,行政赔偿义务机关对赔偿请求进行审查并作出处理,以及行政复议机关或人民法院根据行政赔偿请求人的申请复议或起诉解决行政赔偿争议的方式、步骤、顺序和时限的总称。③ 广义上的行政赔偿程序还包括行政赔偿义务机关对有故意或者重大过失的工作人员或者受委托的组织或者个人行使追偿权的程序。行政赔偿程序是有关国家机关办理行政赔偿事务的规程,是行政赔偿请求人依法取得国家赔偿权利的途径、手段和保障。行政赔偿是我国国家赔偿中一个非常重要的部分,不仅出现在我国《国家赔偿法》中,《行政诉讼法》和《行政复议法》中也有相关规定。

《国家赔偿法》第9条规定:"赔偿义务机关有本法第三条、第四条规定情形之一的,应当给予赔偿。赔偿请求人要求赔偿,应当先向赔偿义务机关提出,也可以在申请行政复议或者

---

① 参见关保英:《行政法教科书之总论行政法》,中国政法大学出版社2005年版,第744页。
② 参见薛刚凌:《国家赔偿法教程》,中国政法大学出版社1997年版,第162页。
③ 参见刘嗣元、石佑启、朱最新编著:《国家赔偿法要论(第二版)》,北京大学出版社2010年版,第210页。

提起行政诉讼时一并提出。"可见行政赔偿程序有两种类型。

一、先向赔偿义务机关单独提出赔偿请求的程序

（一）申请条件

1. 申请人是符合法律要求的行政赔偿的请求人。
2. 有明确的赔偿义务人，且是符合法律要求的行政赔偿的义务人。
3. 有明确的赔偿要求。《国家赔偿法》第 11 条规定："赔偿请求人根据受到的不同损害，可以同时提出数项赔偿要求。"
4. 行政行为已被确认系应当"给予赔偿"的情形。《国家赔偿法》第 9 条第 1 款规定："赔偿义务机关有本法第三条、第四条规定情形之一的，应当给予赔偿。"此条规定表明，向赔偿义务机关单独提出赔偿请求要以"赔偿义务机关有本法第三条、第四条规定情形"为前提。
5. 在法定期限内提出。《国家赔偿法》第 39 条规定，赔偿请求人请求国家赔偿的时效为 2 年，自其知道或者应当知道国家机关及其工作人员行使职权时的行为侵犯其人身权、财产权之日起计算，但被羁押等限制人身自由期间不计算在内。赔偿请求人在赔偿请求时效的最后 6 个月内，因不可抗力或者其他障碍不能行使请求权的，时效中止。从中止时效的原因消除之日起，赔偿请求时效期间继续计算。
6. 提交申请书。根据《国家赔偿法》第 12 条第 1、2、3 款的规定，赔偿请求人要求赔偿应当递交申请书。赔偿请求人书写申请书确有困难的，可以委托他人代书；也可以口头申请，由赔偿义务机关记入笔录。赔偿请求人不是受害人本人的，应当说明与受害人的关系，并提供相应证明。

（二）赔偿义务机关受理

《国家赔偿法》第 12 条第 4 款规定："赔偿请求人当面递交申请书的，赔偿义务机关应当当场出具加盖本行政机关专用印章并注明收讫日期的书面凭证。申请材料不齐全的，赔偿义务机关应当当场或者在五日内一次性告知赔偿请求人需要补正的全部内容。"

（三）赔偿义务机关审理

根据《国家赔偿法》第 13 条第 1 款的规定，赔偿义务机关应当自收到申请之日起 2 个月内，作出是否赔偿的决定。赔偿义务机关作出赔偿决定，应当充分听取赔偿请求人的意见，并可以与赔偿请求人就赔偿方式、赔偿项目和赔偿数额依照《国家赔偿法》第四章的规定进行协商。

根据《国家赔偿法》第 13 条第 2、3 款的规定，赔偿义务机关决定赔偿的，应当制作赔偿决定书，并自作出决定之日起 10 日内送达赔偿请求人。赔偿义务机关决定不予赔偿的，应当自作出决定之日起 10 日内书面通知赔偿请求人，并说明不予赔偿的理由。

（四）行政赔偿诉讼

《国家赔偿法》第 14 条规定："赔偿义务机关在规定期限内未作出是否赔偿的决定，赔偿

请求人可以自期限届满之日起三个月内,向人民法院提起诉讼。赔偿请求人对赔偿的方式、项目、数额有异议的,或者赔偿义务机关作出不予赔偿决定的,赔偿请求人可以自赔偿义务机关作出赔偿或者不予赔偿决定之日起三个月内,向人民法院提起诉讼。"可见,与刑事赔偿程序不同,在行政赔偿程序中,对赔偿义务机关的不作为以及对赔偿义务机关的决定有异议的,不能提出复议,只能向人民法院提起诉讼。

行政赔偿不同于行政诉讼,依据《国家赔偿法》第15条规定,行政赔偿诉讼案件中,赔偿请求人和赔偿义务机关对自己提出的主张,应当提供证据。但对于赔偿义务机关采取行政拘留或者限制人身自由的强制措施期间,被限制人身自由的人死亡或者丧失行为能力的,赔偿义务机关的行为与被限制人身自由的人的死亡或者丧失行为能力是否存在因果关系,赔偿义务机关应当提供证据。

需要注意的是,依据《行政诉讼法》第60条的规定,人民法院审理行政案件,不适用调解。但是,行政赔偿案件可以调解,调解中应当遵循自愿、合法原则,不得损害国家利益、社会公共利益和他人合法权益。

二、在申请行政复议或者提起行政诉讼时一并提出赔偿请求的程序

《国家赔偿法》第39条第1款规定,在申请行政复议或者提起行政诉讼时一并提出赔偿请求的,适用《行政复议法》《行政诉讼法》有关时效的规定。《行政复议法》第29条规定:"申请人在申请行政复议时可以一并提出行政赔偿请求,行政复议机关对符合国家赔偿法的有关规定应当给予赔偿的,在决定撤销、变更具体行政行为或者确认具体行政行为违法时,应当同时决定被申请人依法给予赔偿。申请人在申请行政复议时没有提出行政赔偿请求的,行政复议机关在依法决定撤销或者变更罚款,撤销违法集资、没收财物、征收财物、摊派费用以及对财产的查封、扣押、冻结等具体行政行为时,应当同时责令被申请人返还财产,解除对财产的查封、扣押、冻结措施,或者赔偿相应的价款。"依据规定,如果被申请的机关依法应当承担赔偿责任,即使申请人没有提出赔偿申请,行政复议机关也应当决定予以赔偿。

"一并提出赔偿程序",让赔偿问题与诉讼和复议一起处理,诉讼和复议程序既可以审查具体行政行为的违法性,也可以一并解决赔偿问题。作为行政复议或者行政诉讼的附随请求,行政赔偿的流程参照行政复议或者行政诉讼的流程。

第五节　行政赔偿的方式和计算标准

一、赔偿方式

行政赔偿方式是指行政主体对自己的侵权行为承担赔偿责任的形式。[①] 与民事赔偿不

---

① 参见关保英:《行政法教科书之总论行政法》,中国政法大学出版社2005年版,第756页。

同,国家赔偿的方式和标准都是法定的。《国家赔偿法》第 32 条规定,国家赔偿以支付赔偿金为主要方式。能够返还财产或者恢复原状的,予以返还财产或者恢复原状。

二、赔偿标准

(一)侵犯人身权的赔偿标准

《国家赔偿法》第 33 条规定,侵犯公民人身自由的,每日赔偿金按照国家上年度职工日平均工资计算。

《国家赔偿法》第 34 条规定,侵犯公民生命健康权的,赔偿金按照下列规定计算:(1)造成身体伤害的,应当支付医疗费、护理费,以及赔偿因误工减少的收入。减少的收入每日的赔偿金按照国家上年度职工日平均工资计算,最高额为国家上年度职工年平均工资的 5 倍;(2)造成部分或者全部丧失劳动能力的,应当支付医疗费、护理费、残疾生活辅助具费、康复费等因残疾而增加的必要支出和继续治疗所必需的费用,以及残疾赔偿金。残疾赔偿金根据丧失劳动能力的程度,按照国家规定的伤残等级确定,最高不超过国家上年度职工年平均工资的 20 倍。造成全部丧失劳动能力的,对其扶养的无劳动能力的人,还应当支付生活费;(3)造成死亡的,应当支付死亡赔偿金、丧葬费,总额为国家上年度职工年平均工资的 20 倍。对死者生前扶养的无劳动能力的人,还应当支付生活费。前述规定的生活费的发放标准,参照当地最低生活保障标准执行。被扶养的人是未成年人的,生活费给付至 18 周岁止;其他无劳动能力的人,生活费给付至死亡时止。

若满足《国家赔偿法》第 3 条或者第 17 条规定的侵犯人身权的情形,同时致人精神损害的,应当在侵权行为影响的范围内,为受害人消除影响,恢复名誉,赔礼道歉;造成严重后果的,应当支付相应的精神损害抚慰金。

针对精神损害赔偿,根据《国家赔偿法》第 35 条,只有侵害公民人身自由和生命健康权,致人精神损害的才能申请精神损害赔偿。从申请资格来说,精神损害赔偿仅受害公民具有主体资格。损害结果方面,依据《最高人民法院关于审理国家赔偿案件确定精神损害赔偿责任适用法律若干问题的解释》,损害后果分为"严重"与"特别严重"。严重后果包括:(1)无罪或者终止追究刑事责任的人被羁押 6 个月以上;(2)受害人经鉴定为轻伤以上或者残疾;(3)受害人经诊断、鉴定为精神障碍或者精神残疾,且与侵权行为存在关联;(4)受害人名誉、荣誉、家庭、职业、教育等方面遭受严重损害,且与侵权行为存在关联。特别严重后果包括:受害人无罪被羁押 10 年以上;受害人死亡;受害人经鉴定为重伤或者残疾一至四级,且生活不能自理;受害人经诊断、鉴定为严重精神障碍或者精神残疾一至二级,生活不能自理,且与侵权行为存在关联。精神损害赔偿的赔偿标准依据损害结果酌定。造成严重后果的,精神损害抚慰金一般应当在人身自由赔偿金、生命健康赔偿金总额的 50% 以下(包括本数)酌定;后果特别严重的,可以在 50% 以上酌定。精神损害抚慰金的数额一般不少于 1 000 元;数额在 1 000 元以上的,以千为计数单位。

（二）侵犯财产权的赔偿标准

依据《国家赔偿法》第36条的规定,侵犯公民、法人和其他组织的财产权造成损害的,依照下列方式处理:(1)处罚款、罚金、追缴、没收财产或者违法征收、征用财产的,返还财产;(2)查封、扣押、冻结财产的,解除对财产的查封、扣押、冻结,造成财产损坏或者灭失的,依照本条第3项、第4项的规定赔偿;(3)应当返还的财产损坏的,能够恢复原状的恢复原状,不能恢复原状的,按照损害程度给付相应的赔偿金;(4)应当返还的财产灭失的,给付相应的赔偿金;(5)财产已经拍卖或者变卖的,给付拍卖或者变卖所得的价款;变卖的价款明显低于财产价值的,应当支付相应的赔偿金;(6)吊销许可证和执照、责令停产停业的,赔偿停产停业期间必要的经常性费用开支;(7)返还执行的罚款或者罚金、追缴或者没收的金钱,解除冻结的存款或者汇款的,应当支付银行同期存款利息;(8)对财产权造成其他损害的,按照直接损失给予赔偿。

总结来看,对于能够返还财产以及能够恢复原状的情形,以返还和恢复原状为原则。对于不能恢复原状或者财物灭失的,则应当支付相应赔偿金。赔偿的标准以直接损失为限,如对于停产停业期间的损失仅赔偿必要的经常性的费用开支,不赔偿预期利润。

第六节　行政赔偿费用的管理

行政赔偿费用是指行政赔偿义务机关依照国家赔偿法的规定,应当向行政赔偿请求人支付的费用。[①]

一、赔偿费用的申请流程

赔偿请求人申请支付国家赔偿费用的,应当向赔偿义务机关提出书面申请,并提交与申请有关的生效判决书、复议决定书、赔偿决定书或者调解书以及赔偿请求人的身份证明。赔偿请求人书写申请书确有困难的,可以委托他人代书;也可以口头申请,由赔偿义务机关如实记录,交赔偿请求人核对或向赔偿请求人宣读,并由赔偿请求人签字确认。

二、赔偿费用的支付

行政赔偿费用实行分级管理,列入各级财政预算,由各级人民政府财政部门统一管理。
赔偿义务机关应当自收到支付赔偿金申请之日起7日内,依照预算管理权限向有关的财政部门提出支付申请。提交材料包括:(1)赔偿请求人请求支付国家赔偿费用的申请;(2)生效的判决书、复议决定书、赔偿决定书或者调解书;(3)赔偿请求人的身份证明。

---

① 参见关保英:《行政法教科书之总论行政法》,中国政法大学出版社2005年版,第760页。

财政部门应当自受理申请之日起 15 日内,按照预算和财政国库管理的有关规定支付国家赔偿费用。

第七节　实务案例

一、沙明保等诉马鞍山市花山区人民政府房屋强制拆除行政赔偿案①

〔案情摘要〕

2011 年 12 月 5 日,安徽省人民政府作出皖政地〔2011〕769 号《关于马鞍山市 2011 年第 35 批次城市建设用地的批复》,批准征收马鞍山市花山区霍里街道范围内农民集体建设用地 10.04 公顷,用于城市建设。2011 年 12 月 23 日,马鞍山市人民政府作出 2011 年 37 号《马鞍山市人民政府征收土地方案公告》,将安徽省人民政府的批复内容予以公告,并载明征地方案由花山区人民政府实施。苏月华名下的花山区霍里镇丰收村丰收村民组 B11-3 房屋在本次征收范围内。苏月华于 2011 年 9 月 13 日去世,生前将该房屋处置给四原告所有。原告古宏英系苏月华的女儿,原告沙明保、沙明虎、沙明莉系苏月华的外孙。在实施征迁过程中,征地单位分别制作了《马鞍山市国家建设用地征迁费用补偿表》《马鞍山市征迁住房货币化安置(产权调换)备案表》,对苏月华户房屋及地上附着物予以登记补偿,原告古宏英的丈夫领取了安置补偿款。2012 年年初,被告组织相关部门将苏月华户房屋及地上附着物拆除。原告沙明保等四人认为马鞍山市花山区人民政府非法将上述房屋拆除,侵犯了其合法财产权,故提起诉讼,请求人民法院判令马鞍山市花山区人民政府赔偿房屋损失、装潢损失、房租损失共计 282.7680 万元;房屋内物品损失共计 10 万元,主要包括衣物、家具、家电、手机等 5 万元;实木雕花床 5 万元。

马鞍山市中级人民法院判决驳回原告沙明保等四人的赔偿请求。沙明保等四人不服,提起上诉。安徽省高级人民法院于 2015 年 11 月 24 日作出(2015)皖行赔终字第 00011 号行政赔偿判决:撤销马鞍山市中级人民法院(2015)马行赔初字第 00004 号行政赔偿判决;判令马鞍山市花山区人民政府赔偿上诉人沙明保等四人房屋内物品损失 8 万元。

〔法理分析与评议〕

《土地管理法实施条例》曾规定,土地行政主管部门责令限期交出土地,被征收人拒不交出的,申请人民法院强制执行。马鞍山市花山区人民政府提供的证据不能证明原告自愿交出了被征土地上的房屋,其在土地行政主管部门未作出责令交出土地决定亦未申请人民法院强制执行的情况下,对沙明保等四人的房屋组织实施拆除,行为违法。

关于被拆房屋内物品损失问题,根据《行政诉讼法》第 38 条第 2 款之规定,在行政赔偿、补偿的案件中,原告应当对行政行为造成的损害提供证据。因被告的原因导致原告无法举证的,由被告承担举证责任。本案中,马鞍山市花山区人民政府组织拆除上诉人的房屋时,未依法对屋内物品登记保全,未制作物品清单并交上诉人签字确认,致使上诉人无法对物品

---

① 本案例来源于 2017 年最高人民法院发布的第 17 批指导性案例第 91 号。

受损情况举证,故该损失是否存在、具体损失情况等,依法应由马鞍山市花山区人民政府承担举证责任。由于行政机关的原因导致原告无法对房屋内物品损失举证,行政机关亦因未依法进行财产登记、公证等措施无法对房屋内物品损失举证,人民法院对原告未超出市场价值的符合生活常理的房屋内物品的赔偿请求,应当予以支持。

〔相关法律法规链接〕

《中华人民共和国行政诉讼法》

《中华人民共和国土地管理法实施条例》

《中华人民共和国国家赔偿法》

二、中国银行江西分行诉南昌市房管局违法办理抵押登记案[①]

〔案情摘要〕

1995 年 4 月 5 日,南昌市天龙实业集团公司(以下简称“天龙公司”)以购买货物需流动资金为由,向原中国银行江西信托咨询公司(以下简称“信托公司”)申请贷款 700 万元。同年 4 月 17 日,信托公司与天龙公司签订了 700 万元的《借款合同》,借款期限自 1995 年 4 月 26 日至 1995 年 9 月 25 日,贷款利率月息为 10.98‰。同年 4 月 26 日,南昌市房交所作出 No.0005005《房屋抵押贷款通知书》,认定抵押人颜桂龙提交的坐落于南昌市西湖区船山路 29 号 2482.15 平方米房产的产权人为天龙公司,产权证号为 005518,抵押权人为信托公司,抵押贷款金额为 700 万元,抵押期限为 1995 年 4 月 26 日至 1995 年 9 月 25 日共 5 个月,并在备注栏内注明:“银行(信用社)见此通知书可办理贷款手续,并收存此通知书;抵押贷款期满,贷款人凭本通知和银行(信用社)出具的还清贷款证明办理抵押贷款注销手续。”据此,信托公司于同年 4 月 26 日、4 月 30 日和 5 月 3 日先后分三次共支付 700 万元贷款给天龙公司。同年 6 月 13 日,南昌市房管局以其下属部门南昌市房产评估所的名义函告信托公司,发现颜桂龙未在市房屋产权监理处办理房屋产权证书,即用假产权证办理了房产抵押贷款手续。1996 年 5 月 7 日,信托公司以南昌市房管局为赔偿义务机关向其提出行政赔偿申请。南昌市房管局在法定期限内未作出是否赔偿的决定。1996 年 8 月 28 日,信托公司向法院提起行政赔偿诉讼。在本案审理期间,信托公司于 1998 年 2 月 10 日经江西省工商行政管理局核准,注销企业法人登记,其债权债务由中国银行江西省分行承担。2002 年,最高人民法院作出行政赔偿判决书,判决南昌市房管局承担部分赔偿责任。

〔法理分析与评议〕

1. 南昌市房管局是南昌市范围内办理房产抵押登记的行政主管部门。南昌市房交所和南昌市房产评估所作为其下属单位,所实施的有关房地产抵押登记的行政行为,应视为受其委托实施的行为。

2. 南昌市房管局作为负责办理房产抵押登记的行政主管部门,在办理房产抵押登记过程中,对当事人的申请应当以高度负责的态度认真履行必要的注意义务,对于抵押房产及其权属证书的真伪有条件加以核对与识别。然而,南昌市房管局在本案中违反职业规范,未尽必要的注意义务,为持有假房产证实施诈骗的天龙公司办理抵押登记手续,并明示信托公司

---

① 本案例来源于《中华人民共和国最高人民法院公报》2004 年第 2 期。

可以办理贷款。信托公司基于对房产登记机关所办抵押登记行为的信赖,为天龙公司发放贷款,致使信托公司遭受了财产损失。虽然本案贷款人天龙公司是造成信托公司财产损失的直接责任人,但是南昌市房管局的违法行为客观上为天龙公司骗取贷款提供了条件,其违法出具他项权利证明的行为与信托公司财产损失之间存在法律上的利害关系和因果关系。

3. 南昌市房管局对其违法办理抵押登记而酿成信托公司财产损失的后果,在天龙公司无法偿还贷款的情况下,应当承担相应的过失赔偿责任。南昌市房管局承担行政赔偿责任后,有权就其承担的数额向天龙公司行使追偿权。

〔相关法律法规链接〕

《中华人民共和国国家赔偿法》

《中华人民共和国行政诉讼法》

《最高人民法院关于审理行政赔偿案件若干问题的规定》

》》三、许水云诉金华市婺城区人民政府房屋行政强制及行政赔偿案①

〔案情摘要〕

2014 年 8 月 31 日,婺城区人民政府在《金华日报》上发布《婺城区人民政府关于二七区块旧城改造房屋征收范围的公告》,并公布了房屋征收范围图,明确对二七区块范围实施改造。2014 年 9 月 26 日,案涉房屋由婺城区人民政府组织拆除。2014 年 10 月 25 日,婺城区人民政府作出《金华市婺城区人民政府关于迎宾巷区块旧城改造建设项目房屋征收的决定》(以下简称《房屋征收决定》),载明:因旧城区改建的需要,决定对迎宾巷区块范围内房屋实行征收;房屋征收部门为金华市婺城区住房和城乡建设局,房屋征收实施单位为金华市婺城区二七区块改造工程指挥部(以下简称"改造工程指挥部");签约期限为 45 天,搬迁期限为 30 日,具体起止日期在房屋征收评估机构选定后,由房屋征收部门另行公告;附件为《征收补偿方案》。2014 年 10 月 26 日,《房屋征收决定》《征收补偿方案》在《金华日报》上公布。许水云位于金华市婺城区五一路迎宾巷 8 号、9 号的房屋(以下简称"案涉房屋")被纳入本次房屋征收范围。

另查明,包括许水云案涉房屋在内的金华市婺城区迎宾巷区块房屋曾于 2001 年因金华市后溪街西区地块改造及"两街"整合区块改造被纳入拆迁范围,金华市城建开发有限公司(以下简称"金华开发公司")取得了房屋拆迁许可证,其载明的拆迁期限为 2001 年 7 月 10 日至 2001 年 8 月 9 日,后因故未实际完成拆迁。

婺城区人民政府主张 2014 年 9 月 26 日改造工程指挥部委托婺城建筑公司对已达成补偿安置协议的案外人的房屋进行拆除时,因操作不慎导致案涉房屋坍塌;婺城建筑公司于 2015 年 3 月 6 日出具的情况说明也作了类似陈述。婺城区人民政府据此否认强拆行为系由政府组织实施,认为造成案涉房屋损毁的是案外人婺城建筑公司,并主张本案系民事侵权赔偿纠纷,与婺城区人民政府无关,不属于行政争议。本案经过一审、二审及再审。

〔法理分析与评议〕

1. 案涉房屋被拆除前的 2014 年 8 月 31 日,婺城区人民政府即发布旧城改造房屋征收

---

① 本案例来源于《中华人民共和国最高人民法院公报》2018 年第 6 期。

公告,将案涉房屋纳入征收范围。因此,对于房屋征收过程中发生的合法房屋被强制拆除行为,首先应推定系婺城区人民政府及其确定的房屋征收部门实施的行政强制行为。本案虽然有婺城建筑公司主动承认"误拆",但改造工程指挥部工作人员给许水云发送的短信记载有"我是金华市婺城区二七新村区块改造工程指挥部工作人员、将对房子进行公证检查、如不配合将破门进行安全检查及公证"等内容,且许水云提供有行政执法人员在拆除现场的现场照片及当地有关新闻报道等,均能证实 2014 年 9 月 26 日强制拆除系政府主导下进行,婺城建筑公司拆除案涉房屋的行为,其法律责任应由委托其拆除的改造工程指挥部承担;改造工程指挥部系由婺城区人民政府组建并赋予行政管理职能但不具有独立承担法律责任能力的临时机构,婺城区人民政府应当作为被告。

2. 婺城区人民政府在 2014 年 10 月 26 日公布的《房屋征收决定》将案涉房屋纳入征收范围后,即应按照《征收与补偿条例》及相关法律法规的规定依法进行征收并实施补偿。《征收与补偿条例》明确规定,实施房屋征收应当先补偿、后搬迁。许水云未与房屋征收部门达成补偿协议,也未明确同意将案涉房屋腾空并交付拆除。在此情形下,婺城区人民政府依法应对许水云作出补偿决定后,通过申请人民法院强制执行的方式强制执行,而不能直接将案涉房屋拆除。所以,婺城区人民政府将案涉房屋拆除的行为违法。

3. 行政补偿是指行政机关实施合法的行政行为,给行政相对人合法权益造成的损失,由国家依法予以补偿的制度。行政赔偿是指行政机关实施违法的行政行为,侵犯行政相对人合法权益,由国家依法予以赔偿的制度。本案所涉房屋在强制拆除前,既无征收决定,也无补偿决定,许水云也未同意先行拆除房屋,且双方未达成补偿安置协议,许水云未得到任何形式补偿,强制拆除已构成重大且明显违法,应当依法赔偿。人民法院在确定赔偿数额时,应当坚持全面赔偿原则,合理确定房屋等的评估时点,并综合协调适用《国家赔偿法》规定的赔偿方式、赔偿项目、赔偿标准与《国有土地上房屋征收与补偿条例》规定的补偿方式、补偿项目、补偿标准,确保被征收人得到的赔偿不低于其依照征收补偿方案可以得到的征收补偿。

〔相关法律法规链接〕

《中华人民共和国行政诉讼法》

《最高人民法院关于适用〈中华人民共和国行政诉讼法〉的解释》

《中华人民共和国国家赔偿法》

【习题及答案解析】